이슬람주의

현대 아랍세계의 일그러진 자화상

이슬람주의

현대 아랍세계의 일그러진 자화상

엄한진 | 지음

한국문화사

이슬람주의

현대 아랍세계의 일그러진 자화상

발 행 일 2014년 6월 30일 1판 1쇄 발행
2015년 8월 31일 1판 2쇄 발행
지 은 이 엄 한 진
꾸 민 이 전 혜 미
펴 낸 이 김 진 수
펴 낸 곳 **한국문화사**
등 록 1991년 11월 9일 제2-1276호
주 소 서울특별시 성동구 광나루로 130 서울숲IT캐슬 1310호
전 화 02-464-7708
전 송 02-499-0846
이 메 일 hkm7708@hanmail.net
홈페이지 www.hankookmunhwasa.co.kr

책값은 뒤표지에 있습니다.

ISBN 978-89-6817-140-6 93300

이 저서는 2009년 정부(교육부)의 재원으로 한국연구재단의 지원을 받아 수행된 연구임

(NRF-2009-812-B00025)

❙ 서문 ❙

문제의식

9 · 11테러는 아랍세계, 즉 중동과 북아프리카의 아랍민족 중심의 국가들에 세계의 이목을 끌게 한 바 있다. 한국 역시 다른 국가들과 마찬가지로 이슬람에서 이 지역을 이해하는 열쇠를 찾으려 했다. 초등학생용 책자에서부터 TV의 다큐멘터리에 이르기까지 이슬람 담론의 열풍이 불었다. 아랍 및 이슬람 사회는 케밥에서 관광에 이르기까지 이국적인 것에 대한 한국인들의 관심의 중심에 있었다. 그러나 이러한 이슬람 열풍은 근본적인 한계를 내포한 것이기도 했다. 이슬람이나 아랍세계의 문화는 외부세계가 알고자 한 것에 대한 답을 주지 못했다. 이라크전쟁, 중동분쟁, 테러리즘, 팔레스타인 문제, 이란 핵문제 등 우리가 알고자 했던 어떠한 주제에 대해서도 우리 자신의 인식틀을 가질 수 없었다. 그로부터 10년 후 아랍세계는 '아랍의 봄'을 계기로 다시 한 번 관심의 대상이 되었다. 그런데 '아랍의 봄'이라고 불리는 2011년 민주화운동과 그에 뒤이어 전개된 정치적 사건들은 아랍세계 인식에 있어서 한국 등 세계의 패러다임적 전환을 요구하고 있다. 예를 들어 여전히 정치적 혼돈 상태에 있는 이집트의 현실은 팔레스타인 분쟁이나 피라미드로 대표되는 기존 인식과는 다른 설명을 요구한다.

그동안 중동 및 북아프리카 지역에 대한 한국 학자들의 연구는 한편으로는 석유자원 및 건설 분야를 중심으로 한 경제적 관심이나 이라크 파병의 사례에서와 같은 정치적 관심, 다른 한편으로는 9 · 11테러로 촉발된 국제관계적 측면의 관심과 이슬람 등 이 지역의 전통문화에 대한 관심을 중심으로 전개되어 왔다. 정부의 관심과 그에 영향을 받은 사회적 관심은 이 지역에 대한 담론을 양산해왔으며 학계, 정부, 언론의 인식 수준도 높아졌다. 그러나 괄목할 만한 양적 발전에도 불구하고 전문가 집단조차 이 지역 현실을 설명할 만한 인식틀이 갖추어져 있지 않고, 대중은 파편적이고 현실과 유리된 지식의 축적 이상의 지적 성장을 경험하지 못하고 있다. 불변하는 것으로 보이는 전통 문화, 급변하는 일국적인 정치정세, 의아할 정도로 동일한 양상이 반복되는 지역정세 등 상이한 측면에 대한 인식 간의 단절도 극복되지 않고 있다. 9・11테러(2001년)나 이라크전쟁(2003년) 등 주요 사건이 발발할 때마다 제기되는 이 지역 전문가의 부재라는 지적도 여전히 유효하다.

이러한 사회적, 학문적 맥락에서 이 지역에 대한 지적 저발전 상태의 지속과 분절적인 인식을 극복하는 방안의 모색이 절실히 필요하다. 이러한 필요성은 학문적 측면을 넘어서 실용적인 측면에서 제기되기도 한다. 이라크, 아프가니스탄, 레바논 등 중동 및 중동 인근 지역에 대한 군대의 파견, 실로 오랜만에 경제가 활력을 되찾은 아프리카 지역에 대한 경제적 관심의 증대, 중동 및 북아프리카 지역의 민주화운동이 이 지역과의 경제적, 군사적 관계에 미치는 영향, 미국의 대외정책에서 중동과 한반도의 군사적인 상황이 가지는 긴밀한 연관성 등 이 지역은 과거보다 더 직접적으로 한국사회와 연관성을 맺고 있다. 북한의 핵실험 등으로 촉발된 최근 한반도의 긴박한 정세는 중동의 경험이 한국사회에 주는 현실적인 함의에 더욱 주목하게 한다.

주제 및 의의

이상과 같은 맥락에서 이 책은 '이슬람주의' 현상을 중심으로 현대 아랍세계의 사회상을 광범위하게 다룬다. 현대 아랍세계의 대표적인 사회현상인 이슬람주의에 대한 다면적인 조명을 통해 폭력과 분열의 악순환이 지속되고 있는 이 지역에 대한 이해의 틀을 제공하고자 한다. 이 책에서 이슬람주의는 "이슬람 원리를 사회에 전면적으로 실현시키려는 이념과 실천"을 의미한다. 무슬림형제단, 하마스, 헤즈볼라와 같은 단체, 그리고 히잡 착용의 강요와 같이 잘 알려진 일상생활의 변화가 이슬람주의 현상을 보여주는 대표적인 사례라고 할 수 있다. 정치 영역에서의 이슬람의 존재, 이슬람 원리를 사회에 적용시키고자 하는 정치운동을 의미하는 '정치적 이슬람'이라는 표현도 맥락에 따라 유사한 의미로 사용한다.*

이슬람주의에 대해 그간 다양한 방식의 설명이 있어왔다. 그중에서 이 책의 내용과 관련해서 두 가지 흐름이 중요하다. 첫 번째는 실천적인 차원에서 이슬람주의를 비판하면서 동시에 이슬람사회를 변호하려는 목적을 지닌 논의들이 있다. 이슬람과 이슬람주의를 구분하면서 이슬람주의가 진정한 이슬람을 왜곡시켰다고 주장하는 것이 대표적인 논리이다. 여기에는 이슬람과 이슬람주의를 동일시하면서 이슬람은 본래 배타적으로 자신의 원리를 관철시키고자 하는 공격적이고 전투적인 종교라는 19세기 유럽의 오리엔탈리즘적 이슬람 인식을 극복하고자 하는 문제의식이 내포되어 있다. 페미니스트, 정교분리주의자 등 이슬람주의에 반대하는 진영이 이슬람을 부정하지 않으면서 사회의 이슬람화에 반대할 때 이 논리가 사용된다. 한국의 논의들도 상당부분 이러한 유형에 속한다고 볼 수 있다. 즉 이슬람은 본래 평화의 종교인데 그에 대한 인식이 왜곡되거나 또는 일부 과격한 세력이 이슬람을 왜곡시켰다는 논지가 주류를 이룬다.

두 번째로는 이슬람주의를 어떻게 볼 것인가라는 성격 규정에 관한

* 이슬람주의 및 다른 유사한 용어에 대해서는 이 책의 127~129쪽을 참조하시오.

논의들이 있었다. 특히 이슬람주의가 과거로 회귀하려는 반동적인 것인가 아니면 새로운 요인들이 반영된 근대적인 것인가에 대한 논의가 중요했다. 전자는 19세기 유럽 가톨릭세계의 반개혁(Counter-Reform), 그리고 20세기 초 미국에서 태동한 근본주의와 유사한 것으로 보는 입장이고 후자는 근대성, 민주주의와의 연관성이나 공존가능성을 강조하는 입장이었다. 예를 들어 질 케펠은 이슬람세계 지식인들을 이슬람주의자 또는 신지식인, 서구화된 지식인, 전통적 종교인의 세 이념형으로 구분한다(Gilles Kepel, 1993). 이 각각의 유형은 뚜렷이 구분되는 교육방식, 사회에서의 위치 및 국가와의 관계를 보여준다. 그가 그람시적 의미의 '전통적 지식인'과 대비시키는 의미에서 이슬람주의자들을 지칭하는 '신지식인'은 근대교육을 받았으나 사회진출이 어려운, 그래서 사회에 실망하고 이슬람주의 운동에 가담한 이들을 가리킨다. 그는 이들이 종교인들에 의해 교육받지 않아 오히려 근대적 지식과 전통적 지식을 자유로운 방식으로 수용하여 체계적이지는 못하나 혁신적인 사고가 가능하다며 이들의 근대적 측면을 강조한다.

이슬람주의를 자유주의, 사회주의 등 근대사회의 주된 이데올로기들과 견줄 수 있는 근대적인 현상으로 해석하는 것을 넘어서 기존의 것들보다 진일보하고 매우 새로운 '포스트모던'한 현상으로 보는 경향도 있어왔다. 이러한 해석은 후진적이고 주변적인 위치에 있는 제3세계에서 대안적인 세계의 모태와 동력을 찾는 '제3세계주의' 성향을 가진 일부 서구좌파의 환상이 가미된 것이다. 이들은 그들의 선배들이 마오의 문화혁명에 대해서 그랬듯이 이란혁명에 환호했다. 이러한 태도는 이란혁명에 대한 마이클 하트와 안토니오 네그리의 최근 논평(Michael Hardt & Antonio Negri, 2000)에서 찾아볼 수 있다. 이들은 이란혁명은 세계시장에 대한 강력한 거부라는 점에서 최초의 포스트모던 혁명으로 해석한다.

그리고 현대 이슬람 급진주의는 새로운 사고, 즉 이즈티하드(*ijtihad*, 이성에 따른 자유로운 경전 해석)라는 이슬람의 전통에 기반을 둔 것이라고 긍정적으로 평가한다.

그런데 지금까지의 논의는 이 현상에 대한 견해 차이에도 불구하고 공히 이슬람주의가 다양한 양상을 지니며 사회적 맥락에 따라 변화하는 역동적인 현상이라는 점을 간과하는 경향이 있었다. 긍정적 평가와 부정적 평가, 이슬람주의가 정치적인가 탈정치적인가, 근대적인가 반동적인가와 같은 논의는 모두 하나의 이슬람주의, 불변하는 본질을 지닌 이슬람주의를 상정하고 있었다. 이는 이슬람 및 이슬람세계를 불변하는 하나의 단일한 실체로 인식해온 오리엔탈리즘적 사고의 또 다른 형태라고 할 수 있다. 다양하고 역동적인 이슬람이란 이슬람주의 내부에서나 외부에서나 인정하기 어려운 관념이었던 것이다.

9 · 11테러 이후 정치적 이슬람 현상 역시 주로 '국제이슬람테러 네트워크', '세계이슬람지하드'와 같은 개념을 통해서 설명되었다. 급진적인 이슬람 세력들도 자신을 이렇게 표방하였고, 서구사회도 이들을 그 내부가 동질적인 세력으로 간주하였다(Stark, 2005). 그러나 이러한 담론의 세계가 아닌 현실세계에서 정치적 이슬람에는 제도권 정치세력으로서의 이슬람과 저항세력으로서의 이슬람, 아랍 근대성의 상징으로서의 이슬람과 보수 내지 반동의 주역으로서의 이슬람이 공존한다. 이러한 문제의식에서 올리비에 후아는 "중동은 그 자체의 정치적 통합성이 없다. 중동은 서구와의 관계에 의해 규정된다"(Olivier Roy, 2008)라는 이론적 전제를 토대로 통일적인 중동 또는 동질적인 아랍사회를 전제로 한 이슬람의 정치와 종교, 아랍의 이슬람주의에 관한 기존 논의들을 근본적으로 비판하고 있다.

본 연구에서는 이러한 이슬람주의의 다양성을 고려함과 동시에 이것이 매우 빠른 변화 양상을 보이는 가변적인 현상이라는 점에 주목한다. 1990년대 후반, 특히 9·11테러 이후 이슬람주의는 새로운 양상들을 보이고 있는데 가장 중요한 변화는 부르주아화 또는 자유주의화 경향이다. 자본가 및 자본주의, 시민사회 및 민주주의와 같이 일반적으로 이슬람주의와 적대적인 것으로 여겨졌던 요소들과의 관계가 보다 적극적이 되고 우호적이 되는 징후들이 보이고 있다. 본 연구는 또한 보편성과 역사성의 회복이라는 점에서 아랍세계, 근본주의, 중동분쟁 등에 대한 일반적 인식이나 기존 연구와 구분된다. 기존 논의는 이슬람이나 아랍민족의 속성으로 간주되는 일련의 특징으로부터 현실을 설명하는 본질주의적 설명, 그리고 극적인 중동의 상황이 부추기는 현상추수적인 논의가 주종을 이룬다. 이러한 한계는 역사적 시각의 결여에서 그 원인을 찾을 수 있다.

다면적이고 항상 변화하고 주체적으로 구성해가는 정체성을 불변의 것으로 간주하고 이 초역사적이고 단순화된 정체성으로 매우 다면적이고 변화무쌍한 아랍세계의 현실을 설명하려는 시도는 한국사회의 경우 더욱 두드러진다. 우리에게 아랍세계는 석유 등을 매개로 분쟁지역이 되고 그 산물로서 재이슬람화(reislamization)가 진행된 다음인 1987년에 발생한 1차 인티파다, 또는 더 늦게는 2차 인티파다와 9·11테러가 발생한 2000년을 전후해 본격적으로 시야에 들어오게 된다. 이로 인해 우리는 이러한 현재의 모습이 '불과' 30~40년 사이에 이루어진 변화의 산물이라는 점을 의식하기가 매우 어렵고 현재는 항구적인 현상으로 비춰질 수밖에 없었던 것이다. 지금의 양상이 언제 어떤 요인으로부터 비롯된 것인지, 어떤 것이 새로운 것이고 어떤 것이 지속되어 온 것인지에 대해 따져볼 준비가 되어있지 않았던 것이다.

역사적 차원의 복원과 함께 보편성의 회복도 본 저술을 여타 논의들과 구분짓는 특징이 될 것이다. 우리는 차이에 대한 담론의 극성기에 있다. 소수자에 대한 인정과 배려, 문화적 차이에 대한 관용이 이 시대를 대표하는 담론이다. 불과 20여 년 전까지만 해도 종족적, 성적 소수자에 대한 논의가 금기시되었다면 지금은 소수자 및 타자에 대해 부정적인 내용을 포함하는 담론이 금기시될 정도이다. 그러나 이러한 타자와 차이에 대한 열광 뒤편에 사회적 불평등에 대한 경시가 존재한다는 사실에 대해 우리는 그리 민감하지 않다(Michaels, 2009). 이제 우리는 모든 사회현상과 담론에 대해서처럼 차이에 대한 담론에 대해서도 비판적인 시각을 가져야 한다. 우리는 그 단초를 고전적인 논의에서 찾을 수 있다. 칼 맑스(Karl Marx)는 『유대인 문제에 대하여』에서 소수민족문제의 해결책을 논의하면서 특정 집단의 특수한 권리의 인정을 위해 보편적인 측면을 보류하는 것이 적절한 대안이 아님을 지적한다. 집단 간 갈등의 원천을 극복하는 것이 근본적인 해결책이다. 이러한 맑스의 견해는 차이가 생산되는 정치적 맥락을 고려하지 않는 차이의 인정 전략을 비판하는 의미가 있다. 지그문트 프로이드(Sigmund Freud)도 유사한 문제의식에서 정체성은 환상이며 그것은 소망의 결과일 뿐이라고 지적했다. 이러한 측면에서 이 책은 정체성, 차이 자체보다도 이러한 소망의 실체에 관심을 가진다. 이와 함께 그 어느 지역과도 비교될 수 없는 독특한 경험을 상소하는 기존 아랍 연구의 특수주의적 경향을 비판하면서 아랍의 특수한 경험을 가능한 한 소통될 수 있는 보편적인 언어로 '번역'하는데 초점을 둔다.

분절성은 이슬람주의 현상에 대한 연구의 또 다른 문제점이다. 이 분야의 연구가 매우 다양한 영역에서 진행되어 왔는데 문제는 이 연구들이 각기 나름대로 설정한 연구질문, 이론적 틀, 방법론에 따라 상호 고립적으로 존재해왔다는 점이다. 예를 들어 정치학자들은 어떻게 이슬람이 국가나 정치에 영향을 미치게 되었는지에 관심이 있고 사회학자들은 이슬람주의자들의 충원과정에 작용한 인구학적 요인을 연구한다. 그런가 하면 종교연구 분야에서는 이슬람주의 현상을 야기한 이슬람의 교리적 요소에 관심이 있고 역사학자들은 특정 이슬람주의 집단의 역사를 상세히 다룬다. 분과에 따른 연구의 고립성은 해당 현상의 일면적인 해석에 그침으로써 종합적인 설명을 도출하지 못하는 문제를 낳았다(Wiktorowicz, 2004). 한국의 경우도 예외가 아니다. 이 분야에 대한 논의가 극도의 저발전 상태이면서 동시에 이상과 같은 보편적인 한계를 공유하고 있다고 볼 수 있다. 이러한 문제의식에서 이 책은 이슬람주의 현상을 중심으로 아랍세계의 사회경제적, 정치사회적, 종교적 측면을 복합적으로 설명하고자 한다.

분절성과 함께 문화 중심의 담론, 또는 문화주의적 설명 역시 기존 아랍세계 인식이 지닌 문제점이라고 할 수 있다. 문화중심주의와 문화의 정치도구화를 벗어나 문화를 이야기하고 문화의 정치적 역할을 회복하는 방법을 모색하는 것이 본 저술의 목적 중 하나이다. 문화주의가 문제인 것은 문화 자체가 중요하지 않기 때문이 아니다. 그보다는 종족적 현상이 당대의 사회적, 정치적 요인에 의한 것이라는 점을 간과하고 고정된 과거의 요인이 잔존하거나 부활한 것으로 간주한다는 점에 있다. 종족성이나 전통은 과거의 잔재가 아니라 권력의 약화와 연관된 사회적 위기의 산물, 즉 현재의 산물, 현대성의 산물인 것이다. 물론 이러한 기존 인식의 한계를 극복하는 것, 그중에서도 이슬람 등 특수성을 어떻게 다루어야 하는가는 이 지역 관련 연구자들이 짊어지고 가야 할 영원한 숙제일 것이다.

종합해보면 이 책은 이슬람주의에 대한 양극단의 평가를 넘어서고자 한다. 현대사회가 직면한 문제들을 해결할 수 있는 대안적인 이념으로 추앙하거나 그와 정반대로 현 세계를 위협하는 가장 위험한 존재로 악마화하는 일반적인 인식에 동참하기 보다는 그 중간 지점에 놓여 있는, 많은 부분 '보편적인' 성격의 얘기들을 전하고자 한다. 그럼으로써 이슬람주의와 그에 연관된 아랍세계의 양상이 이해하기 어려운 황당한 것이 아니라 우리의 현실과도 그리 다르지 않은 그들의 현실이 낳은 것임을 강조하고자 한다. 물론 이슬람주의를 만들어내고 유지시키는 이 현실은 부조리하고 극단적인 모습을 띠고 있다. 이슬람주의가 비합리적이고 극단적인 양상을 띠는 것은 바로 이 왜곡된 현실의 반영이기 때문일 것이다. 그런 의미에서 이슬람주의는 아랍세계의 일그러진 자화상이다.

책의 구성

이 책의 내용은 크게 아랍세계 연구방법론, 정체성 정치와 아랍세계, 이슬람주의, 전쟁과 이슬람, 사회운동과 이데올로기로서의 이슬람주의로 구성되어 있다. 이슬람주의라는 주제를 중심으로 이 책은 이슬람주의와 새로운 이슬람주의, 오리엔탈리즘, 정체성 정치, 근본주의, 이슬람사회에서의 여성문제, 팔레스타인 문제, 중동전쟁, 중동지역정치, 아랍세계의 사회운동과 이데올로기, 아랍의 민주주의와 '아랍의 봄' 현상 등 아랍사회를 이해하는데 필수적인 다양한 주제들을 다룬다. 이를 통해 이 책은 가능한 한 많은 독자들이 이슬람주의 현상, 그리고 아랍세계에 대한 총체적이고 비판적인 이해를 가질 수 있는 기회를 제공하고자 한다.

서론 격인 I부의 1장에서는 아랍세계에 대한 인식 및 논의가 지닌 특징을 살펴보고 이를 오리엔탈리즘적 전통과 연관해 설명한다. 대표적인 접근방법을 소개하고 이 지역 인식의 주된 문제점을 검토한다. 이를 통해 이 글의 주된 목적 중 하나인 오리엔탈리즘 극복의 방법을 모색한다. 2장에서는 역설적으로 세계가 하나의 촌락이 된다는 세계화 시대에 나타난 정체성 및 정체성 정치의 부상이라는 현상을 다룬다. 지역분쟁을 계기로 나타난 민족주의 현상, 극우주의와 같은 극단적인 민족주의 현상과 종교가 결합되는 현상, 현대 종교변동의 대표적인 현상인 근본주의 등을 통해 이슬람주의 현상을 보편적 맥락에서 설명한다.

이슬람주의 자체를 다루는 II부에서는 역사적, 사회학적 측면에서 이 현상을 다루고 최근 양상을 살펴본다. 먼저 1장에서는 오스만 제국 말기부터 1960~1970년대 아랍민족주의 시대까지 정치와 종교가 어떠한 연관성을 맺었는지를 살펴봄으로써 아랍세계에서 이슬람주의가 근대의 산물임을 확인한다. 2장에서는 국민국가 형성 및 발전의 실패가 낳은 산물로 이슬람주의의 부상을 설명한다. 일반적으로 동시대 제3세계가 겪었던 것과 유사한 사회경제적 배경, 종교가 정치권력의 정당성 기제의 일환으로 활용되는 정치적 배경 등 보편적인 요인을 강조한다. 이와 함께 여성이 이슬람주의 담론의 핵심적인 주제 중 하나가 된 사회적 배경을 간략히 살펴보고 이슬람주의 페미니즘 등의 사례를 통해 이슬람주의가 여성과 맺고 있는 복합적인 관계를 검토한다. 3장에서는 2000년대 이후 이슬람주의의 부활과 변형을 다룬다. 기존의 이슬람주의와 다른 최근 이슬람 세력의 이념 및 실천을 통해 '새로운 이슬람', '새로운 이슬람주의', '포스트이슬람주의'와 같은 개념의 근거를 확인한다.

III부에서는 중동지역의 핵심적 현상인 지역분쟁을 이슬람과 연관해 설명한다. 이란, 하마스, 헤즈볼라 등이 중동분쟁의 한 축을 형성하고 있다는 점에서 무력적 상황은 정치적 이슬람을 이해하는데 필수적인 요인이라고 할 수 있다. 이러한 시각에서 1장에서는 먼저 중동분쟁의 기원이 되었던 팔레스타인 문제를 다룬다. '팔레스타인 문제' 또는 '이·팔 분쟁'에 대한 일반적인 인식은 이 현상이 상당히 독특한 양상을 띠고 있고 인류의 현대사에서 특별한 의미를 지니는 것이라는 생각이다. 이

장에서는 일반적으로 강조되고 있는 것과 다른 이 현상의 여러 측면을 살펴봄으로써 지리하게 유사한 폭력적 상황이 지속되는 중동의 상황을 설명하고자 한다. 2장에서는 냉전의 종식과 함께 미국이 주도해 온 소위 '새로운 중동질서' 형성의 기제로서 중동전쟁을 설명하고 이슬람이 이러한 지역질서의 변화와 어떤 연관성을 맺고 있는지 살펴본다. 3장에서는 중동분쟁을 지역분쟁의 하나로서, 그리고 탈냉전 세계화 시대에 나타난 전쟁의 새로운 양상을 중심으로 설명한다.

마지막 IV부에서는 이슬람주의를 이데올로기와 사회운동의 하나로 설명한다. 이를 위해 아랍세계의 사회운동과 민주화에 대한 개괄적 소개, 사회운동의 일환으로서 이슬람주의, 아랍에서의 민주주의, 이슬람과 민주주의에 대한 이론적 논의, 최근 아랍세계 민주화운동에 대한 소개 및 이 현상에서 이슬람주의의 위상 및 향후 전망 등을 다룬다. 먼저 1장에서는 이슬람주의의 기원을 사회주의, 민족주의와 같은 현대 아랍세계의 주요 이데올로기와의 관계 속에서 소개한다. 2장에서는 아랍 정치체제의 특성과 함께 민주화 현상을 소개하고 3장에서는 2010년 말 튀니지에서 시작되어 아랍 전역으로 확산된 '아랍의 봄' 현상에 대해 그 배경, 전개과정, 성격, 전망 등을 다룬다. 마지막으로 4장에서는 아랍 정치체제의 역사 및 특수성을 검토하고 동시에 아랍 정치에서 이슬람 및 이슬람주의의 위상을 살펴본다. 이를 통해 향후 아랍 민주화 과정에서의 이슬람 및 이슬람주의의 역할을 점검해본다.

* * *

아랍세계에 대해 필자가 관심을 가지게 된 것은 프랑스 유학시절이었다. 당시 프랑스에는 과거 프랑스의 식민지였던 북아프리카 출신 이민자들과 관련된 문제가 중요한 사회적 이슈였기 때문에 자연스럽게 이들에 대한 관심이 생겼다. 언어문제와 매년 체류증을 갱신하면서 창구에서 겪었던 서러움으로 인해 가지게 된 종족적 소수자로서의 동병상련도 있었을 것이다. 그래서 공부하게 된 북아프리카 출신 이민자들의 문제는 이후 북아프리카 자체에 대한 관심으로 이어졌다. 필자에게 이 지역에 대한 관심은 한국사회와의 차이가 아니라 공통점에서 비롯된 것이었다. 식민지 경험, 독립 후 발전의 경험, 반제 민주화운동의 역사가 한국사회에 주는 함의가 있을 것이라고 생각했다. 물론 필자가 다룬 연구주제는 당시 프랑스 학계가 그랬듯이 한창 관심을 끌고 있었던 이슬람주의였다. 이 현상을 바라보는 시각 역시 대부분의 프랑스 학자들처럼 부정적인 것이었다. 유럽의 그 어느 사회보다도 보편주의적, 공화주의적 전통이 강했던 프랑스인들, 특히 좌파에게 이슬람주의는 억압적이고 퇴행적인 동시에 사회주의보다는 자본주의와 친화성을 가진 현상이었던 것이다. 앞서 언급한 필자의 접근방식 역시 상당 부분 이러한 프랑스적 전통에 기대고 있다.

필자의 이슬람주의 연구의 출발점에는 다음과 같은 의문이 놓여 있었다. 왜 아랍세계에서는 종교가 큰 비중을 차지하게 되었는가? 왜 이 지역에서는 민주주의, 자유, 평등과 같은 근대 서구의 가치가 더디게 발전하는가? 왜 외부세계는 이 지역에 그토록 큰 관심을 가지고 있는가? 아랍세계의 갈등 상황은 왜 지겹게 반복되고 있는가? 그리고 이 모든 예외적이고 불합리해 보이는 상황에 이슬람, 그리고 이슬람을 자원으로 하는 정치운동은 어떤 관계를 맺고 있는가? 이 책 역시 이러한 질문에 대한 답변이라고 할 수 있다. 많은 한계가 있지만 개인적으로나 사회적으로나 아랍세계에 대한 연구는 여전히 초보적 단계에 있다는 것으로 변호해 본다. 이 책이 이 학문 분야가 한 단계 도약할 수 있게 하는 작은 계기가 될 수 있기를 기대해 본다.

이 책의 일부 내용은 필자가 기존에 발표한 글 전체 또는 일부를 토대로 작성된 것이고 활용된 기존 논문을 참고문헌 부분에 표시하였다. 필자에게 출판의 기회를 제공해 준 한국연구재단과 여러모로 부족한 원고를 받아준 한국문화사에 감사드린다. 꼼꼼하게 글을 다듬어준 출판사의 전혜미 씨, 소중한 시간을 내서 원고를 검토해 준 벗 오인택에게도 감사의 인사를 전한다. 필자의 이기적인 삶을 감내해 준 아내 은경과 늘 삶의 활력소가 되어 주는 인식, 혜원 두 아이들이 아니었으면 이 작은 성취도 불가능했을 것이다.

| 차례 |

Ⅱ부 이슬람주의

Ⅲ부 전쟁과 이슬람

IV부 사회운동과 이데올로기로서의 이슬람주의

■ 자료차례

■ 그림차례

■ 표차례

I부 아랍세계 연구방법론

I부에서 우리는 현대 아랍세계에 대한 기존 인식을 비판적으로 검토하고 그 대안의 하나로서 이슬람주의, 지역분쟁 등 이 지역의 주요 현상을 동시대 다른 지역에서도 나타나는 '정체성 정치'의 일환으로 설명하고자 한다. 보편적이고 현대적인 현상보다는 종교적이고 원초적인 측면을 중심으로 아랍세계를 설명해온 관행은 근대 초기 서구의 세계지배에 동원되었던 오리엔탈리즘의 유산이라고 할 수 있다. 시간이 흐름에 따라 형태는 달라졌지만 아랍 또는 이슬람 세계의 특수성을 강조하는 본질주의적인 설명, 특히 이슬람에서 모든 현상의 원인을 찾으려는 시도가 여전히 주를 이루고 있다. 역설적으로 석유 자원에 대한 외부세계의 관심이나 미국의 전략으로만 이 지역 현실을 설명하는 경제결정론적인 설명은 이러한 문화주의적인 설명과 잘 어울리면서 현대 아랍세계에 대한 인식을 주도해왔다. 결정론적이고 몰역사적인 인식을 극복하기 위한 방안의 하나로 2장에서는 종교와 종족이 중심이 된 현대 아랍세계의 변동을 냉전의 종식, 세계적 차원의 불황, 제3세계의 발전 실패 등을 배경으로 전 지구적 차원에서 부상한 정체성 정치의 일환으로 자리매김 한다. 퇴행적인 양상의 종교운동, 지역분쟁에서 새로운 형태로 부활하는 민족주의, 극우주의와 종교가 결합되는 사례 등을 통해 이슬람주의 현상의 보편적 맥락을 검토한다. 이러한 이론적 논의와 함께 아랍, 중동, 오리엔트, 이슬람 등 이 책에서 사용되는 주요 용어에 대한 설명을 통해 아랍세계에 대한 기본적인 이해를 돕고자 한다.

1장. 오리엔탈리즘의 유산과 아랍세계 연구방법론

아랍세계는 탈냉전 세계화 시대에 가장 집중적인 언론의 관심을 받는 지역 중 하나이지만, 그럼에도 여전히 낯선 지역으로 남아 있다. 이 지역에 대한 논의는 시민사회, 신자유주의, 정보화, 좌파와 우파 등 현대사회와 관련된 일반적인 주제들보다는 히잡, 자살폭탄테러, 명예살인 등 이 지역에 고유한 현상을 중심으로 이루어지는 경향이 있다. 점점 더 개방화되는 세계 속에서 외딴 섬처럼 존재하는 것 같지만 아랍세계는 지리적, 정치적, 경제적, 문화적으로 외부세계에 그 어느 지역보다도 열려 있는 곳이라 할 수 있다. 그렇다면 일찍부터 외부세계에 개방되었던 아랍세계가 고립된 섬과 같이 예외적인 양상을 보이는 이유는 무엇일까? 그리고 그것은 실제인가, 환상인가?

이 장에서는 이러한 질문에 답하기 위해 아랍세계에 대한 논의가 지닌 특징을 살펴보고 이를 오리엔탈리즘적 전통과 연관지어 설명하고자 한다. '우리'와 '타자'의 관계에 대한 물음은 아랍 근대사상의 핵심적인 내용이었다. 정체성에 관한 문제의식은 근대 이후 비서구사회에 있어 공통적인 현상이지만 아랍세계 또는 오리엔트 세계에서 유독 중요하게 제기되는 것은 서유럽과의 지리적, 역사적 연관성이 크기 때문일 것이다. 정체성 문제와 연관된 것이지만 아랍세계에 대한 논의의 또 다른 특징은 이슬람이라는 종교를 중요한 설명변수로 여긴다는 점이다. 근대 오리엔탈리즘이 오리엔트 세계의 가장 중요한 특징으로 이슬람을 상정한 이후 지금까지도 이슬람은 정치체제, 사회운동, 일상생활, 사고방식, 전쟁 등 아랍세계의 현실을 설명하는 가장 강력한 요인으로 간주된다. 이는 역으로 세속적이고 보편적인 요인들에 대한 무관심을 동반한다. 한편 오리엔탈리즘에서 기인하는 아랍세계 인식의 특수성은 20세기 말 이슬람주의의 등장을 배경으로 확대재생산 된다. 19세기 서구사회에서의 오리엔트 붐과 유사하게 '신오리엔탈리즘'은 유럽과 미국을 중심으로 '아랍적 예외성', '이슬람적 예외성' 담론을 확산시키고 있는 것이다. 본론에 들어가기에 앞서 아랍세계의 범위, 그리고 아랍세계에 대한 외부세계의 관심에 대해 살펴본다.

1. 아랍, 중동, 오리엔트, 이슬람

저명한 아랍세계 연구자 막심 로댕송(Maxime Rodinson, 1979)에 따르면 아랍인이 누구인지를 판단하는 기준은 아랍어라는 객관적인 요인, 그리고 아랍의 역사 및 문화를 자신의 것으로 인식하며 자신이 아랍인이라고 생각하는 주관적 요인으로 구성되어 있다. 일반적인 인식과 달리 이슬람은 아랍인의 기준에 포함되지 않는다. 왜냐하면 아랍민족은 역사적으로 다양한 종교를 믿었고 지금도 이슬람 이외의 종교를 믿는 사람들이 많이 있기 때문이다.

1. 알제리 2. 바레인
3. 코모로 4. 지부티
5. 이집트 6. 이라크
7. 요르단
8. 쿠웨이트
9. 레바논 10. 리비아
11. 모리타니
12. 모로코 13. 오만
14. 팔레스타인
15. 카타르
16. 사우디아라비아
17. 소말리아
18. 수단
19. 시리아
20. 튀니지
21. 아랍에미레이트연합
22. 예멘

그림 I-1: 아랍연맹 회원국 분포

지리적인 측면에서 아랍세계는 근동(Near East), 중동(Middle East), 그리고 북아프리카(North Africa)로 구성되어 있다. 아랍세계의 범위에 관한 가장 중요한 지표인 '아랍연맹'(Arab League) 회원국 수는 2013년 현재 22개 국이며 회원국의 명단은 <그림 I-1>과 같다. 아랍연맹 소속 국가들 전체의 인구 수는 4억 명 정도이며(2012년) 인구밀도는 24.33명/km² 이다(www.lasportal.org). 물론 이 지역에 아랍인만 사는 것은 아니다. 이란, 터키와 같이 인구의 다수가 비아랍인인 국가들도 있다. 당연히 아랍세계에 속한 국가들의 경우에도 아랍인이 아닌 소수 종족이 다수 존재한다. 유럽에 가장 가까운 오리엔트인 '근동'에는 시리아, 레바논, 팔레스타인, 이집트가 있으며 수단이 포함되기도 한다. 인도로 가는 길의 중간에 위치하고 있다는 의미를 지닌 '중동'은 아라비아반도의 국가들, 그리고 근동과 중동의 경계에 위치한 이라크와 요르단으로 구성되어 있다. 근동과 중동은 아랍 오리엔트라 불리기도 하는데 오리엔트 내부에서 소아시아, 발칸반도, 페르시아, 중앙아시아 등 오리엔트의 다른 지역과 구분된다. 제국주의 시대가 막을 내린 이후에는 근동과 중동을 구분하지 않고 중동이라는 용어만으로 이 지역을 지칭하는 경향이 있다. 아랍세계는 아랍어로 아랍세계의 동쪽을 의미하는 마슈렉(*Macherek*)과 서쪽을 의미하는 마그레브(*Maghreb*)로 구분되기도 한다. 마슈렉은 중동과 근동의 아랍국가, 마그레브는 사하라 이북의 북아프리카 사회 중 이집트 서쪽의 아랍국가인 리비아, 튀니지, 알제리, 모로코를 가리킨다(Encyclopaedie Universalis, 1994).

'중동'에 대해서는 여러 방식의 정의가 존재해왔다. 중동을 앞서 언급한 지역들 뿐만 아니라 마그레브에서 아프가니스탄 및 파키스탄에 이르는 광대한 지역을 포함하는 식으로 정의하기도 한다. 이러한 광의의 정의가 내세우는 근거는 이 지역에 속하는 사회들 간의 상호의존성이다. 이 용어는 미국의 지정학 연구자 알프레드 메이헌(Alfred T. Mahan)이 지중해 동쪽 지역을 가리키는 말로 사용한데서 유래한다. 동시에 식민지 시대 영국 정부가 자신들의 식민지를 구분하는 과정에서 등장하였다. 그렇지만 이 용어가 레반트(Levant, 해가 뜨는 동쪽, 즉 지중해 동안 지역이라는 의미) 지역, 즉 현재의 시리아와 레바논을 포괄하는 지역, 그리고 식민화를 겪지 않은 지중해 동안의 이슬람사회를 지칭했던 '근동(Near East)'이라는 용어보다 더 널리 사용되기 시작한 것은 2차 대전 종전 이후부터였다. 또한 1945년 미국이 이 지역에 관심을 가지게 되었을 때 이 새로운 강국은 중동이라는 용어를 더 넓은 의미로 사용하게 된다. 즉, 이 용어는 북아프리카 서쪽 끝에 위치한 아랍국가인 모로코부터 인도 서쪽에 이르는 광대한 지역을 의미했던 것이다. 이 지역은 추후 대표적인 중동 관련 학술지인 *Middle East Journal*을 창간하게 되는 중동연구소(Middle East Institute)가 자신들의 연구대상지역으로 설정했던 바로 그 영역이기도 했다. 그러다가 1990년대 소련이 붕괴하면서 구 소련에 속했던 중앙아시아 지역을 중동에 포함시켜야 하는지에 대한 논쟁이 일어나기도 하였다. 이러한 역사적 사실은 중동이라는 용어가 특정 시대, 특정 세력에 의해 형성된 역사적 산물이며 시대적 상황에 따라 그 외연이 변해왔음을 보여준다. <그림 I-2>는 중동의 범위를 보여주는 여러 사례 중 하나인데 이 경우에는 그루지아, 아르메니아, 아제르바이젠이 포함되어 있으며 반면에 일부에서 중동으로 간주하고 있는 아프가니스탄은 제외되어 있다.

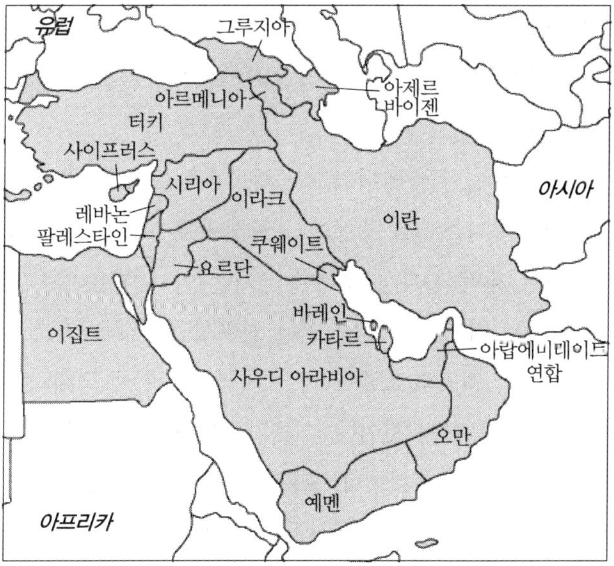

그림 I-2: 중동

* 이집트는 아프리카 대륙에 존재하지만 중동지역과 지리적으로 근접해 있고 역사적, 정치적으로 중동 및 아랍의 핵심적인 지역이었기 때문에 아프리카의 일원이자 중동의 일원으로 분류되고 있다.

물론 중동이라는 용어를 사용하는 것이 지나치게 포괄적인 점 등 여러 문제점을 안고 있지만, 이 용어가 포괄하는 지역을 가리키는 더 적절한 용어가 현재로서는 존재하지 않기 때문에 이 용어가 가장 대중적으로 쓰이고 있다고 할 수 있다. 또한 중동사회의 성격에 대한 일반적 인식은 서구중심주의적인 한계를 지닌 것이기도 하다. 즉 중동이라는 개념에 포함되어 있는 핵심적인 요소는 바로 서구(The West, The Occident)와의 대비라고 할 수 있다. 그리고 중동지역이 지닌 여러 요인 중에서도 이슬람이 바로 이 서구와 대비되는 핵심요소로 간주되어 왔다. 중동은 이슬람세계와 동일시 된 것이다. 그런데 일반적으로 통용되는 이슬람 대 서구라는 이분법은 두 용어가 서로 다른 범주에 속하는 용어라는 점에서 근본적인 문제가 있다. 즉 서양이 하나의 세계인데 비해 이슬람은 종교 또는 광의의 의미로 해석하더라도 문화나 문명 정도인 것이다. 이러한 한계에도 불구하고 중동과 서구 양자 간의 관계가 중동에 대한 정의의 핵심 요소인 것이다.

중동이 포괄하는 지역은 넓어지고 있다. 예를 들어 과거와 달리 이제는 알제리나 아프가니스탄을 중동에 포함시켜야 한다는 의견이 상당히 존재한다. 이러한 제안의 가장 중요한 근거는 이 지역이 일반적으로 중동이라고 여겨지는 지역들과 맺고 있는 연관성이다. 지리적으로는 멀리 떨어져 있더라도 한 지역의 상황이 다른 지역의 상황에 국내적인 요인만큼이나 강력하게 작용하는 것이다. 이슬람주의자들의 이력은 이러한 점을 보여주는 좋은 예가 될 것이다. 요르단인인 아부 무사브 알 자르카위(Abou Moussab al-Zarkaoui)는 팔레스타인인 무함마드 알 마크디시(Muhammad al-Maqdisi)에 의해 훈련받았고 이슬람주의자로서의 그의 첫 활동지역은 파키스탄과 아프가니스탄이었다. 이후 그는 이라크 알카에다의 지도자가 되었고 이라크에서 사망하였다. 또 다른 요르단인 쿠맘 카릴 알 발라위(Khumam Khalil Abu Moulal al-Balawi)는 인터넷 사이트에서 만난 터키인 여성과 결혼했고 파키스탄 정보기구에 채용되어 2009년 아프가니스탄 주재 CIA 지부를 겨냥한 자살폭탄테러로 사망했다. 한편 1980년대 이후 레바논의 역사는 이란이라는 요인을 빼고는 이해 불가능하다. 또한 1984년 이후 터키의 쿠르디스탄노동자당(PKK) 소속 게릴라 단체의 부상은 1980년대 레바논전쟁을 고려하지 않고는 이해할 수 없다.(Bozarslan, 2011).

이 지역과 연관된 또 다른 개념인 '오리엔트'는 비잔틴 제국과 페르시아 제국의 영토를 아우르는 개념이다. 서구에서는 이 지역이 가장 가까운 타자를 의미했다. 서구(The West) 이외의 지역은 중동(Middle East) 및 근동(Near East)을 포함하는 오리엔트(Orient), 동구(East), 인도(India), 동남아(Southeast), 극동(Far East)을 포함하는 아시아(Asia), 아프리카(Africa) 등으로 구분되었다. 19세기 말 세계의 정치적 상황을 보면 인도는 이미 영국의 지배하에 있었고 아메리카는 이미 백인 중심의 사회가 되어버린 '극서(Extreme Occident)'였다. 따라서 오리엔트 지역은 당시 서구의 세계지배 전략에서 가장 관심이 컸던 지역이었다(홉스봄, 1998: 154~157쪽). 이러한 역사적 맥락에서 '오리엔트 문제(Oriental question)'가 탄생하게 된다.

일반적으로 많이 사용되는 용어인 '이슬람세계'는 아랍세계나 오리엔트보다 더 신중을 요하는 개념이다. 이슬람세계라는 표현에 '이슬람신자의 분포' 이상의 의미를 부여하는 것은 적절치 않다. 현대사회에서 기독교 신자가 어느 기준 이상 존재한다고 해서 '기독교세계'라는 개념으로 이들을 포괄하는 것이 적절치 않은 것과 마찬가지로, 동질적이고 일체감을 공유한다고 상상되는 이슬람세계의 존재를 상정하는 것은 상당히 조심스러워야 하는 일이다. 이슬람을 믿는 사람들이 인구의 다수를 차지하는 국가들만을 포함시키더라도 이 국가들 간에는 역사적 연관성이 거의 없거나, 문화적으로 상당히 이질적이며, 경제적으로 큰 수준 차이를 보이는 등 한데 묶기에는 어려움이 많다. 이런 의미에서 엠마뉘엘 토드는 이슬람세계를 '제3세계의 축소판(토드, 2003: 46쪽)'이라고 표현하였다(<그림 I-3>, <그림 I-4> 참조).

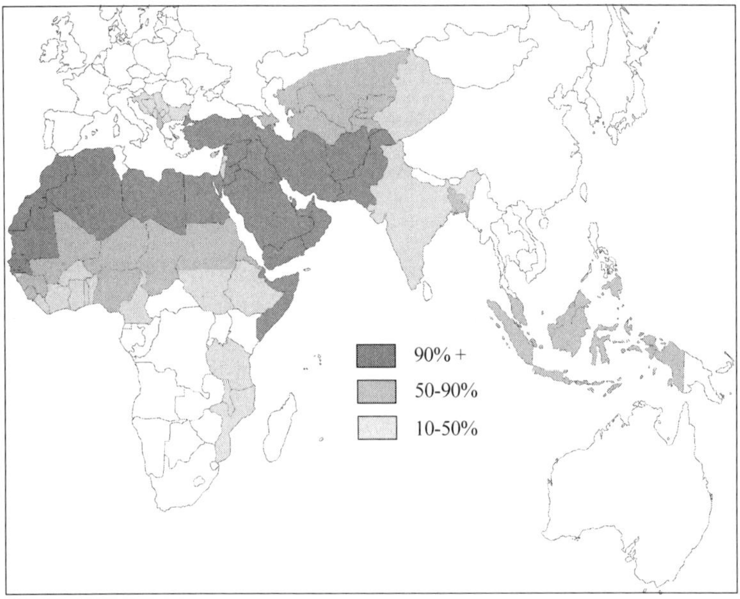

그림 I-3: 이슬람세계

* 가장 진한 회색으로 표시된 국가는 이슬람 신자 비율이 전체 인구의 90% 이상, 그 다음은 50~90%, 가장 옅은 회색으로 표시된 국가는 10~50%이다.

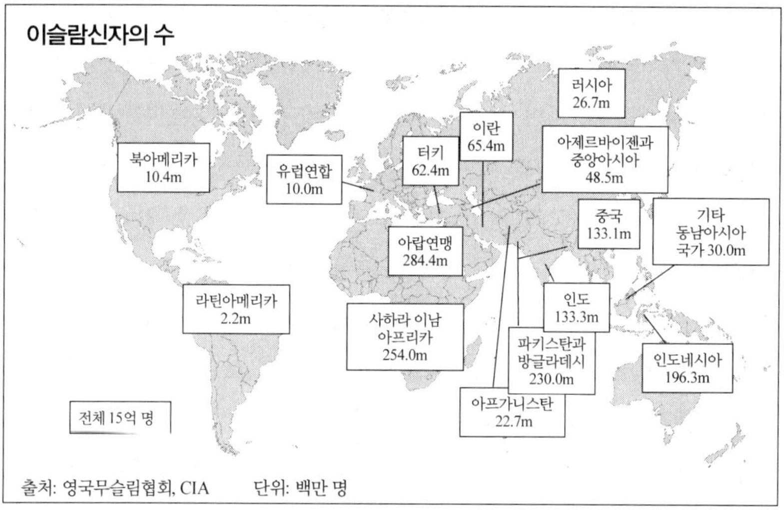

그림 I-4: 세계의 이슬람신자 분포

* 종교 인구는 일반적으로 정확히 측정하기 어렵고 측정 기준도 다양할 수 있어서 이슬람신자의 수에 대해서도 이견이 있을 수 있다.

이렇게 현실적으로 무리한 것임에도 불구하고 이 개념을 사용하는 이유는 무엇일까? 우선 편의상 사용하는 측면이 있다. 국제사회에서 '이슬람세계' 또는 '이슬람사회'라는 표현으로 지칭하는 대상은 주로 중동, 북아프리카, 그리고 아프가니스탄, 파키스탄과 중앙아시아와 남아시아의 일부 국가들인데 이들은 분쟁이나 천연자원 등으로 국제사회의 관심이 큰 지역이다. 그런데 이 방대한 지역을 지칭하기에 적합한 하나의 용어를 찾기는 매우 어렵다. 악의 축의 하나로 간주되는 이란은 아랍이 아니며 아프가니스탄이나 파키스탄은 아랍도 중동도 아니다. 이러한 측면에서 이슬람을 믿는 사람이 다수라는 이들의 공통점은 이슬람세계라는 개념이 많이 쓰이는 한 이유이다. 이러한 용어의 한계에도 불구하고 국제사회는 이슬람세계가 상당한 동질성을 가지고 있다고 간주한다. 이러한 양상은 지난 몇 십 년간 미국 등 강대국의 관심이 집중되면서 파생된 결과로 보인다. 내적인 동질성에서 비롯된 용어라기보다 특정 시기에 외부세계가 부여한 개념인 것이다. 물론 근대 이전부터 이슬람세계라는 개념이 사용되긴 했지만 그것은 주로 이슬람 제국의 영토를 가리키거나 무슬림이 존재하는 지역의 문화권을 의미했다. 아랍세계에서도 무슬림이 지배하는 '이슬람의 세계'라는 의미를 지닌 '다르 알 이슬람(Dar al-Islam)'이라는 용어가 지속적으로 사용되어 왔다.[1] 그리고 이때 이슬람이나 이슬람세계라는 개념은 종교로서의 이슬람과 더불어 이슬람이 아닌 종교나 세속적인 요소들을 포괄하는 '문명'으로서의 이슬람, 그리고 이러한 다원적인 문명권으로서의 이슬람세계를 의미했다. 즉 지금처럼 종교와 정치의 융합, 여성의 열악한 지위 같은 몇몇 속성이 지배하는, 하나의 색깔을 가진, 그리고 단지 무슬림이라는 이유만으로 형제애를 느끼는 동질적인 세계를 의미하지는 않았던 것이다.

2. 아랍세계에 대한 관심의 성격

루이 알뛰세는 '문제의식(problématique)'이라는 개념을 통해 어떤 식으로 문제를 설정하는가에 따라 우리가 얘기할 것들이 한정되며 역으로 어떤 것들은 얘기되지 않게 된다고 주장했다(Louis Althusser, 1976). 관심은 정치적인 것이며 또한 다양한 성격의 관심이 존재하는 것이다. 역사적으로 아랍세계에 대한 관심은 국제정치적인 측면과 연관성이 있었다. '오스만 제국의 위협(Ottoman peril)'이라는 사고는 십자군전쟁의 배

---

[1] 코란은 세계의 국가들을 전쟁이 지배하는 '다르 알 하르브(Dar al-Harb)'와 무슬림이 통치하는 평화의 세계인 '다르 알 이슬람(Dar al-Islam)'으로 구분한다.

경이 되었고, '중국의 위협(Yellow peril)'은 아편전쟁 등 서구의 공세를 정당화하는 논리였다. 제2차 세계대전 이후 냉전체제는 소련 등 '사회주의권의 위협(Red peril)'이라는 인식을 통해 정당화되었다. 이제 다시 이슬람이 위협의 주체로 설정되었고(Green peril), 이를 주요 내용으로 하는 '문명충돌론'을 근거로 제2차 이라크전쟁 등 21세기 중동전쟁이 진행되고 있다.

그런데 아랍세계에 대한 내부의 관심과 외부의 관심 사이에는 큰 괴리가 있다. 먼저 내부의 관심을 보면 식민지에서 해방된 이후 아랍세계에 속한 국가들은 공히 온전한 국민국가를 만드는 것이 주요 과제였다. 형식적인 독립을 넘어 서구로부터의 실질적인 독립을 획득하고 경제발전을 이루며 자주적인 국민국가를 위협하는 전쟁 상황을 극복하고 평화를 이루는 것이 아랍인들의 관심이자 과제였다. 이 과제는 불행하게도 21세기에도 거의 해결되지 않은 상태로 남아 있다. 한편 아랍세계가 경험하는 종속과 폭력, 정치적, 경제적 저발전이 지속되고 있는 주된 원인 중 하나는 팔레스타인 문제이다. 자치정부 구성에도 불구하고 폭력적인 상황이 전혀 완화되지 않고 있다. 그 주된 이유는 1990년대 평화협상 등 외형적으로는 많은 노력이 있었음에도 불구하고 동예루살렘의 지위, 팔레스타인 난민문제, 정착촌문제, 자주적인 팔레스타인 국가 건설 등 핵심적인 사안에서 큰 진척을 보이지 못하고 있기 때문이다.

그렇다면 외부세계는 어떤 관심을 가지고 이 지역과 관계를 맺고 있는가? 무엇보다도 석유자원의 통제, 신자유주의의 관철, 군사적 기반의 유지, 이스라엘의 현 상태 유지가 관심의 주된 내용일 것이다. 걸프전 이후 이 지역의 절대 강자가 된 미국이 시도해 온 '새로운 중동질서(New Middle East Order)', 그리고 일부 유럽연합 소속 국가들이 1990년대 중반부터 추진하고 있는 '유럽-지중해공동체(Euro-Mediterranean Community)' 구상은 이러한 관심을 보다 체계적으로 진척시키기 위한 종합적인 시도라고 할 수 있다. 최근에는 '유럽연합'의 지중해 판이라고 할 수 있는 '지중해연합(Union for the Mediterranean)'이 결성되기도 했다(<그림 I-5> 참조).

지중해연합 회원국 중 유럽연합 회원국
유럽연합 회원국이 아닌 지중해연합 회원국

그림 I-5: <지중해연합> 가입국의 분포

역으로, 바로 이 요인들을 변화시키는 것이 아랍 내 비판세력의 목표라 할 수 있는데, 친외세 독재정권들에 의해 막대한 액수로 불어난 외채의 거부, 자유무역협정의 파기, 강대국과의 군사협정 재검토 등이 2011년 민주화운동이 추구한 목표 중 일부였다는 사실에서 이를 확인할 수 있다(Chawqui, 2011).

그런데 아랍세계는 내적인 동질성과 함께 소속 국가들 간의 차이점도 적지 않다. 이 지역에 대한 외부세계의 관심과 개입 역시 각 국가들이 지닌 역사적, 정치적 성격을 반영하고 있다. 아라비아 반도 국가에 대한 연구는 19세기 말부터 이 지역에 절대적인 영향력을 행사했던 영국, 그리고 1950년대부터 사우디아라비아를 맹방으로 만들어 대소련정책의 전초기지로 활용해 온 미국이 주도하고 있다. 130년 동안 프랑스의 한 지방으로 지낸 경험이 있는 알제리를 비롯해 모로코, 튀니지 등 북아프리카 3국에 대한 연구는 이 지역을 식민화했던 프랑스가 독점하고 있다. 팔레스타인, 이집트, 레바논, 요르단 등 팔레스타인 분쟁지역에 대해서는 역사적으로 연관성이 큰 영국이나 현재의 강국 미국이 논의를 주도하는 가운데 제한적이지만 역사적 연관이 있는 프랑스에서도 주로 이 지역 출신 학자들에 의한 연구가 있어 왔다. 이라크, 시리아, 리비아 등 민족주의 성향이 강한 정권이 지배해온 국가들의 경우에는 독립 이후 중심부 국가들의 철저한 무관심 속에 연구가 전무하다시피 하였다. 그러다가 최근 걸프전 등을 계기로 국제사회의 관심을 끌고 있다.

한편 이 지역에 대한 한국사회의 관심은 매우 최근의 현상이고 그 강도도 매우 약하다고 할 수 있다. 그 원인은 무엇보다도 한국과 아랍 및 중동이 지리적, 역사적, 문화적, 정치적으로 연관성이 매우 약했기 때문이다. 양자의 상호 무관심은 또한 우리의 미국 의존성과 아시아·태평양 중심적인 시각, 그리고 이와 반대로 중동 및 아랍사회가 지닌 유럽 또는 지중해 중심적인 시각 간의 괴리로 설명될 수도 있을 것이다(<그림 I-6>, <그림 I-7> 참조).

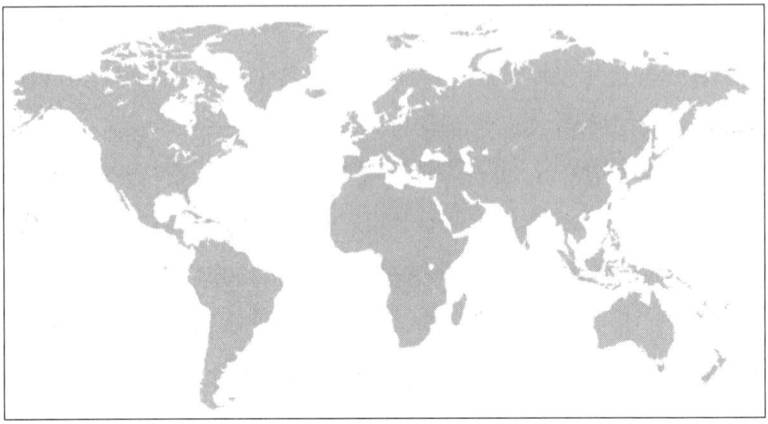

그림 I-6: 세계지도 1

* 위 지도는 구글에서 <world map>이라는 영문으로 검색했을 때 주로 나타나는 형태의 세계지도로서 지중해 세계가 중심에 있고 동아시아는 주변에 위치하는 것으로 표현되고 있다.

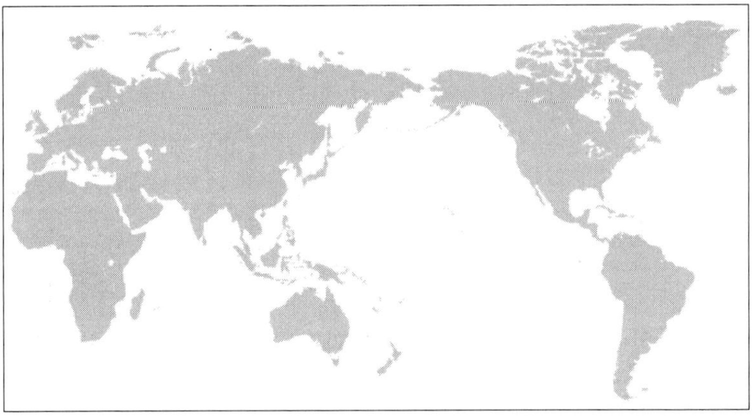

그림 I-7: 세계지도 2

* 위 지도는 구글에서 <세계지도>라는 한글로 검색했을 때 주로 나타나는 형태의 세계지도로서 태평양이 중심에 있고 동아시아는 미주 대륙과 함께 세계의 중심에 있으며 유럽 및 지중해 세계는 주변부에 있는 것으로 표현되고 있다.

최초의 본격적인 관심은 1970년대 석유 붐 시절 한국 기업의 중동진출을 배경으로 시작되었고 대학에 관련 학과가 신설되고 국가 차원의 관심이 나타났다. 그러다가 2001년 9·11테러와 미국이 수행한 전쟁을 배경으로 보다 강도있게 부활하는 양상을 띠었다. 이 지역에 대해 한국인과 한국사회가 가지는 관심의 성격은 다음과 같이 요약될 수 있을 것이다. 이슬람 등 이 지역의 문화에 대한 지적 호기심, 석유자원 및 건설 분야를 중심으로 한 경제적 관심, 이라크 파병의 사례에서와 같은 정치적 관심, 9·11테러 이후 국제정세에 대한 관심, 미국의 대외정책에서 중동과 한반도의 군사적인 상황이 가지는 긴밀한 연관성에 대한 관심, 선교의 대상지역, 해외봉사활동 지역, 사회운동 진영이 생각하는 국제연대의 대상으로서의 관심이 그것이다.

3. 아랍세계에 대한 논의의 특징

이 절에서는 다른 지역과 비교해 아랍세계에 대한 논의가 지니는 특징을 다음과 같은 두 가지 측면에서 설명해본다.

첫째, 이 지역은 세계의 어느 곳보다도 정체성 문제가 중요하게 다루어져 왔다. 즉 아랍인은 누구이며 아랍세계가 서구 등 외부세계와 맺는 관계는 무엇인가에 대한 관심이 큰 것이다. 개별 국가만큼이나 아랍 전체 차원이 중시되는 것도 아랍인으로서의 정체성이 중요하게 고려되기 때문이다.

둘째, 도시화, 교육, 경제, 인구 등 근대 이후 대다수 사회들이 겪고 있는 보편적인 측면이나, 문화, 사상, 정당, 사회운동 등 세속적인 현상보다는 이슬람이라는 종교적 측면에 관심이 집중되어 있다.

1) 정체성 문제의 중요성

사회적 차원에서 정체성 문제가 중요하게 부각되기 시작한 것은 오스만 제국 해체기였다. "우리는 누구인가", "우리에게 서구는 무엇인가", "우리는 왜 이런 불행에 처하게 되었는가", "우리의 문제를 해결할 구심점은 무엇인가" 등의 질문을 던질 때 '우리'는 오스만 제국에 속한 오스만인 전체에서 점차 아랍인들로 축소된다. 이후 아랍인으로서의 정체성은 1950~1960년대 아랍민족주의 시대를 지탱한 주된 자원이 된다. 서구의 영향력에서 벗어나면서 아랍인들은 근대 이후 자신들이 경험한 다양한 문제의 원인을 아랍 자체의 분열에서 찾았다. 이들은 "우리의 불행은 우리가 갈라져 있기 때문"이라는 인식으로부터 출발하여 아랍의 통합을 해결책으로 제시하였다. 오래 지속되지는 않았지만 시리아와 이집트가 '아랍연합공화국'[2]이라는 국가를 만든 것은 아랍민족주의가 지향했던 바를 잘 보여주었다.

1967년 6일 전쟁에서의 치욕적인 패배는 이스라엘의 존재를 인정하지 않을 수 없게 하였고, '아랍'의 통합이 더 이상 현실적으로 유효한 전략이 아니라는 점을 깨닫게 해주었다. 이를 대신해 '이슬람'이 당대 문제 해결의 열쇠로 여겨지게 되었다. "우리의 불행은 잘못된 신앙 때문"이라는 인식은 이후 광범위한 사회의 '재이슬람화'를 촉진시키게 된다. 이제 아랍인들은 '아랍인'으로서의 종족적인 측면보다 '무슬림'으로서의 종교적 정체성을 더 중시하게 된다. 그러나 머지않아 무슬림으로서의 종교적 정체성이 아랍세계가 처한 현실을 극복하는데 효과적이지 못

---

2 아랍연합공화국(United Arab Republic, 또는 통일아랍공화국)은 1958년에서 1961년까지 지속된 두 국가의 정치연합이었고 1961년 시리아의 탈퇴 이후에도 이집트는 이 국호를 1971년까지 사용하였다.

하다는 자각도 생겨났다. 최근 아랍세계 전역에서 전개된 '아랍의 봄'이라는 이름의 민주화운동은 빈곤과 실업, 그리고 노동조건 및 생활조건의 악화에 직면한 대다수의 사람들이 계급적 정체성을 강하게 느끼게 된 계기가 되었다. 이와 함께 이번 민중봉기는 1970년대 이후 이슬람주의의 부상으로 쇠퇴했던 아랍민족주의, 그리고 아랍인으로서의 초국가적 정체성이 다시 부상할 수 있는 가능성을 제기하고 있다.

아랍세계에 사는 사람들이 특정 국가의 국민으로서의 국민적 정체성 못지않게 아랍세계 또는 아랍민족의 구성원으로서의 정체성을 강하게 느끼는 것은 비단 아랍미족주의 시대에 국한된 것은 아니다. 아랍인들은 그들이 직면한 문제를 단순히 일국 차원으로 이해하기보다는 아랍지역 전체 차원에서 그 원인을 찾고 해결책을 모색하는 경향이 강하다고 할 수 있다. 그 배경에는 무엇보다도 아랍인으로서의 일체감, 즉 아랍적 정체성이 존재한다. 이슬람을 태동시킨 아라비아반도의 베두인족이 이슬람을 무기로 주변지역을 장악하면서 이슬람화와 동시에 아랍화 현상이 나타났다. 종족적으로는 차이가 있지만 코란의 언어 아랍어를 공유한다는 점을 토대로 광범위한 지역에서 아랍적 정체성이 형성된 것이다.

이란인이나 터키인 등 다른 종족에게 제국의 주도권을 넘겨준 이슬람 제국 시절 아랍인들은 자신들을 아랍인으로서보다는 제국의 일원으로, 그리고 제국에 속한 지방이나 도시의 일원으로 간주하는 경향이 강했다. 그러다가 오스만 제국의 해체를 전후해 아랍인으로서의 정체성이 제국을 대체할 정치적 기획의 동력으로 간주되었다. '아랍부흥운동(Arab revivalism)'은 바로 이슬람 초기의 소위 '황금시대'에 아랍인들이 오리엔트 지역에서 가졌던 지위를 회복하려는 시도였다. 아랍어 및 이슬람의 주된 종족이라는 역사적, 문화적 요인과 더불어 정치적, 경제적 요인도 아랍적 정체성의 중요한 기반이다. 즉 아랍 전체에 영향을 미치는 이스라엘의 존재와 팔레스타인 문제, 그리고 비산유국을 포함해 아랍경제에서 중요한 비중을 차지하고 있는 석유는 현실적으로 아랍인들을 운명공동체로 만드는 요인이다. 6일 전쟁에서의 패배와 아랍민족주의의 상징이었던 이집트 대통령 압델 나세르(Abdel Nasser, 1954~1956년 총리, 1956~1970년 대통령 역임)의 죽음, 그리고 역시 이집트 대통령으로서 이스라엘과의 타협에 나섰던 안와르 알 사다트(Anwar al-Sadat, 1970~1981년 대통령 역임)의 '개방정책'(아랍어로 인피타(Infitah)로 불림)으로 아랍민족주의는 사실상 사망선고를 받게 된다. 그리고 이집트, 시리아와 함께 아랍민족주의의 기반이었던 이라크 바트당 정권이 2003년 이라크 전쟁으로 미국에 의해 붕괴되면서 21세기 아랍인들은 단합의 구심점을 완전히 상실했다. 그러나 최근 아랍세계에서의 민중봉기는 아랍국가들의 문제가 아랍 전체 차원의 문제이기도 함을 다시 한 번 상기시켰다. 아랍주의는 사라졌지만 '아랍문제'는 사라지지 않은 것이다. 팔레스타인과 이라크의 상황이 잘 보여주듯이 21세기 아랍세계는 재식민화되고 있다(Abu Rabi', 2004: p. 90). 1950~1960년대 이집트를 중심으로 한 사회주의적 아랍민족주의가 당시 아랍세계의 온전한 탈식민화를 이끈 중요한 동력이었다. 이와 유사하게 지금 아랍세계는 독립 이후 지속되어 온 신식민주의 상황과 최근 중심부 국가들의 경제위기로 인해 나타나고 있는 보다 직접적인 식민주의적 지배에 대한 대응방안을 필요로 하고 있다. 이스라엘이 팔레스타인 지역에서 추진해 온 유대인 정착촌 확대나 전쟁을 통한 미국의 정치군사적 지배는 식민주의의 부활을 보여주는 사례라고 할 수 있다. 이러한 새로운 도전을 어떻게 극복하는가, 어떻게 이 지역 국가들의 독립을 보장하는가 하는 것이 아랍세계의 미래를 좌우하게 될 것이다. 이러한 측면에서 현재 아랍 전역에서 분출하고 있는 민중봉기는 반독재민주화운동이자 재식민화에 대한 저항운동이라고 할 수 있다.

자료 I-1 이스라엘 팽창주의와 아랍 진영의 대응: 주요 연표

1948년 이스라엘 국가 창설 이후 지속적인 영토확장으로 팔레스타인 전 지역과 인접국의 일부 영토 장악

1956년: 2차 이스라엘-아랍전쟁 발발, 나세르의 수에즈운하 국유화를 응징하려는 영국, 프랑스가 이스라엘과 연합하여 아랍진영과 전쟁

1964년: 1950년대부터 팔레스타인 난민촌이 있던 레바논에서 아랍지식인들을 중심으로 팔레스타인해방기구(PLO)가 창설됨

1967년: 6월 10~15일 3차 이스라엘-아랍전쟁 발발, 이스라엘이 이집트의 시나이반도, 요르단 통치하의 요르단강 서안, 동예루살렘, 시리아의 골란고원 점령, 이집트의 패배, 아랍민족주의의 쇠퇴,

1969년: 아라파트가 팔레스타인해방기구(PLO)의 의장이 됨

1970년: 이집트 대통령 나세르 사망

1973년: 4차 이스라엘-아랍전쟁 발발, 이집트의 승리로 시나이반도 수복

1975년: 4월 13일: 레바논내전 발발

1977년: 11월 19~21일 사다트의 예루살렘 방문

1978년: 9월 5~17일 이집트, 이스라엘, 미국의 캠프데이비드 조약 체결

1979년: 3월 26일 이스라엘-이집트 평화협정

1980-88년: 이란-이라크전쟁

1982년: 6월 6일 레바논에 이스라엘 군대 진입

1987년: 12월 9일 이스라엘 점령하의 팔레스타인 지구에서 인티파다 시작

1992년: 8월 2일 이라크에 의한 쿠웨이트 침공

1991년: 1월 17일~2월 28일 걸프전

1991년: 10월 30일 마드리드에서 이스라엘-아랍 평화협상 개시

1991년: 11월 16일 유엔은 시오니즘을 인종차별주의로 인정한 1975

년 11월의 유엔 결의안 폐기

1993년: 9월 PLO와 이스라엘 간 오슬로 조약 체결

* 오슬로 조약의 내용: 1999년 5월까지 다음의 사항들 이행 약속

① 가자와 요르단강 서안의 예리코 지역에 대한 팔레스타인의 자치권 허용

② 팔레스타인 자치정부 수립을 위한 팔레스타인 주민들만의 총선 실시

③ 국경문제, 난민문제 및 예루살렘 귀속문제에 대한 계속적인 협상 진행

④ 가자와 요르단강 서안 지역으로부터 이스라엘군의 단계적 철수

1993년: 9월 9일 이스라엘-PLO 상호승인

1994년: 10월 26일 이스라엘-요르단 평화협상

1994년: 7월 아라파트가 예리코 지역에서 팔레스타인 자치정부 수립을 공식 선언

1995년: 11월 이츠하크 라빈 수상 암살

1996년: 1월 아라파트, 팔레스타인 자치정부 수반에 당선, 선거를 통해 88명으로 구성된 국가평의회 구성

1998년: 10월 23일 와이 조약 체결: 팔레스타인 측이 오슬로 조약에 의한 팔레스타인 독립국가 선언(1999년 5월)을 천명하자 갈등 증폭. 이 상황에서 미국의 중재로 요르단강 서안에서의 이스라엘군 철수 확대와 팔레스타인 정치범 일부 석방, 팔레스타인의 대이스라엘 테러 방지를 골자로 하는 와이 조약 체결

2000년: 7월 11일 캠프데이비드 중동평화회담 개최, 합의에 실패

2000년: 9월 2차 인티파다 시작

정체성은 "우리가 누구인가", "우리를 하나이게 하는 공통점은 무엇인가"와 같은 우리에 대한 질문과 함께 외부와의 차이, 외부와의 관계에 대한 문제의식을 포함하는 것이다. 이런 측면에서 근대 이후 아랍인들의

정체성 형성은 서구와의 관계에 대한 고민의 과정이었다고 할 수 있다. 정체성 문제는 특히 아랍사회의 엘리트 집단들의 문제였고 근대 이후 아랍사상의 핵심적인 주제였다. "동양(Orient)의 문제는 서양의 문제(Coquery-Vidrovitch 등, 1988)"라는 명제가 잘 보여주고 있듯이 (오리엔트의 주된 부분인) 아랍세계의 문제는 (근대 이후 밀접한 관련을 맺어온) 서양과의 관계 속에서 규명되어야 한다. 오스만 제국이 통치하던 지역은 소위 '열강'이 가장 큰 관심을 가진 지역이었고 서구의 압력이 크게 작용하여 오스만 제국이 해체된 이후에도 여전히 아랍인들은 이를 대체할 정치적 구심점의 건설을 모색해 왔다. 아랍문제의 핵심인 팔레스타인 문제의 기원은 나폴레옹 전쟁이 확산시킨 민족국가 이념이 촉발시킨 19세기 유럽의 '민족문제'와 밀접한 관련을 맺고 있으며, 그 정점으로서의 '유대인문제'와 직결되어 있다. 열강의 제국주의 지배를 배경으로 유럽에서 아랍으로 이전된 유대인문제는 팔레스타인 문제를 초래했고 역설적으로 이스라엘-팔레스타인 관계는 정복, 점령, 지배, 차별을 특징으로 하는 서구 대 비서구 관계가 극단적인 방식으로 재현된 것이었다.

서구와 밀접한 관계를 맺어온 이러한 역사적 배경으로 인해, 그리고 최근 석유라는 매개체를 통해, 아랍세계는 세계 어느 지역보다도 유럽, 미국 등 중심부 국가들에게 과도하게 개방된 지역이다. "민족주의와 국제화가 오스만 제국 해체 이후 중동을 특징짓는 가장 중요한 요인"이라는 이집트 전문가 앙리 로랑스의 표현은 이러한 점을 압축적으로 보여준다(Henri Laurens, 2004: pp. 439~440). 그 결과 아랍국가들의 사회현상에는 외적 요인이 크게 작용한다. 예를 들어 강대국과 국제금융기구가 강요한 신자유주의 경제개혁은 실업과 빈곤, 지역 및 계층 간 격차를 심화시켰고 최근 민중봉기의 주된 배경이 되었다. 또한 외세가 연루된 전쟁과 테러리즘이 가져온 지역질서의 불안정은 아랍정권들의 억압정치를 정당화하는 근거가 되어 왔다.

지적인 측면에서도 근대 이후 아랍인들은 서구와의 관계를 중심으로 세계를 이해하는 경향이 강했다. 르네 갈리소는 이러한 아랍적 특수성을 다음과 같이 설명했다. "아랍인들은 근대 초기 상황을 자본주의의 확장이나 그 결과로서의 종속의 문제가 아니라 외세, 즉 서구의 영향을 중심으로 이해했고 그래서 이슬람은 기독교 서구에 대한 문화적 형태의 대응으로 인정받았다"(René Gallissot, 1977: 553). 지금도 많은 아랍인들은 자신들이 직면한 문제를 자본주의나 제국주의와 같은 보편적인 현상의 결과가 아니라 '이슬람'을 증오하는 '기독교 서구'의 사악한 전략에 기인한 것으로 간주한다.

▌자료 I-2▐ 유대인문제

19세기 중엽 이래 유럽의 유대인들이 겪은 운명은 민족주의 논리가 어떻게 서구에서 오스만 제국으로 이식되고 서구지배의 도구로 기능했는지를 잘 보여준다. 다민족사회였던 중동부유럽 지역은 베스트팔렌조약 이래 일반화된 1민족 1국가 원리에 따른 정치적 정체성의 민족화로 급격한 변동을 겪게 된다. 무엇보다도 그 논리적 귀결로서의 범게르만주의의 발흥은 그때까지 경제적, 문화적으로 유럽사회에 잘 통합되어 있던 유대인들에게 그들의 세계관, 정체성의 일부에 불과했던 먼 과거의 유산들을 동원한 새로운 배타적 정체성의 구성을 강요하게 된다. 이후 반유대주의의 격화로 그들만의 정치적 공동체 형성을 추구하는 '정치적' 시온주의(Zionism)[3]가 중동부유럽 각지에 산재해 있던 유대인 공동체에서 힘을 얻게 된다. 이후 이렇게 유대인의 종교적 정체성이 정치화하면서 대두된 유대인만의 민족국가 건설이라는 전망은 분할지배전

---

[3] 시온주의에 대해서는 이 책의 207쪽 <자료 III-1>을 참조하시오.

략을 통해 오스만 제국을 지배하려던 유럽 열강의 구상과 결합하게 된다. 이 분열전략은 민족의 자결권, 민족국가 이념을 전파하면서 제국을 구성하고 있던 하위민족들 고유의 종족적, 종교적 정체성을 부각시키는 것을 포함하고 있었다. 그리고 이를 정치적으로 이용해 제국의 통합성을 약화시키려는 것이었다. 그런데 이러한 열강의 입장에서 볼 때 절대적인 민족적 정체성을 내세우는 유대인들의 독자적 국가건설은 그들이 전파하던 민족국가의 전형을 보여주는 것이었다. 이 과정에서 팔레스타인 거주 아랍인들은 단지 땅을 빼앗겼을 뿐 아니라 다른 지역 아랍인들과 구분되는 민족적 정체성을 강요당하게 된다. 즉 열강은 요르단강을 기준으로 그 서쪽지역에 살던 팔레스타인인들과 동쪽의 '순수한' 아랍인들과의 차이를 부추김으로써 유대국가 창설에 대한 아랍민족의 통일된 저항을 약화시키려 했다. 더불어 이러한 상황에서 다른 지역에서 아랍인들과 함께 살던 유대인들도 고향을 떠나 팔레스타인으로 오지 않을 수 없게 된다. 결과적으로 유럽에서의 민족주의 현상의 희생양이었던 유대인들은 유럽으로부터의 집단이주와 그들만의 국가창설 과정을 통해 결과적으로 유럽열강의 이해와 민족국가 논리 확산에 기여하게 된다(Corm, 1991; Arendt, 1982; Laurens, 1993).

2) 이슬람 중심의 논의

종교는 근대 아랍 지식인들의 핵심적인 관심 주제였다. 내세로 세속적인 아랍사상가들은 종교를 중심에 둔 사상가들과는 다른 이론과 방법론을 사용했지만 그럼에도 불구하고 이들 역시 종교와 관련된 논의를 피해 갈 수 없었다(Abu Rabi', 1996: p. 23). 최근까지도 아랍사회에 대한 논의는 종교문제에 갇혀 있었다고 볼 수 있다. 이러한 역사적 배경에서 볼 때 최근 아랍지역의 민주화운동에서 종교문제나 종교세력이 아니라 세속적인 세력과 세속적인 문제가 중심이 된 점은 종교 중심의 기존 논의 구도가 변화할 수 있는 가능성을 보여준다는 점에서 역사적 의의가 있다

고 할 수 있다.[4]

근대 이래 아랍세계에 대한 서구의 논의는 이슬람에 과도하게 집중되어 왔다. 아랍세계에 대한 대부분의 저작들이 이슬람에 초점을 두었으며 그 경우 이슬람은 아랍과 동일시되었다. 즉 아랍인들의 문화와 역사에 대한 다각도의 조명이 이루어지기보다는 '이슬람의 민족'으로서의 측면만 주로 다루어진 것이다. '아랍-이슬람주의'라고 불리는 이러한 접근방식은 오리엔탈리즘의 영향을 받은 학자들의 관행만은 아니었으며 객관적으로 존재하는 현실이기도 했다. 즉 1920년대 '이슬람개혁주의'[5]의 이슬람공동체론이 이후 아랍공동체론으로 변형되면서 아랍과 이슬람을 동일시하는 '아랍-이슬람주의'가 형성되었던 것이다. 식민지를 겪고 난 이후, 심지어 세속적인 민족주의 정권에서도 이슬람의 비중이 크게 줄지는 않았다. 터키나 이란과 달리 서구의 직접적인 지배를 받은 경험이 있는 아랍국가들에서 이슬람은 반제의 상징으로 동원되었던 것이다 (Keddie, 1972: p. 52). 또한 정치권력의 입장에서도 민중을 동원하는데

---

4 물론 현실이 이러한 변화를 쉽게 용인하지는 않았다. 외세가 개입된 내전을 겪게 된 리비아와 수니파와 시아파 간의 문제로 비화된 바레인에서의 사태전개로 인해 다시 종교분쟁, 지역분쟁, 국제사회의 개입이라는 익숙한 현상의 귀환이 나타났던 것이다. 현실은 우리로 하여금 전쟁담론과 종교담론의 쳇바퀴에서 벗어나지 못하게 하고 있는 것이다. 다시 '정상'으로의 복귀가 지연되었던 것이다. 정권 역시 마찬가지 논리를 활용했다. 2011년 2월 3일 압델아지즈 부테플리카(Abdelaziz Bouteflika, 1999년부터 대통령 재임) 대통령의 언급이 있은 다음 14일 알제리 외무장관 무라드 메델치(Mourad Medelci)는 금명간에 1992년 이슬람주의자들을 대상으로 한 대테러전쟁 차원에서 도입된 비상계엄을 해제한다고 말했다. 내전 초기 리비아 대통령 무아마르 알 카다피(Muammar al-Kadafi)는 프랑스 주간지 『일요신문(Journal du dimanche)』과 가진 인터뷰에서 자신은 리비아를 장악하려는 알카에다의 테러리즘과 싸우고 있는 것이라고 말했다. 그러면서 왜 국제사회가 이 대테러전쟁에서 자신을 도와주지 않는지 이해할 수 없다고 했다(『Le Monde』 2011년 3월 6일자에서 재인용).

5 이슬람개혁주의에 대해서는 이 책의 107~114쪽을 참조하시오.

민중문화의 핵심적인 요소인 이슬람을 무시할 수 없었다.

이슬람과 이슬람주의에 관한 논의가 아랍 및 중동 관련 담론을 독점하게 되기 이전까지 중동 및 북아프리카에 대한 논의는 문화적 차원을 강조하는 『문화의 해석』의 저자 클리포드 기어츠(Clifford. Geertz)의 이론과 사미르 아민(Samir Amin)의 정치경제학적 설명이 양대 산맥을 이루고 있었다. 이집트 출신 맑스주의 경제학자인 아민은 동시대에 남미에서 발전한 종속이론을 중동 및 아프리카에 적용하였다. 세네갈 수도 다카르에 아민이 설립한 『제3세계 포럼(Forum du Tiers-Monde)』은 그가 중동 및 아프리카 시역연구와 맑스주의에 기여한 바를 다음 네 가지로 요약하고 있다. 첫째, 기존의 발전이론 및 발전 경험에 대한 비판, 둘째, 아민이 '현실 자본주의'라고 부른 세계체제에 대한 대안적인 설명, 셋째, 사회구성체론 등 맑스의 역사유물론의 재구성, 넷째, 후기자본주의사회에 대한 재해석이 그것이다.[6]

그러다가 세속적인 아랍민족주의가 실패하고 이슬람주의가 부상한 1980년대 이후가 되면 대부분의 연구들이 이슬람만 다루게 된다. 특히 '이슬람주의(islamism, islamic fundamentalism, political islam)'라는 정치적 성격의 이슬람 현상에 관심이 집중되었다. 올리비에 후아(Olivier Roy), 질 케펠(Gilles Kepel)과 같은 스타 연구자들이 탄생했고, 시카고 대학에서는 '근본주의 프로젝트(The Fundamentalism Project)'의 결과로 일련의 저작들이 출간되기도 하였다(Marty and Appleby, 1991). 구미 각 대학에서 이슬람 및 아랍 분야의 연구소와 학술지의 창설, 이슬람주의를 다루는 연구서들이 봇물을 이루었다. 이러한 이슬람 붐의 배경을 보면

---

[6] http://www.forumtiersmonde.net/fren/index.php?option=com_content&view=article&id=115%3Asamir-amin-a-dissenting-economist&Itemid=114

서구인들은 이슬람주의에서 바로 1세기 전 그들이 만든 오리엔트에 충실한 이미지를 발견하였던 것을 알 수 있다.

이슬람주의 현상에 대해 다양한 유형의 전문가들에 의한 다양한 평가가 이루어졌다. 언론이나 학계를 막론하고 전반적으로 부정적인 시각이 강했지만 긍정적인 평가도 적지 않았다. 이란혁명 이후 이슬람의 정치적, 사회적 부상에 대한 비판적인 조명으로는 앨버트 후라니(Albert Hourani, 1987), 뷔르한 갈리운(Burhan Ghalioun, 1997)이 대표적이다. 정치적 이슬람의 부상을 보면서 샤를르 리즈크(Charles Rizk, 1983)는 19세기부터 지속되어 온 오랜 근본주의적 이슬람의 전통으로 인해 세속적인 아랍민족주의는 불가능하다는 비관적인 전망을 내놓기도 하였다. 반면에 올리비에 꺄레(Olivier Carré), 질 케펠(Gilles Kepel), 존 에스포지토(John L. Esposito), 로버트 미첼(Robert P. Mitchell), 프랑수아 뷔르가(François Burgat) 등 대표적인 이슬람전문가들은 이슬람주의가 지닌 근대적인 측면을 강조하거나 더 나아가 기존 사회운동과는 다른 급진적이고 혁신적인 측면을 높이 평가하기도 하였다. 물론 이슬람주의 진영 자체의 지식인들도 등장하였다. 수단의 하산 투라비(Hassan Tourabi), 튀니지의 하쉬드 알 간누쉬(Rashid al-Ghannuchi), 알제리의 아바시 마다니(Abassi Madani)와 알리 벤하지(Ali Benhadj) 등이 대표적인 인물들이었다. 사이드 라마단(Said Ramadan), 타리크 라마단(Tariq Ramadan) 등 글로벌한 규모를 가지고 있는 무슬림형제단(Muslim Brotherhood)의 지도자들도 이슬람주의의 지도자이자 사상가들이다.

한편 알 아쉬마위(Al-Ashmawy, 1989), 자카리아(Zacharia, 1990)의 저작 등 아랍세계 내부에서 활발하게 전개된 이슬람주의 비판의 흐름은 유럽에 알려지지 않았는데, 그 원인 중 하나는 서구적 시각에 물든 아랍출신 학자들이 아랍에서 활동하고 있는 학자들의 입장을 유럽에 소개하기를 거부하였기 때문이다. 아랍세계에 대한 뉴스를 장식해 온 길거리에서의 예배 광경이나 테러리스트들의 이미지는 아랍인들 전체가 이슬람주의자인 것처럼 인식하게 만들었고, 아랍 내부에서 펼쳐진 이슬람주의 비판의 흐름은 외부세계에 소개되지 않았던 것이다. 이슬람주의, 테러리즘 등 최근 현상에 대한 유럽의 연구들이 대부분 극히 피상적인 수준이며, 다른 분야의 연구들에 비해 학문적 수준이 비교적 낮은 것도 아랍세계에 대한 논의가 선별적이고 정치적이라는 점과 연관성이 있을 것이다. 보다 역사적인 차원에서는 오리엔탈리즘의 전통에서 그 원인을 찾을 수도 있다. 오리엔탈리즘의 연구는 그 본질상 실증적이거나 역사적인 접근이 어려운 구조적 한계를 가지고 있었던 것이다. 실증적인 연구가 어려운 것은 구체적인 현상에 대한 정보를 극히 제한적으로만 활용하고 이마저도 주어진 틀에 맞추어지는 경향이 강하였기 때문이다. 또한 역사적인 접근이 어려운 것은 오리엔탈리즘이 지닌 환원론적 성격과 연관성이 있다. 일반적인 근대학문과 달리 이슬람이나 중동에 대한 연구분야에서는 전문성이 지식 그 자체와 유리되어 있다. 전문성은 지식보다는 정치가들이나 사업가들과 연계된 전문가 집단에의 소속 여부에 더 좌우된다. 외교, 전쟁, 독재정권 전복과 같은 정치적인 요인이 학문적인 객관성보다 더 중요하게 작용하는 것이다. 그리고 이러한 맥락에서 형성된 전문가 집단은 역사나 현실에 기반을 둔 과학적인 연구가 등장하지 못하도록 강력히 저항한다. 그렇지 않으면 자신들의 기득권과 일자리가 위협받기 때문이다(Al-Azmeh, 1993: pp. 180~181).

3) 보편적, 세속적 차원에 대한 무관심

에드워드 사이드에 앞서 오리엔탈리즘에 대한 체계적인 비판을 제시했던 이집트의 맑스주의 이론가 아누아르 압델 말렉[7]은 아랍세계가 식민지에서 해방된 지 얼마 되지 않았던 1960년대 초 "오리엔트인들(Orientals)의 시각은 유럽인들과 달리 식민지에서 해방된 사회의 물적(material) 측면, 그리고 이 사회의 '현재'에 초점을 맞추어야"한다고 말한 바 있다(Anouar Abdel-Malek, 1967: p. 112). 식민지로부터 해방된 이후의 이 '현재'에는 이슬람 이외에도 다양한 세속적 이념과 사회운동이 존재한다. 이슬람사상(Muslim thought)은 현대 아랍사상(comtemporary Arab thought)의 핵심적인 부분이지만 전체를 대표하고 있지는 않다. 아랍사상에는 이슬람사상 이외에도 아랍세계가 직면한 문제들에 답하려는 다양한 세속적인 경향이 존재한다. 아부라비는 현대 아랍사상을 네 가지 경향으로 구분한다. 이슬람적 경향, 민족주의적 경향, 자유주의적 경향, 맑스주의 및 좌파적 경향. 그리고 여기에 아랍민족주의에서 전형적인 방식으로 나타난 지역주의적 흐름을 추가할 수도 있다(Abu-Rabi', 2004: pp. 63~92).

이미 근대 초부터 아랍은 사상적으로 유럽과 동시대적인 경험을 해왔다. 19세기에 등장한 유럽 좌파의 다양한 조류가 유입되었고, 경제 및 계급구조의 차이로 인해 서구와는 다른 양상을 보였지만 노동운동 역시 서구와의 접촉이 활발했던 지역에서부터 발달했다. 특히 이집트는 이미 1840년대 열강에의 굴복에 따른 시장개방과 자본주의화를 경험하였고 노동계급이 형성된다. 1908년에는 철도와 전차 부문에서 최초의 노동조

7 압델 말렉은 사이드가 『오리엔탈리즘』을 출판하기 훨씬 전인 1960년대 초 19세기 유럽의 오리엔탈리즘이 식민화 과정의 보조장치, 다시 말해 식민지 백성들이 유럽 열강들에게 더 잘 복종할 수 있게 하는 수단으로 작용했다고 비판하였다. 이와 함께 1950년대를 전후해 진행된 탈식민화(decolonization)로 인해 제국주의의 이데올로기였던 오리엔탈리즘이라는 지식이 존재근거를 상실하게 되었고 역으로 탈식민화는 비유럽 또는 오리엔트인들 스스로에 의한 오리엔트 사회 연구를 가능케한 조건을 만들었다고 말했다.

합이 결성되었고 1921년 노동조합총연맹(Egyptian Trade Union Confederation)이 탄생하게 된다(Couland, 1978). 이번 아랍 민주화운동의 기폭제가 되었던 튀니지 역시 식민지 시대부터 강한 노동운동의 전통을 가진 사회였다. 이집트, 알제리 등 아랍국가들은 1950~1960년대에는 당시 냉전의 양대 세력이었던 미국과 소련 어느 쪽에도 속하지 않는 비동맹운동의 핵심세력이었으며 제3세계주의, 즉 계급간의 적대적 관계는 한 사회 내부가 아니라 외부에 있다는 독자적인 좌파사상의 거점이었다.

그런데 아랍세계에 대한 유럽이나 미국의 연구에서 세속적인 현실이나 사상은 소홀히 다루어져 왔다. 세속적인 측면에 대한 무관심의 한 예로 아랍 좌파 일반, 마오주의자, 아랍민족주의, 아랍사회주의, 바트주의 등 아랍의 세속적인 이념이나 정당들에 대한 연구가 극도로 빈약한 점을 들 수 있다. 상대적으로 유럽 대륙보다는 영미권에서 이 분야의 연구가 활발하며, 특히 아랍세계 맑스주의의 역사에 대한 연구는 주로 아랍어권 연구자들에 의해 수행되었다(Corm, 2002). 마찬가지로 걸프전 등 국제정치적인 현상이나 아랍국가들 간의 경제협력 등 국제경제적 측면에 대한 연구도 드물었다. 1967년 6일 전쟁이 1970년대 이후 아랍세계의 정치적, 이데올로기적 구도를 바꾼 역사적 사건이었다면 1990년 걸프전 역시 미국을 중심으로 한 새로운 지역질서 형성의 시발점이 되었다는 점에서 새로운 시대를 여는 전환점이었다. 그런데 이렇게 중요한 의미를 지닌 사건에 대한 연구가 미미했다는 점도 세속적인 흐름에 무관심한 아랍세계 연구의 극단적인 불균형을 보여주는 사례이다. 그나마 문화로서 무슬림의 종교생활을 다룬 샤르네의 연구(Charnay, 1991), 이슬람과 발전의 관계에 대한 에스포지토의 연구(Esposito, 1984), 이슬람과 자본주의의 관계에 대한 로댕송(Rodinson, 1966)의 연구, 아랍사상에 대한 아쿤의 연구(Arkoun, 1984) 등은 정치화된 오리엔탈리즘을 넘어서 세속적이고 일상적인 측면을 복원하려고 한 대표적인 사례들이다.

보편주의적 접근을 강조한 또 다른 예는 사회운동론 분야에서 찾아볼 수 있다. 이슬람사회운동과 관련된 빅토로비츠(Wiktorowicz, 2004)의 언급을 보자. 그에 따르면 '이슬람행동주의(Islamic Activism)', 즉 이슬람권에서 일어난 이슬람을 표방하는 다양한 집단적 성격의 불만의 표현, 비판적인 실천을 지칭하는 현상은 여러 측면에서 일반적인 사회운동이나 집합행동과 유사하다. 그럼에도 불구하고 이 주제를 다루는 거의 대부분의 연구들은 보편적인 도구들을 사용하지 않는다. 그 대신에 범죄단체의 프로필처럼 이슬람주의 단체들이나 개인들의 이념, 구조, 목표 등에 대한 평면적인 서술에 그치고 있다. 이러한 학계의 분위기에서 스노우와 마샬(Snow and Marshall, 1984)의 연구는 최초로 사회운동론 연구에 이슬람행동주의의 사례를 포함시켰다. 문화제국주의와 이슬람 운동과의 관계를 다룬 이들의 연구는 구조적 긴장, 동원이데올로기, 자원동원 등 당시 사회운동론의 이론적 도구들을 적용하였다. 종교는 문화제국주의를 극복하기 위해 사용된 동원이데올로기와 조직적인 자원의 원천으로 묘사되었다.

4. 오리엔탈리즘에서 신오리엔탈리즘으로

1) 오리엔탈리즘

"19세기, 특히 1798년 나폴레옹의 이집트 정벌을 계기로 동양전염병(epidemic of Orientalia)이라고도 할 만한 현상이 나타났고 1829년에 빅토르 위고는 이에 대해, "루이 14세의 시대에는 사람들이 그리스 애호가였으나, 이제는 모두 오리엔탈리스트이다"라고 말했다(사이드, 1999: p. 102)."

서유럽과 오리엔트, 서유럽인들과 오리엔트인들의 관계는 한국과 일본, 한국인과 일본인의 관계에 비견될 수 있다. 지중해는 대한해협만큼이나 가깝게 두 지역을 이어주는 통로였다. 지중해를 사이에 두고 이탈리아, 프랑스, 스페인 등 서유럽 국가들과 마주보고 있으며 유고의 산악지대와 카프카즈 산맥을 경계로 중부, 동부 유럽에 접해 있는 아랍세계는 지리적으로, 역사적으로 유럽과 긴밀한 관계에 있었다. 물론 두 세계 사이에는 피레네, 알프스, 카프카즈와 같은 천연 장벽도 있었다. 그리고 이 장애물 저편은 저발전된 지역, 야만의 세계였다. 문명은 지중해 세계의 것이었고 로마 제국뿐 아니라 이슬람 제국 시대에도 동유럽과 스페인 등 남유럽의 일부가 이 문명세계에 편입되기도 했다. 근대 이전의 시기에 있어서는 유럽이 아랍 등 이 오리엔트 지역의 변방이었다고 말하는 편이 보다 정확할 것이다(<그림 I-8> 참조). 이슬람 제국에게 유럽은 천년 이상 변방이자 야만이었지만 19세기부터 이 관계는 역전된다. 두 세계 간의 세력 변화를 상징적으로 보여준 것이 1798년 나폴레옹의 이집트 정벌이었다. 이후 19세기 오스만 제국의 황실이나 일부 지역에서 시도된 일련의 근대적 개혁이나 합스부르크 제국과의 군사적 경합은 오스만 제국에 의한 마지막 세력 회복의 시도였다. 제1차 세계대전에서 영국과 프랑스에 맞선 투르크 황실의 패배는 이미 19세기 말부터 확연해진 유럽의 헤게모니를 추인해준 마지막 사건이었다.[8]

---

[8] 앨런 파머(Alan Palmer)는 오스만 제국의 몰락이라는 예상치 못한, 그러나 매우 오랫동안 진행된 과정을 다음과 같이 묘사하고 있다. " 현대 역사가들은 이 무렵부터[17세기 중엽] 오스만 제국이 정점을 지나 쇠퇴기에 접어들었다는 것을 인지할 수 있었지만, 힘없이 무너지고 있는 제국의 이러한 징조들을 당대의 술탄의 신민들이나 외국의 관찰자들은 전혀 감지하지 못했다. 쇠퇴 속에서도 오스만인들은 이슬람 제국의 국경을 기독교 세계의 변방지역으로 확장시키는, 신성한 사명에 계속 전념하고 있었기 때문이다. 17세기 말에 이르러서야 서양 군주들에게 진실이 분명히 보이기 시작했다. 1683년, 빈의 북쪽 언덕에서 벌어진 전투 결과를 들은 군주들

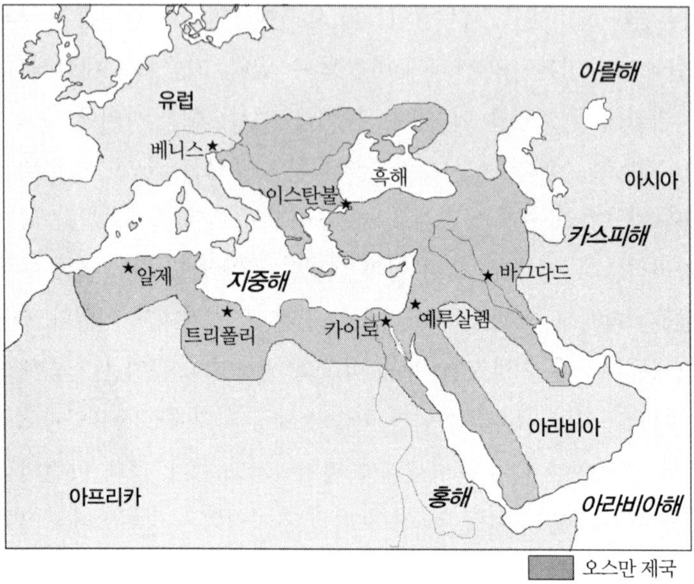

그림 I-8: 오스만 제국

오리엔탈리즘은 바로 이 '오리엔트'라고 불린 지리적, 문화적, 언어적, 민족적 단위에 대한 담론을 가리킨다. 이 새로운 학문분야이자 예술사조의 시작은 14세기 유럽 대학들에 오리엔트 지역 언어 강좌가 개설되면서부터이다. 오리엔트에 대한 관심은 특히 1798년 나폴레옹의 이집트 정벌을 계기로 본격화되었고 제국주의 시대에 꽃을 피우게 된다. 오리엔탈리즘에 대한 비판적 조명이 오래전부터 있어 왔고(Waardenburg, 1962; Daniel, 1960; Grosrichard, 1979) 또한 보다 포괄적으로 아랍사회에 대한

은 술탄의 군대도 자신들의 군대처럼 패배할 수도 있다는 진리를 깨닫게 되었다. 이제 전설적인 '투르크군'을 더 이상 두려워 할 필요가 없게 된 것이다. 그러나 투르크인들이 놀라운 회복력을 가지고 있다는 사실 또한 그들은 서서히 알게 되었다(파머, 2004: 22쪽)

서구의 시각을 비판한 연구들이 적지 않지만(Laroui, 1967; Charnay, 1980; Turner, 1974; Turner, 1978; Corm, 1989) 오리엔탈리즘에 대한 논의가 본격화된 것은 1977년 에드워드 사이드(Edward Said)의 『오리엔탈리즘』(Orientalism)이 출간되면서부터일 것이다. 사이드는 자신의 오리엔탈리즘 연구를 다음과 같이 요약한다.

> 오리엔탈리즘이란 동양이 서양보다 약했기 때문에 발생한, 본질적으로 정치적인 교의였고, 동양이 갖는 이질성을 그 약함에 관련시켜 무시하고자 하는 것이었다. 이상이 나의 주장의 요점이다(사이드, 앞의 책: pp. 360~361).

그런데 오리엔탈리즘은 '오리엔트' 세계를 규정하는 제1의 요소로 이슬람을 설정하였다.

> '동양(오리엔트)'이라고 하는 말이 단순히 아시아라는 동양 전체의 동의어가 아니고 또 멀리 떨어져 있는 것이나, 이국적인(exotic) 것을 막연히 지시하는 것도 아닌 경우, 그것은 이슬람이라는 동양을 가리키는 것으로서 지극히 엄격히 이해되었다(위의 책: p. 144).

이 점에서 우리는 이슬람 중심의 아랍 논의의 기원을 발견할 수 있다. 시대에 따라 변화가 있지만 오리엔트 연구자들에게 오리엔트는 악하거나 두렵거나 열등한 부정적인 타자였다. 그리고 이러한 부정적인 속성의 근원에는 이슬람이 있다고 간주되었다. 18세기 오리엔탈리스트 조셉피츠(Joseph Pitts)에게 이슬람은 가톨릭, 유대교, 아랍지역 종교들이 혼합된 것일 뿐이었다. 그가 이슬람의 핵심이라고 여긴 터키인들은 여성과의 일반적인 성교가 지겨워 항문성교를 선호하는 사람들이며 마호메트는 비열하고 음탕한 사기꾼일 뿐이라고 생각했다. 또한 코란은 거짓으로 가득찬 전설일 뿐이며 혐오스러운 궤변일 뿐이다. 계몽사상가 볼테르 역시 그의 저서『에언자 마호메트 또는 광신주의(Mahomet the Prophet or Fanaticism)』에서 마호메트를 야망과 욕망에 사로잡힌 사기꾼으로 묘사했다(Al-Azmeh, 1993: p. 163). 계몽주의 시대에 이슬람은 사악한 것이라기보다는 이상하고 한심스러운, 그리고 유럽 자신들로부터 멀리 떨어진 어떤 것으로 여겨지게 되었다. 그러다가 근대 오리엔탈리즘에서 이슬람은 이성, 자유, 완벽과 대조되는 속성을 지닌 것으로 그려졌다. 이슬람세계는 서구의 이성에 대비되는 격정적인 비이성으로 특징지어진 것이다. 이러한 속성은 정치적으로 광적인 모습을 띠는 것으로 간주되었고 그것은 이 지역에 대한 인식을 꾸준히 지배하고 있다. 식민지배나 신식민주의에 대한 저항은 바로 동물적인 비이성의 결과로 설명되었다(사이드, 앞의 책: pp. 168~169).

결국 이러한 오리엔트 또는 이슬람세계의 속성은 정치적 성숙이나 경제발전, 합리적인 사고의 발전을 불가능하게 하여 당시 이 지역의 쇠퇴나 정체의 원인으로 작용하였다고 설명되었다. 그리고 그 해결책은 서구화에서 찾아졌다. 해밀턴 깁(Hamilton Gibb), 쿠스타브 폰 그루네바움(Gustave von Grunebaum), 루이 가르데(Louis Gardet), 로버트 브룬슈비히(Robert Brunschvig) 같은 권위있는 오리엔탈리스트들은 아랍세계의 쇠퇴에 대해 진지하게 고민했고 서구화가 이에 대한 해결책이라는 결론을 내렸다. 이들에게 아랍세계의 위기는 무엇보다도 지적, 종교적, 문화적 차원의 것이었다. 서구화가 근대 이슬람세계의 지적 문제의 중심이어야 한다는 것이 이들의 생각이었던 것이다. 깁은 다른 많은 근대 오리엔탈리스트들처럼 서구화를 상호 연관된 세 가지 방식으로 이해했다. 첫째는, 서구의 군사기술 도입(이는 과학과 진보를 상징했다), 둘째는, 합리적인 세계관의 수용, 셋째는, 철학적, 교육적인 전망을 의미했다. 깁은 소위 '아랍적 사고(Arab mind)'가 진보를 가져올 수 없었던 원인에 관심을 기울였고, 그는 아랍적 사고가 분열적이고 개인적이고 원자적인(atomic) 성격을 지녔기 때문에 합리적인 사고가 발달할 수 없었다고 진단하였다. 특히 깁은 무슬림들이 이슬람에 대한 전통적인 방식의 이해를 극복할 때만 근대성을 수용할 수 있다고 주장하였다. 폰 그루네바움 역시 '아랍적 사고'가 서구식 합리주의로 변화해야만 한다는 깁의 입장을 공유하면서 서양의 오리엔탈리스트에 해당하는 아랍 또는 무슬림의 서구문화 전문 지식인 양성을 역설한다. 그에게 '아랍의 옥시덴탈리즘(Arab occidentalism)', 즉 서구사회에 대한 지식은 한편으로는 과거의 영향으로부터 벗어난 근대적인 '아랍적 사고'를 형성하고, 다른 한편으로는 대중이 서구사상을 익힐 수 있도록 서구화의 토대를 닦는 이중적 과제를 수행해야 한다(Abu Rabi, 1996: pp. 12~16).

2) 신오리엔탈리즘

아랍세계에 대한 오리엔탈리즘적 인식은 탈식민화 이후에도 지속되었다. 특히 국민국가의 형성이나 정치적 근대화가 원천적으로 불가능하며 봉건적인 정치체제가 지속될 수밖에 없다는 점이 강조되었다. 이슬람사회는 정치와 종교가 분리불가능한, 신이 지배하는 사회이므로 국민주권에 입각한 국민국가는 불가능하다는 것이었다. 서구사회에서도 국민국가나 민주주의, 시민사회 등의 현상은 19세기 이후에 본격화된 현상임에도 아랍세계의 정치적 상황은 단순히 뒤처진 것이 아니라 기독교사회와 다른 이슬람사회의 특수성에 기인하는 것으로 인식되었다. 이슬람과 함께 아랍사회의 유목적 전통, 즉 강한 종족적 유대와 그로 인한 국민적(national) 통합의 어려움도 정치적 근대화의 장애물로 간주되었다.

사이드에 따르면 탈식민화 이후에도 오리엔탈리스트들은 무슬림들이 여전히 서구의 민주주의와 자유에 반대하고 있다고 생각하였다. 『오리엔탈리즘』에서 그는 한국에도 잘 알려진 버나드 루이스를 이슬람사회를 왜곡시키는 이러한 현대적인 오리엔탈리즘의 대표적인 인물로 묘사하였다.[9] 루이스는 그의 논문 「무슬림들의 분노의 뿌리」에서 이슬람사회가 과거에는 관용적인 사회였다는 점을 인정하면서도 역설적으로 다원주의와 관용의 전통이 진보를 가로막는 요인이라고 설명한다. 즉 종교적 관용이라는 조건 때문에 기독교세계와 달리 신구교 간의 갈등과 같은 격렬한 대립을 통한 개혁을 경험하지 못하였고 그것이 정체를 낳았다는 것이다(Bernard Lewis, 1990). '이슬람의 유전자'라는 개념을 통해 아랍 또는 중동의 정치적 예외성을 논하기도 했다(Lewis, 2001). 이렇게 루이스에게는 근대 이후 아랍세계가 겪고 있는 문제가 제국주의 등 외적 요인이 아니라 주로 이슬람문화에 기인하는 내적인 결함에서 비롯되었다고 간주된다. 그러면서 무슬림들이 서구의 가치를 받아들일 수 없기 때문에 서구에 대해 문명의 충돌 수준의 극단적인 적대감을 보인다는 것이다.

대중적으로 확산되어 있는 이러한 인식과 달리 아랍세계에는 민주주의 등 서구의 가치와 제도에 대해 극단적으로 거부하는 입장부터 서구적 가치의 수용에 적극적인 입장에 이르기까지 다양한 입장이 존재한다.

---

[9] 버나드 루이스는 1916년 런던 출생으로 1949년부터 1974년까지 런던 대학교 아시아·아프리카 학과 내 중동사학 교수를 지냈고, 1974년에 미국 프린스턴 대학으로 옮겨 현재 이 대학 명예교수로 있다. 『역사 속의 아랍인』, 『유럽의 무슬림 발견』 등 중동의 역사와 문화에 관한 많은 저서를 남겼다. 국내에 번역된 책으로는 『중동의 역사』, 『무엇이 잘못되었나: 서구와 중동, 그 화합과 충돌의 역사』 등이 있다. 한편, 에드워드 사이드와 『오리엔탈리즘』을 놓고 벌인 논쟁으로 유명하기도 하다. 에드워드 사이드는 버나드 루이스를 일컬어 대표적인 오리엔탈리스트라고 주장했다. 이에 대해 버나드 루이스는 사이드가 자료에 근거를 두지 않은 자의적인 판단이라고 일축했다.

이슬람적 민주주의자, 이슬람적 인권운동가와 같은 '새로운 개혁주의자들'은 민주주의의 문제에 대해 진지한 입장을 제시하는 예들이다. 그런데 이러한 다원적인 현실과 달리 외부세계는 주로 민주주의를 절대적으로 거부하는 근본주의자들의 극단적인 반응에만 관심을 가지는 것이다(Milton-Edwards, 2006: p. 176).

오리엔탈리즘이 보다 힘을 얻게 된 것은 바로 재이슬람화(reislamization)와 이슬람주의의 부상을 배경으로 한 것이었다. 사회의 재이슬람화와 함께 '신오리엔탈리즘(Neo-Orientalism)'이라고 부를 수 있는 경향이 언론과 정치에서 지배적인 담론의 지위를 획득했다. 신오리엔탈리즘은 특히 이슬람주의의 부상을 설명하기 위해 등장한 전문가집단의 담론을 의미한다. 이들의 논리 중 '이슬람 예외주의(Islamic Exceptionalism)'가 가장 큰 성공을 거두었다. 이는 이슬람세계가 근대 이후 인류가 경험하고 있는 보편적인 변화에 영향 받지 않으려고 저항한다는 점을 강조하는 입장이다. 레디시에 따르면 이슬람예외주의는 일곱 가지 측면으로 구성되어 있다. 첫째, 이슬람세계의 문화가 지니는 이중성을 의미하는 문화적 예외성, 둘째, 근본주의적 경향이 강한 이슬람세계의 이데올로기적 예외성, 셋째, 종교가 전투적인 성격을 띤다는 군사적 예외성, 넷째, 다른 일신교와 그게 다른 신학적 예외성, 다섯째, 국가가 부를 독점하는 경제적 예외성, 여섯째, 민주주의를 발전시킬 수 있는 사회세력이 미약한 사회적 예외성, 일곱째, 권위주의라는 정치적 예외성이다. 이슬람예외주의는 이슬람을 본질적으로 반서구적인 속성을 지닌 것으로 규정하려는 목적을 가지고 있다. 따라서 서구적인 문화와의 차이를 강조한다. 정교분리주의, 민주주의, 인권 등 서구에서 태동한 가치나 제도를 받아들일 수 없는 속성, 그리고 폭력적인 성향 등이 강조된다(Redissi, 2004: pp. 25~26).

그러나 사회학적 연구들은 이슬람세계 역시 근대 이후 기독교세계가 경험했던 것처럼 종교가 사회를 전일적으로 지배하는 구조가 급속히 해체되기 시작하였음을 보여주고 있다. 그런데 이러한 신오리엔탈리즘 논의는 서양이 주도하고 있다. 유럽과 미국의 언론, 학술지, 연구소, 대학이 주된 터전이 되고 있는 것이다. 과거 오리엔탈리즘 역시 서구에서 태동하였고 발전하였다는 점에서 유사하지만, 아랍 등 이슬람세계 출신의 서구 학자들의 비중이 커졌다는 점에서 차이가 있다(위의 책: pp. 42~45). 이와 함께 이슬람 지식인의 글로벌화 현상을 확인할 수 있다. 이제 이슬람 지식인은 그간 독점적인 지위를 누렸던 아랍 지역뿐 아니라 중앙아시아, 아프리카, 동남아시아 등 세계 다양한 지역에서 충원되고 있다. 그리고 이러한 이슬람의 '세계화'는 영어의 비중을 높였다. 영어가 새로운 이슬람 지식인의 언어가 되고 있다(위의 책: p. 33).

▮ 자료 I-3 ▮ 아랍 정치에 대한 주요 접근방식

보자르슬란에 따르면 지난 수십 년 간 중동 또는 아랍지역의 정치현상 연구에 적용된 적어도 네 가지의 패러다임이 있다(Bozarslan, 2011). 첫째 패러다임은 이 지역을 이 지역 고유의 역사성을 고려하지 않고 보편적인 '근대주의적' 길에 입각해 설명하는 것이다. 두 번째 패러다임은 이 지역이 지닌 복합성을 무시하고 이슬람적인 측면만 강조한다. 세 번째 패러다임은 이 지역 고유의 권력구조 및 정치문화로만 현실을 설명한다. 네 번째는 이 지역이 전통적으로 강하게 지녀온 도시성을 무시하고 부족적인 측면만으로 이 지역을 설명한다. 보자르슬란은 실제 현실의 복합성과 변화를 고려하지 않는 이 네 가지 주된 접근방식을 극복하는 것이 중동의 정치사회학이 생성될 수 있는 조건이라고 말한다. 그의 논의를 중심으로 네 가지 패러다임을 살펴보자.

① 근대성 패러다임

근대성 패러다임은 레오나르 빈더(Leonard Binder, 1988) 버나드 루이스(Bernard Lewis, 1961), 니야지 버크스(Niyazi Berkes, 1964) 등의 연구에서 시작된다. 빈더는 전통과 근대의 이분법에 입각해 아랍지역의 변화를 전통 극복의 과정으로 설명했다. 그는 아랍사회가 서구처럼 세속화되기는 불가능하다고 생각했지만 근본주의적인 이슬람이 아니라 자유주의적인 이슬람(liberal islam)으로의 변화는 가능하다고 전망했다. 루이스나 버크스는 자신들의 전통과 단절하려는 근대 터키의 시도에 주목했다.[10] 그렇지만 19세기 말에서 20세기 초 아랍의 서구적인 개혁세력과 20세기 전반부 아랍의 권위적인 정권과 같은 아랍인 자신들은 '근대성'이라는 표현을 사용하지 않았고 대신에 '문명'이라는 개념이나('문명으로의 진입', '문명의 변화'), '혁명' 개념을 자신들의 개혁을 지칭하기 위해 사용하였다. 이 두 개념간의 경계가 명확한 것은 아니었다. 이들에 따르면 문명에의 진입은 그동안 '오리엔트'를 질곡에 빠뜨렸던 '아시아적인 장막'을 찢어버림으로써 세속적인 의미의 구원의 길을 개척하는 것을 의미했다.

'근대성'이라는 개념이 등장한 것은 1960년대에 이르러서였다. 당시 유럽과 미국이 주도해 전세계적으로 확산되었던 발전주의적 사고의 한 부분으로서 '근대성'은 '혁명적인 길'에 대한 보다 현실적인 대안으로 인식되었다. 1950년대에서 1970년대 말까지의 기간에 중동은 다른 제3세계와 마찬가지로 '진보'를 통해 보편의 길에 진입하기 위한 혁명적, 또는 개혁적인 길을 모색하였던 것이다. 혁명과 개혁의 길이 뚜렷이 구분되지 않았고 지식인이나 기술관료 등 사회의 엘리트들이 이 두 개의 노선을 넘나드는 일이 드물지 않았다. 발전주의 시대에는 급진이나 온건과 같은 방식의 차이보다 진보라는 공통의 전망이 더 중요해보였다.

10 서구의 압력에 직면한 지식인의 두 가지 유형에 대한 논의 등 당시 전통-현대 이분법적 인식에 대해서는 이 책의 101~112쪽을 참조하시오.

그러다가 1980년대부터 중동은 종교의 무대가 되었다. 이제 중동에서 약속을 이행하지 못한 발전주의나 이란혁명과 아프간내전으로 심대한 타격을 입은 맑스-레닌주의는 기반을 상실하게 된다. 이러한 위기에 직면해 보편주의적인 근대주의자들이 채택한 대안은 에드워드 사이드가 주창한 오리엔탈리즘 비판과 서발턴 연구에 의존하는 것이었다. 서구의 백인 남성 위주의 인식을 비판하면서 근대성을 인류 보편의 가치로 재정의하려는 시도가 이루어진 것이다. 이러한 노력은 동시에 이슬람을 비롯한 모든 특수한 문화를 이렇게 새로이 정의된 보편과 양립가능하게 하는 것이었다. 이런 식으로 보편은 서구의 함정이라는 비판과 전통과의 대립으로부터 해방되고자 하였다. 달리 말해 당시 중동사회는 특수성, 개별성을 존중하는 '보편' 개념을 요구했던 것이다.

② 중동의 이슬람성

일반적 인식과 달리 이슬람세계의 역사에서 정치와 종교간 관계의 특징은 국가의 우위, 국가에 대한 종교의 봉사라고 할 수 있다. 종교는 세속 정치권력에 사상적 기초를 제공해주는 역할에 그치는 것이었다. 이러한 측면은 국민국가 시대에 더욱 강화되었고 심지어 이란, 사우디아라비아 등 종교의 정치적 비중이 큰 나라 역시 이슬람보다 국민국가의 이해가 더 중요하다고 할 수 있다. 또한 이슬람주의의 다면성을 고려해야 한다. 이슬람주의가 장기간 여러 지역에서 대중성을 확보할 수 있었던 비결 중 하나도 바로 이슬람세계 현실의 다양성이 반영되었기 때문이다. 이슬람주의의 주체들도 한 계층이나 성, 종족에 국한되지 않고 다양하게 구성되어 있으며 또한 이슬람적 요소만을 고집하지 않고 세속 이념과의 폭넓은 상호작용이 진행된 것도 이슬람주의가 지닌 힘의 원천이라고 할 수 있다. 1920~1970년까지 열악한 위치에 있을 때부터 이슬람 세력은 서구주의, 좌파, 급진 우파 등과 사상적, 정치적 관계를 맺어왔던 것이다.

이슬람주의의 힘은 바로 이러한 다양한 사상적 자원과의 교류를 토대로 중동 및 아랍 세계가 처한 위기의 국면에서 나름의 대안을 체계적으로 제시할 수 있었다는 점에 있다. 이슬람주의 이전에 제시되었던 대안들의 주요 논리를 살펴보면 먼저 '서구주의'는 서양을 모방함으로써 서양과의 격차를 극복한다는 것이었고 사회주의는 피억압계급 및 피억압민족과의 연대를 통해 서구를 물리침으로써 서구를 따라잡으려 했다. 이러한 이전의 대안들과 비교해볼 때 이슬람주의의 장점은 보편을 무슬림세계에 한정해 사고한다는 것이었다. 즉 이들의 세계인식은 서구와 오리엔트 이외의 지역을 배제하고 동시에 세계 전체 차원을 배제하는 것이었다. 이는 서구의 오리엔탈리즘을 뒤집어 놓은 역오리엔탈리즘이라고 할 수 있다.

이슬람주의가 제시하는 대안은 바로 이슬람이 강조하는 세계관으로의 회귀이다. 즉 인간들 사이의 지배종속 관계를 극복하고 오직 신에만 복종하는, 신 앞에 모두가 평등한 이슬람적 특성으로 현실을 해석하고 변혁하려는 것이다. 이슬람주의는 이렇게 사회주의가 제기한 소외의 문제를 자신들 나름의 방식으로 재해석했던 것이다. 이를 통해 제국주의에 대한 투쟁은 '전쟁의 세계(*Dar al-Harb*)'에 대한 '이슬람의 세계(*Dar al-Islam*)'의 투쟁으로 재정식화되었고 계급투쟁은 문화적 이슬람화, 재이슬람화로, 평등사회는 '이슬람경제(Islamic Economics)'[11]로 대체된 것이다. 이러한 이슬람주의 이념은 무솔리니의 '전체 국가(total state)'와 유사하게 정치, 경제, 사회, 문화 영역의 모든 문제를 이슬람이라는 단일 요인으로 해석하는 일종의 '전체(total)' 이데올로기의 성격을 지녔다. 사회문제의 원인도 자힐리야(*jahiliya*)[12], 즉 이슬람 창시 이전 아랍사회와 같이 신의 말씀을 알지 못하는 무지의 상태라는 단일한 요인으로 환원되었다.

이 과정은 개념의 단순화를 동반하였다. 출산 중 사망하는 여성이나

---

11 이슬람경제에 대해서는 이 책의 170~172쪽을 참조하시오.

12 자힐리야에 대해서는 이 책의 197~198쪽 <자료 II-10>를 참조하시오.

바다에서 실종된 어부 등을 포함해 전통적으로 매우 다양한 의미를 지녔던 용어인 '샤하다(*sharada*, 순교)'가 이교도와의 전쟁의 상황에 국한되었다든가 과거에 주로 개인적인 종교적 정진을 의미했던 '지하드'라는 용어가 외적인 행동만을 의미하게 된 것이 대표적인 사례이다.

일반적으로 이슬람주의는 무장한 저항운동과 동일시되지만 중동 또는 아랍세계에서 이 흐름은 매우 종합적인 성격을 띠어왔다. 극보수에서 자유주의적인 성향까지 다양한 정치적 성향을 포함하고 있으며 조직적인 측면에서도 극도로 체계화된 조직에서 매우 느슨한 네트워크까지 다양한 양상을 지니고 있는 것이다. 동시에 무장투쟁 세력에서 합법노선을 취한 정치세력이나 복지나 문화 활동을 하는 단체와 같이 서로 다른 성격의 세력들 간의 경계도 매우 유동적이다. 또한 계급이나 세대의 측면에서도 이슬람주의는 단일한 집단의 전유물이 아니다. 불우한 젊은 세대의 운동이라는 일반적인 이미지와 달리 중산층과 실업자, 청년과 기성세대가 공존하기도 하는 것이다.

세계체제에 대한 이슬람주의의 관계는 국가와의 관계와 유사하게 이중적이다. 현 세계체제에 대해 급진적인 비판을 하기도 하지만 동시에 이 체제에 포섭되거나 적극적으로 참여하기도 하는 것이다. 전자 역시 많은 경우 이들의 세계관 자체에서 기인한다기 보다 미국 등 현 세계체제를 주도하는 세력으로부터의 탄압이나 거부에 대한 대응의 산물이다.

중동 연구에서 이슬람주의적 패러다임이 지닌 오류는 종교적, 정치적 현상으로서 이슬람주의의 존재에 관심을 가졌다는 데에 있는 것이 아니라 이슬람주의라는 단일 현상으로 방대하고 복합적인 이슬람세계의 역사와 현실을 설명하였다는 데에 있다. 또 다른 문제점은 그로 인해 이슬람주의 패러다임이 이 분야 연구를 독점하고 다른 접근방식의 진입을 가로막는 효과를 가졌다는 것이다. 이슬람이라는 요인을 절대시하는 이 패러다임은, 예를 들어 불과 20~30년 전만해도 팔레스타인 저항운동이 이슬람 때문이 아니라 좌파적인 성향 때문에 서구의 관심을 끌었고 터키나 이집트 역시 급속한 서구화를 경험한 일본과 비교한다거나 하는 종교와 무관한 측면에 초점을 둔 연구들이 각광을 받았다는 역사적 사실도 고려하지 않는다. 이슬람화 현상에 파묻혀 이와 같은 비교연구에 무관심한 이슬람주의 패러다임은 예를 들어 현재 중동 정치의 핵심적인 요인인 정권의 억압적 성격이 이슬람세계에 국한된 것이 아니라 세계 다른 지역에서도 사용되는 세속적 기제들을 통해 가능하다는 점에 눈을 감는다. 코란의 구절이나 이슬람에 고유한 정치문화를 통해 이러한 세속적인 측면을 설명하는 데에는 한계가 있는 것이다.

③ 이슬람에 고유한 권력의 속성으로 강조하는 경향

보자르슬란이 제시하는 세 번째 패러다임은 이슬람에 고유한 '정치문화(*emic*, 에미크)'를 통해 현재의 아랍 정치를 설명하는 것이다. 가장 많이 언급되는 전통적 요인은 바로 '아사비야(*assabiyya*)'와 '다와(*dawa*)'라고 할 수 있다. 아사비야는 일반적으로 '집단정신' 또는 '집단의 연대', '연대적인 결집의 경향' 등으로 정의되며 다와는 신의 단일성 개념이나 마호메트의 예언과 같은 이슬람의 핵심요소, 보다 광의로 해석하면 모든 정치적 대의와 이데올로기를 확산시키기 위한 투쟁을 의미한다. 가산 살라메(Ghassan Salamé, 1994: p. 17)는 아랍세계에서 아사비야와 권력의 관계에 대해 아사비야가 지닌 원심력의 중요성, 국가를 부정하는 잠재적인 성격, 근대적인 국가 형성을 가로막는 기능 등을 강조한다.

예상할 수 있듯이 전통적인 요소로 복합적인 현대사회를 설명하는 것이 지니는 한계 등을 중심으로 이러한 학문적 경향에 대해 비판이 제기되었다. 그러나 엘리자베뜨 삐까는 이러한 접근방식이 보편적인 설명을 저해하는 문제가 있지만 부분적으로는 유용하다고 평가하였다(Elisabeth Picard, 2006). 이러한 측면에서 아사비야 개념의 사용이 아랍적 특수성에 매몰되지 않고 보편적인 함의를 지닐 수 있는 가능성도 모색되었다. 예를 들어 아사비야는 모든 권력은 조상이나 영웅과 같이 인적, 물적, 이념적 자원을 제공해주는 중추적인 집단을 필요로 한다는 점에서 보편적인 설명도구가 될 수 있다. 또한 '다와' 역시 모든 정치권력은 현실적인 목표 제시와 더불어 종교와 같은 정신적인 준거를 통해 정당화되어야 한다는 점에서 보편성을 지니는 개념이다. 한편 아랍세계의 역사를 기초로 세 가지 형태의 아사비야를 구분할 필요성이 제기되었다.

첫째, 정권을 장악하기 위해 권력은 견고히 결합되어 있는 핵심집단을 필요로 한다. 그러나 정권 장악의 단계에서 중요시되는 핵심집단은 권력 장악 이후 중앙권력에 주도권을 넘겨주면서 주변화될 수 있다. 특정 종족의 연대에 기반을 둔 정권이라도 권력 장악 후 종족적 성격을 벗어나는 경향이 있다는 점은 언론을 통해 흔히 접하는 중동 정치에 대한 종족적인 설명이 한계를 지니고 있음을 말해준다. 예를 들어 사담 후세인(Saddam Hussein) 정권의 경우 초기에는 후세인의 고향인 타크리트 지역 수니파 종족들에 기반을 두었으나 이후 이 종족적 틀을 벗어난 관료집단을 구축하게 된다.

두 번째 양상은 권력을 가지고 있지 못한 반대 진영(*siba*)의 경우인데 이들 역시 권력으로부터 자신들의 자율성을 유지하기 위해서는 이 진영에 속한 집단들 간의 상호 연대가 필요한 것이다.

세 번째 아사비야의 양상은 '위기의 아사비야'라고 부를 수 있는 것인데 베버의 카리스마의 일상화와 유사한 현상이라고 할 수 있다. 즉 집단의 단합으로 권력을 쟁취하는 예외적인 시기에 '다와'와 같은 요인으로 결합된 집단이 권력 쟁취 이후 정상적이고 평화로운 시기에 그 동력을 잃고 분열하며 세속적인 이해에 종속된다는 것이다. 이와 관련해 '아사비야' 개념을 통해 이슬람세계의 역사를 설명했던 이븐 할둔(Ibn Khaldun)은 다음과 같은 결론에 이르게 된다. 권력이 지속되는 기간은 세 세대를 넘지 않는다. 첫 세대는 아사비야를 토대로 도시의 권력을 장악하며 집단의 연대와 전투성을 유지한다. 두 번째 세대는 제도화의 세대이다. 이 시기 권력은 경제적 풍요를 바탕으로 강제력보다는 동의와 물질적인 혜택을 제공함으로써 사회를 지배한다. 세 번째 세대는 여전히 상당한 강제력을 보유하고는 있지만 통치는 집단의 대의에 대한 신념을 가지고 있지 못한 관료화된 공무원들에 의해 집행된다. 권력은 집중되어 있지만 정당성이나 열정은 약화되고 대중의 지지나 동원을 이끌어낼 역량도 약화되어 결국 권력의 쇠퇴가 진행된다. 이 시기가 되면 보다 집단의 연대가 강한 새로운 집단에 권력을 물려주게 된다(할둔, 2003).

할둔의 이론을 아랍 현대사에 적용하면 1950~1960년대 이집트, 시리아, 이라크에서 오스만 제국 말기에 등장했던 귀족집단이 세 번째 세대에 이르러 몰락했던 현상을 사례로 들 수 있다. 또한 급진적인 이슬람주의의 등장은 위기의 아사비야 단계에 나타난 새로운 세력으로 설명될 수 있을 것이다. 또한 이 이론은 세계 다른 지역에도 적용될 수 있을 것이다. 페루의 '빛나는 길(Sendero Luminoso)'이나 인도의 마오주의자들의 경우도 중동의 이슬람주의자들과 유사한 맥락에서 등장하였던 것이다. 즉 아랍 고유의 정치문화(emic)와 같은 특수성은 동시에 보편적인 함의를 가지고 있기도 한 것이다.

사회변동의 단계에 관한 이븐 할둔의 테제

14) 한 혈통의 명망은 기껏해야 4세대 지속된다.

(...)

명문은 4대 만에 종말에 이른다. 그 과정은 다음과 같다. 가문에 영광을 세운 사람은 그런 일을 하는 것이 얼마나 힘든지를 알기 때문에, 그에게 영광을 가져다주고 또 지속시켜주는 자질들을 보존하려고 노력한다. 그의 아들은 아버지와 개인적인 접촉을 가지고 그로부터 그런 것들을 배운다. 그러나 어떤 일을 실제적인 경험을 통해서 배운 사람과 공부를 통해서 배운 사람 사이에는 분명히 차이가 있고, 그런 점에서 그는 아버지에 비해서 뒤떨어진다. 3대째는 모방하는 것에 만족하고, 특히 전승에 의존할 수밖에 없다. 독자적인 판단을 내리는 사람에 비해서 전승에 의존하는 사람이 열등하듯이, 그도 2대째에 비해서 뒤떨어질 수밖에 없다. 4대째 세대는 모든 면에서 선조들에게 뒤떨어진다. 그는 가문의 영광을 보존케 했던 자질들을 상실했을 뿐 아니라 오히려 그런 것들을 경멸한다. 그는 그러한 영광이 시험과 노력으로써 이루어졌다는 사실을 모르고, 그것이 집단적인 노력과 개인적인 자질로써 얻어진 그 무엇이 아니라 단지 혈통 때문에 처음부터 당연히 주어진 것이라고 생각한다. 왜냐하면 사람들이 그에게 보이는 극도의 존경심을 눈으로 보기 때문이다. 그러나 그러한 존경심이 어떻게 해서 생겼고 무슨 이유로 존경심을 나타내는가는 알지 못한다. 그

> 는 그것이 바로 자신의 혈통 때문이며 그 외에는 아무 것도 아니라고 믿는다. 또한 그는 연대의식을 공유하는 사람들을 멀리하는데, 이는 자신이 그들보다 더 잘났다고 생각하기 때문이다. 그는 그들이 자기에게 복종하는 이유가 자기가 당연히 그들의 복종을 받도록 태어났기 때문이라고 생각할 뿐, 그들에게 복종케 한 자질들에 대해서는 알지 못한다. 따라서 그는 그들을 비천하게 여기고, 반대로 그들은 그를 경멸하며 반란을 일으키게 되는 것이다. 그들은 연대의식에 따라서 행동하며 지배권을 그와 그의 가족으로부터 빼앗아 새로운 지도자로서 만족스러운 자질들을 소유하고 있다고 판단되는 다른 방계 친족에게 넘겨준다. 이렇게 되면 그들의 가족은 성장하게 되는 반면, 원래의 지도자 가족은 퇴락하고 그 가문의 영광은 무너져버린다.(할둔, 2003: 141~142쪽)

④ 종족주의를 강조하는 경향

종족주의를 강조하는 패러다임은 외부세계가 중동에 대해 가지고 있는 이미지를 형성하는데 막대한 영향을 미쳤다. 종족적인 연대와 같은 중세적인 요인을 강조하는 이러한 설명방식은 이제 농촌에 사는 사람보다 도시에 사는 사람이 많아진 중동의 현실을 설명하는데 더 이상 유효하지 않아 보인다. 또한 여전히 상당수의 사람들이 농촌에 살고 있다 하더라도 이들의 삶은 상당히 도시화되어 이제 도시와 농촌의 구분이라는 관념은 보다 신중하게 사용되어야 한다. 농촌과 도시는 이제 상당히 유사해졌고 양자는 더 이상 상반된 특징을 가진 사회가 아닌 것이다.

전통적인 문화를 가진 종족의 특성으로부터 현실을 설명하는 것에 신중해야 하는 또 다른 이유는 역사에 있다. 즉 역사적으로 중앙의 이슬람국가와 지역의 종족이 완전히 별개의 사회이며 상호 적대적이었다는 일반적 인식에 수정이 필요한 것이다. 또한 이슬람세계는 이미 근대 이전에도 종족이나 농촌이 아니라 도시와 중앙권력의 역할이 중요했던 것이다. 중세에도 도시가 정치의 핵심공간이었던 것이다. 또한 종족 역시 반드시 농촌이나 지역에 국한된 세계가 아니었으며 구성원들간의 강한 연대와 외부세계에 배타적인 성격을 지녔던 것도 아니다. 즉 전통사회에서의 종족성에 대한 인식에도 신중을 기해야 하는 것이다. 도시와 농촌의 밀접한 상관관계와 유사하게 종족은 복합적인 성격을 지닌 집단이었던 것이다. 또한 종족과 중앙권력의 관계는 제로섬 게임의 관계에 있었다고 볼 수 있다. 중앙권력이 강할 때 종족은 약화되고 반대의 경우가 되면 종족이 부상해왔다.

재종족화(re-ethnicization)의 보다 현대적인 사례를 보자. 첫째, 탄지마트 시대(1838~1839년)의 사례를 들 수 있다. 위기에 처한 오스만 제국이 중앙권력을 강화하고자 한 이 개혁은 아라비아 반도의 와하비즘(wahhabism)의 공세, 그리고 그 부산물로서의 시아파로의 대량 개종 현상 등 종족적, 종교적 현상을 동반하였다. 두 번째 사례는 1920년대 근대국가 형성기에서 찾아볼 수 있다. 터키의 공화국 수립과정에서 케말 정권은 일부 쿠르드 집단에게 자치권을 부여하게 되고 이라크 국가 형성기에 영국은 자신들에 협력한 부족집단에 의존해 기존의 권력을 유지하려 했다. 세 번째 사례는 1990년대 터키에서 찾을 수 있는데 중앙권력은 자신들의 권력을 유지하기 위한 수단으로 일부 부족 세력과 협력하게 된다. 이는 무장화를 동반하게 되는데 국가는 쿠르드 게릴라에 대한 대응으로 10만여 명의 부족 구성원을 마을 치안을 담당하는 준공무원으로 선발하였고 이러한 지방 준군사조직의 육성은 종족의 강화를 가져왔다. 같은 시기 걸프전 이후 후세인 정권 역시 서방세계에 의한 경제제재 조치로 극한에 몰린 중앙권력의 재정문제를 해결하고 동시에 지역에 대한 통제를 원할하게 하기 위해 종족 및 지방 차원의 재정적, 군사적 자율성을 강화하는 정책을 펴게 된다. 이와 같이 최근 중앙권력이 개입된 재종족화 현상의 특징 중 하나는 무력의 분배, 강제력의 분권화 경향으로서 이는 내전을 활성화하는 요인이 되고 있다. 이러한 측면을 고려할 때 예를 들어 2003년 바트당 정권의 붕괴를 가져온 이라크전쟁 이후 시아파와 수니파간의 갈등과 같은 종족이나 종파간 갈등이 부상한 것은 단지 분할지배 전략과 같은 외적 요인의 결과만은 아닌 것이다. 이 사례는 전쟁의 사회적 효과 중의 하나가 바로 공동체적 현상의 강화라는 것을 알 수 있다.

2장. 정체성 정치와 아랍세계

이 장에서는 이슬람주의 현상 및 아랍세계의 변동을 정체성 정치의 부상이라는 전 지구적 현상의 일부로 설명한다. 이를 위해 극우주의, 근본주의와 같이 종교적, 종족적 정체성이 정치적 성격을 띠게 되는 현상을 살펴본다. 특히 근본주의 현상에 대한 검토는 그 대표적인 사례로 간주되는 이슬람주의에 대한 이해를 위해 필수적이다. 그에 앞서 탈냉전·세계화 현상을 정체성 현상이 부상하게 된 시대적 배경으로 설정함으로써 이 현상이 20세기 후반이라는 오래되지 않은 특정 시기에 등장한 것임을 강조하고자 한다. 이와 함께 근대에 나타난 종교의 민족화 현상, 종교와 민족의 구조적 친화성과 같은 요인을 통해 종교가 민족 또는 종족과 밀접한 관계를 가지게 되는 원인을 살펴본다.

1. 세계화와 정체성 정치

세계 모든 지역의 개방과 소통을 추구하는 세계화 시대에 우리는 정체성의 부상, 특히 종교적, 종족적 정체성의 격화를 목격하고 있다. '차이의 재발견'은 이 세계화 시대의 주된 사회현상을 가리키는 또 다른 표현이다. 이 현상에 대해 우리는 이것이 현대적 현상, 예를 들어 세속화 또는 보편화, 세계화의 산물인가, 아니면 초역사적인 종교간, 종족간 증오, 그리고 과거의 갈등과 전쟁의 유산인가라는 질문을 던지게 된다.

1) 정체성 정치

정체성 현상의 부상은 1970~1980년대 이래 개인적 차원, 사회운동적 차원, 일국적, 지역적 차원에서 공히 비중있는 경향으로 나타나고 있다. 특히 최근 지구상의 분쟁들은 문화적 정체성의 차이에 초점이 맞추어져 있다. '정체성 정치'는 1980년대까지 주로 노동운동이나 민족주의 운동과는 다른 특성을 보이며 등장한 '새로운 사회운동'의 성격을 규정하는 개념이었다. 구사회운동을 '이해의 정치(interest politics)'로 새로운 사회운동을 '정체성 정치'로 규정한 것이다. 보다 일반적으로는 사회운동 영역을 넘어서 특정 집단이나 민족이 지닌 정체성에 대한 인정을 요구하고 자신들에 고유한 가치를 적극적으로 주창하는 다양한 실천들을 가리킨다. 유럽에서의 인종차별주의와 극우파의 부상, 동유럽, 서유럽, 아시아, 아프리카 등 세계 각지에서 분출하고 있는 분리독립운동과 소수민족의 자치운동, 구 소련과 동유럽의 종족적, 종교적 민족주의, 이슬람근본주의, 유대근본주의, 힌두근본주의, 남 · 북미, 한국, 필리핀 등 아시아, 동유럽, 그리고 아프리카의 많은 지역에 세력을 확장해 가는 근본주의적 성격의 개신교 종교운동 등 다양한 현상이 광의의 의미의 정체성 정치에 해당한다. 장 프랑수아 바야르에 따르면 지역분쟁에서와 같이 종교적, 종족적 정체성에 근거를 둔 정치사회운동이 강력한 힘을 발휘하는 것은 이러한 운동이 문화적 정체성에 반드시 정치적 정체성이 상응(해야)한다는 굳건한 전제를 바탕에 깔고 있기 때문이다(Jean-François Bayart,

1996: p. 9). 대중적으로는 원주민이나 이민 출신 소수민족집단이 자신들의 종교적, 종족적 정체성을 사회통합의 수단으로 적극적으로 활용하는 현상을 의미하는 개념으로 인식되어 왔다. 알코프(Alcoff, 2003: p. 2)에 따르면 서구의 '사회적 투쟁(social struggles)'의 역사는 '신분을 둘러싼 투쟁(struggles of social status)'에서 '사회계급간의 투쟁(struggle of social class)', 그리고 '사회적 정체성을 중심으로 한 투쟁(struggle of social identity)'으로 변천해왔다.

그런데 이 장에서는 1970년대부터 발전된 자본주의 사회, 즉 세계체제의 중심부(center)에서 나타난 신사회운동과 달리 같은 시기 세계체제의 주변부(periphery)나 '제4세계(the Fourth World)'[13]에서 주로 나타난 정치운동, 종교운동만을 다룬다. 이러한 의미의 '정체성 정치'에는 근본주의, 극우주의, 지역분쟁에서의 신민족주의 등이 포함된다. 이민집단에서의 정체성 정치 역시 여기에 포함되며 이 글이 다루는 아랍사회의 경우 이것은 그들의 주된 이민지인 유럽에서의 사회통합 전략의 하나로 주목을 받았던 <이슬람을 통한 통합>(integration with Islam)[14]이 대표적인 예이다.

우리나라에서 정체성이라는 용어는 일반적으로 개인이나 집단의 존재에 의미를 부여하는, 그리고 많은 경우 외부와 다른 독자적인 속성을 의미하는 용어로 사용된다. 이미 대중적으로 사용되어 온 이 용어가 정

---

13 이 용어는 크게 다음 두 가지 의미로 사용된다. 제3세계 중 가장 빈곤한 국가들을 의미하기도 하고, 또는 중심부 국가 내부에서 제3세계를 연상시키는 문화생활이나 경제적인 수준을 가진 집단을 지칭하기도 한다. 여기에서는 후자의 의미로 사용된다.

14 유럽 거주 아랍인들이 주류사회에 통합되는 방식을 보편주의 전략과 특수주의 전략으로 나누어볼 수 있다. 전자가 토박이 유럽인들과 동등한 권리의 향유를 지향한다면 후자는 이슬람과 같은 전통문화를 계승하는 것을 사회통합의 효과적인 수단으로 간주하는 태도를 의미한다.

치사회적 함의를 갖게 된 것은 1990년대에 들어서서 계급과는 다른 범주를 사회모순의 인식에 도입하면서부터일 것이다. 즉 여성, 동성애자, 장애인, 원주민 등 소수집단이 온전한 사회구성원으로 부각되는 과정에서 그간 배제 또는 은폐되었던 이들의 존재와 속성과 연관되어 널리 사용되었다. 한편 다른 방식으로 이 용어를 정의해보면 정체성은 개인이나 집단이 무언가에 자신을 동일시(identify)하는 것을 의미한다. 이때 동일시하는, 즉 소속감을 느끼고 운명을 함께 하거나 의존하는 대상은 주로 가족, 종족, 종교, 국가이다.

한국사회는 정체성 정치와 관련해서 양면성을 갖고 있다. 한편으로는 그 어느 사회보다도 지역분쟁, 극우주의, 근본주의라는 현상이 차지하는 또는 앞으로 가지게 될 비중이 큰 사회이다. 그러나 다른 한편으로 우리 사회에서 중요한 비중을 차지하고 있는 이 현상에 대한 논의가 매우 저발전되어 있다. 서해 북방한계선이나 독도문제 등에 관한 관심은 그 어느 주제보다도 높지만 우리는 이를 지역분쟁, 영토분쟁이라는 보편적 현상의 일부로 고려하는데 익숙하지 않다. 종교가 사회에서 차지하는 비중이 매우 높지만 한국 종교의 문제를 신종교운동, 근본주의, 종교의 정치화와 같은 현대 종교변동의 보편적, 전 지구적 맥락에서 접근하지 못하고 있다. 탈북자 문제, 외국인노동자 문제를 이민문제나 극우주의와 연관지어 사고하지 못하고 있다. 따라서 정체성과 관련된 개인, 사회집단, 국가 차원의 현상들을 정체성 현상이라는 틀에서 인식하는 것이 필요하다.

지역분쟁과 근본주의의 대명사로 여겨지는 아랍세계의 최근 역사는 '정체성 정치의 역사'라고 해도 과언이 아니다. 그리고 그 중심에 정치적 이슬람이 존재한다. 물론 이것이 아랍인들의 종족적인 유대나 종교성이 다른 지역에 비해 유달리 강하다는 것을 의미하지는 않는다. 식민지 시대나 독립 직후 아랍세계는 전통적인 종교나 종족성보다는 세속적인 이념과 급속한 근대화로 특징지어졌었다. 지금 우리가 목격하는 양상은 선진국의 산업에 석유가 중요해지고, 이스라엘과 미국의 헤게모니가 확립되면서 나타난 것이다. 1970년대부터 사회주의적 색채를 띤 아랍민족주의는 사회주의와 소련에 반대하는 이슬람주의로, 냉전시기 비동맹노선의 주역 중 하나로 미 · 소 양 진영 사이에서 현실주의적 외교에 성공했던 아랍세계는 대표적인 분쟁지역으로 변하게 된다.

2) 세계화와 정체성 정치

현대사회에서 다양한 주체들이 정체성 전략을 채택하게 되는 배경은 여러 방식으로 설명될 수 있다. 그중 하나는 세계화 시대가 시작되었다고 할 수 있는 1980년대 이래 자본주의 세계체제의 변동이다. 과거 종교적, 종족적 정체성의 정치도구화가 서구에서 시작된 근대가 세계로 확산되는 과정의 핵심적인 요소였듯이 최근의 정체성 운동 역시 세계화로 상징되는 세계정치경제 질서의 변동과 밀접한 연관성을 가진다고 추론할 수 있다. 물론 '세계화'로 상징되는 전 지구적 차원의 변동은 사회마다 다른 정도와 방식으로 종교변동과 연관되고, 또한 어떤 종교는 다원주의적으로 다른 종교는 배타적인 방식으로 고유의 정체성을 재구성하는 등 다양한 결과를 낳고 있다. 그럼에도 불구하고 우리는 최소한 세계화가 정치사회운동에서의 문화적, 종족적 차원의 부상과 연관된다고 간주할 수 있다.

종교의 전 지구적 확산과 그에 따른 종교다원주의의 강화, 전통적인 종교와 다른 '신종교운동(New Religious Movements)'과 '유사종교(Quasi- Religious Movemeuts)'의 확산, 전 지구적 차원의 종교운동의 발전과 같은 최근의 종교변동은 세계화에 의해 용이해진 현상들이다. 이는 현재의 세계화가 보편주의적 요구와 동시에 각 지역에 고유한 문화의 표출을 자극하는 특수주의라는 이중의 요구를 담고 있는데 기인한다. 그런데 이러한 세계적 차원의 종교 현상을 주도하는 중심부의 종교세력은 오순절교회와 같이 주로 비주류 교단이거나 신종교운동과 같이 종교적 장의 주변부에 있는 집단들이다. 이는 교리나 윤리적 측면을 강조하는 중심 종교세력보다 체험, 의례, 기술, 개종을 중시하는 종파(sect)나 신종교운동이 급격한 변동을 의미하는 현 세계화에 더 잘 부합되고 국제적인 전파에 있어서도 기성종교들보다 용이하기 때문으로 해석할 수 있다.

세계화와 정체성 운동의 연관성은 민족주의 현상의 경우 이를 확인하기가 근본주의 현상에 비해 상대적으로 수월하다. 세계 각지에서의 지역적, 종족적 정체성에 대한 추구, 분리독립운동 또는 민족자치의 추구 , 민족분쟁, 그리고 이 현상들의 핵심요소인 '민족'의 재발명, 특히 주변 민족과의 갈등의 경험을 중심으로 하는 민족적 정체성의 재구성은 사회주의권 붕괴로 인해 단일한 세계시장이 형성되는 과정의 부산물로 볼 수 있다. 예를 들어 사회주의권 붕괴 이후 동유럽의 경우, '민족'의 부활은 많은 경우 자본주의 세계체제에 보다 유리한 조건으로 편입하기 위해 주로 부유한 지역이 가난한 지역을 떨쳐버리는 과정이었다. 서유럽의 '민족' 현상 역시 빈곤한 소수민족의 자치 요구, 부유한 지역의 분리독립 운동 등 그 양상은 다양하지만 '세계화'로 상징되는 1980년대 이래 세계 정치경제질서의 변동과 밀접히 연관되어 있다. 이탈리아 북부와 퀘벡 지역의 분리운동, 벨기에의 종족 간 갈등은 1980년대 이후 부각된 전 지구적 차원의 경쟁 격화와 다양한 유형의 불평등 심화, 그리고 이 배경 속에서 나타난 유럽사회 전반의 우경화의 한 부분인 것이다. 그리고 이 현상에서 우리는 현재의 세계화가 시민성의 원리에 기반을 둔 근대적인 정치적 공동체를 약화시키고 종족적 이기주의로 그 자리를 대체하고자 함을 알 수 있다.

2. 종교적 정체성과 민족적 정체성의 친화성

1) 종교의 민족화

전근대사회에서 정치권력이 자신을 정당화하기 위해 동원했던 유력한 수단 중 하나가 종교였다. 에밀 뒤르켐에 따르면 모든 인간사회의 집단들은 그 집단의 틀을 유지하기 위해 집단 전체, 그리고 이 집단을 지배하는 권력을 신성시하는 것이 필요하다. 이것은 '종교는 무엇보다도 개개인들이 자신이 속한 집단[의 본성과 정당성]을 인지하고 자신이 집단과 맺는 관계를 인식하는 도구가 되는 개념체계이며 신은 그 집단이 형상화된 표현이다'라는 종교에 관한 그의 정의에서 비롯된 것이다(Emile Durkheim, 1968). 권력의 신성화에 초자연적인 요소들이 동원된 전통사회에서 종교와 정치는 밀접히 연관되어 있었다. 물론 그렇다고 두 영역이 하나로 융합되었던 것은 아니다. 정당성을 확보한 모든 정치권력에 종교적 요소들이 포함되어 있었지만 정치적인 것과 종교적인 것, 정치권력과 종교권력의 관계는 시대와 지역에 따라 상이했다.

그런데 이러한 정치-종교관계, 종교의 정치적 기능은 근대에 들어와서도 사라지지 않았다. 급격한 변동에 직면한 사회들에서 종교는 과거와는 다른 방식으로 정치권력의 정당화 기제로, 사회통합의 주요 기제로 작용하였다. 즉 세속화와 정교분리주의로 인해 이제 종교는 전근대사회에서 누렸던 정치적 정당성이나 세계관의 원천으로서의 고전적 지위는 상실했지만 그 대신에 새로이 형성되고 있던 '국민국가(Nation State)'가 필요로 했던 민족적 정체성의 주요 원천으로서 거듭나게 된 것이다. 한편으로 이제 종교는 독일 사회학자 막스 베버(Max Weber)의 개신교 연구에서 도출된 것처럼 사회변동을 정당화하거나 더 나아가서는 이 변동의 핵심기제로 작용하게 된다.(베버, 2010) 다른 한편으로는 종교적 요소가 근대사회의 통합기제로 쓰이게 된다. 종교의 이와 같은 두 근대적 형상은 국민국가라는 새로운 정치적 틀의 통합기제 창출에서 비롯된 것이다.

비록 과거와 마찬가지로 국가가 종교적 자원을 정치적으로 동원했지만 이제 그 자원들은 종교적 세계관과 같은 종교적 요소 그 자체로서 정치적으로 이용된 것이 아니라 당시 새로이 대두되고 있던 '민족'이라는 대의에 종속된 형태로 동원되었다. 따라서 이 과정은 상호 모순되어 보이는 두 가지 성격을 띤 것이었다. 즉 한편으로 이 과정은 국가가 인민(people)을 전통적인 질서에서 해방시켜 자신, 즉 중앙권력에 종속시키는 것이었다. 다른 한편으로 국가는 역설적으로 바로 자신이 해체시키려 한 전통적 자산으로부터 새로이 형성되던 근대적인 의미의 '민족'의 전통을 창출하였던 것이다. 물론 이때 새로운 민족전통의 형성과정은 전통적 자산을 단순히 복원시키는 것이 아니라 근대적 사회질서에 맞게, 특히 강력한 근대국가를 창출해야 한다는 시대적 과제에 맞게 역사와 전통문화를 선별, 수정, 왜곡 또는 새로이 발명하는 과정이었다. '전통의 발명(the invention of tradition)'(홉스봄, 2004)이라는 민족주의의 기제는 종교 영역의 근대적 변화에도 관철되었던 것이다.

상징적 차원에서 사회 및 국가의 '민족화' 과정은 민족이 조국(homeland), 민족의 역사와 영웅들을 기리는 성소(national shrines), 자신들의 거주지가 선택받은 성지(holy land) 또는 약속의 땅(promised land)이라는 관념, 민족에 헌신하는 애국심, 무명용사의 묘, 개선문 등 종교적 개념이나 종교적 장소를 빌려오는 식으로 이루어졌다. 정치적 요소와 종교적 요소 간의 상호침투는 민족문제가 대내외적으로 심각한 갈등 양상을 띠었던 중·동부유럽뿐 아니라 프랑스나 미국에서도 확연한 현상이었다.

시민성(citizenship)과 개인의 자유의지에 기반을 둔 근대국가의 모델로 여겨지는 프랑스조차 '전통의 발명'과 종교적 자원을 동원한 민족의 형성이라는 보편적인 현상에서 예외가 아니었다. 프랑스의 경우, 매우 강력했던 반교회주의(anticléricalisme)의 이면에는 프랑스민족을 선택받은 제일 위대한 민족(Une Grande Nation)으로 부각시키는 '종교적' 과정이 있었다. 계몽사상의 신봉자들과 종교세력의 갈등에도 불구하고 근대 프랑스국가는 종족적 요소와 종교적 요소에 크게 의존하였다. 로마 카톨릭교회의 통제에서 벗어난다는 것이 종교적 정체성의 부정을 의미하는 것은 아니었다. 한편 민족에 대한 프랑스적인 관념은 양면성을 지닌 것이었다. 즉 민족(nation)을 자연권의 담지자로서의 개인들의 정치적 공동체로 간주하는 보편주의적 관념과 민족을 동일한 언어와 종교를 가진, 그리고 역사와 생활양식을 공유하는 집단으로 간주하는 특수주의적 관념이 공존하였던 것이다. 이러한 이중적인 프랑스의 민족관은 식민지정복과 통치과정에서 잘 드러났다. 식민지에서 프랑스는 프랑스대혁명이 상징하는 보편적 이상의 전도사로서, 그러나 동시에 인류전체의 교화라는 사명을 지닌 위대한 가톨릭국가로서 행동했던 것이다.[15]

자유의 대명사인 미국 역시 독립 이래 지금까지 국가와 종교 간의 밀

---

[15] 물론 국가가 교회의 영향에서 벗어나 자립적 기반을 구축하고 사회주의가 부상했던 19세기 서유럽에서 교회는 주된 사회세력으로서의 기존의 지위를 크게 상실했던 게 사실이다. 당시 상황을 보면 한 쪽에는 민족국가와 자본 그리고 자유주의가, 다른 쪽에는 노동운동과 사회주의 사상이 근대화와 계급갈등의 소용돌이에 휩싸여 있던 서유럽 사회의 핵심세력으로 부상했던 것이다. 이렇게 국가, 자본, 세속적 이념의 도전에 직면하여 교회는 공동체를 강조하는 조합주의(corporatisme)를 위기 극복을 위한 효과적인 수단으로 삼게 된다. 줄리앙 바우어는 이를 다음과 같이 표현하였다. "그것[조합주의]이 자본주의의 과잉을 억제하고, 계급투쟁 개념을 무용하게 하고, 그럼으로써 [교육, 의료, 행정 등 많은 영역에서 기존 교회의 위상을 약화시킨] 국가의 사회개입을 최소화하게 할 것이다(Julien Bauer, 1999: p. 25)."

접한 연관을 보여왔다. 특히 종교적 요소는 미국 특유의 강한 애국주의의 근간이었다. “신에 의해 선택된 민족 [미국]은 하나의 사회모델에 기초한 단일한 총체여야 한다. … 미국의 청교도주의는 차이를 인정할 수 없는 것이다(Toinet, 1994: pp. 82~83).” 종교적인 이슈는 대선의 단골 메뉴이고 교단과 저명한 목사들의 선거 개입은 미국에서 매우 자연스런 현상이다. 정치와 종교의 밀접한 관계는 특히 보수 진영에서 두드러진다. 특히 1970년대 후반 이후 공화당에 대한 기독교의 영향력이 강화되었다. 1979년 제리 팔웰 목사가 창설한 ‘도덕적 다수(Moral Majority)’와 1989년 팻 로버트슨 목사가 창설한 ‘기독교 연합(Christian Coalition)’은 미국에서 정치와 종교가 분리불가능하다는 것을 보여주는 대표적인 사례이다. ‘시민종교(civil religion)’는 시민사회와 정치사회가 강한 종교적 색채를 띤다는 것을 표현하는 개념으로서 특히 미국사회에 적용된다. 시민종교는 한 사회가 중시하는 가치들을 신성시하고 국가를 궁극적인 의미체계 차원으로 떠받드는 일련의 요소들을 가리킨다. 특히 미국처럼 다수의 종교가 공존하는 사회에서 단일 종교를 대신할 의미체계가 요구되어 나타나는 현상이다. 신화, 의례, 국경일, 민족영웅의 숭배, 민족성소(national shrines) 참배 등이 시민종교의 구성요소라고 할 수 있다. 미국의 경우를 보면 성조기는 미국 시민종교의 가장 중요한 상징이며 아메리카가 약속의 땅이라는 믿음, 아메리칸 드림, 선(goodness)로서의 미국 등의 관념은 종교적 성격을 지니는 요소인 것이다. 2차대전 당시 나치즘으로부터 민주주의 세계를 방어했다던가, 1960~1970년대 우주개발과 달 착륙을 이루어 냈다거나 9 · 11테러라는 시험에 직면해 악의 세력으로부터 자유라는 가치를 지키고 있다거나 하는 것들이 미국사회의 성격을 ‘시민종교’라는 개념으로 설명하게 하는 근거들이다(Roberts, 2004: pp. 355~363).

점차 국민국가 형성에서의 종교적 요소의 동원은 전 유럽에 일반화되고 지역에 따라서는 종교가 근대국가 형성의 가장 중요한 토대가 되기도 하였다. 19세기 후반부에 전 유럽에 확산된 '민족문제'는 많은 국가들에서 주요 세 종교, 즉 가톨릭, 루터교, 캘빈교 중 하나가 다수파가 되는 결과를 낳았다. 한 종교가 다수파를 형성하는 나라는 그 종교가 소수파인 지역에 사는, 그래서 박해받던 신자들의 피난처 역할을 하였다. 이들의 박해를 빌미로 다른 나라에 개입하기도 하였다. 이러한 변화를 거치면서 이제 전쟁은 종교간 전쟁에서 국가간 전쟁으로 변하게 된다.

그렇다면 이상과 같이 종교가 민족 또는 국가와 밀접한 연관성을 가지게 된 역사적 배경은 무엇일까? 서구에서 근대화는 정치적으로 '민족국가(Nation-State)'[16]를 탄생시켰으며 이 민족국가의 형성과정은 직전에 존재한 절대왕정 시대 국가기구를 민족화(nationalization)하고, 통합성 있는 국민경제가 형성되는 방식으로 진행되었다. 이와 함께 문화, 특히 종교가 민족국가와 결합하는 양상을 띠었다. 즉 그때까지 인류 전체를 상정하는 보편주의적 차원을 지녔지만 그와 동시에 소규모의 고립된 지역공동체 차원에서 존재해 온 그리스도교가 이제 민족국가라는 새로운 정치적 틀에 조응하고 이에 규정되는 양상이 나타났다(Arendt, 1982: p. 183). 근대유럽에서 이 '종교의 민족화'[17]는 영국 성공회의 경우와 같

16 한국에서는 'Nation-State'를 주로 '국민국가'로 번역하며 문맥에 따라서 '민족국가'로 표기하기도 한다. 일반적으로 전자의 번역어는 근대국가가 그 이전의 국가들에 비해 중앙집권적이고 그래서 피통치자에 대한 통제와 사회통합이 강화된 점을 강조하기 위해, 후자는 근대국가가 적어도 원칙적으로는 종족적, 종교적, 언어적, 문화적으로 동질적인 점을 강조하기 위해 쓰이는 것 같다. 물론 근대국가가 지니는 이 두 측면은 상호 밀접히 연관된 것이기 때문에 이 두 용어는 상호 배타적이기보다는 강조점의 차이가 있을 뿐이다. 일본의 경우도 유사해서 'Nationalism'을 '국가주의'나 '민족주의'로 번역하거나 또는 원어가 표상하는 현상의 다면성을 온전히 살리기 위한 의도로 '내셔널리즘'이라는 용어를 쓰기도 한다.

이 로마 가톨릭교회의 지배에서 벗어난 '민족교회'가 창설되는 등 종교가 민족에 종속되는 양상을 띠었다. 신성로마제국과 로마교황청의 개입을 배제하면서 신앙의 자유와 동시에 민족국가 원리를 확산시킨 베스트팔렌 조약(1648)을 계기로 민족적, 종교적으로 동질적인, 즉 하나의 공식종교를 갖는 국가의 수립이라는 이념이 형성되었다. 이는 이후 20세기에 이르기까지 유럽의 성장과 동시에 비극의 동인으로 작용하게 된다(Bauer, 1999: p. 46). 한편 민족국가의 통합이 국가가 공식적으로 창설되는 순간에 완성되는 것이 아니라 지속적으로 다양한 기제를 통해 형성되는 것이기 때문에 이 종교-민족 관계는 시대의 변화에도 그 중요성을 크게 상실하지 않았다. 특히 1970년대 이후 세계 정치경제질서의 급격한 변동은 20세기에 들어서 세속적 이데올로기와 가치들의 위력 앞에 다소 약화되었던 종교의 정치적, 이데올로기적 위상이 다시 강화되고, 종교-국가 관계가 긴밀해지는 결과를 낳았다.

근대화과정에서 종교와 민족이 결합하게된 것은 교권과 왕권의 경쟁, 종교전쟁, 국가 간 경쟁이 전개되는 현실정치의 산물만은 아니다. 우리는 이 종교와 민족의 결합을 둘 사이에 존재하는 선택적 친화성(elective affinity)으로 설명할 수 있다. 그리고 이 친화성은 종교적 요소와 종족적 요소가 유사한 구조를 지녔다는 점에서 기인한다. 즉 종교적, 종족적 요소, 그리고 이 요소들에 근거해 형성되는 종교적, 종속적 정체성은 모두 '근원'과 '연속성'을 강조한다. 먼저 씨족, 부족이든 근대적인 민족이든 모든 종족집단은 자신의 정당성을 종족의 기원, 시조 및 그것에서 비롯

17 세속화와 함께 근대 종교변동의 주요 양상인 '종교의 민족화'는 근대적 의미의 '민족'과 이 민족을 단위로 하는 민족국가의 형성과정에서 기존의 종교적 자산이 새로운 민족적 정체성의 형성에 동원되는 현상을 가리킨다(Gellner, 1989; Arendt, 1982).

되는 계보, 집단 고유의 가치 및 그것의 보존에서 찾는다. 종교에서도 역시 근원적인 것과 그것의 계승은 핵심적인 요소이다. 버거와 루크만(Berger & Luckmann. 1963: p. 422)은 종교의 이러한 측면을 다음과 같이 설명한다. 세계는 언어를 비롯한 상징과 사회화 과정을 통해 문제없고 영원한 것으로 인식된다. 그런데 언어로 객관화되고 의미부여된 세계는 항시 불안정하기 때문에 반복적이고 명시적으로 정식화된 정당화 기제를 필요로 하며 바로 종교가 이 기제로 작용하였다는 것이다. 인류역사에서 종교가 다른 제도나 문화에 비해 지속적이고 중심적인 사회통합의 기제로 존재해 온 것도 이 점과 연관된 것으로 볼 수 있다. 그런데 종교의례를 통한 반복적인 정당화과정은 이 세계(this world)와 이 세계 속에서의 삶을 의미있게 해 주는 '근원'으로의 지속적인 회귀의 과정이며, 이 회귀와 그것에 필수적인 공통의 기억은 종교의 핵심적인 요소인 것이다. 종교학자 다니엘 에르비유 레제르는 이러한 측면을 다음과 같이 설명한다.

> 종족성(ethnicity)과 종교적인 것을 결합시키는 힘은 둘 다 한편으로는 허구적인 것이지만 대대로 살아온 삶의 터전인 땅과 혈통을 근거로 절대시된 계보, 다른 한편으로는 신화, 그리고 종교나 종족의 탄생설화에 대한 믿음에 근거를 두고있는 상징적인 성격의 계보를 근거로 사회적 유대를 창출하는 공통점을 지니기 때문이다. 우리는 이러한 두 유형의 전형적인 계보 중심 체계가 상호 밀접한 연관성을 지니거나 융합하는 것을 잘 알고 있다. 우리는 오래 전부터 정체성의 형성이나 부활이 동시에 종족적 차원과 종교적 차원을 지닐 때 그 과정이 강화됨을 보아왔다. 그 이념형적 사례가 유대인과 아르메니아인들의 경우이다(Danielle Hervieu- Léger, 1993: pp. 228~229).

2) 세계화 시대의 종교와 민족

세계화 시대에 종교-민족관계는 정체성 운동의 형태로 부활하고 있다. 지역분쟁 현상의 예에서 알 수 있듯이 20세기 후반 이후의 민족주의 현상은 무엇보다도 세계화가 초래한 경제위기와 그것의 결과로서의 사회적 위기 및 정치적 위기에 대한 대응으로 나타난 것이다. 그런데 민족분쟁, 분리독립운동, 인종주의와 같은 민족주의 운동이 현 사회의 위기에 대한 처방을 제시하지 않고 심지어 사회적 위기를 증폭시킴에도 불구하고 세력을 확장하는 것은 좌파의 쇠퇴라는 요인과 더불어 종교와 민족주의가 지니는 다음과 같은 성격에 기인하는 것으로 설명될 수 있다.

크리스 하먼(Chris Harman)의 설명처럼 사회적 위기에 직면해 특히 민족주의의 영향력이 큰 것은 첫째, 현 지배계급, 지배체제의 힘이 다른 대안체제, 대안세력의 힘보다 크다는 것을 의미하고 둘째, 이는 계급적 성격의 사회운동의 약화와 좌파의 쇠퇴에 기인한다.(하먼, 2001). 즉 1980년대에 등장한 세계적 차원의 민족주의 현상은 역시 세계적 차원에서 나타난 좌파의 위기와 연관된 것으로 볼 수 있다는 것이다.

무엇보다도 종교나 민족주의가 지닌 힘은 당면한 사회문제에 대해 단순명료하고 총체적인 설명, 그리고 총체적인 대안을 제시한다는 점에서 나온다. 단순성은 광범위한 대중을 동원하는 힘이 되고 종교와 민족주의가 결합될 때 정체성에 기반을 둔 정치사회운동은 성공할 가능성이 커진다. 민족(부흥)운동과 종교(부흥)운동이 밀접히 연관되어 나타나는 것도 이러한 측면에서 이해될 수 있다.

종교적 요소와 종족적 요소의 결합은 일반적으로 두 과정으로 구성되어 있다. 한편으로는 전통적인 종교적 정체성의 '윤리화(ethicization)' 경향이다. 이는 종교에서 명시적인 존재로서의 신의 중요성이 약해지고 신앙의 대상이 추상화되는 과정이다. 이러한 변화는 현대사회에서 종교가 사회의 다른 영역의 논리에 적응해야 하는 조건에서 비롯된 것이다. 즉 종교적 가치도 중요하지만 세속적인 보편적 가치도 중요하다는 것이다. 이 과정은 극단적인 경우 '인권' 개념을 중심으로 하는 세속적 도덕과의 차별성을 상실하는 결과를 낳게 된다. 다른 한편으로는 민족적 정체성이 종교적 요소를 활용하는 것인데 이것은 앞서 언급한 '종교의 민족화' 형태를 띤다.

종교와 민족의 결합은 현대의 종교변동에서도 중요한 비중을 가지는 현상인데 이번에는 계보의 재구성이라는 형태를 띤다. 미국이나 스웨덴의 시민종교, 사회주의권 붕괴 이후 동구에서 나타난 민족주의운동과 같은 예가 이 점을 잘 보여준다. 민족적 정체성은 자연적 기원, 문화적 공통점에 기초한 연속적인 성격의 것이기 보다 새로운 국가를 추구하는 과정의 한 요소로 재발명된 측면이 큰 것이다. 예를 들어 전직 교황 요한 바오로 2세의 출신지이자 민주화과정에서 가톨릭의 역할이 막대했던 폴란드의 경우, 민족적 정체성의 유지에 종교적 요소가 주된 자원으로 동원되는데 사실 가톨릭이라는 종교적 자산이 폴란드 사람들의 정체성의 핵심 요소로 자리잡은 것은 불과 몇 십 년 밖에 되지 않은 것이다. 폴란드 민족과 가톨릭이 불가분의 관계를 맺게 된 것은 소련이 세계 사회주의 진영을 주도하던 1930년대 동구 전역에서 나타난 소련화 경향에 대한 저항에서 비롯된 것이다. 이 과정을 통해 가톨릭과 무관한 사회주의 폴란드와 가톨릭이 동일시되었던 것이다. 이후 종교와 민족의 결합은 1980년대 민주화운동에서 증폭되어 폴란드에서 가톨릭은 소련이라는 외세에 대항하는 민족종교의 성격을 띠게 된 것이다.

3. 극우주의

1) 극우의 태동과 부활

20세기 초반에 유럽에서 등장한 '극우(Extreme Right 또는 Far Right)' 현상은 1980년대 이후 유럽이나 일본에서는 '새로운 우파'(New Right, Neue Rechte, Nouvelle droite, Nuova Destra, 新右翼)라는 이름으로, 이스라엘을 포함해 중동 및 북아프리카에서는 급진적인 종교운동의 양상을 띠며 부활하게 된다. 일반적으로 후자를 극우현상으로 간주하지는 않지만 다른 민족이나 종교에 대한 극단적으로 배타적인 태도나 좌파에 대한 공격 등 극우와 상당한 유사성이 있다. 이제는 한국사회에서도 목격할 수 있을 정도로 전 지구적 차원에서 전개되고 있는 극우현상은 한편으로는 앞에서 살펴본 '정체성 정치'의 한 부분으로, 다른 한편으로는 정치적 장의 전반적인 우경화와 '정치적인 것의 위기'를 배경으로 등장한 신자유주의 시대의 정치현상으로 설명할 수 있다. 먼저 극우정당 '국민전선(Front national)'의 전, 현직 당수인 장 마리 르뺑(J.-M. Le Pen)과 마린 르뺑(Marine Le Pen) 부녀가 대선에서 연거푸 선전하면서 세계의 이목을 집중시켰던 프랑스를 보자. 20세기 초 '프랑스 파시즘의 탄생'(Sternhell, 1978) 이후 1939년까지 극우 세력은 프랑스의 주요 정치세력이었다. 전후 나치협력자 재판에서 다수가 투옥되었지만 1953년 일반사면의 혜택을 받은 이후 극우언론을 창설하거나 국민전선에 가입하는 방식으로 정치활동을 재개하게 된다. 이러한 맥락에서 프랑스의 과거 나치 친위대원들(Waffen SS)은 신나치단체들을 재창건하게 된다. 그렇지만 나치 청산의 과정에서 큰 타격을 입었으며, 드골주의가 민족주의를 대표하고, 경제성장의 국면에서 좌파가 사회운동을 독점하던 1980년대 초까지 극우는 정치적으로 미미한 존재였다. 그러다가 1980년대 국민전선은 광범위한 대중적 지지를 받은 정당으로 성장한다. 1984년 경 미디어에 등장하기 시작했고 1986년 35명의 하원의원을 당선시켰고 1989년 지방선거에서의 성과를 바탕으로 정치적 위상이 확고해졌다. 광범위한 불만세력을 결집한 국민전선은 생산직 노동자들 사이에서 가장 지지도가 높은 정당이 된다.

독일의 '새로운 우파(Neue Rechte)'는 프랑스의 국민전선 등 유럽 대부분의 극우 또는 새로운 우파 세력과 마찬가지로 제3세계 출신 이민에 대한 반대운동을 기반으로 세력을 키웠다. 동·서독 간의 '재통일' 이후에는 같은 게르만족인 오스트리아와의 '재통일'에 집중하고 있다. 이들의 주된 논리를 보면 먼저 최근의 환경파괴나 세계화가 초래하는 민족정체성의 위기가 공히 유대민족에서 시작된 일신주의와 개별 민족 고유의 전통을 약화시키는 보편주의의 산물로 해석된다. 그리고 일본 신우익이 주장하는 일본 중심의 '아시아주의'의 경우와 유사하게 미국을 제국주의로 비판하면서 유럽 차원의 대응을 강조한다.

정치적 장의 신보수주의화를 중심으로 한 1970년대 이래 미국사회의 우경화는 가족, 종교, 자발적 결사체, 그리고 도덕과 일치를 강조하는 미국적 전통의 회복을 주창한다. 세속성(secularity), 즉 세속적 가치 및 이념의 위기에 대한 피터 버거(Peter Berger, 1983)의 지적에서 엿보이는 19세기 미국에서의 종교상황에 대한 향수도 이러한 맥락에서 이해될 수 있다. 다른 한편 이 신보수주의의 부상은 미국사회의 전반적 보수화와 동시대적 현상이었다. 이 과정은 특히 남부의 경제적 성장과 그로 인한 북부이주민 증대에 따른 '남부의 미국화', 그리고 그 결과인 '미국의 남부화', 즉 남부적 사고와 문화의 일반화 과정으로 해석될 수 있다(박진빈, 2003).

일본의 '총보수화' 과정은 일본 우익의 부활의 역사였다. 1951년 일본의 독립회복을 결정한 샌프란시스코 강화조약을 전후하여 전후 21만 명 정도였던 공직에서 추방된 사람들이 거의 추방해제가 되고 이를 계기로 우익세력이 부활하게 된다. 그러나 1960년대까지는 대중적 지지기반의 부재로 친미반공주의를 내세운 보수정치세력의 행동부대에 불과했다. 그러다가 1960년대 후반 학생운동이 고양되자 이에 대항하여 제도권 우익의 대미종속을 비판하는 우익학생들의 활동이 펼쳐지게 된다. 이들은 '민족파'를 자칭하며, 제2차 세계대전 후 일본 지배체제의 타도를 주장했다(후지나가 다케시, 1998: 293~295쪽).

2) 극우현상의 정치사회적 배경

그렇다면 극우현상은 어떤 맥락에서 나타나는가? 제1차 세계대전이 끝나고 나서 나치 세력이 권력을 장악하기까지의 독일에서 우리는 그 전형적인 예를 볼 수 있다. 당시 독일식 파시즘의 사회적 기반은 전쟁수행과 전후 인플레로 몰락의 길을 걷고 있던 도시 소시민층, 종전 후 물적, 심리적 박탈감을 겪던 퇴역군인들, 장래가 암울했던 독일 젊은이들이었다. 그런데 이러한 정서의 표출은 반유대주의에서 전형적으로 나타났다. 당시 유럽 전역에 거주하고 있던 유대인은 타자의 상징이자 사회 불평등의 원인으로 간주된 모든 것의 상징이었다. 정치적 측면에서 보면 독일의 파시즘은 패전의 산물이었던 바이마르 공화국의 불안정의 산물이자, 그에 대한 '행동하는 우파'의 대응이었다. 이는 또한 1918년 10월 수병들의 혁명위원회 선포, 11월 스파르타쿠스단의 혁명과 같은, 바이마르의 위기에 대한 좌파적 해결에 대한 대응이었다.

위기나 위기에 대한 반혁명적 대응만이 파시즘의 토대가 된 것은 아니었다. 자넷 빌(Janet Biehl)의 설명은 현상적으로 파시즘과는 정반대의 것으로 보이는 현상이 어느 순간 그것의 자양분이 될 수 있음을 잘 보여준다. 당시 청년운동은 "문화중심적, 비정치적, 개인적 측면이 강했으며 조직화되고 집중된 사회적 저항이 경시되는 경향이 있었고" 바로 이 때문에 역설적으로 "이들은 지나치게 쉽사리 전혀 다른 종류의 정치적 동원, 즉 파시즘에 대한 '비정치적인' 열광에 빠져들었다(빌, 2003: 28쪽). 결정적으로 대공황은 "무력한 지배엘리트층이 급진적 극우파에 의지할 마음이 생기는 상황(홉스봄, 1997: 182쪽)"을 창출했고, 나치는 '혁명없이' 정권을 장악하게 된다.

이렇게 극우의 정치적 성공은 의회민주주의가 나쁜 것이기는 하지만 다른 체제보다는 낫다는 식의 미온적 논리로 더 이상 사람들을 잡아놓을 수 없을 때 일어난다. 20세기 말 극우현상의 부상도 이러한 상황이 조성되면서 일어난 것이었다. 1930년대 유럽처럼 1980년대 이후 극우현상이 부상한 지역, 예를 들어 유럽, 일본에서도 경제위기와 정치위기, 그리고 이데올로기적 위기가 나타났다. 그리고 반세기 전처럼 극우의 지지기반은 이 위기의 한가운데에 있던 사회집단들이었다. 사회의 배제된 자들, 온전한 구성원으로 인정받지 못하는 사람들, 무시당하는 사람들은 그들을 불러주는, 그들의 이름으로 말하는, 그리고 새로운, 단지 새롭다는 이유만으로 믿고 싶은 세력에 표를 주고 '자발적'으로 가담했다.

현대 극우현상의 정치적 배경은 전반적인 사회의 우경화와 '정치적인 것(the political)'의 위기로 요약될 수 있다. 전반적인 우경화란 동구권 붕괴 등을 계기로 우파와 극우파의 이데올로기적 헤게모니 장악, 그리고 심지어 좌파조차 우경화하는 현상을 의미한다. 1990년대에 일본은 사회당의 몰락으로 그간의 보혁구도에서 보수세력 간의 정치로의 변화를 겪었고(김용복, 2001) 미국 역시 1980년대 이후 민주당 집권기를 포함해 신보수주의가 헤게모니를 장악하는 상황이 전개된 바 있다. 유럽의 경우에는 공산당을 중심으로 20세기 중반까지 유지되어 온 좌파의 이데올로기적 헤게모니가 약화되고 우파 내부의 국수주의 세력이나 극우파가 그 공백을 채우는 양상이 나타났다.

'정치적인 것'의 위기란 이해를 달리하고 이질적인 집단들이 서로 대화하고 갈등을 표출하는 것을 핵심으로 하는 '정치적인 것'의 쇠퇴를 의미하며 이는 '정치계급'의 시대, 정쟁의 시대를 낳게 된다. 그 극단적 귀결은 전체주의 사회의 경험이 보여주었듯이 국가와 시민사회의 융합을 통한 절대적 지위의 국가가 탄생하는 것이다. 역설적으로 이것은 정치적인 것의 소멸, 그리고 정치적인 것의 핵심 장소, 다시 말해 정치공동체(polis)로서의 고전적 의미의 국가의 소멸을 의미한다. 전체주의 국가가 '총력전(Total War)' 시대에 전형적인 국가였듯이 지금 시대의 극우현상은 경제적 전면전 양상을 띠는 세계화 시대에 상응하는 정치현상이다. 그리고 과거 총력전의 성격이 국가 전체의 성격을 결정했듯이, 경제를 중심으로 진행되는 현재의 '제4차 세계대전(Marcos, 1997)'의 양상과 전개과정이 극우현상의 형태와 미래를 결정할 것이다.

3) 극우현상의 성격

(1) '근대적'[18] 현상

극우현상은 서구의 근대에 기원을 둔, 전근대에 대한 향수를 동력으로 하는, 그러면서도 당대현실의 반영으로서 항상 새로운 양상을 띠는 현상이다. 먼저 연속성에 대해서 살펴보면 극우현상은 우파, 자유주의, 또는 근대와 연속성을 지닌다. 극우는 우파의 이념 및 전통과 연속성을 가지

---

18 여기에서는 '근대적'이라는 수식어를 당대 현실의 산물이라는 점, 즉 새롭다는 의미에서의 '근대적(modern)'이라는 의미와 '근대'라는 역사적 단계의 산물이라는 의미를 동시에 갖는 것으로 포괄적으로 사용한다.

며 다양한 형태로 존재하는 '급진적인 우파(Radical Right)'로 규정할 수 있다. 그리고 민중주의(populism)와 민주주의가 공히 인민과 인민의 주기적 동원을 필요로 하고(Gallissot, 1997: p. 7) 인민을 젖줄로 생존한다는 점에서 민중주의적 성격을 강하게 띠는 극우현상은 민주주의와도 연속성을 갖는다고 볼 수 있다. 게다가 근대 국민국가와의 연관은 더욱 명백하고 직접적이다. 물론 자유주의자, 보수주의자들은 극우세력을 근대 서구문명에 반하는 것이라든가, 문명의 퇴보의 표식으로 해석하면서 자신과의 혈연관계를 부정한다.

그러나 극우현상은 이와 동시에 기존의 것과의 단절을 함축하는 '새로운' 현상이다. 파시즘의 경우 기존 질서와의 연속성이 제도권 내부의 우파와 정치적으로 연대하는 방식으로 나타났다면 그것이 갖는 단절의 측면은 기존 정치세력 및 이념과의 근본적인 차이로 나타났다. 즉 파시즘은 자유주의가 지니는 추상적 인간관이나 개인주의의 대척점에서 '구체적 인간(real man)'을 강조하고 개인의 자유는 국가 안에서만 가능하다고 주장한다. 파시즘은 또한 정치사회와 시민사회의 분화에 기초한 근대적인 사회통합원리에 대한 부정으로서 파시즘의 국가는 시민사회를 통합한 전체주의 국가이다. 보수주의와의 관계에서도 파시즘의 전체주의는 계몽사상 비판, 질서, 위계, 권위의 원칙과 같은 보수주의 전통을 계승하지만 동시에 테크놀로지와 '도구적 합리성'을 중시하고 제국주의와 인종주의를 주창함으로써 전통적인 보수주의의 '페시미즘'을 넘어선다.

극우세력의 '근대적' 성격은 기술진보에 대한 긍정적, 더 나아가 환상적 태도에서 잘 드러난다. 당대 최신 대중매체의 적극적 이용은 진보, 보수를 막론하고 근대에 나타난 대부분의 정치사회운동의 공통점이다. 파시즘도 예외가 아니어서 무솔리니의 경우 언론인 출신이며 당대 선진적인 대중매체, 즉 처음에는 신문, 그리고 얼마 후에는 라디오를 적극적으로 활용했다. 최신 언론매체의 이용은 일본 역사교과서운동이나, 언론 재벌 출신의 이탈리아의 베를루스코니 총리의 사례가 잘 보여준다. 최근 아랍세계 이슬람주의 운동의 경우에도 많은 지도자들이 언론인 출신이었고 소책자, 신문, 잡지, 방송, 그리고 SNS에 이르기까지 매체는 극우의 필수요소가 되어왔다. "근대의 독재체제는 포스트민주주의운동이다"라는 한스 콘(Hans Kohn, 1935: Traverso(2001: p. 15)에서 재인용)의 지적과 현대의 폭군(tyrant)은 고전적인 폭군과 달리 테크놀로지와 과학을 보유하고 이를 대량학살(extermination) 장치로 전환시키는 체제라는 레오 스트라우스(Léo Strauss, 1983)의 정식화는 극우현상이 '근대적' 현상임을 말해준다.

(2) 새로운 이론인가, 이론의 빈곤인가

'극우주의가 얼마나 새로운 현상인가'라는 질문의 바탕에는 이것이 '당대 현실이 제기하는 문제들에 어떤 해답을 제공하는가'라는 극우주의에 대한 평가에 대한 관심이 포함되어 있다. 그런데 이론적 차원에서 극우주의를 검토해볼 때 우선 드러나는 것은 이론 그 자체의 빈곤이다. 극우진영이 제시하는 논리들은 전반적으로 진부하고 과학적 인식이 결여되어 있다. 에릭 홉스봄(Eric Hobsbawm)은 1933년 이후 유럽의 다양한 파시즘들의 특성에 대해 얘기하면서 파시즘에 있어서 "이론의 중요성은 극히 미약하였고 이론가는 장식일 뿐이었다"고 말한다. 그리고 "히틀러는 아마도 [자신에 대한] 철학자 하이데거의 지지에 대해서 알지도, 신경쓰지도 않았던 것으로 보인다(홉스봄, 1997: 167쪽)"고 덧붙인다. 파시즘이 내용과 형식 모두에서 비합리적인 측면이 강하고 언론, 대중연설, 선동 등 엄밀하지 않은 담론들을 주요 매체로 하고 있다는 것도 '이론의 빈곤'이라는 극우주의의 특징과 연관성이 있다고 볼 수 있다.

극우담론은 이론의 빈곤과 더불어 서로 다른 맥락에서 나온, 심지어 상호 모순되는 여러 사상의 단편들이 정치적 목적에 따라 자의적으로 조합된 양상을 보인다. 또한 학문분과의 구분을 넘어선 초영역적 이론, 그리고 역사 즉 인간의 실천과 시대에 따른 변화가 개입할 여지가 없는 초역사적인 논리가 파시즘, 민중주의, 독재 등의 이데올로기적 특성이다. 1920~1930년대 독일을 보면 파시즘이나 또 다른 총체적 지배의 사상을 주창했던 '보수 혁명(Konservative Revolution)'[19] 이론에는 '전쟁으로 재생되는 민족공동체와 근대기술로 재구성되는 자연의 결합(Traverso, 2001: p. 24)'이라든가 '사회현상에 대한 생물학적 개념의 무매개적 적용(전진성, 2001: 41쪽)', '신화학과 테크놀로지의 융합(Traverso, 앞의 책, p. 25)'과 같은 정식이 말해주듯이 신화, 민족, 전쟁, 기술, 합리성, 자연, 인간과 같이 서로 무관하거나 심지어 대립되어 보이는 요소들의 결합이 주된 특징을 이룬다.

(3) 위기에 대한 체제수호적 대응

① 위기의 산물로서의 극우

극우현상은 위기의 산물이다. 즉 극우현상은 위기로 인식되는 사회상황의 표현이자 그에 대한 극단적인 형태의 대응방식이다. 그러므로 우리는 역으로 극우현상을 통해 우리시대 위기의 내용이 무엇인지 조명해 볼 수 있다. 즉 사회마다 다양한 강도와 양상으로 존재하는 극우현상은 당대 사회의 중요한 표상이고 사회인식의 유용한 계기이다. 극우현상의 배경에는 위기, 그리고 이를 표상하지만 왜곡된 방식으로 나타나는 '위

---

19 보수혁명은 독일 바이마르공화국 시기(1918~1933)와 나치정권 초기에 이르기까지 독일 보수주의 지식인들이 이끌었던 담론이다(전진성, 2001: 10쪽).

기론'이 있다. 위기는 경제위기, 정치적 격변, 이데올로기적 위기 등으로 나타난다. 위기가 극우의 공통된 배경이지만 각 나라와 시대에 따라 다른 위기의 내용, 그리고 당시의 전 지구적 조건에 따라 극우의 양상은 다양하다. 위기를 각인시켜 주는 상징적 사건도 나라마다 다르다. 일본의 경우에는 한신대지진, 옴진리교 사건, 페루의 일본대사관 공관점거 사건이, 미국은 베트남전에서의 패전, 신좌파혁명, 9·11테러, 그리고 학교에서의 총격살인사건을 비롯한 끔찍한 사건들이 그런 역할을 하였다. 한편 한국에서는 IMF사태, 남북정상회담, 2002년 대선에서의 노무현의 승리 등이 뉴라이트(New Right)나 보수단체의 부상을 가져온 위기의식의 진원지가 되었다. 그렇지만 위기의식은 위기의 자동적 결과물이 아니고 따라서 위기와 위기의식의 관계는 설명을 필요로 하는 것이다. 위기의식은 무엇보다도 이데올로기 일반처럼 다양한 기제를 통해 생산, 재생산되는 것이다. 그중에서도 미디어는 파시즘 등 극우현상의 존립근거로서의 위기의식의 생산, 재생산의 핵심주체로 존재해왔다.

② 희생양 만들기: 위기에 대한 왜곡된 대응

위기의 실체에 대한 은폐를 주요 내용으로 한다는 점에서 극우는 위기의 본질에 대한 왜곡을 포함하고 있다. 즉 극우현상은 이 실체가 드러나지 않게 하는 방어막의 기능을 한다. 그런데 극우에 전형적인 왜곡의 기제는 희생양 만들기이다. 희생제의(the rite of sacrifice)라는 종교의례에서 비롯된 희생양 만들기는 태생적으로 종교적 성격을 지니며 나치즘의 경우에서처럼 극우현상이 종종 마녀사냥의 형태를 띠는 것도 우연이 아니다. 한편 희생양 만들기의 주체는 극우세력만이 아니다. 권력엘리트들 역시 진정한 문제, 예를 들어 경제관계의 세계화로 야기된 실업 등의 본질적인 문제에서 주의를 딴 데로 돌리기 위해 특정 집단이나 외부세력 또는 기독교나 이슬람 등 타 종교를 비난한다. 극우주의는 바로 이 '주류 세계'의 노력에 힘입어 성장하는 것이다.

나치즘에서는 온전한 아리안족이 아닌 집단이 희생양 만들기의 표적이 되었다면, 현재의 유럽사회는 아프리카 및 중동 지역 출신 이민자들을, 일본은 동아시아 출신의 이른바 '삼국인'(조선인, 중국인, 대만인)이나 기타 아시아 출신 이민자들을 자국이 겪는 문제의 주범으로 몰아세우고 있다. 미국의 경우에는 냉전 시대에 소련과 사회주의자들을 의미했던 '적색위협(Red Threat)'을 계승해 이슬람이 자유주의와 민주주의를 위협하는 존재(Green Menace)로 여겨지고 있다. 유사한 방식으로 아랍세계에서는 자본주의나 세계화가 아니라 미국과 이스라엘이라는 개별 국가, 기독교와 기독교세계를 자신들이 겪는 위기의 원천으로 간주한다.

③ 군국주의: 반혁명적 급진주의

그런데 극우주의에서 위기에 처한 사회를 지켜내려는 체제유지적 본성은 군국주의로 현상하는 경향이 있다. 전쟁 가능성을 선제로 유포되는 위기의식, 전쟁에 대비한다는 명분으로 구축되는 일사분란한 체제는 파시즘 체제의 유지를 위한 중요한 요소였다. 극우에서 군국주의가 핵심적인 구성요소라는 것은 극우주의 부상의 계기로서 전쟁이 지니는 중요성에서도 알 수 있다. 이탈리아, 독일의 제1차 세계대전 참전세대, 독일의 재향군인, 프랑스 극우세력의 주요 구성부분인 참전용사들, 미 개신교근본주의의 사회적 토대였던 제1차 세계대전 참전용사들의 열정적인 애국심과 박탈감이 극우현상이 활성화되는 동력이었다. 아랍과 유럽 이민사회에서의 이슬람주의도 '아프간(Afghans)'이라 불리었던 1970년대 말 아프간내전 참전자 등 이슬람사회가 연루된 분쟁들의 참전자들과 참전경험이 정치적 성장의 주된 동력 중 하나였다. 그렇다고 이러한 사실이

군국주의가 일부 호전적인 집단의 전유물이라는 것을 의미하는 것은 아니다. "1930년대 경제위기 상황에서 전쟁과 군국주의에 대한 반발이 일반적이진 않았다"는 케네디(1996: 394쪽)의 지적은 극우현상에서 자칫 잊기 쉬운 구조적 성격의 군국주의적 측면을 환기시킨다.

(4) 신자유주의와 극우주의의 동질성: 자유지상주의와 안전이데올로기

이상에서 살펴 본 극우현상의 특징들에서 우리는 신자유주의와 극우주의의 유사성을 발견할 수 있다. 먼저 신자유주의는 극우주의가 보이는 '이론의 빈곤'의 여러 측면들을 공유하고 있다. 프란시스코 베르가라는 신자유주의 세계화의 이데올로기가 1750~1790년대 프랑스와 영국에서 형성된 정치독트린인 '고전적인 자유주의'와 다음과 같은 질적 차이를 보인다고 설명한다(Francisco Vergara, 1992). 첫째, 사회, 경제 문제의 해결을 위한 모든 국가개입에 적대적이다. 둘째, 고전자유주의자들이 이론적 정합성을 지니며 다양한 사안에 하나의 기준을 적용하는데 비해 초자유주의자들은 다수의 윤리적 기준을 이들 간의 위계 설정 없이 사안에 따라 자의적으로, 또는 동시에 적용한다. 셋째, 신자유주의는 고전자유주의의 기준들을 정합성 없이 자의적으로 채택하는 것을 넘어서 고전자유주의에 없는 자신들의 기준, 특히 자유를 가치판단의 준거로 사용한다.

세 번째 측면의 표현인 신자유주의의 자유지상주의, 즉 개인과 개인의 자유로운 발전을 가치와 현실해석의 우선 가치로 설정하는 것은 신자유주의에 호소력을 주는 가장 강력한 요인이다(Tosel, 1995: p. 63). 그런데 신자유주의자들의 자유지상주의적인 '자유' 개념에서 어떤 제도가 좋은지 여부는 그것이 자유의 총량을 증대시키는지에 달려있다. 이들에 따르면 자유주의는 자유의 총량을 궁극적인 선, 궁극적인 윤리적 기준으로 고려하는 이념이다. 이에 대해 베르가라는 아담 스미스는 자유가 아닌 공공의 행복을, 튀르고는 정의를 모든 것의 상위의 가치로 두었다는 점을 환기시킨다.(Vergara, 앞의 책: pp. 115)

자유지상주의는 신자유주의의 또 다른 주된 이론적 요소인 안전(security) 담론의 토대가 되는데 안전이데올로기는 현대사회의 조건에서 나타난 새로운 형태의 군국주의로 볼 수 있다. 그러므로 신자유주의가 사회에 내재화시킨 폭력에서 극우주의가 성장한다는 것은 그리 놀라운 일이 아니다. 그런데 극우의 많은 논리들이 그렇듯이 안전이데올로기도 미국이나 이스라엘이 치안을 내세우며 자행하는 통제, 폭력, 전쟁과 같이 호전적인 세력에 의해, 그리고 명시적인 방식으로만 존재하지는 않는다. 예를 들어 프랑스에서 국민전선이 지지기반을 넓힐 수 있었던 것은 민주적인 우파가 대처, 레이건으로부터 차용한 '치안' 논리에 힘입은 바 크다.

현대사회에서 안전이데올로기가 보편성을 띠게 되는 구조적 배경 중 하나는 미국을 필두로 나타나 얼마 전부터 우리사회에서도 볼 수 있는 일종의 부자들의 '커밍아웃' 현상이다. 자신들의 소유와 부, 높은 지위를 감추려던 기존의 경향에서 이제 적극적으로 부를 과시하고 소유를 신성시하게 된 것이다. 또한 그것의 논리적 귀결로 총기소지의 자유나 사설경찰의 증대 현상에서 볼 수 있듯이 소유에 대한 보호의 요구가 노골화, 극단화되는 경향이 안전이데올로기가 쉽게 받아들여지는 배경으로 작용하고 있다. 선진국의 경우 이제 중산층에게까지 확대되고 있는 안전과 안락의 극단적인 추구, 후지따 쇼오조오(1998: 43)가 '안락에의 예속'이라 부르는 현상은 갈등의 해결이 아닌 해소(pacification), 희생양 만들기, 이분법적 세계관, 강제이주, 대량학살과 같은 전체주의의 기제들을 불러들이는 조건이 될 수 있다. 치안과 질서의 확보, 법의 수호라는 중립적인 가치가 강제이주, 대량학살과 무관하지 않다는 점을 기억해야 한다.

4) 극우현상과 종교의 결합

극우주의는 전통적으로 종교와 친화성을 가지고 있다. 세속화 경향이 심화된 현대 서구사회의 경우를 보더라도 '정체성 운동'이라 부를 수 있는 사회운동, 즉 근본주의, 분리독립운동, 유럽의 극우주의에는 많은 경우 극우적인 요소들과 종교가 결합되어 나타난다. 태동할 때부터 극우현상에는 종교적 요소들이 내재해 있었는데 그것은 당시 극우세력의 주된 문제의식 중 하나가 종교의 변동과 관련되어 있었기 때문이다. 유럽에서는 프랑스 대혁명 이후 19세기 내내 혁명에 대한 반발로 절대주의 체제를 복구하고 공화주의와 정교분리주의에 반대하는 우파가 발전하였다. 이들 '반혁명주의자들(Counter-revolutionaries)', 특히 그중 극단세력인 절대왕정주의자(absolutists), 신정주의자들(theocrats)의 논리에서 보면 프랑스의 국왕은 프랑크 왕국을 수립하여 프랑스의 토대를 만든 클로비스 1세가 496년 세례를 받은 이후 신권을 지니고 있고 로마 가톨릭교회와의 이 결합을 깨는 건 신의 의지에 반하는 것으로 프랑스의 황폐화를 가져오게 된다.

이후 극우와 종교의 결합은 이탈리아 파시스트들이 1869년~1870년에 소집된 '제1차 바티칸공의회'를 계기로 형성된 반동적이고 권위적인 가톨릭 교회의 전통에 의존했다거나, 벨기에 불어권 지역의 '렉스주의 운동(Rexist Movement)'과 가톨릭교회의 연관성, 스페인 가톨릭세력의 적극적인 프랑코 지지, 나치나 파시스트 도망자에 대한 교회의 상당한 지원과 같은 유착 관계를 보여주었다. 그밖에도 '영국 성공회(Church of England)'나 '스웨덴 교회(Church of Sweden)'와 같은 '민족교회(national church)', 미국이라는 국가에 대한 숭배를 의미하는 미국의 '시민종교

(civil religion)', 독일민족주의 이념과 기독교를 결합한 나치 시대의 '독일기독교인(Deutsche Christen)'이라는 이름의 독일교회, 일본의 국가신도 등 국가와 교회의 결합 형태는 다양하게 존재해왔다. 현재에도 이 모델에 대한 향수 또는 이 모델의 부활이 종교적 성격의 정체성 운동의 핵심적인 요소이다.

극우와 종교가 만나는 20세기 후반의 주요 사례를 살펴보자. 먼저 미국의 근본주의는 신학적, 정치적 자유주의에 대한 전쟁을 선언하면서 정치에 적극 개입한다. '근본주의자들(born-again christians)'은 '도덕적 다수(Moral Majority)', '기독교동맹(Christian Coalition)'과 같은 정치-종교적 조직을 만들어 정치적 보수주의에 종교적 근거를 제공하는 방식으로 정치에 개입하고 있다. 일본의 경우를 보면 1970년대 후반부터 우익종교조직의 정치활동이 활발해지는데 그 대표적인 사례가 '신종교운동'[20]의 하나인 '생장의 집(生長の家)', 국가신도가 재편성된 '신사본청'과 '야스쿠니신사'[21] 등이다. 이러한 일본 '종교우익'의 정치적 목표 역시

---

[20] 일본의 대표적인 종교학자인 시마조노 스스무에 따르면 1970년대에 시작된 일본의 종교붐은 '신신종교', '종교적 성격을 띤 대중문화의 성행', '신영성운동'의 세 가지 양상으로 나타났다. 이 종교현상은 국가신도적 시민종교의 전후 시대 판본이라고 할 수 있는 '일본인론', 시대극이나 시대소설의 인기와 같은 '에도붐'과 동시대적 현상이다. '신종교(新宗教)'는 19세기부터 등장하기 시작한 신흥종교의 여러 교단들을 의미하며 기존의 역사종교와 달리 현세지향적 구원관을 특징으로 한다. '신신종교(新新宗教)'는 1970년대 이후 새롭게 형성, 발전하고 있는 제 교단을 가리키며 신종교와 달리 현세이탈적 구원관을 제시하는 경향이 있다. '신영성운동'은 1970년대부터 주로 선진국의 대도시를 중심으로 전개된 개인주의적 종교운동을 가리키는 용어로서, 구미의 '뉴에이지운동(New Age Movement)'과 일본의 '정신세계(精神世界)'가 이에 해당되며, 교조라든가 조직에 얽매인 종교의 종말을 선포하면서 과학과 영적인 것이 통합된 새로운 영성의 시대가 왔다고 주장한다(시마조노 스스무, 1997: 13쪽).

[21] 일본에서는 패전 후 전전 국가신도체제가 종식되고 신도는 종교로 재출발하게 된다. 전국신사의 합의에 따라 신사본청이라는 총괄적인 종교법인이 조직되었고 현재

'신우익'과 마찬가지로 패전 이전 일본의 부활과 전후 일본 정치체제의 부정이다. 국가신도의 부활 추구, 야스쿠니 신사 국영화 등의 요구는 바로 이러한 정치적 전망과 연관된 것이다. 일본의 종교우익은 견고한 종교조직을 기반으로 교과서문제에 대한 대응과 더불어 일부 보수정치가와 연대하고 천황이나 수상 등이 야스쿠니 신사 공식참배를 추진하도록 하는 모임을 결성하는 식으로 활동하였다(후지나가 다케시, 1998: 295~297쪽). 아랍국가들, 특히 이집트, 모로코, 튀니지, 알제리 등 1950년대를 전후해 독립한 이후 우리와 유사하게 경제적, 정치적, 사회문화적 근대화를 급속하게 겪었던 지역에서도 종교가 큰 비중을 차지하는 보수적 시민사회의 부상, 시민사회의 보수화 현상이 나타났다.

극우현상과 종교가 맺었던 이상과 같은 역사적 연관성의 근저에는 둘 간의 논리적 연관성이 있다. 여러 방식의 설명이 있을 수 있는데 그중 하나는 위에서 언급한 종교와 민족, 종교적 정체성과 민족적 정체성간의 친화성에서 둘의 연관을 설명하는 것이다. 그런데 극우주의가 민족국가 이념이 가장 순수한 형태로 발현된 이념이자 실천이라는 점은 종교와 민족의 친화성이 특정 조건에서 극우와 종교의 결합으로 나타날 수 있다는 점을 보여준다. 물론 종교와 민족의 관계에서도 그렇듯이 이러한 논리적 연관성이 바로 현실적 결합으로 나타나는 것은 아니다. 또한 많은 경우 종교는 독재와 자본주의체제에 대한 주요 저항세력이었다. 그런데 20세기 초 중심부국가들에서처럼 '세계화'로 지칭되는 1980년대 이래의 세계 정치경제질서의 변동이 많은 지역에서 위의 논리적 연관성이 현실화되는 계기로 작용했던 것이다.

이 본청 소속 신사가 12만개이다. 야스쿠니 신사는 패전 후 미군정에 의해 다른 신사들과 마찬가지로 민간종교법인으로 전환되었으나, 일본의 우익집단 및 수상과 각료들에 의해 공식참배 또는 국영화 문제가 끊임없이 제기되어 왔다(박규태, 2003, 76~77쪽).

4. 근본주의 현상

1) 현대 종교변동

현대 종교변동의 양상은 지역에 따라 차이가 있지만, 세속화 현상의 지속과 새로운 양상을 띤 종교의 부흥이라는 모순되어 보이는 두 현상의 동시적 전개로 특징지어진다. 다니엘 에르비유 레제르(Danielle Hervieu-Léger, 1999)는 1970년대 이후 전 지구적 차원에서 나타난 종교변동을 세계 종교사에서 전환점을 이루는 시기였다고 평가하면서, 이 전환기의 양상을 다음과 같이 요약한다. 첫째, 서유럽에서조차 종교가 공적 영역에 복귀하는 등 전 지구적 차원에서의 종교 부활, 둘째, 당시 중심부세계에서 등장한 '신사회운동(New Social Movements)'을 통한 종교의 정치적, 문화적 개입, 셋째, '신종교운동'과 '유사종교'의 부상으로 인한 기성 종교의 헤게모니 약화가 그것이다. 그리고 이러한 변동을 겪는 현대종교의 상황을 "사라진 종교세계에 대해 기억하기, 모든 사회영역에 전면적으로 관철되는 세속화, 새로운 형태의 종교적 실천들" 이라는 표현으로 요약한다. 아래에서는 이러한 진단에 입각하여 현대 종교변동을 근본주의 현상과 세속화 속의 신종교운동의 부상이라는 두 가지 측면을 중심으로 살펴보겠다.

근본주의 현상은 지속되어온 것이라기보다 1970년대에 전 지구적 차원에서 부활한 현대적 현상이다. 1974년 7월 스위스에서 개최된 '복음화를 위한 세계대회(CIPEM)'는 1세기 전에 미국에서 태동한 개신교 근본주의의 부활을 상징적으로 보여준 사건이다. 이 회의에서 도출된 "신의 영감, 성서 전체의 진리성과 권위, 성서는 신에 의해 쓰인 유일한 말씀이며 신앙과 삶의 유일한 척도"라는 '로잔 선언'은 근본주의 정신을 천명한 것이었다. 후술할 가톨릭의 신고전주의도 고전주의, 전통주의의 단순한 반복이 아니라 새로운 사회상황에서 대두된 새로운 현상이었다. 유대교의 경우도 마찬가지다. 한편으로 중동에서 이스라엘과 미국의 헤게모니가 굳건해지고, 다른 한편으로 그간 시온주의의 깃발 아래 묻혀져 있던 이스라엘 사회의 다원성이 분출하는 상황에서 질적 변화를 겪게 된다. 즉 1980년대를 전환점으로 19세기 유럽에서부터 이어져오던 보편주의적 유대인론에서 특수주의적 유대인론으로, 즉 종족적 정체성의 성격을 강하게 지닌 새로운 유대인 개념으로 전환하게 된다(Lenoir, 2003: pp. 119).

종교의 사회적 비중이 약해지고 종교 자체가 현대화하는 것을 의미하는 '세속화(secularization)' 현상은 외관상 '탈세속화(de-secularization)' 현상이 강하게 나타나는 지역에서조차 지속적으로 심화되고 있다. 근본주의가 맹위를 떨치게 된 미국사회 역시 모든 영역에서 세속화 경향의 약화를 경험한 것은 아니었다. 미국, 서유럽 등 중심부세계의 종교 부상은 세속화와 친밀한 관계 속에서 전개되었다. 그 대표적인 것이 개인주의 심화와 과학적 이성의 산물인 '신종교운동'이다. 이 용어는 가톨릭, 개신교, 이슬람, 불교와 같은 기성 종교와 조직적 연관성이 없는 현대의 종교집단을 지칭한다. 그런데 이 운동의 부상은 '세속화'라는 개념으로 표현되는 전통적 방식의 종교 실천의 약화가 무신론자의 증가가 아니라 비기독교적 신앙 또는 종교적 개인주의의 발전과 '탈교회적 신앙(believing without belonging)'으로의 전환으로 나타났음을 보여준다. 매우 이질적인 경향을 포괄하는 개념인 신종교운동의 주요 경향은 다음과 같다. 첫째, 선교와 순례, 그리고 재림을 중시하는 기독교 계열 신흥 교단의 발전, 둘째, 동양 종교에의 관심과 여러 종교의 요소를 수용하는 혼합주의 경향의 발전, 셋째, 신체적, 심리적 장애를 극복하거나 물질적으로 풍요한 삶을 누리려는 목적으로 개인의 잠재력을 개발하는 종교적,

유사종교적 기술의 발전, 넷째, 개인의 종교적 체험을 중시하는 감성적 공동체를 추구하는 종교운동의 성장을 들 수 있다. 신종교운동을 점성술이나 다른 '비학(occult science)'을 토대로 한 뉴에이지 경향과 심리학에 기반을 둔 개인 본위의 종교적 표현(God is myself)과 같은 두 가지 흐름으로 대별하기도 한다(Boespflug, Dunand & Willaime, 1996: p. 37).

신종교운동은 체계화된 기존의 의미체계보다 경험을 통해 자신의 존재와 의미를 인식하려고 한다. 최근에 우리가 극단적인 방식으로 겪고 있듯이, 몸과 건강에 대한 관심이 증대되고 건강이 구원을 대체하며, 그 결과 영혼의 치유와 몸의 치유 간에 구분이 약화되는 양상은 세속적 영역에서처럼 종교적 영역에서도 이념적 측면이 저평가되고 경험이 중시되는 변화를 보여준다. 한국에서 대형 교회가 성공하는 것 역시 많은 부분 이러한 보편적 맥락에서 설명될 수 있다. 조용기 목사의 설교에 대한 한 비평에서처럼(박명수, 2000: 49쪽) 세계적인 성취를 거둔 이 한국 종교인의 성공요인 중 하나도, 교회에 와서는 영혼의 구원만을 얘기해야 한다는 중산층 신학과 차별성을 보인 점에 있었다.

2) 근본주의 현상

(1) 근대 종교운동으로서의 근본주의

20세기 초 미국에서 탄생한 근본주의는 조지 마스든(George M. Masden)이 지적하듯이 종교 '운동'이다. 근본주의는 가톨릭, 감리교, 장로교, 여호와의 증인 등과 같은 특정 종교집단을 지칭하는 용어가 아니다. 그보다는 제도화 되어있지 않은 '운동'(movement), 더 나아가 여러 종교나 교단에서 나타나는 초교파적 경향을 가리킨다. 물론 자유주의적 개신교 교단, 가톨릭, 모르몬교 등 어떤 교단에서는 나타나지 않으므로 모든 종교집단에 존재하는 현상은 아니다. 근본주의는 초기 캘빈교나 감리교처럼 사회의 급격한 변화에 대한 종교의 대응 양식이라는 점에서 하나의 종교운동이다. 근본주의에 상호 모순되기도 하는 다양한 경향들이 혼재하는 것도 이러한 운동으로서의 측면 때문으로 볼 수 있다.

근본주의는 또한 '근대'의 사회현상이다. 낙관주의, 급진주의 등과 같이 어느 시대, 어느 영역에서나 나타나는 현상이 아니라 역사적 산물, 즉 특정 시·공간에서 태동한 현상이다. '근본주의'는 본래 19세기 말에서 20세기 초에 미국에서 나타난 종교현상을 가리키는 개념이었다. 미국의 복음주의[22] 기독교인들 가운데 일어난 종교운동으로, 다원주의에 영향을 받은 사회와 교회의 개방적 흐름, 가톨릭이나 유대교를 믿는 이민이 급증하면서 생겨난 다원적인 종교상황을 배경으로 등장하였다. 이러한 사회변동에 직면해 초기에 미국에 이주해 자리를 잡은 개신교 세력이 기독교신앙의 근본적인 것을 유지한다는 명분 아래, 성경의 영감설과 무오설을 강조하고, 따라서 성경 이외의 권위를 절대 인정하지 않았으며, 전천년설(Premillenialism)을 신봉했다. 그 결과 불관용, 보수주의, 극단적인 이분법적 세계관과 같은 특성을 보였으며, 이들이 '근대주의'라고 부른 근대성과 근대적 변화를 극단적으로 거부하였다.(이원규, 2001; 마스든, 1997).[23]

---

[22] 광의의 복음주의는 종교개혁으로 태동한 교파 모두에 적용가능한 개념이지만 협의의 복음주의는 개신교 내에서 성경 이외의 권위를 절대 인정하지 않는 경향을 가리킨다.

[23] 근본주의의 이러한 특성은 최근의 근본주의 현상에까지 이어져오고 있다. 종교나 교파, 지역이 상이하지만 이 장에서 살펴볼 사례들에서 우리는 다음의 공통점을 찾아볼 수 있다. 먼저 이들은 극단적으로 이분법적인 역사관, 세계관, 사회관을 보인다. 이것은 첫째, 다른 종교·교파와의 차이를 극단적으로 강조하고 종교 간 관계를 '종교전쟁'이라는 관점에서 바라보는 것으로 나타난다. 둘째, 근본주의가 한 교단에 국한된 경향은 아니지만 이 흐름을 구성하는 이들 각각은 매우 강한 종교적 정체성을 갖는다. 공격적이고 배타적인 정체성 강조는 특히 '민중신앙'에 대한 비판이라는 형태를 취한다. 이들은 공히 기존의 민중적 종교 생활에 들어

‖ 자료 I-4 ‖ 천년왕국주의

종말사상의 한 형태인 '천년왕국주의(Millenialism)'는 요한계시록 20장의 '천년(millenium)' 개념에 기반을 둔 사상으로서, 행복과 평화와 풍요를 상징하는 천년왕국에 대한 열망을 가리킨다. 이때 예수 그리스도가 재림하여 통치하게 되는 지상의 천년왕국은 천상의 천국을 예시하는 것으로 기존 질서에 대한 거부를 함축한다. 그리고 이러한 믿음은 대개 이 천년왕국을 앞당기려는 시도로 이어진다(Riot-Sarcey, Bouchet, & Picon, 2002). 한편 종말론에 종말의 시점과 양상에 대한 다양한 해석이 있어왔듯이 천년왕국주의에도 재림과 천년왕국에 대한 해석의 차이에 따라 여러 유형이 있다. 먼저 무천년설(Amillennialism)은 천년 간의 통치는 이미 그리스도와 더불어 이루어져 온 것으로, 초림과 재림 사이의 기간이 천년이라는 믿음이다. 그리고 천년왕국주의의 대표적인 두 유형으로 전천년설(Premillennialism)과 후천년설(Postmillennialism)이 있다. 전천년설의 핵심은 그리스도의 재림 이후에나 천년왕국이 이 땅에 이루어질 것이라고 믿는다는 점이다. 따라서 이를 믿는 사람들은 현세에서

있는 성인 숭배, 부적 등 각 지역 고유의 토속적인 종교 문화나 타 종교의 영향을 비판한다. 중남미 오순절교회의 경우 다원주의적인 종교관과 여러 종교 전통의 융합, 정령 신앙(spiritism)이 민중신앙 비판의 핵심적 요소이다. 이슬람주의자들 역시 제도 종교와 민중 이슬람 양자에 대한 비판을 통해 세력을 넓혀갔는데, 전자에 대해서는 비민중적이라는 점을, 후자에 대해서는 혼합주의적인 측면을 비판의 근거로 삼았다. 근본주의의 마니교적인 측면은 또한 개인적 차원에서는 개종 이전과 이후의 삶의 질적 차이를 강조하고, 세계적 차원에서는 세계가 신과 신을 믿는 자들, 그리고 악마와 악마의 추종자들로 나누어져 있다는 사고로 나타난다. 이들에게 개종은 개종자가 악의 세계를 떠나 선의 세계로 온다는 의미를 갖는다. 그래서 선의 승리를 위해서는 이 개종, 즉 선의 세력의 증대를 위한 선교가 매우 중요한 요소로 간주된다. 이 이원론적 세계관은 당초 염세적인 성향을 지녔던 근본주의자들이 어느 시기에 적극적으로 사회에 개입하고 정치적 성격을 띠게 만드는 동인으로 작용한다. 그리고 이러한 이분법적인 세계관에서 변화는 결코 점진적으로 일어나지 않는다. 그것은 회심과 초월적 체험처럼 한 상태로부터 다른 상태로의 급진적 변화일 수밖에 없다. 즉 근본주의에서 전형적으로 나타나는 이분법적 세계관은 급진주의로 귀결될 가능성을 가지고 있는 것이다.

인간에 의해 이루어지는 진보의 의의와 가능성에 대해 부정적인 태도를 보인다. 이와 반대로 후천년설은 교황이나 기타 거짓된 종교 지도자들로 나타나는 '적그리스도'의 패배가 진행 중이라고 믿고, 이 천년왕국의 기간에 성령이 내리며 복음이 세계 곳곳으로 확산되리라고 믿는다. 20세기 초 미국의 후천년주의자들은 대체로 문화의 영적인 성장을 믿었다. 그리고 로마 교황청과 이슬람 세력, 즉 당시 오스만 제국의 쇠퇴를 근거로 사탄 세력의 패배가 임박했다고 보았다. 이와 동시에 과학과 기술 및 학문이 미증유의 업적을 달성하리라고 내다보았다. 당시 자유주의자들은 후천년설을 계승·변형하였다. 즉 이들에게 천년왕국은 지금 이 세상으로 옮겨졌고 그 왕국의 진보는 일상생활의 발전에서 확인할 수 있는, 세속화된 것이었다. 한편 세대주의석 선천넌설(dispensationalism)은 천년왕국 이전 7년 동안 그리스도가 먼저 성도들을 비밀 휴거 시키고 나중에 지상에 재림한다는 믿음이다.

이후 근본주의는 제1차 세계대전 직후 미국의 사회상을 배경으로 더욱 급진화하게 된다. 전후 심각해진 경제상황, 그리고 전쟁 분위기에서 형성된 애국심과 호전성은 이들로 하여금 당시 사회문제의 원인을 국내에서 찾게 만들었다. 자유주의 신학, 진화론, 사회주의가 바로 근본주의가 생각한 미국과 기독교를 위협하는 존재로 간주되었다. 루스벨트 시대에 강조되었던 '군비축소', '국제주의', '사회복음'은 제정 러시아가 겪었던 것과 유사한 방식으로의 미국의 몰락뿐만 아니라 전 세계 모든 문명 정부의 전복을 획책하는 비밀결사단의 암호로 간주되었다(마드슨, 위의 책: 456쪽). 또한 이 국제적 위협에 유대인적 요소가 있다는 인식이 팽배했다. 동시대 유럽의 후발 자본주의국가들에서 사회주의와 노동운동의 분쇄를 목적으로 반유대주의를 내포한 파시즘이 성장하였다는 사실은 미국 근본주의 현상이 지니는 정치사회적 함의를 짐작케 해준다. '유대인들의 음모'라는 문제의식은 또한 미국 유대인들의 힘을 과대평가했던 당시 세계의 분위기로부터 설명될 수도 있다.

한편 종교현상으로서 미국의 근본주의는 전 지구적 차원의 종교현상의 일부였다. 먼저 가톨릭 세계에서도 유사한 시기에 '통합주의(integralism)'라고 불리는 현상이 있었다. 이 신학적 경향은 종교학의 부상, 즉 종교를 과학적 연구의 대상으로 하는 학문의 부상에 직면한 가톨릭교회의 반응 중 하나로서, 교리의 총체적인 준수를 강조하고 경전과 전통으로 이루어진, 전승되어 온 가톨릭 교리의 수정을 단호히 거부하는 것이었다(Ben Barka, 1998). 더 일반적으로는 동시대, 즉 '제국의 시대'라 불리는 1870년대에서 1910년대까지의 시기에 근대화, 서구화 및 제국주의에 직면한 사회들에서 유토피아적 성격의 민중종교운동과 근본주의적인 종교운동이 전 지구적 차원에서 나타났다. 일본의 '민중종교', 중국의 태평천국의 난, 한국의 동학 등 민족종교와 복음주의 개신교, 오스만 제국의 마흐디즘과 살라피즘이 그 대표적인 예들이다. 또한 당시 식민지 쟁탈전의 주요 대상이었던 아프리카[24]와 오세아니아에서도 기독교에 대항해, 그러나 동시에 그것에 영향을 받은 다양한 메시아운동이 일어났다(Lanternari, 1983; Mühlmann, 1968; Balandier, 1955).

---

24 전통 및 기원에의 회귀는 식민지 시대 여러 문화권에서 일어났던 보편적 현상이었다. 아프리카의 경우를 보면, 서구와의 접촉이 낳은 기존 질서의 붕괴와 서구적 가치 및 제도의 지배에 대해 피식민지인들은 '흑인교회', '흑인-아프리카 메시아주의'라는 적극적인 방식으로 또는 전통적인 제도나 집단의 재구성을 통해 대응했다(counter-acculturation). 이렇게 문화적 특수성이 식민지배에 대한 저항에 동원됨으로써 종족적 특수성이 강화되거나 또는 이 저항을 계기로 다수의 종족 집단이 단일한 '전통'을 중심으로 융합되기도 하였다. 1948년에서 1951년 콩고와 가봉 지역에서 수행한 조사결과를 바탕으로 저술한 책에서 프랑스 사회학자 조르쥬 발랑디에(Georges Balandier, 1955: 7장)는 외부와의 접촉이 낳은 전통의 재구성을 다음과 같이 설명하였다. "외부로부터 [식민주의에 의해] 강요된 질서에 대한 거부가 동시에 내적 질서를 규정하는 관계의 일부에 대해 문제제기하는 기회임을 보여준다."

(2) 근본주의의 부활

근본주의의 탄생처럼 근본주의의 부활 역시 특정 시공간에서 형성된 역사적 산물이다. 1920년대 중반 이후 급속히 쇠퇴한 미국의 근본주의는 1970~1980년대 전 지구적 차원의 종교현상으로 부활하였다. 세계 각지에서 종교의 부활, 특히 근본주의의 부상이 나타났다. 그것은 남·북미, 아프리카, 아시아에서의 복음주의의 급성장, 세계 각지에서의 이슬람주의 현상, 인도의 힌두교 근본주의자들의 부상 등으로 나타났다. 종교적 맥락을 보면 근본주의는 기성 종교에 대한 비판과 함께 혼합주의 성격의 신종교운동 및 유사종교, 종교적 상대주의와 다원주의가 강화되는 현상에 대한 반발로 부상한 것이다.

① 미국의 정치-종교 관계와 근본주의의 부활

미국에서는 근본주의 현상이 복음주의 교회의 성장으로 나타났다. 20세기 중엽 이후 세속화의 심화 속에서도 미국 종교를 지탱해온 것은 주류 교파가 아니라 남침례교(Southern Baptists), 하나님의 성회(Assemblies of God), 나사렛 교회(Church of the Nazarene) 등 신흥 보수 교단들이었다. 그런데 이 새로운 근본주의는 1920년대의 근본주의와 비교해볼 때 선교와 교회 운영에서 현실주의적 경향이 강하고, 신학적·교회적 이슈들은 상대적으로 덜 강조된다. 그 대신에 국가의 대외 정책을 지지하는 경향이 강하며 현세에서의 개인의 성취를 매우 중시한다. 텔레비전 선교에서 가장 자주 나타나는 후렴구 가운데 하나가 '기독교 미국'이고, 다른 하나는 개인의 성공에 대한 복음이라는 사실이 이를 잘 말해준다. 그러나 영혼의 구원, 개인적 성결, 신자의 주요 의무로서의 복음 전파, 임박한 세계 종말, 복음주의적이었다고 간주되는 빅토리아 시대의 신앙과 교회로의 회귀를 촉구하는 등 과거 근본주의의 핵심 주제들이 여전히 강조되고 있고, 공립학교에서의 진화론 교육 반대, 낙태 반대, 가족해체 문제 등도 주요한 쟁점으로 재등장하였다. 그간 경멸해온 가톨릭과의 연대, 음주와 관련된 문제를 부각시키는 등의 현상도 이러한 일련의 변화 속에서 설명될 수 있다.

미국이 1970년대 이후 종교의 부활 및 정치화 현상의 진원지이자 이 현상의 전 지구적 확산의 주역이 된 배경을 이해하기 위해서는 미국의 대외 정책, 주변부 사회의 정치사회적, 문화적 변동과 더불어 미국 사회 자체의 성격, 특히 미국의 정치-종교 관계의 역사를 살펴보아야 한다. 미국의 개신교는 19세기 초반부터 그간의 경건주의적인 은둔주의에서 탈피하여, 기독교 공화국의 건설을 목표로 적극적으로 현세에 참여하게 된다. 그리하여 19세기 중엽, 즉 '기독교 신우익(New Christian Right)'이 부상하기 1세기 전에 이미 미국의 정치에서 주된 역할을 담당하게 된다. 그러나 이후 1970년대까지 킹 목사나 빌리 그레이엄 등의 예외적인 경우를 빼놓고는 정치적 장에서의 기독교의 존재는 미미했다. 물론 사회문제와 중앙 정치에 대한 부관심의 이면에는 지역사회에시의 토대 구축이 있었고 향후 특정한 조건하에서 이 역량은 정치적 자산으로 화할 수 있는 것이었다.

이와 같은 미국 개신교 근본주의의 잠재적인 정치성은 세계화 시대에 대내외적으로 발현되게 된다. 즉 1960년대 미국 사회의 급격한 사회문화적 변동을 계기로 당시 반권위주의 운동을 이끌던 '신좌파(New Left)'를 비판하고 이를 명분으로 정치에 참여하는 식으로 부활하게 된다. 특히 레이건 대통령의 집권 이후 개신교 근본주의는 정권과의 관계가 밀접해지는데 우리는 이와 같은 양상을 새로운 근본주의의 정치 중심주의, 그리고 신자유주의와의 친화성으로 설명할 수 있다. 먼저 정치적 측면에서 볼 때 미국에서 나타나는 종교의 정치화 및 정치 도구화 경향은 시민사회 제도들의 매개 역할을 부정하는 근본주의의 정치 중심주의에 잠재되어 있었다고 할 수 있다. 근본주의가 비판하는 대표적인 세력 중 하나가 기독교사회주의, 사회 가톨릭 등 사회 개입을 주창하는 개혁주의라는 점은 이러한 사회관의 차이에서 설명될 수 있다.

또한 이것은 신자유주의와의 논리적 친화성에 기인하는 측면이 있다. 근본주의자들이 미국이나 여타 지역에서 사회의 전반적인 우경화에 기여하고 신자유주의적 사회변동을 대중이 수용하는 데 기여한 방식을 보자. 이들은 신자유주의의 파괴적, 악마적 성격을 강조하면서 한편으로는 현실 변혁의 불가능성, 체념, 그리고 현 세계의 지배 논리에 대한 적응을 주창하고, 다른 한편으로는 이러한 무력감에 대한 보상으로서 종말론을 주창하는 방식을 사용했다. 독일 출신의 대표적인 남미 해방신학자 프란츠 힌켈라메르트(Franz Hinkelammert, 1993: pp. 286)는 1970~1980년대 정치화된 미국 개신교 분파들을 '미 제국의 신학'이라고 표현하였다. 미국의 대중남미 관계의 경험에서 도출한 이 개념은 이 시기 미국 개신교의 일부, 특히 오순절파가 해방신학에 대한 대응의 차원에서 정부의 노골적인 지원을 받았던 현상을 표현한다. 그는 또한 정치화된 종교세력이 '시장이 아니라 정치가 문제'라는 식의 현실 해석을 통해 신자유주의를 옹호하고 동시에 종교의 정치적 개입을 정당화했다는 의미에서 이 세력의 성격을 '시장 절대주의 신학'이라고 규정하였다.

② 중남미 오순절 현상의 사회적 배경과 성공 요인

중남미에서의 오순절교회의 성장은 이슬람주의와 더불어 비서구사회에서의 근본주의 현상의 대표적인 사례로 간주되었다. 오순절교회는 1900년 경 미국에서 탄생한 교단으로서 오순절[25]의 성령강림이 지금도 지속적으로 이루어지는 것으로 보고 방언, 계시, 이적 등으로 나타나는 성령(Manifestation of Holy Spirit)의 역할을 강조하는 대표적인 보수 교단이다. 종교의 구성 요소 중 종교적 체험을 강조하는 종교집단으로서 이를 무기로 중남미, 아프리카, 아시아 등 전세계적으로 급속한 성장세를 보였다. 한국에는 여의도순복음교회 등 몇 개의 교단이 여기에 속한다. 중남미의 경우 오순절운동, 그리고 이와 유사한 흐름인 은사주의 운동(Charismatic Movement)에 속하는 신자의 수가 전체 인구에서 차지하는 비중이 1970년 4.4%에서 1990년 26.9%, 2005년 28.1%로 늘었다.[26] 엄격히 말하자면 이 운동은 근본주의와 다르고 근본주의자들도 이들이 지나치게 감정적인 측면, 즉 신앙의 외적 표현에 치중하는 점을 들어 비판한다. 그래도 이 운동을 일반적으로 근본주의 현상의 일부분으로 간주하는 것은 이들이 성경의 권위를 절대시하고, 그리스도의 재림이 임박했다는 사실을 강조하고, 선교를 중시하는(conversionist sect) 점이 복음주의의 급진적 경향으로서의 근본주의와 유사한 측면이 있기 때문이다.

중남미에 오순절운동이 도입된 것은 1910년대 미국, 캐나다 선교사들 또는 이 지역으로 이민을 갔다가 돌아온 사람들에 의해서였다. 브라질에서는 1910년 프란체스콘(Francescon)이 상파울루의 이탈리아인 공동체에서 '기독교총회(Christian Congregation)'를 창설하였고 '하나님의 성회(Assembly of God)'가 유입되었다(Freston, 1998: pp. 336). 중미의 경우 역시 1910년대 초에 도입되었고 칠레에서는 1910년 선교사 윌리스 후버(Willis C. Hoover)가 감리교를 이탈하여 산티아고의 오순절파와 함께

---

25 오순절은 교회에 성령이 주어짐을 기억하는 절기로 부활절 이후 일곱째 주일인 성령강림주일부터 대강절이 시작되는 때까지를 말한다. 오순절의 분위기는 기쁨인데, 이는 예수의 약속이 성취되었고 사람들이 은사를 받았다고 여겨지기 때문이다.

26 http://www.pewforum.org/2006/10/05/overview-pentecostalism-in-latin-america/

'오순절감리교회(La Iglesia Methodista Pentecostal)'를 창설한 것이 효시가 되었다. 그러나 가톨릭 중심의 중남미에서 영향력이 극히 미약하였다가 지역마다 다르지만 1970~1980년대에 들어서 거의 모든 나라에서 괄목할 만한 성장을 이루게 된다. 브라질이나 칠레의 경우는 이미 1950년대에, 중미 국가들은 대개 1970년대에 '오순절 현상'이 나타난다. 칠레의 경우에는 1960년에 이미 개신교 신자 전체의 80~90%를 차지할 정도였다(d'Epinay, 1966). 아르헨티나는 1950년대 페론주의의 종말이라는 배경에서 도시 빈민들을 중심으로 뿌리를 내렸다가 1983년 재민주화 이후 다시 성장세를 보이게 된다.

특히 브라질은 인구의 20% 이상이[27] 개신교 신자로서 전 세계에서 개신교 인구가 세 번째로 많은 나라라는 점에서 일반적으로 가톨릭의 세계로만 비추어지는 중남미의 또 다른 종교 현실을 보여준다. 그런데 개신교 신자 중에서 '하나님의 성회' 등 오순절교회의 신자가 2/3 정도를 차지하고 있다. 개신교 내에서의 오순절교회의 비중은 안데스산맥의 나라들에서 적고 칠레에서 가장 높다. 한편 이러한 오순절교회 현상으로 인해 기존에 진보적 가톨릭에만 집중되었던 학문적 관심이 개신교, 특히 오순절교회에도 주어져 이 현상이 두드러졌던 브라질과 칠레에 대한 학문적 관심이 1960년대에 생겨났고, 1980년대 후반에는 중미 지역에로 관심이 확대되었다. 특히 브라질은 오순절교회 신자의 크기, 미국으로부

[27] 2010년 인구센서스에 따르면 브라질 전체 인구의 22.2%가 개신교 신자이다. 1970년에서 2010년 사이에 가톨릭 신자의 비중은 92%에서 65%로 떨어진 반면에 개신교 신자의 비중은 5%에서 22%로 늘었다. 개신교 내부에서도 오래된 소위 '역사적인 개신교회(historical protestant church)'의 신자들은 같은 기간 3%에서 4%로 소폭 상승했지만 오순절교회의 신자들은 전체 인구의 6%에서 13%로 늘어났다. 인구수를 보면 개신교 신자의 수가 5백만에서 4천 2백만으로 크게 늘었다. (http://www.pewforum.org/2013/07/18/brazils-changing-religious-landscape/)

터의 거리, 오랜 개신교 역사, 오순절교회의 성장이 자생적인 방식으로 나타났던 점 등으로 인해 특별한 관심의 대상이었다.

활동 양상을 보면, 이 경향에 속한 교회들은 공공 영역의 장악을 중시하여 정치나 사회복지 영역에 적극적으로 개입하며 출판 또는 전파 매체의 활용에 적극적이었다. 예를 들어 이들은 선교 TV를 통해 세력을 확장하였고, 브라질의 경우를 보면 1986년 '하나님의 성회'가 13명의 국회의원을 당선시키는 등 제도권 정치에 진입하였고, 1994년에는 '하느님 나라의 세계교회(Igreja Universal do Reino de Deus)'가 추진한 대규모 사회사업 프로젝트와 같이 이들의 조직과 활동이 국가를 대신해 사회 통합의 기제로 작용하였다. 중남미 개신교연구의 권위자인 바스티앙(Jean-Paul Bastian)이 '대안 가톨릭(catholicisme de substitution)' (Willaime, 1999: p. 11)으로 이 흐름을 규정하듯이 오순절운동, 그리고 은사주의 운동의 하나인 가톨릭 계열의 '성령쇄신운동(Movimento de Renovacao Catolica, MRCC)'[28]은 그간 중남미 종교의 중심이었던 가톨릭교회에 대한 대안으로, 새로운 민중적인 구심점 형성을 추구하는 의미를 지닌다. 이는 이 지역이 정치 군사적, 문화적으로 종속되어 있는 미국에서 근본주의가 시민종교의 형태로 종교적 구심점을 형성하려는 것에 비견될 수 있는 현상이다. 한편 기성 가톨릭교회도 이러한 변화에 적응하는 모습을 보인다. 즉 감각적인 체험 위주의 종교성을 수용하는가 하면 공공 영역에서 이들과 경쟁하는 모습을 보이는 것이다.[29]

---

[28] 성령쇄신운동은 신·구교를 통틀어 모든 교회에 존재하는 경향인데 1960년대 미국의 오순절파에서 태동하여 1970년대에 전 세계로 확산되었다.(Vernette, 1995).

[29] 김항섭은 브라질의 예를 통해 남미 종교에서 성령쇄신운동의 부상이 갖는 의미를 다음과 같이 설명한다. 가톨릭교회의 보수화 물결을 주도함과 동시에 분리주의적 경향을 보이는 이 종교운동에 대해 처음에는 교회의 진보 진영을 중심으로 비판적인 태도가 나타나지만 점차 냉담한 신자들을 다시 교회로 끌어오는 열정과 능력을

이상과 같은 오순절운동 성장의 원인에 대해서 여러 가지 설명이 가능하다. 무엇보다도 중남미 사회가 처한 당시 아노미 상황에서 효과적인 처방을 제공함으로써 성장할 수 있었다는 해석이 일반적이다. 그런가 하면 보다 전 지구적 차원에서 이 현상을 미국의 신제국주의의 산물로 간주하면서 이 측면 때문에 이들의 놀라운 성장이 가능했다는 해석도 있다. 미국이 주도했던 세계화 덕에, 그리고 세계화의 한 부분으로 성장했다는 것이다(Droogers, 1999). 미국의 대외 정책과의 연관성은 특히 민주주의와 인권을 위한 개입, 마약과의 전쟁의 주요 대상이었던 중미 지역의 경우에 적절한 설명요인이라고 할 수 있다. 또는 발전된 나라와 저발전 국가에서의 근대화 양상의 차이로 이 종교현상을 설명할 수 있다. 즉 전자에서는 근대화가 세속화를 낳았지만 후자에서는 사회의 종교화를 낳았다는 것이다. 실제로 일부 저발전국가의 경우 종교는 '사회문제(social problems)'에 대응할 수 있는 거의 유일한 주체였다. 그렇다면 오순절교회가 중남미에서 뿌리 내릴 수 있었던 사회 내적인 요인은 무엇이었는가?

먼저 사회운동의 변화를 살펴보자. 1970~1980년대 중남미 사회운동은 한편으로는 좌파 또는 우파 정권에 의한 (재)민주화라는 맥락에서[30] 저항운동이 분화를 겪게 되고 대게릴라 전쟁이 본격화되었다. 다른 한편

교계로부터 인정받게 되고, 교계는 이 운동에 대한 규정, 지침, 규제 등을 설정하면서 교회의 구조 안에 이 새로운 현실을 포용하려고 시도하였다는 것이다(김항섭, 2004: 253~254쪽).

30 정치적으로는 1970년대 중반 포르투갈, 스페인 등 남부 유럽에서 시작된 민주화에 이어 남미에서도 민주화의 바람이 이어졌다. 1982년 아르헨티나를 시작으로 브라질, 페루, 칠레 등에서 군부와 권위주의 정권이 해체되고 시민 정부가 들어섰다. 그러나 아르헨티나의 알폰신 정부, 칠레의 아윌린 정부 등 민간 정부들은 군부 등 보수 기득권 세력의 저항으로 민주개혁을 수행하는데 한계를 가질 수밖에 없었다. 더구나 1980년대 중남미를 휩쓴 경제적 침체는 개혁의 커다란 걸림돌이 되었다.

으로는 '원주민주의(indigenism)'[31], 종교적 근본주의 세력과 신흥종교의 발전으로 사회운동에서 문화적, 종족적 차원이 중요해졌다. 그런데 가톨릭교회의 개입 아래 이루어진 인디오들의 운동은 그들이 전통적으로 살아오던 땅에 대한 권리, 즉 전통적인 생활양식의 보존, 지하자원에 대한 권리, 자주적인 경제활동 등을 주창하였다. 그런데 이에 대한 국가의 대응, 즉 근대화와 국익을 내세운 국가의 '종족성(ethnicity)과의 전쟁', '대테러 전쟁' 수행에 있어서 미국의 지원을 받은 개신교 교단과 단체들이 큰 역할을 하면서 그때까지 진보적인 '기초 공동체'의 터전이었던 농촌지역의 중심 세력으로 부상하게 된다. 토벌 지역의 빈농들 역시 소위 '죽음의 부대(death squads)'라 불리었던 토벌대나 정부의 지원을 받는 민병대로부터 자신을 보호하기 위해 가톨릭의 정부 비판 및 반체제운동과 거리를 두면서 개신교, 특히 오순절교회로의 개종을 선택하게 된다. 이러한 변화를 거치면서 해방신학과 기초 공동체의 위상이 서서히 약화되었다. 물론 이 쇠퇴 현상을 과장해석 해서는 안 된다. 비록 예전보다는 덜 직섭적이지만 여전히 진보적인 가톨릭교회의 정치적 역할은 막대하다. 군부독재 시절 교회가 탄압받던 다양한 부류의 운동가들의 피신처였다면 민주화 이후에는 이데올로기적, 정치적 분화와 전반적인 온건화 경향을 보인 좌파의 혁신에 기여하게 된다.

'오순절 현상'의 보다 근본적인 원인은 이 시기 중남미 사회가 겪은 급격한 사회변동에서 찾을 수 있다. 본래 극도로 보수적인 신학적 성향과 정치사회적 태도를 지닌 오순절교회가 중남미에 자리를 잡기 시작한

---

31 원주민주의(indigenism)는 19세기 독립 과정에 그 기원을 두고 있는데 당시 이 이데올로기는 라틴아메리카 전체의 통합을 추구하던 지식인과 정치가들에 의해 주창되었다. 이 이념의 핵심 논지는 인디오들이 정당성을 지닌 아메리카인의 대변자라는 것이다(Bernand, 1993).

것은 경제 개방과 민주화, 세속화 등 정치적, 경제적, 종교적으로 중남미 사회가 급변하던 때였다. 이들의 성장은 '잃어버린 10년(la decada perdida)'으로 표현되는 1980년대 중남미 경제의 심각한 경제 위기,[32] '과잉 도시화(overurbanization)'로 인한 도시 빈민의 양산, 국가의 후퇴, 전통적인 유대의 약화 등 사회 해체의 위기를 배경으로 한 것이었다. 위기에 처한 당시 중남미 사회에서 오순절교회는 공동체적인 안전망이자 정신적인 안식처 역할을 하면서 성장한 것이다. 예를 들어 중미에서 오순절교회 등 북미 출신의 개신교 종파들의 성공이 가장 두드러진 과테말라의 경우, 이들의 세력 확장은 1976년 대지진 당시의 구호 활동을 계기로 시작되었다(Sieera Pop, 1983). 사실 재난을 계기로 한 종교의 성장은 '제국의 시대'에 본격화된 해외 선교에 있어서 전형적으로 나타나는 양상이었다. 또한 재난 이후의 사태 전개 과정은 해당 사회의 통합의 정도를 적나라하게 드러내주는 것으로서 새로운 사회 세력이나 이데올로기 등장의 계기가 된다.

한편 종교 내적인 측면에서 볼 때 이들의 성공은 현세에서의 업적이나 신앙심이 아니라 신의 존재를 체험하거나 악마를 몰아내 질병을 치유하거나 물질적 축복을 받음으로써, 독실한 신앙생활이나 사회적 능력과 무관하게, 그리고 즉각적으로 자신이 선택받았다는 사실을 검증할 수 있다는 점이 대중에게 매력적으로 보인 데 따른 것이었다. 현세에서의 즉각적인 물질적 혜택의 가능성에 대한 강조는 당시 어려웠던 사회경제적 조건하에서 민중에게 강한 호소력을 지니는 것이었다. 이들의 성장이 용이했던 또 다른 요인은 오순절운동이 정권에 의해 비정치적인 것으로

---

[32] 이 기간 동안 콜럼비아와 칠레 등 일부 국가를 제외한 대부분의 중남미 국가들은 경제적으로 마이너스 성장을 했다.

여겨졌다는 점이다. 이러한 인식은 비록 이들이 적극적으로 정치사회나 시민사회에 참여했지만 그것이 사회의 변혁이 아니라 개인의 구원이라는 지향이 사회적 차원으로 확장된 성격의 것이었던 점에 기인한다. 다시 말해 사회복지 활동, 정치 활동, 언론을 통한 선교 등의 사회적 실천은 구조적인 변혁이 아니라 개별적인 기적의 실현 및 축적의 과정이었던 것이다.

③ 중동 및 아프리카에서의 근본주의 현상

유사한 시기 아프리카에서도 근본주의 운동이 부상했다. 1980년대에 등장한 복음주의 계열의 '아프리카 독립교회'는 식민지 시대와 마찬가지로 백인 중심의 교회였다. 달라진 것은 유럽에서 미국으로 선교사의 국적이 바뀌었다는 점이다. 이 종교운동은 1970년대 이래 아프리카사회가 직면한 총체적인 위기에 대한 대응의 성격을 지녔다. 즉 대안공동체로서 빈민들에게 사회적 연대와 정체성, 소속감을 심어준다. 즉 '발전'에 실패한 국가와 경쟁하는, 또는 이를 대체하는 공동체로 기능했던 것이다. 부르키나파소에 대한 오타예크(Otayek)의 연구가 잘 보여주듯이 아프리카에서의 종교의 부상은 1970~1980년대 사회변동의 산물이었다. 프랑스의 보호령이었던 이 나라의 경우 이슬람과 기독교의 부상은 특히 1987년 10월 15일 혁명 정권의 붕괴와 연관된 것이었다. 즉 국가혁명위원회(Conseil national de la Révolution, CNR)의 83년 민중민주혁명이 결국 실패했으나 대중에 기대심리를 낳았고 이후의 정권들은 더욱 악화된 경제적 조건하에서 이를 충족시킬 수 없었다. 바로 이러한 맥락에서 이 채워지지 않은 욕구에 대한 응답으로 종교가 등장한 것이다. 특히 그간 세력이 약했고 국가에 의해 탄압을 받아 온 이슬람은 외세에 의해 분열된 공동체간의 연대를 가능케 하는 통합의 기제로 각광받게 된다. 부르키나파소의 이슬람 세력은 세속 정치세력에 의해 이루어지지 못한 혁명을 이슬람화하려 하였다. 즉 혁명을 서구에 의해 도입된 근대성의 이슬람화의 한 단계로 간주했다.

미국에서 탄생해 기독교계에서 통용되어 오던 이 용어가 1980년대부터 이슬람세계의 극단적인 흐름에도 적용되었다. '이슬람근본주의'라는 용어는 주로 중동의 정치상황을 설명하는 유력한 용어로 쓰였다. 아직도 외부세계는 이슬람근본주의라는 표현을 사용한다. 그렇지만 2001년 9·11테러 발생 이후에는 테러리즘, 알카에다, 빈 라덴 등 테러리즘 관련 용어가, 그리고 2011년 튀니지에서 시작되어 아랍 전역에 확산된 '아랍의 봄' 이후에는 민주화운동이나 민주주의에 관한 용어들이 부상하였다. 이제 1950, 60년대의 '아랍민족주의', 1970, 80년대의 이·팔 분쟁이나 팔레스타인해방기구(PLO)에 이어 1980, 90년대를 풍미했던 시대의 키워드 '이슬람근본주의'가 그 독점적인 지위를 내려놓고 있다. 물론 테러 단체들이 종교적 담론을 구사하고, 튀니지나 이집트에서 '아랍의 봄' 이후 정권을 잡았던 것이 이슬람 세력이었다는 점에서 이전과의 완전한 단절은 아니라고 할 수 있다. II부에서는 중동 및 북아프리카 지역을 중심으로 미국 개신교와 함께 근본주의의 대표적인 사례로 간주되는 이슬람주의의 역사와 현실을 살펴본다.

Ⅱ부 이슬람주의

Ⅱ부에서는 역사적, 사회학적 측면에서 이슬람주의를 다루고 최근 양상을 살펴본다. 탈레반이 등장하기 전까지 가장 극단적인 방식으로 이슬람율법을 사회에 적용한 사우디아라비아는 서구 기독교세계를 수호하는 십자군을 자처하는 미국의 혈맹이다. 사우디아라비아, 그리고 또 다른 극단적인 이슬람국가인 수단은 아랍세계에서 신자유주의 경제개혁의 선봉장이었다. 친미 팔레비 왕조를 몰아낸 이란과 싸워준, 그로 인해 폐허가 된 이라크를 미국은 '악의 축'으로 간주했다. 이스라엘은 후에 하마스가 되어 그들에게 총구를 겨누게 되는 무슬림형제단을 은밀하게 지원해 팔레스타인해방기구(PLO)에 대항하게 만들었다. 걸프전의 빌미가 되었던 이라크의 쿠웨이트 점령은 미국과 쿠웨이트의 자극과 방조 속에 전개되었다. 미국의 아프가니스탄 침공에 대해 혹자는 미국회사의 오랜 가스관 공사가 갑작스럽게 중단되었고, 상식적으로 불가능한 두 달이라는 시간 안에 아프가니스탄 공격에 대해 모든 주변국의 협조가 이루어진 점 등을 들어 아프가니스탄 공격과 탈레반정권의 붕괴가 예정되어 있었다고 주장한 바 있다. 국제사회에 대한 빈 라덴의 창구로 기능했던 카타르의 알 자지라 방송은 미국의 협조 아래 창설된, 아랍세계의 개방화를 상징하는 언론이었다. 아래에서는 이 몇 가지 예들과 같이 현상적으로 불합리하거나 비윤리적으로 보이는 아랍세계의 현실을 이해하기 위한 창구의 하나로 이슬람주의를 다룬다. 근대 이후 아랍세계의 역사에서 정치와 종교의 관계, 그리고 여기에 작용하는 외세의 영향력 등을 살펴보고 그 연장선상에서 보다 최근에 등장한 이슬람의 정치적 양상을 검토한다.

1장. 이슬람주의의 역사적 기원

이 장에서는 이슬람에서의 정치-종교 관계를 중심으로 현재 이슬람주의의 먼 기원이 되는 근대 초기 오스만 제국에서의 정치적 성격의 종교 현상을 살펴본다. 특히 당시 서구의 지배에 대한 대응으로 나타난 사상과 실천에서 종교적 요소가 큰 비중을 차지했던 사실에 주목한다. 이러한 양상이 아랍인들의 민족주의 운동이나 서구의 식민정책과 맺는 연관성을 살펴봄으로써 이슬람사회에서의 정치-종교 관계가 지역과 시대에 따라 가변적인 역사적인 산물이라는 점을 강조하고자 한다.

1. 이슬람세계 역사에서의 정치와 종교

이 장에서 살펴볼 오스만 제국 말기나 최근에 두드러지게 나타나는 이슬람의 정치적 비중에 대해 이 종교의 성격 자체로부터, 즉 다른 종교와 다른 이슬람의 특수성, 특히 정치와의 융합이라는 점을 통해 설명하는 경향이 있다. 그리고 이러한 입장은 다음과 같은 역사적 근거를 내세운다. 첫째, 이슬람의 확산과정이 곧 정치적 팽창 즉 제국의 건설과정이었다. 둘째, 이 제국들의 핵심세력이 수없이 교체되었고 그 성격도 다민족, 초민족적이거나 페르시아인, 터키인처럼 비아랍민족이었지만 이 제국에 속한 민족들을 묶어주는 가장 강력한 요소는 이슬람이었다. 이로 인해 제국의 정치권력은 이슬람에서 정당성의 기초를 찾았다. 셋째, 이러한 배경에서 정권비판도 이슬람에 입각해 이루어졌다. 즉 이슬람사회에서 저항적 정치운동은 시아파, 하레지파 등에서처럼 이단적 종교운동의 형태로, 다시 말해 종교적 방식으로 표현되었던 것이다(<자료 II-1> 참조). 이러한 정치에서의 종교의 막대한 비중은 무엇보다도 이슬람이 여타 사상, 문화에 대해 절대적인 우위를 가지면서 저항이데올로기마저 독점하였기 때문이다. 또한 이슬람세계의 역사에서 쇠퇴기에는 항상 현재 우리가 이슬람주의에서 보듯이 근본으로, 즉 이슬람 초기의 '황금시대'(Golden Age)로의 회귀를 부르짖고, 종말을 알리는 마흐디(Mahdi, 예언자)를 중심으로 하는 종교운동(Mahdism)이 나타났었다.

▌자료 II-1 ▌ 이슬람의 분파

현재 이슬람세계에서 수니파에 속하지 않는 독립 분파들은 수적인 면에서 1/10 정도인데 그중 이란, 이라크 등지에 존재하는 시아파(*Shi'a*)가 가장 큰 세력이다. 이슬람에서의 분파 또는 이단의 형성은 이슬람 초기 마호메트 사후 '칼리프(Caliph, 이슬람공동체의 지도자)' 지위의 승계 문제가 계기가 되었다. 시아파는 마호메트의 후손, 즉 그의 딸 파티마(Fatima)와 사위 알리(M. Ali)의 후손이 정통성을 갖는다고 주장했다. 또한 당시 아랍족 중심의 관료체제를 비판하며 등장한 하레지파(Kharedjism)는 출신에 관계없이 가장 자격이 있는 신자를 칼리프로 선출하기를 원했다. 반면에 후일 주류파가 된 수니파(Sunni)는 마호메트가 속해있던 메카의 쿠레이쉬(Kuraysh) 부족의 사람들 중에서 칼리프를 선택하자고 주장했다. 이와는 다른 문제로 신비주의적 성격의 수피교단

(Sufism)이 탄생하는데 이들은 현세의 부를 부정하고 초기 이슬람공동체에서의 가난한 삶으로 돌아갈 것을 주장하며 마호메트의 사도 중 가장 검소하고 올바른 이상을 지녔다고 간주하는 알 바씨(Al-Bassi)를 그들의 선조로 삼았다. 그리고 신학 영역에 국한된 분파로 문자 그대로의 경전해석을 비판하며 이성을 강조한 무타질리파(Mutazilism)가 있다(「Islam」 in *Encyclopaedie Universalis*, 1994).

그러나 우리는 이러한 정치와 종교의 밀접한 관계를 이슬람세계에 국한된 것이 아니라 보편적으로 발견할 수 있는 전근대사회에서의 종교와 사회, 사회변동과 종교운동의 관계로부터 설명할 수도 있다. 먼저 다른 종교에서처럼 이슬람의 탄생을 아라비아 반도에 살던 한 부족이 직면한 정치적, 사회경제적 변화에 대한 대응으로 해석할 수 있다. 지정학적으로 당시 비잔틴 제국과 페르시아 제국 간의 갈등이 아라비아반도 경계지역에서 절정을 이루었다. 그리고 이러한 상황은 인도와 지중해간의 전통적인 교역로에 변화를 가져와 이 무역로에 크게 의존했던 아라비아반도의 대상 중심의 도시였던 메카 사회에 타격을 주게 된다. 이슬람은 이 상황에 대한 종교적 방식의 대응으로 당시 아라비아 반도에 지배적이었던 다신교, 즉 창조신과 더불어 그에 연결된 이차적인 신들을 숭배하는 다신교적인 지역신앙에 대한 비판의 형태를 띠게 된다. 이슬람이 '신의 절대적인 단일성(*tawhid*, unicity of God)'을 특히 강조하는 것은 바로 이러한 종교적 배경에서 이해될 수 있다. 그리고 마호메트는 자신을 유대민족의 예언자 모세에 상응하는 아랍민족의 예언자이지만 한 종족의 틀을 넘어선 보편적 사명을 띤 '최후의' 예언자임을 자처했다. 즉 이슬람은 시대, 민족, 장소에 국한되지 않는 전 인류의 종교를 표방한다. 그리고 당시 유대인, 기독교인들이 부패시킨 유대교와 기독교의 이상을 가장 순수하게 회복시킬 사명을 띤 개혁운동을 자처한다. 이슬람이 표방하는 이 보편주의는 무엇보다도 주변 제국들의 쇠퇴기에 극심해진 이 지역의 종족간 갈등을 해결하고 통합을 추구하려는 문제의식에서 비롯된 것이다.

또한 이슬람세계의 역사는 다른 지역처럼 다양한 형태의 정치-종교 관계를 보여준다. 예언자 마호메트의 영웅적인 시대가 끝난 후 급속히 정상적인 시대, 즉 정치의 우선성과 구 지배엘리트의 복귀로 특징지어지는 시대에 자리를 물려주게 된다. 일반적으로 다양한 형태를 띠게 되는 '카리스마의 일상화(Weber, 1996: pp. 326~329)'가 이 지역에서는 제국의 형태로, 즉 우마이야 왕조(Umayyad Caliphate)와 그에 뒤이은 아바스 왕조(Abbasid Caliphate)가 지배하는 제국의 형성으로 나타났다(<자료 II-2> 참조). 시리아 출신 학자로서 최근 시리아 내전에서 반정부세력의 대표적인 인사이기도 했던 뷔르한 갈리운에 따르면 "이슬람국가[제국]는 일반적 인식과 달리 세속적 권력과 영적 권력이 융합된 신정국가라기보다는 종교를 지배하고 자신의 정치적, 전략적 구도를 실현시키기 위해 종교를 이용한 고전적인 제국형태의 관료제국가였다. … [이 국가는] 세속적 국가, 그렇다고 정교분리적이지는 않은 국가였다. 왜냐하면 종교가 정치에 종속되었기 때문이다. … 이슬람국가[제국]는 종교적인 것이 정치적인 것을 지배하고 모든 집단적 행위를 관장했던 [이슬람 초기의] 칼리프제 국가와 대조적인 체제였다(Burhan Ghalioun, 1997: pp. 44~45; p. 53)." 이와 같은 해석은 이슬람국가를 "아랍종족의 전통,[1] 이슬람의

---

[1] 타민족의 오랜 지배에도 불구하고 아랍문화가 이슬람 제국에서 중요시되었던 것은 다음과 같이 설명될 수 있다. 신은 하나이고 여러 다른 시대의 선지자들에게 계시된 종교는 동일한 것이라는 관념이 이슬람의 매우 중요한 요소이다. 유일신을 믿는 종교들은 단지 사회현실을 관장하는 율법의 내용에서만 다를 뿐이며 이는 각 종교의 선지자들이 속한 종족의 차이에서 비롯된 것으로 볼 수 있다. 이런 관점에서 보면 기독교나 유대교와 다른 이슬람의 특수성은 마호메트의 출신종족인 아랍족

유토피아적 전망, 그리고 아시아의[페르시아, 인도 등의 제국들에서 발전되어 온] 합리적 조직의 갈등적인 공존"으로 묘사한 이븐 할둔의 정식화에서도 볼 수 있다(Laroui, 1987: p. 18에서 재인용).

‖ 자료 II-2 ‖ 이슬람 제국의 역사

마호메트는 아라비아 반도를 지나는 대상(隊商) 무역의 거점 도시 메카를 지배하던 종족이었던 쿠라이시족의 일원이었다. 그가 계시를 받아 창시한 이슬람은 메디나로 도피하면서 사도공동체에서 신정주의적인 아랍국가로 변형된다. 즉 이슬람을 받아들인 사람들은 그들이 마호메트의 생존기간 내내 지속된 계시를 매개로 신에 의해 직접 통치되고 있다고 믿었다. 그러다가 마호메트의 죽음(632년), 그리고 3대 칼리프 우스만 시대(644~656년)에 이루어진 코란의 완성을 거치면서 고정된 법에 의해 통치되는 시기로 변하게 된다. 이후 아라비아반도 지역을 넘어서 팽창하게 되는데, 오랜 전쟁으로 쇠약해진 비잔틴 제국과 사산조 페르시아 제국과의 투쟁에서 쉽게 세력을 확장하게 된다. 그리하여 이 두 제국 간의 전쟁으로 무정부상태에 빠진 메소포타미아, 팔레스타인, 이집트, 페르시아로 진출하게 된다. 이렇게 해서 661년에 생긴 최초의 이슬람 제국이 우마이야 왕조의 제국인데 이 제국은 메카의 한 분파가 장악하여 아랍 제국의 성격을 띠었다. 그러다가 이후 이 제국을 전복시키고 등장한 아바스 왕조는 여러 민족의 지배계급이 제국 정치에 참여한 다민족적인 이슬람 제국이었다. 이 시기가 이슬람의 황금기라 불리는데 이후 10세기부터 나타난 제국의 분열상황을 계기로 중앙아시아 출신 투르크족들의 세력이 강화되어 셀주크투르크(11세기) 등 투르크족 왕조들이 형성된다. 13세기 이래 몽고의 지배를 거쳐 14세기 후반부터 소아시아 반도 서쪽에 정착한 투르크의 한 부족인 오스만족이 이 지역의 새로

(베두인족)의 가치, 언어와 밀접히 연관되어 있다고 볼 수 있다.

> 운 강자로 떠오른다. 이들에 의해 처음으로 유럽의 정복이 이루어지는데 문화적, 종교적 측면에서의 관용성으로 오스만족의 지배는 그때까지 이 지역, 즉 발칸반도의 기독교민족들을 지배했던 비잔틴 제국의 종교적 권위주의와 대조되면서 서구열강의 개입 이전까지 이들로부터 큰 저항을 받지 않은 채 유지되었다.

또 다른 측면에서 레바논 출신 아랍 전문가 조르쥬 꼬름은 정치-종교 관계의 밀접한 연관을 이슬람의 특수성 때문이 아니라 이슬람 이전의 역사적 전통으로 해석한다. 고대부터 이 지중해 동안지역은 각 종족의 강한 자율성 때문에, 이슬람 이전 이 지역에 생겨난 동방기독교의 다양한 분파, 이슬람의 많은 분파가 입증하듯이 강한 문화적 다양성을 보여왔다는 것이다. 그에 따르면 이러한 역사적 배경에서 아랍민족이 지배한 최초의 이슬람 제국이었던 우마이야 왕조 때부터 중앙정부의 지배력이 약했고 정치변동이 극심해 제국의 종교인 이슬람이 제국통합의 도구로서 정치에 깊이 연루되었다는 것이다(Georges Corm, 1983: pp. 252~254). 그러다가 근대에 들어와서는 다른 문화권에서처럼 종교가 다른 방식으로, 특히 비종교적인 이데올로기나 정치세력과의 경쟁과 공존 속에서 정치와 관계를 맺게 된다. 그리고 종교의 지위는 독립운동 시기와 국민국가 건설의 시기를 거치며 더욱 약화된다.

그렇지만 사회의 근대화 과정에서 종교의 지위가 약화됨에도 불구하고 적어도 근대 초기의 사상과 정치운동에서 종교의 비중은 막대했다. 아래에서는 이를 이슬람의 특수성이나 과거의 유산보다는 근대적 산물, 즉 민족주의, 자본주의, 제국주의, 식민주의와 같이 근대에 등장한 현상의 산물로 설명하고자 한다.

2. 개혁운동과 민족운동에서의 이슬람

아직 오스만 제국의 틀이 유지되고 있던 19세기 내내 모든 지배계층의 관심은 제국의 생존에 있었다. 두 경향의 지식인들이 이러한 시대적 과제에 답하기 위해 등장했다. '근대주의자(modernists)'와 '이슬람개혁주의자(islamic reformists)'가 그들이다. 먼저 개혁의 동력이자 동시에 개혁과정의 산물이기도 했던 근대주의자들이 바랐던 것은 서구 열강에 필적할 수 있는 강력하고 근대적인 국가를 건설하는 것이었다. 이들과 종교의 관계는 이중적이었다. 근대주의자들 주도로 이루어진 개혁의 중요한 부분, 특히 제도개혁이 종교세력의 약화를 노린 것이었지만, 이들은 대중으로부터 개혁의 정당성을 획득하기 위해 이슬람을 동원하지 않을 수 없었다. 이를 위해 개혁을 정당화하는 방식으로 이슬람의 재해석이 시도되었다. 이 재해석을 통한 이슬람과 근대성의 화합 시도에서 이들은 심지어 이슬람을 단지 합리적일 뿐 아니라 합리성과 인본주의(humanism)를 가장 잘 구현하는 종교로 해석하였다. 근대주의자들에 의한 근대와 전통의 결합 노력은 대중적 지지의 확보라는 전술적 측면 때문만은 아니었다. 19세기 초부터 파리 등 유럽의 도시에서 근대문물을 습득해 온 이들에게는 당시 서유럽에서 진행된 국가 주도의 근대화, 그리고 과학과 원시 기독교의 공동체주의적 이상을 결합하려 했던 생시몽주의의 영향이 컸다. 이 영향은 과학과 근대산업, 그리고 이를 주도하는 국가와 학자들에 기반을 둔 근대사회의 건설이라는 목표, 그리고 이를 실현하는데 필수적이라 생각된 이슬람의 정화, 즉 이상적인 초기 이슬람의 재건을 시도하는 방식으로 나타났다.

근대주의자들에게 이슬람이 많은 부분 대중 동원과 개혁의 정당화를 위한 도구적 측면에서 고려되었다면, 이슬람개혁주의자들에게서는 개혁논의의 중심에 놓이게 된다. 19세기 말에 시작된 이 개혁운동(Islamic Reformism)은 자말 앗 딘 알 아프가니(Jamal ad-Din al-Afghani)의 영향 아래, 영국지배 하의 파키스탄과 이집트에서 각각 아불 알라 마우두디(Abul A'la Mawdudi)와 무함마드 압두(Muhammad Abduh)를 중심으로, 프랑스지배 하의 알제리에서 '이슬람 법학자들의 운동(Mouvement des ulémas)'을 중심으로 그리고 네덜란드 식민지였던 인도네시아 등 이슬람세계 각지에서 일어난 운동이다. 이 운동은 외세 및 이들과 유착되어 있다고 비판받고 있던 전통지배세력, 그리고 서구문화를 추종하고 종교적인 면에서 중립적이라고 비판받은 세속적인 민족주의자들 모두를 비판하며 전개되었다.

이 운동의 창시자였던 알 아프가니의 사상에서 볼 수 있듯이 서구와의 접촉이 초래한 상황에 대한 타개가 코란 등 이슬람율법의 재해석과 같이 종교적 차원에서 시도되었다. 이들에게 "개혁은 근대성의 채택이 아니라, 유일하게 이 근대성을 사고하게 할 수 있는 마호메트의 전통[*Sunna*, custom, 예언자 마호메드의 말씀과 행적을 모아 놓은 전통]으로의 회귀인 것이다(Roy, 1992: p. 49)." 알 아프가니의 사상은 어느 곳에서보다도 이집트에서 적극적으로 수용되었다. 고대 이집트의 빛나는 전통에 기반을 둔 민족적 정체성이 강했던 이곳에서 19세기 초 총독 무함마드 알리(Muhammad Ali, 1805~1848년 재위)를 중심으로 일찍부터 개혁이 시도되었다. 아라비아 반도를 거점으로 한 아랍민족주의와의 경쟁, 영국의 점령에 따른 민족혁명의 좌절과 그에 따른 시련은 근대주의자들이 가졌던 진보적인 서구에 대한 환상이 깨어지고 이슬람에 기반을 둔 사상이 발전할 수 있는 조건을 창출하였다. 대표적인 이집트의 이슬람개혁주의자 압두(M. Abduh)는 이슬람의 내적 개혁에서 이 지역의 후진적인 상태를 극복하는 방안을 모색하게 된다. 그는 이슬람의 경전과 마호메트의 전통에 대한 자유로운 해석의 권리를 강조하면서 이슬람에 대한 그간의 정통 해석과 그에 입각한 이슬람법에 대한 비판을 시도하였다(<자료 II-3> 참조). 이 비판에 입각해 이슬람 교리의 대중화, 이를 위한 교육 개혁, 아랍어 개혁, 그리고 이를 수행할 수 있는 유일한 주체로서의 국가의 역할을 강조하게 된다. 이는 이후 독립의 전망이 열리면서 이슬람 개혁주의가 강했던 이집트의 경우 국가가 발전을 주도하는 국가주의로 이어지는 결과를 낳게 된다.[2]

▌자료 II-3 ▌ 이슬람법(샤리아)

이슬람법(*Sharia*, 샤리아)은 세 가지 원천에 기반을 두고 있다. 무엇보다도 이 법은 코란에 기반을 둔 것이다. 그렇지만 이 법은 또한 역사적으로 형성되어 온 것이기도 하다. 즉 이러한 형성과정에서 요구되었던 유권해석을 통해 코란에 적혀있지만 시대변화에 따라 현실에 맞지 않은 규정은 적용이 유보되었던 것이다. 둘째로 코란이 모든 세부적 지침을 제시하고 있지 않으므로 초기 이슬람 신자들은 마호메트와 그 동반자들의 전례에 기초해 법의 부수적인 사항들을 정립해왔다. 이렇게 해서 탄생한 것이 하디스(*Hadith*, 마호메트의 언행록)에 모아진 마호메트의 전통(수나)에 관한 학문이다. 이슬람 법학자들에 의해 사실인 것으로 인정된 예언자의 행적이 체계화된 것이다. 세 번째 원천은 위의 두 원천을 보충하기 위한 원칙들, 즉 역사상의 특정 시기에 제기된 문제들에 대한 학자들의 합의, 집단 전체의 이해, 이성에 따른 개인적 해석, 유추에 의

---

[2] 20세기 중반 이집트의 사상가 아누아르 압델 말렉은 이러한 이슬람개혁주의와 국가주의의 만남을 다음과 같이 설명한다. "무함마드 압두와 함께 이집트 사회와 그 행로에 대한 신정주의적 사고가 생겨났다. 종교의 우선성, 민족주의, 실용주의, 변증법의 거부, (건설적인 의미의) 과거로의 회귀. 이것이 마나르 학파, 무슬림형제단을 거쳐 1952년 나세르 군사정권에서 완성된 사상이다(Abdel-Malek, 1969, p. 404)."

> 한 해석이다. 한편 이 이슬람법 정립 과정에서의 의견 차이로 인해 주류 이슬람 분파인 수니파 내부에 하나피(Hanifites), 샤피이(Shafiites), 말리키(Malikites), 한발리(Hanbalites)라는 네 학파가 생겨났다. 그런데 이 서로 다른 입장이 종교의례의 차이로 표현, 계승되었기 때문에 이를 네 가지 경향의 의례로 표현하기도 한다. 이 학파 또는 의례들 간의 주된 차이는 경전해석에 있어서의 추론이나 개인적 판단에 대한 입장 차이에 따른 것이다. 지역에 따라 특정 학파의 영향이 강하고 그에 따라 종교적 분위기도 다르다. 즉 마그레브와 흑아프리카에서는 말리키 학파, 터키, 아프가니스탄, 파키스탄, 인도에서는 하나피 학파, 이집트, 인도네시아, 동남아시아에서는 샤피이 학파, 그리고 사우디아라비아와 걸프만 국가들에서는 가장 엄격하게 문자주의적 해석을 적용하는 한발리 학파가 우세하였다.

압두의 사고에서 전형적으로 나타나는 이슬람 개혁을 통한 근대화론과 자유주의적인 근대주의자들의 사고에는 상당한 유사성이 있었다. 첫째, 두 흐름 모두 근대화에 대해 긍정적, 낙관적이었다. 즉 제도와 문화의 서구적 변화만이 오스만 제국의 생존과 부흥에 유일한 길이라 생각했고 더욱이 이 변화가 언어, 문화, 특히 종교에 손상을 가하지 않으면서 전개될 수 있다고 여겼다. 둘째, 국가에 대한 긍정적 시각이다. 이전까지 수탈자로 비난받았던 정치권력이 사회의 진보를 가능하게 할 수 있는 유일한 존재로 여겨지게 된 것이다. 셋째, 양자 모두에게 있어서 이슬람을 강조하는 것은 유럽사상의 수용이라는 피할 수 없는 현실을 은폐하는 기능을 가진다. 이는 비서구사회에서 일반적인 현상인 전통적인 요소의 동원을 통한 사회변동의 정당화를 의미한다. 이러한 사상적 유사성은 이후 민족주의 운동[3]에 두 흐름이 합류하는 결과를 낳게 된다.

한편 이 유사성은 그들 사고에 공통적인 오리엔탈리즘의 영향으로 설명될 수도 있다. 이들 모두 '동양적 전제주의'를 오리엔트의 '정체'의 원인으로 보고 '역사'로서의 자신들의 과거를 신의 말씀에 대한 반역으로 비판한다. 이슬람개혁주의에서도 서구 오리엔탈리즘에서의 비서구사회에 대한 문명화의 사명은 진보, 즉 자본주의적 방식의 진보에 대한 신봉이라는 방식으로 계승된다. 그리고 이 서구에 의한 오리엔트 인식의 영향은 이 두 사조에서 동일한 사유방식으로 나타난다. 이슬람과 서구문명에 대한 아전인수적인 해석, 이 두 세계의 역사적 차이를 무시하는 기계적인 수렴론, 이런 해석에 기반한 서구추월에 대한 확신이 그것이다(Rodinson, 1972: pp. 162~174).

그러나 이 변호론적이고 서구문명과 이슬람의 결합가능성에 대한 낭만적인 믿음은 냉혹한 객관적 상황에 의해 부정되고 만다. 결국 현실에 대한 보다 정확한 대응은 최소한의 정당성마저도 저버린 식민지배의 위기, 그리고 그 결과로서의 경제적 착취와 정치적 억압의 강화에 대한 민중과 그들의 지도를 담당한 중간계급에 의한 1930년대 민족해방운동의 형성으로 가능케 되었다. 이 새로운 상황에서 개혁적인 종교인들과 자유주의자들의 일부는 민중에 의한 그리고 비종교적 이념에 기반한 민족주의자들에 의해 이끌어지던 민족운동에 합류하게 된다.[4] 이는 그때까

[3] 당시 아랍의 민족주의 운동은 식민지 체제의 틀 내에서의 개혁에서 분리독립의 추구에 이르기까지 서구와의 관계나 독립쟁취의 방식에 있어서 다양한 스펙트럼을 보였다.

[4] 이 과정은 서구의 지배하에 있던 나라들의 역사적 경험에 근거해 정식화한 민족주의 전문가 앤서니 스미스의 '종족적 민족주의(ethnic nationalism)' 탄생과정과 유사하다. 그는 이 과정을 종교적 개혁주의자들(reformists)과 동화주의자들(assimilationists) 양 진영의 입장 조정을 통한 융합으로 설명한다. 즉 후자는 자신들의 코스모폴리탄적인 사고가 환상임을 깨닫고 전자는 신의 계획을 실행하는 대리인으로서의 국가의 중요성을 깨닫고 현실에 종교원리를 적응시키는 노력을 하게 된다는 것이다(Anthony D. Smith, 1991). 같은 맥락에서 프랑스 사회학자 알랭 뚜렌도 이를 근대화 프로젝트의 틀 내에서 전통과 현대가 결합하는 것으로 설명한다. 그에 따르

지 엘리트 중심으로, 그리고 문화적인 차원에서 논의된 민족문제가 사회문제, 계급문제와 결합하게 되었음을 의미했다. 이런 식으로 19세기에 태동한 개혁의 두 주요 흐름은 외세지배가 심화되고 그에 따라 민중의 처지가 악화되는 상황에서 보다 정치적이고 급진적인 민족주의에 자리를 물려주게 된다.

한편, 이슬람개혁주의가 저항의 길을 선택하기 훨씬 이전부터 서구의 점령과 지배에 대한 민중의 저항이 농촌지역의 종교조직을 중심으로 진행되어 왔다. 알제리의 민족운동 지도자 압델 카데르(Emir Abdel-Kader)가 이끈 라흐마니야 교단(Confrérie Rahmaniya), 수단에서 마흐디(Mahdi, 구세주)라 불렸던 무함마드 아흐마드(Muhammad Ahmad)의 추종세력, 리비아의 사누시 교단(Confrérie Sanusiya) 등이 이 시기 '민중종교운동'의 대표적인 예들이다. 이 종교운동은 외세영향 하의 비서구사회 일반에서처럼 메시아주의적 성격을 띠었다. 메시아주의적 성격을 띤 마흐디즘(mahdism)은 이슬람에서 미약했던 흐름이었는데 식민지 상황에서 활력을 얻게 된 것이다. 특히 수단에서 마흐디 운동이 발전한 것은 이집트의 개혁군주 알리(M. Ali)에 의한 수단의 합병(1821년) 이래 쌓여온 민중의 불만 때문이었다. 근대주의와 이슬람개혁주의가 엘리트 집단에 국한된 한계를 보이던 상황에서 나타난 이 메시아 운동은 사회경제적 조건의 악화로 인해 촉발된 민중의 저항운동이었다. 서구화되던 이집트의 지배에 대한 저항이 공동체적 경험과 전통적으로 생활 속에서 실천되어 온 종교를 통해 표현된 것이었다. 그런데 1930년대 이래의 민족운동에서도 마우두디(Mawdudi, 1994: p. 51)가 지적하듯이 민중들은 지배자

면 이 종합의 과정은 전통에서 현실에 부적합한 요소들을 제거하고 그리고 근대적 요소 중에서 외세에 의해 강요되어 사회발전을 왜곡시키는 사회파괴적 요소를 제거하면서 이루어진다(Alain Touraine, 1993).

서구와의 투쟁을 이슬람과 신을 올바로 믿지 않는 자들, 즉 기독교세계와의 전쟁으로 인식하였으며 그로 인해 이슬람을 통해서만 민중을 독립운동에 동원할 수 있었다. 또한 공산주의자들을 제외한 모든 정치세력의 사상에 종교적 요소가 큰 비중을 차지하고 있었다.

그런데 종교적 요소의 중요성은 지역에 따라 차이가 있었다. 이는 한편으로는 근대적인 아랍국가의 건설, 달리 말해 아랍세계 통합에 대한 열망의 차이로, 다른 한편으로는 서구지배의 방식과 강도의 차이로 설명될 수 있다. 오스만 제국의 해체, 그리고 이라크, 시리아, 팔레스타인, 이집트, 튀니지 등 아랍세계를 구성하는 하위 지역 단위로 진행된 영국과 프랑스의 지배는 이 지역에서의 민족운동이 아랍세계 전체가 아닌 개별 지역 차원에 국한해 전개되게끔 하였다. 아랍민족 전체의 통합국가 건설이라는 대의가 외세에 의한 이러한 분할지배전략에도 불구하고 유지되었지만 이는 영국과 프랑스의 영토분할이 보다 자의적이었고 기독교인들이 민족주의 운동에서 중요한 역할을 했던 근동지역에 국한된 것이었다. 마그레브에서는 기독교인들의 부재로 이슬람이 민족주의 운동의 중요한 동력이 된다. 또한 이 지역의 경우에는 7~8세기 이래 아랍인들이 유입되기 이전 토착민족이었던 베르베르족과 아랍인 간의 갈등으로 인해 아랍민족으로서의 정체성이나 아랍통합의 열망이 약했다.(Addi, 1998: p. 302). 예를 들어 알제리의 대표적인 독립운동 지도자였던 메살리 하지(Messali Hadj)는 근대적인 알제리 민족국가 건설의 기반이 될 알제리인의 정체성을 구성하는 주된 요소로 아랍어, 아랍문화와 더불어 이슬람을 포함시켰다(Harbi, 1991: p. 75). 이러한 사고는 알제리 독립운동의 또 다른 영웅이었던 벤 바디스(Ben Badis)가 제시한 다음의 명제에서도 찾아볼 수 있다. “이슬람은 나의 종교, 알제리는 나의 조국, 아랍어는 나의 언어(Stora, 1995: p. 92).”

이렇게 이슬람과 민족을 불가분의 관계에 놓는 사고는 이후 알제리 독립운동세력의 연합체였던 민족해방전선(Front de libération nationale, FLN)에로 이어진다. 즉 식민지 상황에 대한 인식과 그에 대한 대안, 지도부의 권위에 대한 정당화, 그리고 대중의 동원이 이슬람의 이름으로 행해진 것이다. 이는 튀니지의 신 데스투르당(Neo-Destour), 이집트의 와프드당(Wafd)과 같은 다른 지역의 유사한 독립운동 세력에게는 나타나지 않는 현상이었다. 우리는 이를 알제리에서의 강도 높은 식민통치로 설명할 수 있다. 즉 이로 인한 지역의 전통적인 사회제도의 파괴는 향후 독립국가를 담당할 제도적 기반의 부재를 초래한 것이다. 이러한 상황에서 독립운동 세력은 미래의 국가건설을 아래로부터가 아닌 위로부터, 즉 이슬람을 통합이데올로기로 동원함으로써 이루려 했던 것이다.

위에서 살펴본 근대적 개혁 및 민족운동에서 종교적 요소가 차지했던 큰 비중은 역사적, 종교적, 문화적, 사회경제적, 정치사회적 측면 등 다양한 요인을 고려해 설명되어야 한다. 그렇지만 아래에서는 이를 제국주의의 지배전략을 통해 설명하려 한다. 이 전략은 아랍세계의 동쪽과 서쪽, 즉 마슈렉과 마그레브 지역에서 상이한 양상을 띠었다. 즉 마슈렉에서는 '민족국가' 이념을 확산시킴으로써 오스만 제국을 분열시키는 전략, 이집트나 알제리와 같이 영국과의 관심이 집중되었던 마그레브 지역에서는 민족의 역사와 민족적 정체성의 파괴를 통한 탈민족화 전략의 형태를 띠게 된다.[5]

---

5 오스만 제국에 대한 서구의 지배과정에서 종교가 정치적으로 이용된 것은 이미 1798년 나폴레옹의 이집트 정벌에서 나타난다. 이집트 전문가 앙리 로항스는 오스만 제국의 근대사에 대한 연구에서 당시 오리엔트 전문가들을 동반해 정벌에 나섰던 나폴레옹이 이슬람을 정치적 무기로 이용함이 없이는 오리엔트의 지배는 가능하지 않다고 생각했던 점을 환기시킨다. 그에 따르면 이집트인들을 끌어들여 오스만 황실에 저항하게 하는 과정에서 이 저항을 정당화하기 위해 동원된 이슬람교리

3. 서구의 지배전략과 종교

1) '민족국가' 이념과 오스만 제국에서의 정치-종교 관계

꼬름은 다민족제국이었던 오스트리아-헝가리 제국과 오스만 제국의 붕괴, 그리고 민족국가의 문제가 19세기 이래 지금까지 아랍세계의 변동의 기원에 있는 두 주요사건이라고 간주한다(Corm, 1991: p. 265). 앞에서 살펴본 것처럼 민족국가의 틀에서 재구성된 종교와 정치의 근대적 관계는 민족주의 물결로 극심한 사회변동을 겪은 중동부유럽뿐 아니라 오스만 제국에서도 중대한 변화를 낳게 된다. 그런데 이 지역에서 민족주의 현상, 그리고 종교가 그에 결부되는 현상은 영국, 러시아, 프랑스에 의한 제국주의 지배와 밀접한 연관을 갖게 된다.

유럽에 의한 지리상의 발견과 신대륙 정복은 17세기부터 터키족 중심의 이슬람 제국이었던 오스만 제국의 지정학적, 경제적 중요성을 약화시켰다. 이후 제조업과 무역에서의 유럽의 팽창은 제국의 쇠퇴를 가속화시켰다. 열강의 세력 확장에 직면한 오스만 제국의 초기 대응방식은 근대적 개혁과 오스만 제국 차원의 근대국가 건설이었다. 18세기 말 이래 셀림3세(Selim III), 마흐무드2세(Mahmoud II), 압둘메짓(Abdulmedjit)에 의해 개혁이 시도되었는데 초기에는 보수적인 종교세력과 용병 출신의

와 프랑스대혁명의 이념을 결합시키려 했다. 또한 제국의 황실 역시 침략에 대항하기 위해 주로 세속적 권력으로만 인식되었던 술탄의 칼리프적 지위, 즉 이슬람공동체의 지도자로서의 지위를 재천명하고 이 정신적(spiritual) 권력을 통해 제국의 통합을 강화하려 했다. 한편 당시 프랑스와 경쟁관계에 있던 영국은 이 지역에 대한 나폴레옹의 야심을 인도로의 무역로로서의 오스만 제국에 대한 위협으로 보고 제국의 황실을 옹호하게 된다. 여기에 대항해 나폴레옹은 메카의 마호메트 직계후손(*Sherif,* 셰리프), 더 정확히 말해 마호메트의 딸 파티마와 사위 알리의 후손을 '대항 칼리프(Anti-caliph)'로 내세워 이스탄불의 중앙권력을 약화시키려 했다(Henri Laurens, 1993).

제국근위대인 예니체리(Janissary)의 저항으로 실패하다가 그리스의 분리독립(1821년), 그에 대한 책임으로 종교인들과 민중의 지지를 잃은 예니체리 군단의 해체(1826), 그리고 1760년대부터 독자적으로 유럽과 관계를 맺어 온 이집트의 사실상의 독립 이후 탄지마트(Tanzimat)라 불리는 본격적인 개혁의 시대가 막을 열게 된다.[6]

이 개혁은 오스만 제국을 자유주의 원리에 의해 경영하고 여러 측면에서 서유럽 국가들과 유사한 근대 국가를 만들 목표를 가지고 추진되었다. 비록 이마저도 보수세력의 저항과 유럽의 경제적 팽창이라는 장애물에 부딪혀 어려움을 겪게 되지만 새로운 문물을 습득하고 사회를 개혁하고 기존의 내부문제를 극복할 새로운 제국건설의 염원은 날로 커져 갔다. 그러나 차츰 영국, 러시아, 프랑스의 지원을 받은 기독교 민족들의 이탈로 인해 다종교적인 성격을 띠었던[7] 오스만 민족주의는 점차 이슬람적 성격, 즉 종교적 색채가 강해진다. 이는 더 나아가 서구열강이 제국분열에 이용한 아랍민족주의, 그리고 이미 18세기부터 강화된 지방분권화로 자율성이 강했넌 이집트. 메소포타미아, 튀니지 등 지방의 분리독립을 자극하게 된다. 또한 이와 동시에 제국의 다민족적 성격의 연방엘리

---

6 이 개혁기에 대해서는 버나드 루이스(1994: 356~368쪽), 앨버트 후라니(Hourani, 1983: pp. 353~370)의 글을 참조하시오.

7 오스만 지배체제에서는 제국의 질서가 지켜지고 납세와 군사동원만 정상적으로 이루어지면 각 지역의 종교적, 문화적 특수성이나 정치적 자율성은 존중되었다. 로항스는 이러한 오스만 제국에서의 중앙-지방 관계를 일종의 커먼 웰스(Common Wealth), 즉 영연방과 같이 각 지역이나 민족의 자율성이 용인되는 지배체제로 규정한다(Laurens, 앞의 책, p. 34). 한편 이렇게 관용적인 원칙에 기반을 두고 효과적으로 제국의 틀을 유지해 온 오스만 제국의 경험은 '오스트로맑스주의자들'의 관심을 끌었다. 즉 한번도 진정한 의미의 제국이었던 적이 없었던 오스트리아-헝가리제국에 속해있던 이들은 당시 중동부유럽을 강타한 민족주의 물결 속에서 수많은 이 지역 종족들이 공존할 수 있는 유일한 정치적 대안으로 여겼던 연방제의 전형을 오스만 제국에서 찾았던 것이다(Löwy, 1974).

트와 터키족 출신 지배층이 갈라서면서 점차 터키족만의 근대국가 형성으로 변형되게 된다.

2) 식민지배와 종교적 정체성의 부상

오스만 제국에 속했던 지역에 대한 프랑스와 영국의 이해관계는 지역적인 동시에 세계적 성격을 갖고 있었다. 국지적으로는 북아프리카의 광물과 이집트, 수단의 목화와 같은 천연자원의 공급지로서, 세계적 차원에서는 유럽과 아시아를 잇는 지리적 중요성 때문에 이들에게 오스만 제국이 중요했다. 달리 말해 이 지역은 당시 영국과 프랑스 자본주의의 발전과 세계적 차원의 헤게모니 유지에 필수적인 곳이었다. 이는 또한 이 지역의 철저하고 직접적인 지배 그 자체가 주목적이 아니었으며 제국에 속한 여러 지역에 대한 지배형태가 상이했던 것도 해당 지역에 대한 이해관계의 성격이 달랐기 때문임을 말해 준다. 이런 측면에서 인도가 중요했고 '인도로 가는 길(A passage to India)'에 위치한 아덴, 걸프만 국가들, 이란, 아프가니스탄, 특히 이집트가 중요했던 영국은 보다 유연한 지배, 즉 마그레브에서 프랑스가 자국에서 오는 이민을 매개로 행했던 총체적인 직접지배보다는 영연방의 틀에의 느슨한 통합을 선호했다. 이는 향후 탈식민화 과정에서 '알제리 전쟁(1954~1962년)'을 초래한 프랑스의 지배전략과 달리 영국이 신식민주의 체제로의 평화로운 이행을 쉽게 받아들였던 이유를 설명해 준다.

알제리에서의 프랑스의 강력한 직접지배를 예외로 한다면 서구의 전략은 이 지역의 발칸화, 즉 종족 및 종파에 따른 분할전략과 정치적, 경제적 이득의 추구 전략으로 나눌 수 있다. 후자는 주로 주로 근동 지역에 살고 있던 기독교 집단의 권리 보호를 명분으로, 특히 영국의 헤게모니 유지 전략 차원에서 이루어진 간접적, 부분적 지배전략이었다. 전자는

'아라비아의 로렌스'로 상징되는 영국의 아라비아반도 왕조 지원을 통한 아랍세계의 분열, 프랑스에 의한 레반트 지역의 레바논, 시리아로의 분할, 영국에 의한 요르단과 팔레스타인으로의 트랜스요르단지역 분할, 그리고 이렇게 분리된 팔레스타인에 유대민족의 국가 성립이라는 양상을 띠게 된다. 오랫동안 종교적, 민족적 공동체 간 공생의 모델이었던 다민족사회 레바논을 시아파의 한 분파인 알라우이파(Alaouites), 이슬람 소수 분파인 드루즈파(Druze), 기독교도인 마론파(Maronite) 등 세 개의 주요 종족 각각의 국가로 나누려던 전략은 실패했다. 그렇지만 이렇게 반쯤 성취된 분할전략은 지금까지도 이 지역 현실을 규정하는 주된 요소로 작용하고 있다. 이는 일국 차원에서는 여러 종족, 종파 간의 차이가 불평등과 갈등의 핵심 요소로 작용하고 있고 지역 차원에서는 유럽지배하의 분할전략의 핵심지역인 팔레스타인과 레바논이 지금까지 이 지역 갈등의 진원지로 남아 있다는 점에서 확인할 수 있다. 특히 '레바논전쟁(1980~1988년)'에서 이스라엘이 마론파에 속한 기독교 민병대를 부추겨 기독교십난반의 독자적인 국가를 성립시키려 한 데서 노골적으로 드러났다.

그런데 이렇게 종족적, 종교적 정체성을 부추기는 서구의 전략과 이와 상반되어 보이는 탈민족화 전략의 이중적 적용은 다음의 측면에서 논리적 일관성을 갖는다. 탈민족화는 역사적, 문화적 정통성을 파괴함으로써 향후 경쟁세력이 될 수 있는 근대 민족국가의 형성을 막으려는 의도가 담겨 있는 것이다. 그런데 이와 동시에 진행된 종교적, 민족적 갈등의 자극 또한 지배에 대한 저항능력을 약화시키는 기능을 수행했다. 즉 지방에 존재하는 수많은 종족들 간의 역사적, 종교적 차이를 부각시켜 충분히 큰 민족 단위의 강력한 국가 형성을 막고자 했다. 또한 현실에 대한 인식을 문화적 차원에 국한시킴으로써 각 종족들의 다면적 정체성은 각

종족 고유의 역사적 경험이 배제된, 이슬람에 입각한 퇴행적, 일면적, 배타적 정체성으로 축소되었다. 이 과정에서 그간 지방정치의 핵심이었던 종교세력이 어용화되거나 극한 탄압으로 무력화되었다.

이데올로기적 측면에서 이러한 식민지 종교정책은 종교를 현실, 역사적 경험, 문화로부터 분리해 추상적 원리나 신비주의로 만드는 결과를 낳았다. 그리고 그 결과 형성된 순치된 전통 세력과 제국주의 세력의 결합은 지금까지 지속되는 외세와 그들의 지역 매판세력 간의 유착의 원형을 이룬다. 자끄 베르끄는 식민화를 외형적인 정치적, 경제적, 사회적 지배를 넘어, 한 사회에 고유한 자연과 문화 간의 연관 체계를 뒤흔드는 것으로 보았다. 그에 따르면 식민주의자들은 전통문화의 비하, 사회의 모든 측면에서의 전통질서 변형을 통해 이 연관의 해체를 시도한다. 이 과정에서 종교는 미신이 되고 관습법은 볼거리로서의 민속(folklore)으로 축소된다. 이 왜곡은 물질적 이득과 함께 지배민족 자신의 입장과 세계관을 공고히 하는 도구로 기능한다는 것이다(Jacques Berque, 1964: pp. 100~105).

제국주의 세력에 의해 수행된 종교의 조작과 정치도구화는 또한 아랍 기독교집단에 대해서도 행해졌다. 이는 영국, 러시아, 프랑스와 연관된 가톨릭, 개신교, 러시아 정교의 선교를 매개로 한 토착민과의 인적관계 형성을 통해 이루어졌다(Corm, 앞의 책, p. 87). 또한 자국에서 온 이민, 즉 기독교인 그리고 이후 유대인들에게만 온전한 정치적 권리를 주어 무슬림을 차별하였다. 이 현상은 제국주의 지배가 강화됨에 따라, 그리고 유럽인들의 이주가 활발했던 곳에서 특히 심하게 나타났다. 이 종교적 차이에 따른 차별은 그에 대한 반발로 이슬람신자들의 다양한 정체성 중 종교적 정체성이 강조되는 결과를 낳게 된다. 예를 들어 알제리인으로서의 정체성은 이슬람신자로서의 정체성과 동일시된다. 게다가 알제리의 경우에서처럼 이슬람만 교회 종사자의 임명, 교회에 대한 강한 통제, 행정관청을 통한 종교의례 및 재정의 장악과 같은 방식으로 국가의 통제 아래 놓이게 되었다(Harbi, 1994: p. 192). 1830년 자국의 식민지가 된 알제리에서 프랑스는 지방에 근거지를 둔 여러 교단(Confrérie)들이 중심이 된 초기 저항운동을 패퇴시킨다. 이후 1870년부터 시도된 강력한 식민정책[8]의 차원에서 종교에의 개입이 이루어지는데 이는 동일한 시기에 이루어진 프랑스 본토에서의 정교분리원칙[9]의 성문화(1905년)와 극단적으로 대조된다. 이는 서구 지배국가 본국에서의 보편적, 근대적 원리들의 적용이 식민지배 지역에서의 적용과 무관함을 보여주는 많은 사례들 중 하나일 뿐이다. 이렇게 종교적 측면을 부각시키며 행해진 프랑스의 식민정책은 결과적으로 알제리인들이 식민지배를 특정한 역사적 시기에 나타난 제국주의의 정치적 지배나 경제적 착취의 측면에서 인식하기보다는 오래 전부터 있어 온 기독교세계와 이슬람세계의 대결, 그리고 이슬람에 대한 기독교 서구의 오랜 비하의 전통의 연장으로 인식하게끔 만들었다.

이러한 양상을 띤 식민정책은 이후 아랍인들의 민족주의 운동에서도 현실의 정치적 차원이 문화적 차원에 가려 은폐되는 효과를 낳았다. 동시에 이렇게 부각된 이슬람은 더 이상 사회전체에 대한 구원의 상징이나

---

[8] 압델 카데르(Emir Abdel-Kader)의 지도하에 이루어진 전 민족 차원의 무장저항운동을 패퇴시키고 나서, 그리고 1870년 보불전쟁에서의 패배와 파리꼬뮌 이후 프랑스의 알제리식민정책은 보다 일관성있고 강화된 모습을 띠게 된다. 1870년대부터 사법과 교육 영역의 프랑스화, 전통적인 알제리의 법률 및 정치제도 해체, 원주민에 부과했던 특별세 강화 등을 통해 이슬람신자들에 대한 차별과 통제를 강화해 나갔던 것이다(Vatin, 1983, pp. 126~128).

[9] 갈리운은 정교분리주의를 정치적 목적을 위한 종교의 도구화가 없는 상태로 정의한다(Ghalioun, 1991, p. 216).

저항운동의 구심점으로서 기능하지 못하게 되었다. 한편으로는 전통적인 종교제도들을 파괴 또는 변질시키고 구 종교세력을 포섭하고, 다른 한편으로는 민중 이슬람의 혁명성을 거세시켜 신비주의적이고 탈정치적, 개인적인 차원으로 변질시켰기 때문이다.[10] 각 지역의 사회적 조건에 따라 다양하게 형성되어 온 종교규범이 하나의 이슬람법으로 통일되고 지방의 종교지도자들의 자율성과 권위가 침해되었다(Henry, 1981). 사실 식민지가 되기 이전에 이슬람은 지역 성인들에 대한 숭배와 각 지방에 뿌리내리고 있던 수피 교단의 수도원 등에 기반을 둔 민중종교적 측면(popular islam)[11]이 주된 것이었다. 그리고 중앙권력이 거의 개입하지 않았던 지방의 통치는 전통적으로 그 지방의 종교지도자가 맡아왔다. 식민지의 경우 법치국가 원리에 기초해 이루어지는 단일한 법의 형성은 유럽에서와 달리 전통적 관계로부터의 개인의 해방이 아니라 사회집단이 전통적으로 가지고 있던 정체성의 상실을 의미했다. 또한 이슬람법이 사라지고 이슬람법을 해석할 권한을 가졌던 전통 이슬람 율법학자(Ulama, 울라마)의 권한이 사라지면서 그들의 사회에 대한 영향력이 크게 약화되

---

10 알제리 전쟁(1954~1962년) 당시 프랑스에 의해 조직적으로 강제수용소에 갇히게 된 알제리인들의 삶에 대한 연구에서 피에르 부르디외와 압델말렉 사야드는 이렇게 생존이 위협받고 삶의 터전을 잃은 식민지인들에게서 나타나는 전통에 대한 의존을 기존에 그들이 잘 통합되어 생활하던 공동체에서의 '전통적 전통주의(traditionalisme traditionnel)'와 대비되는, 그리고 전통과 무관한 '절망의 전통주의(traditionalisme du désespoir)'로 표현한다.(Pierre Bourdieu & Abdelmalek Sayad, 1964)

11 '민중(또는 민간)이슬람'이라는 표현은 실제 사회에서 믿어져 온 방식의 이슬람을 가리키는데, 이슬람의 역사는 일신교를 주창하는 이슬람의 공식교리와 달리 이슬람 이전에 존재했던 각 종족의 전통 종교관습, 의례, 그리고 이 전통과 이슬람이 결합된 형태, 예를 들어 지역 성인의 숭배, 마술과 부적에 대한 믿음, 인신공희(immolation) 등이 대다수 이슬람사회에서, 특히 농촌과 민중계급에서 신앙의 주된 부분이었고 위로부터도 용인되어져 왔음을 보여준다.

었고 그 결과 종교세력의 권위가 사적 차원에 국한되고 율법학자들은 현실문제에 개입하기보다는 이론적, 도덕적 문제에 몰두하게 되었다.

독립 이후에도 이슬람은 근대국가 건설에 동원되는 방식으로 식민지 시대에 형성된 정치와의 관계를 계승하게 된다. 물론 독립된 사회에서 종교가 가지는 의미는 이전과 달랐다. 독립운동의 주된 동력이었고 동시에 식민지하에서의 차별과 억압의 근거로 작용했던 이슬람은 이제 식민 지배와의 정치적, 도덕적, 문화적 단절의 상징으로 인식되었다. 그래서 민중에게 이슬람의 복원은 사회변혁과 동일시되었다. 이전과의 연속성도 있다. 즉 식민통치의 조직과 기술을 거의 그대로 물려받은 독립정권은 종교영역에서도 식민정책을 계승하게 된다. 이슬람은 새로 창출된 정권과 역사적 정당성이 희박한 새로운 정치형태인 민족국가를 정당화하는 도구로 이용된다.

그런데 민족국가의 틀에서 나타난 종교의 정치도구화는 당시 아랍세계의 지배 이데올로기라고 할 수 있는 사회주의적 경향을 지닌 아랍민족주의의 영향을 받게 된다. 즉 냉전체제에서 아랍정권들이 내세운 아랍에 고유한 사회모델 추구에 이슬람이 아랍 정체성의 주요 원천으로 동원된 것이다. 나세르식 사회주의나 하비브 부르기바(Habib Bourguiba, 튀니지의 초대 대통령)의 튀니지식 사회주의는 한편으로는 근대화의 명목아래 진행된 이슬람에 대한 국가의 통제 강화, 이슬람제도의 개혁, 금식과 같은 이슬람 전통의 일부를 비판하면서, 다른 한편으로는 이슬람을 '사회정의(social justice)'의 종교로 내세우며 자신들이 주창한 아랍 고유의 사회주의 모델을 위한 역사적 근거로 삼았다(Zeghal, 1996; Cherif, 1996).

4. 독립 이후의 이슬람과 정치

독립 이후의 이슬람과 정치의 관계는 식민지 시대의 그것과 공통점이 이 있었다. 아래에서 살펴볼 몇몇 나라들의 경험이 보여주듯이 종교인들이 종교적 장의 제도화를 통해 국가에 종속되고, 사회주의나 자유주의 등 각 나라가 채택한 사회체제를 정당화하는 데 이슬람 교리가 동원되었다. 이러한 식민지 시대와의 유사성과 연속성은 무엇보다도 식민지 국가나 자주적인 국가나 공히 근대 국민국가라는 점에서 기인한다.

그러나 이슬람이 식민지 시대보다도 더 본격적으로 국가의 정당성 기제로 동원된 것과 일견 모순되는 경향도 나타났다. 독립 이후 국가는 기존 지배 세력 및 지배 이데올로기를 새로운 것으로 대체하는 일종의 사회혁명이 필요했다. 그런데 이 사회혁명은 식민지 시대에 형성된 봉건 지배 세력과 제국주의 세력의 동맹을 제거해야 하는 것이었고 그것은 이 동맹의 한 축인 전통 종교세력의 기반을 약화시키는 것을 의미했다. 이와 함께 종교의 정치 도구화와는 다른 맥락에서 국가는 근대국가 건설 과정에서 식민지 시대보다 더욱 본격적으로 전통적으로 종교인들이 담당했던 교육이나 학문 및 문화 영역에서 종교를 대체해갔다.

1956년 수에즈전쟁을 승리로 이끈 나세르 정권에 의해 이집트에서 진행된 과정은 이슬람의 국가화를 전형적으로 보여주는 사례이다. 1961년부터 이슬람세계의 대표적인 종교교육기관인 알 아즈하르(Al Azhar)의 율법학자들은 국가의 공무원이 되었고 고위 행정 관료가 될 수 있게 되었다. 이러한 변화가 의미했던 바를 보면 국가의 입장에서는 이들을 정권의 보호와 엄격한 감시 아래 놓아 정치권력의 종교적 정당화에 동원하였음을 의미하였다. 반면 종교세력에게는 종교 전문가들이 고정적인 수입과 직위를 확보함으로써 성직자 자격을 명시하지 않는 전통적인 이슬람 교리와 달리 이들이 독점적인 성직 계급[12]으로 행동할 수 있는 가능성이 열린 것이었다. 나세르는 이런 식으로 종교세력을 자신의 통제 아래 둠으로써 이들의 공식적 종교 담론을 무기로 무슬림형제단과 같은 당시의 비판적 종교세력에 대응케 하였다. 즉 종교 권력이 세속적 제도와 정치 세계에 흡수됨으로써 통제되지 않는 세력이 대두하는 것을 막는 기능을 수행했던 것이다.

모로코의 경우 독립 직후 몇 년 간은 의회민주주의 제도가 도입되는 시기였다. 따라서 정치 논의는 헌법의 성격에 집중되었고 결국 하산 2세(Hassan II)의 등극으로 군주제가 수립되었다. 왕이 헌법보다 우위에 있는 체제가 생겨난 이후 군주제의 정당성은 헌법이 아니라 마호메트의 직계 후손(*Sherif*, 셰리프)으로서의 모로코 왕가의 특별한 지위를 강조하고 헌법에 전통 이슬람법의 요소들을 가미하는 식으로 확보된다. 모로코 왕실은 권력의 전통적인 기반과 근대적인 지향을 조화시키려 했고 그에 따라 오스만 제국 시대의 법과 전통 이슬람법은 근대법과 공존할 수 있게 된다(Leveau, 1985; Tozy, 1999).

모로코와 달리 튀니지의 경우에는 독립 직후 국가가 본격적인 근대화를 추진하였다. 전통적인 이슬람 법정을 과감하게 폐지시킴으로써 사법체계를 단일화하고 이슬람권의 대표적인 종교교육기관인 지투나의 해체와 종교 기관의 국유화, 라마단 금식에 대한 반대 캠페인, 가족법 개정

---

12 이슬람에는 공식적인 성직 제도는 없지만 이슬람법의 발전과 궤를 같이 하면서 형성된 코란과 마호메트의 전통(수나)에 관한 전문가 집단으로서 경전 해석, 교육, 이슬람법의 집행을 담당하는, 아랍세계의 핵심적인 엘리트 집단인 율법학자들(Ulama), 기도를 주관하는 성직자(imam), 금요 예배의 설교자, 각 마을의 종교 지도자들이 존재해왔다. 이와 함께 이슬람 법정, 그리고 튀니지의 지투나(Zitouna, 734년 설립), 모로코의 카라윈(Qarawiyyin, 859년), 특히 가장 권위가 있는 이집트의 알 아즈하르(Al-Azhar, 969년)와 같은 공식적인 종교 기관들이 존재해왔다.

이나 여성에 대한 선거권 부여(1956년) 등 성평등 정책, 일부다처제 금지, 히잡 착용 금지 운동, 출산 통제 정책(1960년 가족계획 사업 실시)과 같은 개혁 조치를 단행한다(Kerrou, 1998). 그런데 이상과 같은 심도 있는 개혁을 이끈 튀니지의 초대 대통령 부르기바 마저도 자신의 근대화 정책, 그리고 처음에는 자유주의적이었다가 후에 사회주의적 성격을 띠게 된 경제정책을 정당화하는 데 이슬람을 동원했다. 그 배경을 보면 일부일처제의 경우처럼 세속화 정책을 펴는 경우 이를 관철시키기 위해 이슬람 교리를 동원할 필요가 있었던 것이다. 이슬람에 대한 정권의 비판적인 시각이 있었다 해도 그것은 이슬람 그 자체에 대해서가 아니라 정통 이슬람법에 어긋나고 사회에 해가 되는 민중종교적 관행에 대한 것이었다. 이런 식으로 가장 급진적인 근대화를 추진한 튀니지의 정치권력 역시 이슬람의 정치적 동원이란 측면에서는 이웃 아랍국가들과 크게 다르지 않았다.

한편 알제리에서는 식민지 시대에 형성되었고 특히 알제리 민족해방운동의 주역이었던 '민족해방전선(FLN)' 내부의 권력투쟁을 거치면서 강화된 아랍-이슬람주의(Arabo-islamism)가 근대국가 건설의 중요한 요소였다. 1962년 알제리는 서구의 식민지를 경험한 나라들 중에는 베트남과 더불어 거의 유일하게 전쟁을 통해, 즉 식민 제국의 자발적인 퇴각과 신식민주의로의 이행이 아니고 또한 외세의 도움도 없이 130년간의 프랑스의 강력한 식민 통치를 종식시켰다. 이러한 배경으로 인해 식민지로부터의 해방 당시 알제리의 민족주의는 국가가 종교적인 숭배의 대상이 될 정도의 '시민종교(civil religion)'의 양상을 띠었고, 알제리인들의 민족 공동체는 '움마(Oumma)', 즉 이슬람신자들의 공동체와 불가분의 관계가 되었다. 아랍의 일원으로서의 민족주의 의식과 이슬람신자로서의 정체성이 융합된, 엄밀한 의미에서는 별개의 것인 아랍과 이슬람이 동일시되는 아랍-이슬람주의 이데올로기는 바로 이러한 역사적 맥락의 산물인 것이다. 그 주된 배경 중 하나는 식민지로부터 해방된 지 얼마 되지 않아 당시 알제리의 유일 정당 민족해방전선(FLN)이 내부 분열을 겪게 된 데 따른 것이다. 정당성의 기반이었던 독립운동 시기의 경험이나 진보적 성격이 그 효과를 상실하게 되면서 민족해방전선은 근대 초기에 태동한 이슬람 개혁주의를 정당성 기제로 활용하게 된 것이다. 그 밖에도 위에서 살펴본 나라들과 마찬가지로 정부는 울라마(Ulama), 즉 이슬람세계의 신학자들을 제도권 정치로 끌어들이려는 목적으로 이슬람을 관할하는 정부 부처를 신설하고 모스크에 대한 통제, 국가에 의한 성지순례 관리와 같은 조치를 통해 이슬람을 국유화하려 했다. 국가 및 국가와 연관된 이슬람학자들이 종교적 장을 독점하게 되고 이 과정에서 이슬람의 민중 신앙적 요소나 지방에 거점을 둔 신비주의적 성격의 교단들에게 억압을 가하게 된다.

그런데 이상의 몇몇 국가들의 예에서 볼 수 있었던 종교와 정치의 관계는 이미 유럽의 국민국가 건설 과정에서 나타났던 현상이다. 양자 간에 차이점이 있다면 그 중 하나는 이슬람적 정체성이 유럽과 같이 하나의 국가가 아니라 아랍민족이라는 큰 틀에의 소속감, 또는 하나의 통일 아랍국가를 건설하고자 하는 열망과 결합되었다는 점이다. 그러나 1950~1960년대 아랍인들에게 열정을 주었던 이 아랍 통합의 꿈이 1967년 6일 전쟁에서의 굴욕적인 패배와 그에 뒤이은 나세르의 죽음(1970년)과 함께 사그라지고 석유 경제화로 인해 아랍국가들 간의 불평등이 심화되면서 이제 이슬람은 아랍 전체가 아니라 아랍세계를 구성하는 20여 개 하위 국가 차원의 민족주의와 결합하게 된다. 그리고 무엇보다도 이슬람주의가 아랍민족주의의 공백을 대체하게 된다.

2장. 이슬람주의 현상의 사회학

이 장은 아랍세계의 종교적 열기, 그리고 정치에서의 이슬람의 막대한 비중이 이슬람 탄생 이래의 정치적 이슬람의 전통, 즉 종교가 정치에 개입해 온 역사의 산물이기보다는 1970년대 이래 이 지역 국가들이 겪어 온 사회변동의 산물이라는 시각으로부터 사회적 배경, 국가와의 관계, 근대성 및 서구와의 관계, 신자유주의와의 관계, 여성 관련 담론의 비중이 큰 이유 등 이슬람주의 현상의 여러 측면을 다룬다.

1. 이슬람주의 현상

아랍세계는 1970년대부터 국가에 의해 촉발된 사회의 재이슬람화, 이슬람주의 운동의 대두, 정치권에서의 종교의 비중 증대와 같은 현상들을 겪어 왔다. 먼저 '재이슬람화(reislamization)'는 식민지배로부터의 해방 이래 아랍국가들에서 진행되어 온 사회의 세속화 경향의 반전을 의미하는 개념이다. 주요 양상은 다음과 같다.

첫째, 이슬람 사원의 수나 금요 예배에 참여하는 신자 수의 증가,

메카 순례자의 증가, 히잡 착용의 확산[13] 등으로 나타나는 종교적 실천의 강화,

둘째, 종교관련 공간의 급증, 학교, 직장, 사회단체 등 근대적 사회공간에서의 이슬람 원리의 적용 확대, 가족법을 위시한 민법과 형법, 헌법 등에의 이슬람 원리의 재도입[14], 이슬람법정의 부활, 성직의 공직화, 국가 주도로 이루어진 전국규모의 종교단체 결성, 교회활동에 대한 통제 등을 통한 국가의 종교개입 강화, 이슬람교리에 따른 헌금 자카트(zakât)의 공식화와 같은 법적, 제도적 차원의 변화

셋째, '이슬람금융(Islamic Finance)'[15], '이슬람 기초공동체(Islamic

---

13 히잡은 신체의 일부를 보호하거나 감추기 위해 무슬림 여성들이 착용하는 스카프이다. 이슬람의 창시자 마호메트의 부인들이 존중을 받고 곤란한 일을 당하지 않으려고 착용했다는 등의 해석이 있으나 코란, 하디스 등에 명시적으로 나타나 있지는 않는다. 코란에서 히잡이라는 단어가 7번 사용되나 여성의 복장과는 무관한 것이다. 그런데 후대에 수니파 등 많은 이슬람 분파에서 히잡 착용을 의무화했다. 코란에서 의복의 의미로서의 히잡은 두 번 언급되는데 '장막(curtain)'을 의미한다. 여성과 신, 여성과 남성, 여성과 세계 간의 분리를 상징하는 개념이었다. 특히 마호메트 부인들의 외부세계와의 단절을 지칭하는 '장막'을 의미했다. 눈을 낮추고 정절을 지키라는 의미에서 스카프를 가슴까지 내리며 가족 친지에게만 머리를 보일 수 있었다. 즉 코란에서 히잡은 남녀 간의 예절에 관한 포괄적인 의미를 지녔다. 성적인 순결보다 예절, 그리고 이를 통한 사회질서 유지의 차원에서 언급된 것이다. 이 분리가 이후 보다 엄격하게 해석되고 무슬림 여성 일반에도 확대 적용된다. 예를 들어 수니파는 알 부하리(Al Bukhari)가 채록한 하디스, 즉 손과 얼굴 이외의 모든 여성의 몸은 가려져야 한다는 구절을 근거로 히잡 착용이 의무화된다. 그러나 이 하디스는 그 진위여부의 문제로 논란의 대상이다.

14 이슬람 교리를 적용한 수단의 형법 개정(1983), 여성을 미성년자와 동일시하여 남편의 후견 아래에 두는 알제리에서의 가족법 개정(1984), 남예멘에서의 일부다처제 재도입(1992)이 대표적인 예이다. 그리고 사회전반에 걸쳐 근대화가 심도있게 진행되었던 이집트에서 1971년 이슬람법이 입법의 주요 원천 중 하나로 명시되고 더 나아가 1980년에는 입법의 유일한 원천으로 격상되는 등 사법상의 변화가 일어난 것은 아랍세계의 재이슬람화 경향을 상징적으로 보여주는 것이다.

15 이슬람금융은 이슬람법의 적용을 표방하는 은행, 투자기금 등을 가리키는 용어이다. 중동에서 시작해서 이슬람권 전역으로 확대된 이 새로운 형태의 금융이 발달한 배경은 두 가지로 볼 수 있다. 하나는 1970년대 유가급등과 석유 수요의 증대로 석유 수입이 늘어나면서 금융시장이 발달한 것이다. 다른 하나는 유사한 시기에

Base Communities)'의 발전과 같은 경제 영역 일부의 이슬람화 등의 현상.

이러한 사회의 재이슬람화는 이슬람주의 운동의 부상을 동반했다. 이슬람주의는 아랍 등 이슬람세계에서 비중있는 사회운동이자 종교이념으로 부상하였다. 이 종교운동의 주된 활동무대는 사회, 문화 영역이지만 이집트, 튀니지, 알제리, 요르단 같은 나라에서는 비중있는 반정부세력을 형성했고 최근에는 집권에 성공하기도 했다.[16] 다양한 용어들이 이 현상을 지칭하기 위해 사용되었다. 한국에서 많이 통용되는 '이슬람근본주의(Islamic Fundamentalism, 또는 이슬람 원리주의)는 경전의 구절을 문자 그대로 받아들이는 문자주의적 경전해석, 사회의 세속화에 대한 거부 등 기독교근본주의와의 유사성을 강조하는 개념이다. '이슬람통합주의(Islamic Integralism)'는 다른 사상이나 종교의 필요성을 전면 부정하는 폐쇄적인 경향을 지닌 가톨릭의 통합주의에 비유한 개념이다. '이슬람급진주의(Radical Islam 또는 Islamic Radicalism)'는 현 세계에 대한 평가와 대응방식에서 나타나는 급진적 성격을 강조한다.

학계에서 많이 통용되는 '정치적 이슬람(Political Islam)'이나 '이슬람주의(Islamism)'는 전자가 정치적인 이념 및 운동으로서의 측면을, 후자

중동에서 이슬람 원리가 법, 정치, 경제, 일상생활 등에 실질적으로 적용되기 시작한 것이다. 그 결과 이자를 받지 않는 등 상행위에 관한 이슬람 원리가 금융에 적용된 것이다.

16 사실 이슬람국가로 간주할 수 있는 곳은 이란, 파키스탄, 아프가니스탄, 터키와 같이 주로 비아랍 이슬람사회이다. 아랍권에서는 1926년 영국의 영향아래 민족국가를 건설할 때부터 이슬람국가였던 사우디아라비아, 정권 스스로 좌파에서 이슬람주의로 변신한 수단, 그리고 부분적으로 카다피 시대의 리비아만이 이에 해당된다. 특히 북아프리카의 아랍국가들에서는 1980년대 후반의 정치변동 이후에야 이슬람주의 세력의 정치적 등장을 볼 수 있다.

는 경전에 나타난 이슬람 원리를 사회에 전면적으로 실현하고자 하는 지향을 강조하는 개념들이다. 두 개념은 큰 구분없이 사용된다. 정치적 이슬람 또는 이슬람주의는 종교나 신학이 아니라 정치 이념으로서의 이슬람을 의미한다. 정치적 이슬람의 신봉자들은 이슬람이 정치와 사회가 어떠한 것이어야 하는지를 제시해줄 수 있다고 생각한다. 보다 구체적으로 정의한 예를 보면 이슬람주의는 "이슬람 전통으로부터 빌어와 문자주의적으로 재해석한 개념들에 토대를 둔 미래상을 제시함으로써 현재의 사회문제에 대한 정치적 해결책을 제시하는 것"이다(Ayoob, 2008: p. 2). 즉 정치적 목적을 추구하는 개인이나 집단이 이슬람을 도구화한 형태라는 것이다. 그리고 과거의 재전유, '황금시대' 개념과 같은 낭만주의적 방식의 '전통의 재발명'이 이슬람이 정치도구화하는 바탕이 된 것이다.

지칭하는 용어만이 다양한 것이 아니라 정치적 이슬람이라고 불리는 세력이나 이념은 단일하지 않다. 우선 이슬람세계를 구성하는 사회들이 경제적, 정치적으로 큰 차이를 지닌 것처럼 이슬람주의 역시 지역에 따라 편차를 보인다. 일반적으로 이슬람주의 단체는 크게 세 부분으로 분류되어 왔다.

> 첫째, 조직적, 사상적인 면에서 이집트에서 태동한 무슬림형제단의 영향을 받은 중동의 수니파 단체
>
> 둘째, 파키스탄의 이슬람 개혁주의 정당 자마아테 이슬라미(Jamaat-e-Islami)와 이 단체를 창설한 마우두디(Abul A'la Mawdudi)가 주창한 이론의 영향력이 큰 남아시아 단체,
>
> 셋째, 이란혁명과 호메이니 사상의 영향력이 큰 시아파 단체(Roy, 1992).

카다피의 리비아는 재정적 힘에 근거해 적극적 역할을 하였지만 1973

년 리비아 무슬림형제단과 1978년 레바논 시아파의 제거 이후 아랍세계의 이슬람주의 운동에서 다소 배제되었다. 그리고 터키 이슬람 세력은 아랍세계와는 구분되는 독자적인 정당 및 사회단체를 가지고 있다. 한편 이슬람주의 단체 중 무장투쟁에 참여하는 주요 단체는 다음과 같다.[17]

첫째, 2003년 미국의 침공 이후 이라크에는 수니파 저항세력과 시아파 저항세력이 활동하고 있는데 전자는 이라크 자체의 독자적인 조직이며 민족주의적 성격이 강한 반면 후자는 이란의 지지를 받고 있다.

둘째, 아프가니스탄의 탈레반은 수니파이며 서구 및 서구적 가치에 대한 투쟁을 우선시한다.

셋째, 글로벌한 조직으로 무슬림형제단과 알카에다가 있는데 전자는 아랍 전역에서 매우 다양한 형태로 존재한다. 팔레스타인의 하마스나 이집트의 지하드와 같이 무장투쟁 노선을 견지하는 세력이 있는가 하면 이집트, 요르단, 알제리의 무슬림형제단처럼 일찍이 합법노선으로 선회한 세력도 있다. 알카에다의 경우를 보면 초기에는 주로 예멘과 이집트 출신의 수니파로 구성되었으며 이집트인들은 주로 무슬림형제단 출신이었다. 최근에는 일반적으로 알려진 바와 달리 이집트인들의 비중이 약하다. 알카에다는 서구식 민주주의를 거부하지만 우선적인 타도대상은 이슬람사회 내부에 존재하는 '나쁜' 무슬림들이라고 생각한다. 1924년 폐지된 칼리프 제도를 복원하는 세계 이슬람정부 수립을 장기적인 목표로 삼고 있다(Charles-Antoine Bachand, 2007).

---

17 중동에는 '쿠르디스탄 노동자당(PKK)', '이란령 쿠르디스탄 해방당(PJAK)'과 같은 쿠르드 분리독립운동 세력이나 터키의 좌파세력들과 같이 이슬람 세력 이외의 무장세력도 존재한다.

전반적으로 인도네시아나 파키스탄 등 비아랍세계의 이슬람주의자들은 9·11테러 이후 인도네시아의 '제마 이슬라미야(Jemaah Islamiya, JI)' 등 무장투쟁 조직이 부상하였지만, 신학적, 정치적으로 아랍의 이슬람주의자들보다 온건한 경향을 보인다. 이들은 일찍이 제도권 정치에 참여하는 등 정권과의 관계가 보다 우호적이며 무슬림의 종교적 의무인 '5개의 기둥(five pillars)'에 대한 요구나 도덕적인 규범도 덜 엄격한 편이라고 평가된다. 남아시아의 이슬람주의 단체들의 경우 최근에는 힌두 근본주의의 성장으로 정치적 갈등이 격화되었고 탈레반의 경우처럼 분쟁 상황에서 급진화된 사례가 있지만 선교나 교육에 치중하는 등 상대적으로 덜 정치적인 모습을 보여왔다.

이는 비단 남아시아에 국한된 것은 아니다. 아랍의 이슬람주의 역시 정치 활동과 더불어 일상적인 사회문화적 활동을 수행하였고 양적으로 보면 후자의 비중이 훨씬 크다고 할 수 있다. 그 배경을 보면 이슬람주의가 정치적 전망을 가진 종교운동이기는 하지만 억압적인 아랍세계의 정치적 상황에서 비판적인 사회운동, 선거참여, 정당활동 등 직접적으로 정치적인 활동이 최근까지도 매우 어려웠다.[18] 이러한 조건에서 이슬람주의자들이 수행한 대부분의 활동은 제3세계 종교단체들의 일반적인 경우처럼 지역사회에서 교육, 의료, 문화, 소비 등의 영역을 담당하는 NGO로서 또는 일종의 '사회적 경제(social economy)' 조직으로서 활동하는

[18] 현재 아랍세계에서 이슬람을 주된 요소로 표방하는 정치세력들의 상황을 보면 먼저 튀니지의 엔나흐다 당, 이집트의 무슬림형제단과 같은 각 국가를 대표하는, 그리고 제도권 정치에 참여하는 정당이 있다. 이와 함께 정당 형태의 조직들의 내부 분화 현상이 중요하다. 이집트의 경우 이슬람 정치세력은 무슬림형제단에 가까운 정당들(자유와 정의당, Al-Wassat, Al-Tayyar al-Masry), 살라피즘 정당(An-Nour, Al-Asala, Al-Fadila, Al-Gama'a al-Islamiyya), 수피정당(Al-Tahrir al-Masry al-Sufi, AL-Sawt al-Hurriya) 등 다양한 정당들로 분화되어 있다(Charillon, 2012).

것이었다. 형식적 민주화를 계기로 제도권 정치에 진입하게 된 것은 상대적으로 최근의 현상인 것이다. 추구하는 목표 역시 그 수준이 다양하다고 할 수 있다. 그렉 바튼의 지적처럼 "한 극단에 이슬람을 단지 민족의 상징으로 인정받기를 원하는 사람들이 있다면 다른 극단에는 이슬람을 급진적인 사회변혁의 무기로 간주하는 사람들이 있는 것이다(Greg Barton, 2005: p. 28, Ayoob(2008: p. 2)에서 재인용)."

한편 이러한 활동영역이나 조직형태에서의 다양성은 이념적 차이와 밀접히 연관되어 있다. 즉 근대적 가치에 폐쇄적인 경향과 보다 이를 수용하는 경향이 공존한다. 담론 차원에서 이 차이는 이슬람 초기 첫 네 칼리프가 통치하던 시대를 가리키는 '황금시내'로의 복귀, 그리고 주로 '평등'이라는 가치와 결부되어 제시되는 새로운 (이슬람)사회의 건설이라는 건설적, 혁명적 전망 사이에 존재하는 다양한 스펙트럼으로 표현된다.

우리는 이러한 다양성과 이질성을 고려하면서 동시에 이 종교운동의 핵심을 놓치지 않는 정의로 막심 로댕송(Maxime Rodinson)의 것을 잠정적으로 받아들일 수 있겠다. 그에 따르면 이슬람주의자들은 "종교적 도그마를 [현실에서] 온전한 형태로 복원시키고 종교라는 수단으로 모든 사회 문제를 해결하기 위해 권력을 장악하거나 권력에 강한 압력을 행사하려한다(Dumas, 1995: p. 15에서 재인용)". 이 정의에 따르면 이슬람주의의 본질은 코란의 원리에 따르는 사회의 건설에 있고, 이슬람주의 운동 내부의 차이는 이 이상사회의 성격과 보다 중요하게는 이를 실현하기 위한 방법에 따른 것으로 볼 수 있다.

이슬람주의가 정치, 특히 이데올로기 영역에서 주도권을 쥐게 되면서 민족주의, 사회주의, 자유주의 같은 세속적 이데올로기에 기반한 정치세력 역시 한편으로는 사회전반의 재이슬람화 속에서 정치적 생존을 위해서, 다른 한편으로는 이러한 분위기에 젖어있는 대중의 지지를 얻어내기 위해 종교적 형태의 정치담론을 받아들여야 했다. 바로 이러한 시대 분위기 속에서 계급적으로는 쁘띠부르주아지와 서구화된 중산층 일부, 이념적으로는 민족주의자들, 그리고 심지어 맑스주의자들까지 이슬람주의로 '개종'하게 된다.[19]

그런데 적어도 아랍세계에서는 1990년대 중반 이후, 특히 1991년 12월 국회의원 선거 1차 투표에서 압승을 거둔 알제리의 '이슬람구국전선(Front Islamic du Salut, FIS)'이 선거무효화와 계엄령으로 인해 정권장악에 실패한 것을 분기점으로 해서 이슬람주의에 기반을 둔 반정부세력의 정치적 비중이 약화되었다.[20] 이를 두고 후아는 '정치 이슬람의 실패(Roy, 1992)', '포스트이슬람주의(Roy, 1999)'[21] 시대의 도래를 거론했다. 이제 정치적 이슬람은 정치변혁을 통하지 않는 방식의 이슬람법(샤리아) 구현에 만족하는 '신근본주의(Neo-Fundamentalism)'로 변형되었다는 것이다.[22] 실제로 시대의 흐름을 거부하는 소수만이 현재 국내적, 국제적 차원의 테러리즘의 형태로 반체제적 성격을 유지하고 있을 뿐이다. 물론

---

19 예를 들어 이집트의 후세인(A. Hussein), 알 비쉬리(T. Al-Bishri), 그리고 튀니지의 간누쉬(R. Ghannouchi)와 같은 대표적인 이슬람주의 이론가, 지도자들이 1960년대 "아랍민족주의에서 이슬람으로 말을 갈아타고(Burgat, 앞의 책, pp. 42~68)", 프랑스 공산당에 속해있던 가로디가 이슬람을 통한 사회변혁을 주창하게 된다(Garaudy, 1986).

20 물론 이전에도 이란혁명과 아프가니스탄전쟁을 예외로 한다면 중동지역의 역학관계에 이슬람주의의 영향은 극히 미미했었다는 점을 상기할 필요는 있다.

21 포스트이슬람주의라는 용어는 일반적인 정당으로 변신하면서 이슬람주의 단체로서의 성격을 완전히 부정하는 사례를 지칭하기도 하며(Ayoob, 2008: p.21) 이슬람주의 단체들 일부가 정치 영역을 포기하고 사회문화적 영역에 전념하는 경향을 가리키기도 한다(Roy, 1999).

22 후와는 신근본주의가 이와 같은 정치노선상의 문제뿐 아니라 여성문제, 제도화된 종교에 대한 태도, 모스크 내부의 민주주의, 경전해석 방식 등의 문제에서도 기존 이슬람주의에 비해 보수화되었다고 한다.(Roy, 1992)

2011년 '아랍의 봄'에서의 튀니지와 이집트의 경우처럼 이슬람 세력은 집권에 성공하는 등 정치적 대안세력으로서의 역량을 가지고 있음을 보여주기도 하였다.

2. 이슬람주의 현상의 사회적 배경

이슬람주의에 대한 이해에서 사회적 배경이 중요한 것은 이슬람주의 운동의 성장이 그들 자신의 힘, 즉 축적된 조직적 역량이나 구체적인 대안의 적실성에 기인했다기보다는 대중의 요구에 효과적으로 응답하면서, 그리고 자생적이었던 대중들의 집합행동에 기대면서 조직화하면서 가능했기 때문이다. 알제리 전문가 모하메드 하르비는 이 점을 다음과 같이 표현한다. "1980년 이후에야 이슬람주의가 민중계급을 만났다(Mohammed Harbi, 1992: p. 218)." 팔레스타인의 예도 이 측면을 잘 보여준다. 이슬람 지하드(Islamic Jihad), 특히 무슬림형제단이 팔레스타인에 창설한 하마스(Hamas, 이슬람저항운동)가 대이스라엘 투쟁에서 중심세력이 된 것은 1994년경이다. 즉 1980년대 중반까지만 해도 정치적 장에서 거의 볼 수 없었던 이슬람주의자들이 부각된 것은 1987년 12월 9일에 시작된 인티파다(Intifada)[23]에 힘입은 바 크다(Legrain, 1994). 1979년 이란혁명의 경우도 25년간의 팔레비정권의 독재와 서방에 대한 종속, 그리고 발전전략이 가져온 불평등의 심화에 대항한 학생, 시민, 민중계

---

[23] 인티파다는 아랍어로 "떨쳐내다"라는 뜻으로 1967년 6일 전쟁 이래 이스라엘군에 점령되어 온 요르단강 서안과 가자지구에서의 아랍민중의 반란을 가리키는 말이다. 이 사건은 그 이전까지 이스라엘 점령지 외부, 즉 인접 아랍국에 근거지를 두고 전개되어 온 팔레스타인 해방운동이 점령지 내부에서도, 그리고 대중운동의 형태로 나타났다는 점에서 역사적 의의를 갖는다.

급의 투쟁이 절정에 이르러서야 호메이니를 앞세운 종교세력이 혁명에 가담해 결국 오랜 반정부투쟁의 성과를 자신의 것으로 만들었던 것이다. 다른 한편으로는 이 현상이 계급구조의 변동과 그에 따른 사회운동의 변화와 연관되고, 더 나아가 이러한 '변화들이 이슬람주의가 표방하는 새로운 이슬람과 이 운동의 주체들의 성격을 크게 좌우하기 때문이다.

▌자료 II-4 ▌ 이란혁명: 주요 연표

1979년 2월 1일 15년 망명생활을 끝내고 호메이니(R. Khomeini) 귀국
1979년 3월 31일 이슬람공화국 창설에 관한 국민투표 실시(98% 찬성)
1979년 11월 4일 이란 주재 미대사관 점거
1980년 9월 22일 이라크의 공격으로 이란-이라크전쟁 발발. 8년간 100만명 이상의 사망자 발생
1981년 10월 2일 하메네이가 대통령직에 선출됨. 1985년 재선
1986년 11월 4일 이란게이트 발생. 당시 국회의장 라프산자니가 이란에 대한 미국의 무기 밀매 폭로
1988년 7월 이란-이라크전쟁 종전
1989년 2월 14일 호메이미가 작가 살만 루슈디를 처형하라는 명령(Fatwa)을 내림
1989년 6월 3일 호메이니 사망. 알리 하메네이가 최고 종교지도자 자리에 오름

1) 사회경제적 배경

이슬람주의가 부상한 1970년대 이래 아랍사회는 다음과 같은 현상을 겪어왔다. 급격하고 통제되지 않은 방식으로 이루어진 이농현상과 과잉 도시화(overurbanization)[24], 경제개방으로 인해 물가가 달러화에 연동되면서 나타난 인플레이션 현상, 전 계층에 일반화된 실업에 따른 대량

빈곤화, 제조업의 저발전으로 인해 3차 산업에 과도하게 치우친 경제구조, 가치와 생활양식의 세속화, 가족의 유대와 전통가치의 쇠퇴, 그러나 동시에 과잉도시화가 가져온 재농촌화(re-ruralization) 현상을 보이는 도시근교에서 전통적 가치와 가족 유대의 부활 등이 그 사례들이다. 이 현상들은 천연자원에 기반을 둔 세계경제에의 불평등하고 과도한 통합이 산업간 연관과 경쟁력있는 산업부문을 창출하지 못한 곳에서 흔히 나타나는 현상이다.[25] 미셸 샤뜰뤼스에 따르면 아랍세계의 경우 석유지대로 인한 자본축적이 매우 짧은 기간에 특정지역에 집중된 방식으로 이루어지면서 자본주의 체제가 초래하는 문제들이 첨예하게 부각되었다((Michel Chatelus, 1981).

지리적 측면은 이슬람주의 현상을 설명하는 중요한 요인이다. 농촌 및 농업의 파괴와 과잉도시화 그리고 그 산물로서의 도시빈민층의 확대

---

24 1960년 아랍세계의 도시화율, 즉 전체 인구 중 도시 거주 인구의 비율은 31.4%로 당시 세계 평균 33.5%보다 약간 낮은 수준이었다. 그러다가 이후 1990년까지는 세계 평균보다 높은 상승률을 기록했다. 1990년대부터 상승세가 주춤해졌고 2013년 현재 57.5%로 세계 평균 53.0%보다 약간 높다.(<표 II-1> 참조)

<표 II-1> 아랍세계의 도시화율의 변화 (%)

	1960년	1970년	1980년	1990년	2000년	2010년	2013년
아랍세계	31.4	39.0	44.9	50.4	53.1	56.5	57.5
세계 전체	33.5	36.6	39.4	43.0	46.7	51.6	53.0

(출처: World Bank(http://data.worldbank.org/topic/urban-development))

25 대표적인 종속이론가로서 후일 신자유주의 정책을 편 전직 브라질 대통령 페르난두 엔리케 카르도수(Fernando Hanrique.Cardoso)는 남미와 같이 극단적으로 이원화된 사회구조를 '이중경제(l'économie dualiste)'라는 개념을 통해 설명하면서 이 체제의 특징인 대다수 국민의 배제(exclusion)가 전자본주의적인 노동조건을 온존, 또는 부활시키고, 이러한 대다수 국민의 열악한 삶의 조건이 전통의 유지와 전통을 지원으로 삼는 정치적 동원의 물적 조건을 이룬다고 지적한다(Badie, 1994: p. 186).

는 왜 이슬람주의가 도시 지역에서 성장했는지를 잘 말해준다. 그런데 이러한 현재의 도시적 이슬람 현상은 식민지 시대의 양상과 대조적이다. 당시에는 공동체에 견고히 뿌리박고 외세의 영향으로부터 상대적으로 자유로웠던 산악지역과 내륙의 농촌지역에서의 전통적이고 저항적인 이슬람과 달리, 근대성과 친서구적 경향을 상징했던 도시에서는 타협적이고 정치적으로 온건한 이슬람이 나타났다.[26] 도시의 빈곤층은 도시가 심어주는 근대적 가치와 최신 미디어의 보급을 통해 강화된 서구 소비사회에 대한 동경 속에 살지만 이를 실현할 수 없는 그들의 삶의 조건에서 큰 박탈감을 느낀다. 이렇게 도시 속에서 겪는 근대성으로부터의 배제는 이들에게 형성되는 근대적 가치가 어떤 성격의 것인지를 말해준다. 예를 들어 도시의 재농촌화 현상은 이 근대적 가치가 복합적이고 유동적인 것이어서 전통 부활의 가능성을 내포하는 것임을 보여준다. 동네 카페와 더불어 점차 모스크가 이 소외된 뿌리잃은 도시민들에게 정신적 안식처이자 동시에 사회화의 주된 장소로, 소속감과 비공식적 통제가 이루어지고 회합과 조직이 형성되는 곳이 되었다. 이슬람주의는 바로 이 모스크를 장악하면서, 그리고 그것의 사회적 기능에 기대면서 성장한 것이다.[27]

---

26 베르끄는 '내륙 이슬람(islam continental)'이라는 개념으로 식민지 시대 도시지역에서 서구에 동화되면서 무너지던 '[도시가 발달했던] 해변의 이슬람(islam côtier)'과 달리 동질화의 압력을 서구의 것과 대조적인 고유의 것으로 거부했던, 메시아주의적 민중종교운동을 표현했다(Berque, 1964).

27 고전 사회학의 대표적인 학자 중 하나인 막스 베버는 고대 유대교에 대한 연구에서 어떻게 정복에 따른 도시의 변화와 피지배민족의 상황 간의 결합이 메시아주의의 번창에 기여했는지를 잘 보여준다. 그는 메시아주의가 이상화된 과거로의 회귀도, 물질적 충족을 가능케 하는 근대문명에의 완전한 접근도 모두 불가능한 사회상황에서 나타난다고 보았다.(Max Weber, 1970) 비토리오 란테르나리도 사하라 이남 아프리카의 메시아운동 연구에서 식민지 문제가 극심한 시기에 탄생한 종교운동을 같은 방식으로 설명한다. 즉 메시아주의의 탄생을 발전된 미래를 약속한 서양 및 그들의 종교인 기독교에 대한 환상은 깨어졌는데, 피식민사회의 전통은 이렇게

세대적 측면에서 이슬람주의의 수용은 기득권을 가진 이전 세대에 대한, 사회진출에 어려움을 겪는 젊은 세대의 반발, 즉 세대간 투쟁을 의미했다. 이와 동시에 아랍어로 교육받은, 그래서 이슬람 경전에 접근할 능력을 가지게 된 젊은 세대와 문맹률이 높지만 삶 속에서 종교를 실천해온, 그래서 이슬람에 근거한 정치적 호소에 민감한 구세대 간의 만남의 성격을 띠고 있기도 했다.

2) 이슬람주의의 주체와 지지기반

이슬람주의의 지지기반이 나타내는 사회경제적 특성은 바로 이러한 아랍사회의 변동과 연관되어 있다. 이슬람주의는 이를 지지하는 사회집단들을 확인하기는 용이하나 이 운동을 특정계층이나 사회집단의 이해로부터 설명하기는 어렵다. 계속 늘어만 가는 사회에 대한 불만세력, 즉 소농, 소상인 등 전통적인 쁘띠부르주아지, 도시와 농촌에 광범위하게 존재하는 빈민계층, 그리고 여기에다가 빈곤화의 위협을 받고 있는 대다수 중산층이 이슬람주의의 현재 또는 잠재적인 지지계층을 형성하기 때문이다.[28] 이는 또한 국가의 직·간접적 호응 아래 이루어진 사회 전반의 재이슬람화를 통해 이슬람주의가 사회의 지배적 담론이 되면서 특정 계

창출된 이데올로기적 공백을 메울 힘이 식민지배세력에 의한 왜곡과 탄압으로 인해 소진되어 사회의 모순을 해결하는데 더 이상 유용하지 않게 된 상황의 산물로 해석한다. 더불어 그는 이렇게 대두된 당시 메시아 운동의 한계를 백인에 대한 환상은 깨어졌으나 백인지배의 비결, 즉 지배의 현세적 동인을 파악하지 못한데서 찾고 있다(Vittorio Lanternari, 1983).

28 아랍사회에 특유한 중산층의 빈곤화 현상은 석유를 중심으로 한 경제체제의 성립과 함께 기존의 다양했던 계층상승 통로가 석유관련 산업과 농산물, 직물, 제화 등 소수의 무역부문에 연계된 신중간계급을 제외하고는 석유를 관장하는 국가나 주요 정치세력인 군에 국한되어 있다는 점과 연관성이 있다.

층이나 사회집단의 이데올로기의 차원을 넘어섰기 때문이기도 하다.

이 운동의 주체세력 역시 지지대중의 성격을 규정하는 사회변동의 산물이다. 새로운 정치경제질서에서 배제된 대졸자나 지식인들이 이미 오래 전부터 사회운동의 쇠퇴와 대안의 부재로 방치된 대중과의 결합을 통해 저항운동의 주역으로 부상하였다.[29] 이 배제된 지식인층은 두 유형의 집단으로 구성되어 있다. 하층성직자들[30], 즉 종교의례를 관장하는 성직자집단의 하위층, 그리고 신세대 지식인들이 그들이다. 전자는 종교적 장이 체제에 편입됨에 따라 종교인들이 서구화된 비종교적 지식인들에 버금가는 지위를 누리게 된 소수의 율법학자(울라마), 그리고 높은 수준의 종교교육을 받지 못해 제도권 종교에서 배제된, 생계조차 어려운, 그래서 국외이주, 종교서적 판매원과 같은 생계 방안을 찾아야만 하는 하위성직자들로 분화되면서 양산되었다. 후자는 근대교육을 받았으나 일자리를 찾지 못한 지식인들로서 이중 많은 부분이 독학을 통해 스스로 성직자를 자처하거나 자생적으로 생겨난 빈민촌의 모스크를 이끌거나 하는 식으로 하위성직자가 되면서 전자와 합류하게 된 것이다(<자료 II-5> 참조). 한편 이 두 부류의 대다수는 독립 후 민족주의 정권들이 대중교육의 확대와 문화적 자주성을 표방하며 추진한 아랍어화 정책의 산물인 아랍어 세대이다. 그런데 결과적으로 이 정책은 대학과 사회의

---

29 알제리의 경우 지식 및 지식인의 비판적 기능의 약화는 1970년대 추진된 대학의 개혁에 크게 기인한다. 교육사회학자인 아이사 카드리에 따르면, 이 개혁은 학문분과간의 연관을 파괴한 학제변화, 시험 등 학업평가체계의 강화에 따른 지식의 파편화, 피상적인 백과사전식 지식 위주의 교육 등으로 인해 비판적 사고의 형성이 저해되어 대학, 교수, 지식이 정치도구화되고 대중 및 현실과 유리되는 결과를 가져왔다(Aïssa Kadri, 1991).

30 중 · 근동, 즉 마슈렉 지역에서는 이들을 주로 몰라(mollah), 마그레브에서는 이맘(imam)이라 부른다.

핵심부분에서는 영어나 불어를 구사할 줄 아는 세력의 힘이 그대로 유지된 채 아랍어로만 교육받은, 대다수가 민중계급 출신인 사람들이 배제되는 결과를 초래했다.

자료 II-5 이슬람세계 지식인의 유형

대표적인 이슬람세계 연구자 질 케펠(Gilles Kepel)은 이슬람세계 지식인들을 이슬람주의자 또는 신지식인, 서구화된 지식인, 전통적 종교인 등 세 가지 유형으로 구분한다. 이들은 서로 뚜렷이 구분되는 교육경력, 사회적 지위, 국가와의 관계를 보여준다. 여기에서 '신지식인' 개념은 근대교육을 받았으나 사회진출이 어려운, 그래서 사회에 실망하고 이슬람주의 운동에 가담한 이들을 가리킨다. 그는 이들이 종교인들에 의해 교육받지 않아 오히려 근대적, 전통적 지식을 자유로운 방식으로 수용하여 체계적이지는 못하나 혁신적인 사고가 가능하다며 이들의 근대적 측면을 강조한다. 그리고 배제된 성직자들이 이 신지식인들에 합류한다. 농촌가정 출신으로 지방의 교회에 소속되었던 이 성직자들이 이슬람주의의 부상과 함께 전통적인 종교제도에 등을 돌리고 정치적 성격의 종교운동에 참여하게 되었다는 것이다. 한편 공식적인 권위를 가진 전통종교인들은 1980년대 이집트의 경우에서처럼 점차 사회적 성격의 폭동을 계기로 촉발된 국가와 이슬람주의자들 사이에서 모순적인 위치에 놓이게 된다. 즉 이들 양자 간의 대결구도에서 중재역할을 맡음으로써 정치적 성격의 갈등을 종교담론 차원의 문제로 환원시켜 해소하는 역할을 맡게 된다(Kepel, 1993). 케펠의 유형화는 우선 아랍세계 지식인사회에 대한 대강의 구도를 파악하기에는 유용하다. 유의할 점은 첫째, 이것이 이념형적 구분이므로 이들간의 구분이 현실에서는 불분명하고 둘째, 각 나라마다 이 세 집단의 비중이 크게 다르므로 비슷한 비중의 세 집단이 어느 곳에나 존재한다고 가정해서는 안 된다는 점이다. 또한 이 구분은 종교를 중심으로 한 구분방식이다. 그러므로 예를 들어 정치적 성향에 따른 구분은 또 다른 유형화를 필요로 하는 것이다.

3) 심화되는 세속화 속의 이슬람주의 현상

우리는 또한 이슬람주의 현상이 중심부 국가들과의 경제적, 정치적, 군사적, 문화적 연관의 증대로 더욱 가속화되고 있는 세속화 경향 속에 존재하는 것이라는 점에 주목해야 한다. 사실 이 사회들은 근대화과정에 있는 다른 사회들과 마찬가지로 종교적 상징, 실천의 쇠퇴와 세속화를 경험하였던 것이다. 이로부터 우리는 이 두 현상 간에 어떤 상관관계가 있음을 가정할 수 있다. 혁명 이후 이란의 종교변화를 분석하면서 파리바 아델카는 코란이 대량소비사회의 발전 속에서 그 성스러운 측면이 약해져 일반 상품과 유사해지는 현상이나 종교의례가 형식화되고 신앙이 합리적 사고와 선택의 대상이 되는 경향 등을 지적한다(Fariba Adelkhah, 1998). 여기서 우리는 이슬람 역시 종교가 사회변화에 규정되는 현상에서 예외일 수 없다는 것을 알 수 있다. 장 노엘 페리에 역시 이집트의 사례를 들면서 종교 물품이 세속적인 상품과 같은 공간에서 마주하고 있으며 동일한 방식의 구매의 대상이 되는 현상에서 종교적 상징과 특정 종교에의 소속감이 신앙과의 절대적인 관계에서 분리된 '최소의 이슬람'을 본다. 그리고 그는 최근의 재이슬람화 현상을 종교가 사실상 더 이상 사회를 지배하지 못하는 상황에서 외형적으로나마 이 지배를 유지하려는 처절한 시도로 해석한다. 결국 이러한 종교의 외형적 부활과 실질적 쇠퇴의 공존은 은폐된 방식으로 진행되는 '종교로부터의 이탈'이라는 것이다(Jean-Noël Ferrié, 1996).

장 루이 슐레겔은 이러한 이슬람의 달라진 모습을 사회변동의 일부로서의 '개념과 인식의 속세적 변형'으로 표현하였다(Jean-Louis Schlegel, 2001). 세속화의 주된 양상인 '성(the sacred)'과 '속(the profane)' 두 세계 사이에서의 동요와 타협은 이슬람주의의 주체세력인 청년들의 의식의 특징이기도하다. 즉 이들의 적극적인 참여는 종교이념이 주는 감화보다는 도시화 과정을 통해 파괴된 사회적 유대를 재건할 필요성으로 더 잘 설명될 수 있다. 이들은 세계의 다른 지역에서처럼 자국 축구팀의 광적인 팬이자 동시에 이슬람주의의 지지자인 것이다. 또한 이슬람은 이들의 의식 속에서 민주주의, 사회주의와 같은 세속적 사상과 대립되는 것이 아니다.

3. 이슬람주의 부상의 정치적 배경

1) 아랍정권들의 정당성 위기

민족과 민족주의에 관한 연구들은 우리에게 근대 국민국가가 영토의 획정으로 완성되는 것이 아님을 보여준다. 근대의 산물인 국민국가에의 소속감은 점진적으로만, 즉 공통의 기억과 유산에 대한 지속적인 창조와 주입을 통해서 얻어지는 것이다. 또한 이 과정은 외부와의 관계에서의 자율성과 자국민에게 최소한의 생존 조건을 보장할 정치권력의 역량을 필요로 한다. 그런데 서구사회의 경우에는 세계경제에서의 지배적 위치 및 어느 정도 그로 인해 가능했던 복지국가의 발전으로 인해, 국민국가가 극히 인위적인 산물이었음에도 불구하고 안정적으로 유지되어 왔다. 반면에 이러한 물적 조건을 갖추지 못한 비서구사회에서 국민국가라는 근대적인 정치적 틀의 유지는 보다 강한 이데올로기적 처방을 필요로 했다.

독립 직후 아랍사회들의 통합기제는 무엇보다도 독립운동의 경험이었다. 정치권력을 장악한 이들은 그들의 정치적 입지를 강화하는 차원에서 독립운동에 관한 '전통'을 '발명'했던 것이다.[31] 그러나 오스만 제국 아래에서 하나였고 종족적으로도 하나인 아랍인들에게 22개의 국가로 나뉘어진 채로 얻어진 개별 국가 차원의 독립이 주는 정당성은 한계를 지닌 것이었다. 이러한 문제의식은 시리아, 이라크, 특히 당시까지 아랍의 정치적, 문화적 중심이었고 수에즈 전쟁(1956년)을 통해 아랍의 자존심을 세운 이집트를 중심으로 한 아랍민족주의로 표출된다. 그런데 이 이데올로기가 구현하고 있는 아랍통합의 이상을 실현하기 위해 넘어야 할 장벽은 무엇보다도 아랍세계의 중심부에 자리잡은 팽창주의적인 이스라엘의 존재였고, 이러한 맥락에서 대 이스라엘 투쟁에의 직·간접적 참여는 독립운동의 전통과 함께 1950~1960년대 아랍정권들이 정당성을 확보하는 주요한 두 원천이었다. 전자의 비중은 특히 이스라엘과 아랍의 분쟁에 직접적으로 연루된 지역들에서 강하게 나타났다. 물론 이 두 가지 사회통합 기제는 발전주의, 사회주의, 그리고 기초생활 보장과 같은 다른 정당성 기제들과 결합된다.

그러나 반제국주의 전통에 토대를 두었던 정치적 동원은 시간이 흐름에 따라 점차 그 효력이 떨어지고, 6일 전쟁에서의 아랍동맹군의 처참한 패배는 그간 국민들을 묶어두었던 아랍통합의 이상이 꿈에 불과한 것임을 처절하게 인식시켰다. 레바논 출신의 대표적인 영국의 아랍 전문가인 앨버트 후라니(Albert Hourani)는 이 패배의 의미를 다음과 같이 묘사했다. "많은 사람들에게 1967년의 패배는 단순한 군사적 충격이 아니라

---

31 알제리 독립전쟁(1954~1962년)의 주역의 한 사람으로 독립정권 창출과정에서 소수파가 된 후 프랑스로 망명했던 정치학자 모하메드 하르비는 그의 주저에서 정통성 논쟁과 독립운동 전통의 형성이 '민족해방전선(FLN)' 중심으로 전개된 신생국가 알제리 형성과정의 중요한 한 부분이었음을 잘 보여주었다. 이 과정은 무엇보다도 1920년대 말 프랑스에서 태동한 알제리 민족주의의 주역이었던 메살리 하지(Messali Hadj)와 메살리주의(messalisme)가 공식 역사에서 배제되는 과정이었다.(Mohammed Harbi, 1992) 1955년 프랑스로부터 독립한 모로코의 국가건설 과정 역시 독립운동의 역사적 권위를 둘러싼 왕실과 민족주의 정당(Istiqlal)의 정통성 경쟁이 중요한 부분을 이루었다.

일종의 도덕적 심판이었다. 이로부터 '정체성 문제'가 제기되었다 (Hourani, 1993: p. 577)." 이렇게 아랍민족주의라는 그간의 정당성 기제가 예전처럼 작동하기 어려워진 상황에서 아랍정권들은 국민의 이반을 걱정하게 되었다. 이 새로운 시대는 나세르의 사망으로 상징되는 아랍진영의 정치적 쇠퇴와 석유경제화에 따른 아랍경제의 외연적 성장으로 확연히 그 모습을 드러내게 된다.

아랍국가들의 정치적, 이데올로기적 위기는 역설적으로 1973년 제1차 석유파동으로 심화되었다. 이는 독립 이후 완만한 성장을 가능케 했던, 상대적으로 자립적이었던 경제에서 석유를 매개로 한 세계자본주의 경제체제에의 편입으로의 전환이 제조업과 금융의 대외종속의 심화, 부의 편중과 제조업, 농업의 쇠퇴에 따른 사회의 이원화, 그리고 지역 차원에서는 석유부국과 비산유 빈국으로의 아랍세계의 이원화를 가져온 데 따른 것이다. 석유가 신의 은총만은 아니었다. 1970년대 초까지 아랍세계는 식량자급에 문제가 없었으며 국민총생산 대비 외채비율이 매우 낮았고 세계의 다른 지역에 비해 상대적으로 높은 경제성장률을 기록했었다 (Khader, 1992: p. 57). 이는 국내총생산의 연평균성장률에 관한 세계은행의 자료에서 확인할 수 있다. 즉 1965~1980년의 기간 중에 아랍세계의 성장률은 4.0%로 동구(4.4%)와 동아시아(5.1%) 다음으로 높았던데 비해 1980~1993년 사이에는 -2.4%로 사하라이남 아프리카(-0.8%)보다도 낮은 세계 최저의 성장률을 기록했다(Adda, 1997: p. 46). <표 II-2>는 1978년 아프간내전, 1979년 이란혁명을 계기로 정치적 이슬람이 부상하고 1980년대 중반 유가하락을 경험한 1980년대 아랍세계의 연평균 경제성장률 추이를 나타내고 있다. 이 도표는 동시대 눈부신 성장을 이룬 한국 등 동아시아와 대조적인 낮은 경제성장률과 함께 심한 연도별 편차, 즉 경제적 불안정성을 보여준다.

<표 II-2> 1980년대 아랍세계의 연평균 경제성장률 추이 (년, %)

1980	1981	1982	1983	1984	1985	1986	1987	1988	1989
8.9	4.3	-4.3	-2.6	1.5	-0.3	0.3	-0.5	4.5	2.1

(출처: World Bank(http://data.worldbank.org/country/ARB?display=default https3A2F2Fwww.cia.gov2Flibrary2Fpublications2Fthe-world-factbook2Ffields2F2102.html)

그런데 석유경제화와 연관성이 있는 아랍세계의 분화 및 양극화는 아랍세계 전체의 이해보다 개별 국가의 이해를 중시하는 경향을 강화시키게 된다. 이스라엘과 미국의 팽창정책에 대한 대응이나 시장개방을 중심으로 하는 지역경제질서의 재편과정에서 아랍 차원의 협상력은 아랍민족주의 시대에 비해 크게 약화된다. 석유에 크게 규정된[32] 아랍세계의 변동은 1980년대 중반 유가하락을 겪으며 그간 고유가 덕택에 조절할 수 있었던 사회갈등이 심화되는 양상으로 이어진다. "1980년대 이후 2칼로리 중 1칼로리가 수입되었다"는 하데르(Khader, 1992)의 표현처럼 이 시기는 식량종속의 심화, 산업화전략의 위기, 부채의 급증, 그리고 그 결과 다양한 형태의 사회문제가 대두되는 시기였다. 이때부터 시민사회는 국가에 등을 돌리고 국민들은 국민으로서의 정체성보다는 친족, 부족, 지역의 종교공동체와 같은 작은 단위에의 소속감에, 또는 추상적인 '이슬람공동체(Umma)'라는 초국가적 정체성에 점점 더 큰 중요성을 부여하게 된다. 독립 이후 국민국가의 틀 안에서 문화적 차원의 현상에 국한되었던 종족간, 종파간 차이가 정치적 함의를 가지게 되고, 지역 간 문화적 차이나 경제적 격차가 정치적 갈등으로 전화된 것은 바로 이러한

---

32 석유의 영향은 단지 산유국에 국한된 것이 아니었다. 왜냐하면 비산유국들도 이스라엘과의 분쟁에 연루되어 있는, 주로 비산유국인 근동지역의 국가들에 대한 산유국들의 재정지원, 산유국으로의 이민이 가져다주는 송금수입 등을 통해 석유에 의존하는 경제구조, 그리고 이에 크게 규정되는 정치체제를 가지게 되었기 때문이다.

맥락에서이다. 쿠르드문제(<자료 II-6> 참조)와 레바논문제(<자료 II-7> 참조>)에서 극단적으로 드러나는 종족성의 부활과 정치화, 모로코의 '지방화' 정책[33]이 함축하고 있는 '지역적 정체성의 정치화'는 무엇보다도 이러한 맥락에서 설명되어야 한다. 아랍세계의 경험에서 볼 때 최근 부상한 전 지구적 차원의 정체성 운동은 국민국가 통합의 위기의 표현에 다름 아니다. 즉 문화적 차원에 국한된 문제가 아니라 보다 총체적인 사회적 위기의 표현인 것이다.

▌자료 II-6▐ 쿠르드문제

제2차 이라크전쟁으로 다시 부각된 쿠르드 문제는 팔레스타인 문제와 더불어 오스만 제국 붕괴 이후 중동지역의 민족국가 체제 형성의 대표적인 부산물이다. 팔레스타인 문제의 경우 제1차 세계대전 이후 지금까지 강대국들, 심지어 아랍국가들까지도 문제의 근본적 해결을 원치 않는 것과 같이 쿠르드족의 종족적 정체성과 이들의 자치요구는 강대국들에 의해 정치적으로 이용되었고 매번 마지막 순간에 버림당하였다. 자율적인 쿠르드 국가 건설을 원치 않는 쿠르드족 거주 국가들도 쿠르드 문제를 국내의 정치적 위기를 모면하는 수단 또는 인접국과의 관계에서 활용하는 외교적인 무기로 삼아왔다.

---

33 1990년대 초부터 지역통합(intégration régionale)이라는 이름으로 추진된 모로코의 지방화(régionalisation) 정책은 당시 신자유주의 정책을 추진하던 정부가 사회에 대한 지배력을 강화하려는 목적으로 농촌사회에서의 전통적 권위의 부활, 정부 주도로 이루어진 지역 시민단체 육성 등을 통한 토호세력의 강화를 추진한 것이었다(Ghazali, 1991). 전통 좌파가 몰락하는 가운데 이루어진 이 전략은 사회의 신자유주의적 변화와 (당시 국왕 하산 2세에서 현 국왕 모하메드 6세로의) 왕위계승을 원만히 수행하는데 필요한 새로운 지배엘리트를 형성하고 이 과정에 걸림돌이 될 수 있는 중앙의 전국 차원 정당 및 사회운동을 약화시키려는 것이었다(Ben Ali, 1991: p. 52).

‖ 자료 II-7 ‖ 레바논문제

> 1950년대부터 팔레스타인 난민촌이 있던 레바논에서의 팔레스타인 해방운동은 팔레스타인 문제에 대한 국제적인 관심을 일으켰으나 불행히도 팔레스타인의 독립이 아닌 레바논의 종족 간 분열로 귀결되고 만다. 팔레스타인해방기구(PLO)의 레바논 남부거점을 공략하기 위한 이스라엘의 레바논 침공(1982년)은 중동에서 드물게 종교적 다원주의 전통을 보존하고 있던 레바논에 종족 간 분쟁의 씨앗을 심게 된다. 이스라엘은 팔레스타인 무장세력에 대한 보복을 명분으로 레바논에 내전을 야기하며 기독교 집단인 마론파의 이해를 대변하는 기독교운동단체 팔랑헤주의자들(Phalangists)을 키워내는 등의 방법으로 레바논 문제를 종족 간 갈등의 문제로 왜곡시키게 된다.

위의 논의를 요약해 보면 다음과 같다. 독립 직후 아랍정권들의 정당성의 원천은 독립운동의 전통과 대 이스라엘 투쟁이었고 아랍민족주의가 그 이데올로기적 표현이었다. 그러나 중동에서의 이스라엘 헤게모니의 정착은 아랍인들 간의 연대와 그 기반으로서의 자주적인 외교의 가능성을 봉쇄하였다. 또한 같은 시기 석유를 매개로 한 세계경제에의 통합은 아랍세계의 분열과 정치적, 문화적 종속을 심화시켰다. 그 결과는 국민국가의 약화로 나타났고 이러한 맥락에서 국민적 정체성을 상대화시키는 종족적, 종교적 정체성이 부상하였다.

2) 발전의 실패

아랍국가들은 경제위기 이전까지 서로 다른 방식의 경제발전을 시도해왔다. 자주적인 사회주의를 시도하던 벤 살라(Ben Salah) 수상 시절의 튀니지(1961~1969년), 나세르 시절의 이집트(1956~1970년), 프랑스로부터 독립(1962년) 직후 우아리 부메디엔느(Houari Boumediène)가 근대화를 추진하던 시절의 알제리(1965~1978년), 아랍민족주의의 맹주로 위신을 떨치던 시절의 이라크와 시리아는 관료제적 사회주의를 채택하였다. 반면에 튀니지, 모로코, 요르단, 그리고 페르시아만 연안의 군주제 국가들은 권위주의적 방식의 자유주의 경제체제를 채택했다.

그렇지만 이들 모두 산업간 연계에 기반을 둔, 통합성을 갖춘 경제, 그리고 자생력 있는 민족경제 건설에 실패하고 1980년대가 되면 공히 경제위기에 직면하게 된다. 이 위기는 한편으로는 경상수지 적자와 이를 해결하는 과정에서 나타난 외채의 증대, 다른 한편으로는 인구증가에 따른 경제성장의 필요성 증대와 국가부문 비대화에 따른 재정적자에 기인한 것이었다. 그리고 이 위기는 1980년대 초·중반 두 차례에 걸친 유가급락으로 명백해졌다. 독립 이후 줄곧 자유주의적 경제노선을 견지해 온 모로코의 예를 보면, 이 북아프리카의 군주제 국가는 1955년 프랑스로부터 독립한 지 얼마 되지 않아 금융위기를 겪게 되고(1964년) 이미 이때부터 국제통화기금(IMF)의 개입을 겪기 시작했다. 즉 수출을 겨냥한 농업과 관광산업 위주의 외향적인 발전전략, 다시 말해 국내시장보다는 수출을 염두에 둔, 유럽제조업의 조립기지화를 지향한 정책이 지속되었다(Abouhani. 1996). 그러다가 1980년대부터 경제위기가 구조적인 양상을 띠게 된다. 이때에 이르게 되면 소수의 '쓸모있는' 대도시도 노동력을 수용할 수 없는 지경에 이르러 실업의 위기에 처한 많은 사람들이 인근 도시나 외국으로 이민을 가는 것 이외에 대안을 찾기가 어려워지게 된다.

위기는 시기의 차이는 있지만 아랍세계 전반에 걸친 것으로 석유 부국인 걸프만 연안 5국과 사우디아라비아, 그리고 아랍의 일원은 아니지만 이스라엘도 예외가 아니었다. 사우디의 경제는 국민소득이 1980년 16,700달러에서 2002년에는 8612달러[34]로 추락한데서 볼 수 있듯이 장기적인 침체상태에 빠지게 된다. 이것은 석유대금에 의존한 '지대경제(rent economy)'를 탈피하고 장기적인 경제적 토대를 닦으려던 그간의 시도들이 성과를 거두지 못했음을 의미한다. 그리고 사우디는 주변 아랍국가들과 마찬가지로 중산층의 빈곤화 현상과 자국민의 약 15%가 실업자가 되는 심각한 실업문제를 겪게 된다(Gresh, 2002: 206). 사우디아라비아의 연평균 GDP 성장률 추이를 보면, 1980년대는 1982년(- 11.1%), 1983년(-8.2%), 1984년(-3.1%), 1985년(-4.3%)와 같은 계속되는 마이너스 성장을 기록하였고 1990년대에도 1993년부터 2002년까지 성장이 멈추는 양상을 띠었다. 1980~1989년에는 평균 -0.6%, 1990년~1999년에는 평균 3.1%의 성장률을 기록하였다. 그러다가 2000~2009년의 기간 동안에는 5.2%의 고성장으로 전환된다.[35]

3) 신자유주의 경제개혁

결국 터키, 튀니지, 이집트, 모로코, 알제리 등 대다수 국가들이 외채문제를 계기로 국제금융기구가 강요하는 개혁프로그램을 채택하게 된다. 모로코는 1983년 '안정화와 조정' 프로그램, 1993년 '구조조정' 프로그램 2단계, 1980년대 초부터 재정적자 축소를 위한 프로그램을 실시하여 온 튀니지는 1986년 일부 무역부문에 지원을 집중하는 식의 '구조화' 프로그램, 알제리는 1988년에 이르러 '시장경제로의 이행\' 프로그램을 채택하게 된다. 개혁은 여타 지역에서처럼 크게 거시적 지표의 안정화, 그리고 공기업의 민영화를 핵심으로 하는 구조조정이라는 획일적 처방이었다. 그 내용을 보면 전자는 대내외 적자문제를 해결하기 위한 수요억제 정책, 즉 환율 및 신용정책, 공공지출의 축소, 재정수입 확대였다.

---

34 http://hdr.undp.org/statistics/data/cty/cty_f_SAU.html

35 World Bank(http://data.worldbank.org/indicator/NY.GDP.MKTP.KD.ZG?page =6)

그리고 후자는 '공급'의 문제를 치유하는 것으로 시장개방과 규제완화, 수출장려정책을 통해 무역수지를 개선하고 성장률을 제고하는 것이었다. 그리고 IMF와 세계은행이 개혁의 전 과정을 지도하게 된다(Khader, 1995).

한편 다른 지역과 마찬가지로 아랍지역 역시 경제개혁의 핵심은 선진국이 주도하는 지역경제권에의 통합이었다. 꼬름(Corm, 2003: 893)에 따르면 이 전망은 크게 두 축으로 구성되어 있다. 첫째, 중동의 경우, 미국과 이스라엘 주도로 이루어지는 경제질서 재편, 둘째, 바르셀로나 회의(1995년)를 중심으로 하는 유럽연합과의 지중해 차원의 경제협력과 안보협력 관계가 그것이다. 후자는 개별 국가 간 쌍무관계의 신선을 농반한 양상을 띠었다. 점차 정치적 이유로 이러한 변화에서 벗어나 있던 레바논, 시리아마저도 이웃 나라들과 유사한 과정을 밟게 된다. 1990년대 중반부터 본격화된 전후 레바논의 재건과정은 디아스포라의 자본과 국제자본의 유입을 통해(Corm, 1998) 이제 이 '지중해의 진주'에 동서교류의 거점이라는 전통적인 지위를 되돌려주는 것 같이 보였다. 시리아는 2000년 하페즈 알 아사드(Hafez al-Assad)가 죽고 즉위한 젊은 새 대통령 바샤르(Bachar al-Assad)의 강한 경제개방 의지로 인해 석유수출 등 핵심 교역상대국인 유럽연합과의 협력을 중심으로 변화를 꾀하였다(Levallois, 2001).

그런데 대개 1980년대 초반에 이루어진 이 개혁은 당시 서로 다른 조건에 있던 전 세계 80여 국가들에 동시에 적용된 획일적 처방에 따른 것이었으며 결국 아랍국가들의 현실에 유리된 이 경제개혁은 한계를 드러내게 된다. 무엇보다도 중요한 것은 위기에 봉착한 원료공급지로서의 경제모델 수정이 제조업 발전을 가져오지 않았다는 점이다. 오히려 정반대로 유럽시장의 전면개방이 이루어지게 되면서 의류, 직물 등 기존의 제조업 부문조차 구 식민본국과의 역사적 관계에서 연유한 기존의 최혜국대우가 사라짐에 따라 급격히 쇠퇴하게 된다. 예를 들어 튀니지의 경우 1996년 유럽연합과의 자유무역협정의 발효로 제조업의 절반을 차지하던 직물분야가 붕괴했다. 또한 구조조정과 국가의 사회적 역할의 축소는 이제까지의 정권의 정당성 기반을 흔들어 잠재적 또는 실제적인 정치권력의 위기를 낳았다. 또한 세계화의 주요 동력 중의 하나인 공장이전, 자본직접투자가 이 지역을 철저히 배제시키며 이루어졌으며 오히려 자국자본의 해외이전이 증가하는 양상을 띠게 된다. 그리고 국가부문에 국한된 외부로부터의 개혁요구는, 한편으로 세계경제에 연관된 사적 부문의 폐해를 묵인하고 이들의 매판자본화를 강화시켰다.

4) 새로운 사회통합 기제

이상에서 살펴 본 아랍사회의 변동은 각 정권으로 하여금 사회와 새로운 관계를 창출해야만 하게 했다. 반제투쟁과 발전이데올로기에 의존했던 기존의 정당성기제를 수정할 필요성은 식민지 경험이 없는, 그래서 이데올로기보다는 경제를 우선시하는 새로운 세대의 출현으로 더욱 증대되었다. 국가마다 종교 담론이 사회 각 영역에 확산되게 되는 과정과 방식, 그리고 정치변동의 양상은 달랐지만 1980년대 이래 아랍세계의 정치, 사회 변동을 주도한 것은 위에서 살펴본 재이슬람화와 동시에 시도된 정치개방이었다. 1980~1990년대 아랍세계 전반에 걸쳐 나타난 정치개방은 신자유주의적 처방이 전 세계적으로 한계에 부딪히고 나서 이에 대한 원인으로 간주된 정치적 한계를 극복한다는 명분으로 제시된 처방이었다. 시장개방의 필수적 조건으로 요구된 정치개방의 물결이라는 전 지구적 맥락에서 이루어진 것이다. 한편 아랍정권들의 입장에서도 '통제된 민주화'는 경제자유화 노선을 수행하는데 유용한 것으로 받아들여졌다. 정치적 민주화와 시민사회의 부상을 가져온 위로부터의 정치 개혁은 경제악화에 의해 심화된 정당성 위기에 직면한 정권에게 한편으로는, 민주적 절차를 통해 국민을 동원함으로써 민중의 정치적 부상을 막고, 다른 한편으로는 사회의 지배세력 내부에서의 권력의 유연한 순환을 통한 정치권력의 변신을 순조롭게 함으로써 급진적인 정치세력의 부상을 막고 장기적인 정치안정을 보장해주는 기능을 수행했다. 예를 들어 다당제는 정권이 신자유주의 개혁을 수행하는 데 필수적인 다양한 중간계급의 통합에 유효한 장치였다. 또한 페리에(Ferrié, 2002)가 잘 지적하듯이 정치개방은 외자유치에 유리한 조건을 형성했다.

재이슬람화와 정치개방은 전통적인 권위주의적이고 억압적인 지배방식의 온존과 전통세력의 부활이라는 현상을 동반한 것이었다. 다양한 정당성 기제들은 각 사회에 고유한 조합을 보이는데 예를 들어 이슬람과 전통은 동질적인 점을 지니고 결합되어 있기도 하지만 이질적이고 경쟁관계에 있기도 하다. 그리고 모로코의 경우를 보면 군, 경찰을 위시한 강제적인 기구의 역할도 여전히 중요하며 여기에 왕실을 정점으로 해서 일반 국민에게까지 이어져 있는 '가신주의(clientelism)' 정치문화도 정권의 안정에 기여하는 중요한 요소이다. 현 아랍 정치를 규정하는 개념 중 하나인 '신가산제(Neo-Patrimonialism)'[36] 역시 개인적 연줄에 기반을 둔 전통적 지배가 최근 전통사회와는 다른 맥락에서, 그리고 다른 방식으로 부활하는 현상을 지칭하기 위해 부상한 개념이다. 이 지배방식은 권력에 연계된 엘리트의 보호 및 세력유지를 위해 가족의 속성과 가부장제를 국가의 조직 및 운영에 적용한 것이다. 사프(Saaf, 1991)에 따르면

---

36 베버에 따르면 가산제(patrimonialism)는 통치자를 보좌해주는 사람들이 직접적이고 개인적으로 통치자와 연계를 맺고 있는 통치형태이다.(Weber, 1971)

아랍사회의 경우 가산제(patrimonialism)가 부활하는 것은 정치권력의 정당화가 무엇보다도 사회의 변화에도 변치 않고 지속되는 정통 및 계보에 근거를 두는 종교적 방식으로 이루어지기 때문이다. 이외에도 사하라 분쟁이나 이스라엘의 팔레스타인 침공에서와 같이 전쟁이 사회통합 기제로 동원되었다. 이상과 같은 다양한 지배 및 사회통합의 기제 중에서 재이슬람화와 정치개방은 보다 베버적 의미의 '정당한' 지배(Weber, 1971: pp. 285~289)에 부합하는 자원으로 볼 수 있다.

5) 국가와 이슬람주의자들의 공생관계

이란혁명이 보여준 정치혁명에 의한 이슬람국가 건설의 가능성을 믿고 급진화했던 이슬람 세력들은 1990년대 이후 전반적인 세력약화와 온건화 경향을 보이고 있다. 그런데 이러한 변화는 정치개혁 과정에서 국가가 이슬람주의 세력들이 바라는 정치참여를 이들 단체들을 합법화하고 온건한 이슬람주의 분파를 포섭하는 방식으로 실현시켜준 데 크게 기인한다. 그래서 실제로 "1970년대 중반 이래 정치적 자유화가 추진되었던 모든 아랍국가들에서 이슬람주의자들이 가장 힘있는 야당세력으로 부상했다(Krämer, 1994: p. 291)". 심지어 양자 간의 극한 대립의 상황에서도 국가는 새로운 정치질서 형성에 이슬람주의의 온건한 분파는 끌어들였다.

(1) 국가의 사회적 후퇴와 이슬람 사회단체의 부상

양자의 공생관계는 우선 이슬람주의자들이 주안점을 두는 활동영역, 즉 교육 및 문화, 빈민구제, 재난구호 등의 영역이 경제위기와 신자유주의적 변화 속에서 국가가 대처하지 못하거나 손을 뗀 영역들이라는 점에서 찾아볼 수 있다. 이란혁명 당시에 태동한 '이슬람 NGO(islamic

NGO)'는 이슬람 운동이 강력했던 곳, 특히 테헤란, 베이루트, 알제, 카이로, 가자 등 대도시에서 구호 및 사회복지 활동을 펴왔다. 간두(Ghandour. 2002: p. 20)에 따르면 이것은 대도시의 노동빈민들이 복지정책의 축소나 신자유주의적 변화의 폐해를 보다 직접적이고 극적으로 겪었으며, 이제 삶의 질의 급속한 저하를 겪은 이들이 과거와 같이 종교재단, 지역의 복지단체와 같은 전통적인 의지처나 적신월사(Red Crescent, 적십자사에 해당하는 이슬람사회의 구호단체), 복지관련 공공기관 및 시설들에 의존하기 어려워졌기 때문이다. 즉 국가의 공백을 채운 것이 바로 이슬람주의이고 이슬람 사회단체들인 것이다.(<자료 II-8> 참조)

▌자료 II-8▐ 이슬람 NGO

이슬람 NGO는 이란혁명 당시에 태동하였다. 물론 그 이전에도 1940년대 이집트에서의 무슬림형제단이나 파키스탄의 이슬람 정당 자마아테 이슬라미의 사례와 같이 이슬람 운동은 빈민을 대상으로 한 교육, 의료, 법률 등 각종 활동을 계기로 성장한 사례가 많다. 그러나 이슬람을 공통분모로 하는 연대의식과 구호활동이 이슬람세계 전체로 확산된 것은 이란혁명을 계기로 해서 그리고 그 이후 아프가니스탄전쟁, 레바논전쟁, 1차 인티파다를 거치면서였다. 특히 국가의 경계를 넘어서 이슬람세계 곳곳에서 활동하는 초국적 이슬람 엔지오가 대두한 것은 전 세계 무슬림들이 소련과 대결하던 아프간 반군에 심정적 또는 인적, 물적 지지를 보내던 1980년대 초 아프가니스탄에서였다. 그 이후 수단, 소말리아, 팔레스타인, 보스니아, 이라크, 체첸, 카슈미르, 코소보 등 주요 분쟁지역에서 이 분쟁의 한 편을 이루는 무슬림들을 대상으로 구호활동을 펴게 된다(Ghandour, 2002: pp. 63~67).

한편 국가는 이들에 대해 양면적인 태도를 취한다. 자국 내에서는 이들의 정치적 영향력 때문에 통제하는 경향이 있는 반면에 이들이 외부에서 활동할 경우에는 대외정책에 있어서의 외교적 무기로 간주하여 적극 지원한다. 예를 들어 500명 이상의 희생자를 낸 1992년 카이로 지진 당시 이집트에서는 무슬림형제단의 대규모 구호활동에 위협을 느낀 정부가 향후 모든 비정부단체의 구호활동 참여를 금지했었다. 알제리에서도 대표적인 이슬람 세력인 이슬람구국전선(FIS)은 1988년부터 그들이 장악한 모스크를 중심으로 청소년, 위생, 의료 등 국가가 방기한 영역에서 각종 활동을 전개했고 20여명의 희생자를 낸 1989년 10월 티파자(Tipaza) 지진 당시 국가보다 더 효과적으로 대처했다. 이후 국가는 이집트의 경우처럼 1994년 8월 마스카라(Mascara) 지진에서는 공식기관인 적신월사 이외의 단체가 벌이는 활동을 금지하는 식으로 대응했다(Ghandour. 2002: pp. 69~71). 이슬람주의 운동이 사회활동을 토대로 정치적 정당성을 획득한다는 점은 일반적으로 시민단체와는 거리가 먼 것으로 느껴지는 무장 저항세력의 경우에도 적용될 수 있다. 무슬림형제단이나 이슬람구국전선처럼 팔레스타인의 하마스(Hamas)도 빈민과 분쟁의 희생자 및 정치범의 가족을 대상으로 한 사회활동을 통해 정치적 입지를 구축했다. 우리에게 테러집단으로만 인식되는 하마스 1년 예산의 95% 정도는 사회복지에 쓰인다(위의 책: p. 72) 레바논의 헤즈볼라 역시 분쟁지역인 남부 레바논에서 일반적으로 국가가 수행하는 모든 역할을 담당해 왔다.

(2) 보편주의적 담론의 민족주의적 성격

국가와 이슬람주의 세력 간의 공생관계는 민족문제에서도 드러난다. 표면상으로 이슬람주의는 민족공동체보다 초국적인 이슬람공동체를 우선시한다. 그러나 그들의 담론을 분석해 보면 민족국가의 틀과 개별국가의 현실에 입각해 논의를 펴는 경향이 강하다(Burgat, 1995). 정치현실에서 이러한 태도는 팔레스타인의 이슬람 지하드나 하마스가 이슬람이나 아랍민족 전체의 대의보다는 그들 민족의 이해에 충실하다거나 이・팔 분쟁, 걸프전과 같이 지역적인 문제에서 아랍국가들이 서로 다른 입장을 취할 때 이슬람주의자들이 자국정부의 태도에 따르거나 자국의 특수한 이해를 우선시하는 식으로 나타났다. 이러한 경향은 특히 1990년대 들어 요르단, 레바논, 예멘, 쿠웨이트에서처럼 이슬람을 표방하는 정당들이 제도권 정치세계에 편입되면서 더욱 강화되었다. 물론 그 이전에도 이라크・레바논・아프가니스탄・시리아 등지에 소수파로 존재하는 시아파에 영향을 미친 이란, 그리고 아랍 전역에 큰 영향력을 가진 이집트의 무슬림형제단을 예외로 한다면 이슬람주의 세력은 일국 틀을 넘어서지 못했었다.

이러한 측면은 알제리의 이슬람구국전선(FIS)와 이웃나라 튀니지의 엔나흐다(En Nahda, 이슬람부흥당) 간의 소원한 관계, 이집트와 갈등관계에 있는 수단의 이슬람주의에 민족주의적 측면이 강한 점, 이와 마찬가지로 팔레스타인의 하마스와 아프간내전 당시의 이슬람반군, 그리고 아랍 각국에 존재하는 무슬림형제단 조직들의 경우 국적성이 강해 이란-이라크 전쟁 때 그들이 속한 나라의 이해가 얽혀 서로 대립한 사실 등에서도 확인할 수 있다. 이는 아랍민족주의가 주도하던 1950~1960년대에 종교세력들이 국가틀을 넘어선 보편주의적 성격을 지녔던 것과 비교해 큰 차이를 보여준다. 이렇게 현 민족국가 틀을 승인하는 것은 이스라엘의 존재에 대한 사실상의 승인, 그리고 대이스라엘 공동투쟁에서 그 정당성의 주요 부분을 끌어냈던 아랍차원 연대의 약화라는 현실의 산물로 볼 수 있다. 한편 이슬람주의 세력이 이렇게 개별 아랍국가들의 현실에 근거를 두려는 것은 이 전략만이 현실적으로 대중동원을 가능하게 하기 때문이기도 하다.

(3) 이데올로기적 동질성

사회복지 분야나 민족문제에서 확인할 수 있었던 국가와 이슬람주의자들 간의 친화성은 이데올로기적 동질성으로 설명될 수도 있다. 무엇보다도 이슬람주의가 사회를 유기적인 통합성을 지닌 것으로 인식한다는 점이 둘 간의 친화성의 논리적 토대로 작용한다. 이러한 사회관은 사회의 분화와 갈등을 인정하지 않는 또는 중시하지 않는다는 것을 의미한다. 내부갈등의 존재를 인정할 때조차도 그것은 외부, 특히 서구 기독교 세계에서 오는 것으로 해석한다. 이러한 맥락에서 모로코 출신의 대표적인 프랑스 정치학자 레미 르보는 이슬람주의가 사회세력간 계급적 대립보다는 종교적 동질성을 강조함으로써 정당성위기에 빠진 정치권력을 대신해 또는 이들과 함께 사회통합의 기능을 수행하여 결과적으로 체제를 안정시키는 역할을 하였다고 해석한다.(Rémy Leveau, 1993: p. 197)

한편 이러한 현 정치적 이슬람의 특징은 1980년대에 나타난 이븐 할둔(Ibn Khaldoun, 1332~1406년)에 대한 관심과 이 중세의 학자를 매개로 한 민족적 연대의 강조에서 볼 수 있듯이 사회통합을 중시하는 사회전반의 분위기를 반영하는 것으로 볼 수 있다. 14세기 당시 이슬람 역사학(*tarikh*)의 형식주의적이고 교조적인 측면을 비판하며 갱신을 시도했던 이븐 할둔(Ibn Khaldoun, 1997)은 특히 아랍 부족들의 성쇠를 스텝 부족인 베두인족과 연관된 개념인 아사비야(assabiyya) 즉 집단의 연대, 특히 혈연관계에 기초한 연대의 응집과 약화를 통해 해석하는 역사관을 제시했는데, 이 학자를 아랍 최고의 학자, 아랍 최초의 '사회학자'로 숭앙하는 데에는 '사회의 유기적 측면에 대한 강조'라는 시대 분위기가 깔려있었다. 이슬람 담론이 지니는 이상과 같은 측면을 근거로 일부 학자들은 이슬람주의 현상을 아직 경제적, 정치적으로 정착되지 않은 국민국가 형성과정의 구성요소로, 아직 진행 중에 있고 세계화로 인해 위협받고 있는 국민국가의 건설과정의 한 부분으로 규정한다. 달리 말해 기존의 아랍민족주의를 계승 또는 대체하는 새로운 형태의 민족주의, 즉 '신민족주의'라는 것이다.

(4) 현실정치의 산물로서의 적대적 관계

서구의 언론과 학자들을 통해 부풀려졌지만 그래도 아랍세계 정치갈등의 주된 양상임에 틀림없는 정권과 이슬람주의자들간의 충돌은 대부분 간헐적인 현상에 그친 것이었다. 즉 둘 간의 충돌은 이란혁명과 걸프전 직후, 알제리 내전 발발, 2차 인티파다, 2003년의 이라크 침공을 전후하여 진개된 내립과 탄압의 양상을 제외하면 근본적 대립에 기인하기보다는 정치세력 간의 일반적인 권력투쟁의 측면이 크다. 대부분의 경우 정치적 탄압은 정권을 위협할 수준의 경쟁관계가 형성되었을 때 나타났고 역으로 이슬람주의자들의 정치적 급진화는 주로 정권의 탄압의 결과였다. 주요 이슬람 세력인 이집트의 무슬림형제단, 튀니지의 엔나흐다, 알제리의 이슬람구국전선이 이런 동일한 운명을 겪었다.

우리는 국가와 이슬람주의자들 간의 관계에서 다음과 같은 일반적 양상을 도출할 수 있다. 즉 초기에는 이해관계의 공유에 기초한 공생관계, 그리고 점차 이 국가의 직·간접적 후원에 따른 이슬람주의의 성장과 그 결과로서 경쟁관계의 형성, 결국에는 그것이 낳는 억압으로 진행되었다(Kodmani-Darwish & Chartouni-Dubarry, 1997). 튀니지의 경험은 그 전형적인 예이다. 근대화와 서구화의 모범생이었던 이 나라에서는 협동조합운동의 실패에 기인한 1969년의 정권의 위기와 독립 이후 나라를 이끌어온 부르기바의 병환(1970년) 이후 독립 이래 지속되어 온 근대적 사회개혁과 사회주의적 경향이 급속히 쇠퇴하였으며, 바로 이러한 전환기에 재이슬람화 현상이 나타났다. 이러한 맥락에서 1979년 이슬람 정치세력이 대학가를 시발점으로 부상하게 되고 1981년 다당제 허용을 계기로 정치에 진출하게 된다(Toumi, 1989). 그러나 이렇게 위로부터의 재이슬람화의 일환으로 이루어진 이슬람 저항세력의 제도화는 머지않아 이들이 국가와 대립하게 되는 상황을 초래하게 되었다. 결국 1987년, 당시 대표적인 이슬람 정치세력이었던 엔나흐다를 필두로 극심한 탄압의 경로를 밟게 된다.

튀니지의 경우에서 특기할만한 점은 권력의 극렬한 탄압이 역설적이게도 이슬람주의자들이 현실주의적, 개혁주의적 전략으로 선회하는 바로 그 순간에 이루어졌다는 사실이다. 이는 물론 당시 알제리에서의 이슬람주의의 급성장과 같은 지역정세와 무관하지 않다. 그러나 국내정치의 맥락에서 볼 때 정권의 탄압은 1987년 11월 집권한 벤 알리(Ben Ali) 정권이 경제개방이 가져올 수 있는 사회갈등의 폭발을 사전에 막기 위해 채택한 전략으로 해석될 수 있다. 즉 길랭 드뇌가 지적하듯이 이 '과도한' 정치적 억압은 무엇보다도 "세계화 과정에의 편입이라는 선택의 논리적 결과"로 볼 수 있다(Guilain Denoeux, 1999: p. 50).

이러한 측면을 아랍세계 차원에서 일반화해 보면, 본질적으로 보수적인 이슬람주의가 자신과 유사한 이해관계와 정치적 전망을 지닌 정치권력과 충돌하게 되는 것은 일반적인 권력투쟁의 일환으로서뿐만이 아니라 신자유주의에 내재된 경제적 억압을 관철시키는데 필수적인 정치적 억압의 결과였다. 사실 이 지역에서 나타난 '형식적 민주화'는 정치적 억압을 약화시키지 않은 채 진행되어왔다. 국가는 신자유주의 개혁의 원활한 수행을 위해 물가상승, 복지축소에 기인하는 민중운동의 분출을, 그리고 임금인상, 고용보장을 필두로 한 노동자의 권리 주장을 무력으로라도 막아야했다. 그런데 특정 국면에서 이슬람주의 세력이 이러한 정치적 억압의 주요 대상이 되는 것은 그들이 국가와 공생관계를 가지면서도 민중의 저항에 기반을 두고 있기 때문이다. 아랍세계에서 이슬람주의는 신자유주의 세계화가 주변부 세계에 광범위하게 산출하고 있는 '배제된 세계'의 세계관이자 저항의 구심점인 것이다.

4. 이슬람주의와 서구

세계가 최근 목격하고 있는 이슬람세계의 정치와 종교의 관계는 종교로서의 이슬람에 고유한 정치와 종교의 관계가 아니라 서구와의 관계의 역사가 낳은 근대적 산물이다. 그리고 황금시대의 부활을 주창하는 현 정치적 이슬람의 정치적 전망은 이 서구와의 관계의 역사에서 이해되어야 한다. 즉 20세기 말 종속의 심화, 그리고 그것이 낳은 네오오리엔탈리즘, 즉 종교 중심의 문명론의 양상을 띤 새로운 오리엔탈리즘은 20세기 중엽의 상대적으로 자주적이고 세속적인 시대 너머로 오스만 제국의 쇠퇴와 이를 배경으로 탄생한 오리엔탈리즘과 잇닿아 있는 것이다.

1) 이슬람주의에 대한 서구의 기여

제1차 세계대전 후 영국이 시온주의와 아랍주의를 키워냈다면, 1970년대 이후 미국과 유럽은 이슬람주의를 키워왔다. 현대에 들어 서유럽과 미국, 즉 일반적으로 서구로 지칭되는 나라들은 이슬람주의의 부상에 기여하는 방식으로 아랍세계 등 이슬람세계와 관계를 맺게 된다. 먼저 서유럽이 이슬람주의의 성장에 어떻게 기여했는지 살펴보자. 마치 20세기 초 사회주의와 민족주의의 역사에서 이민과 국외에 있는 그들의 거주지가 중요한 역할을 했듯이, 1970년대 이래 세계의 경험은 이민들이 생활하게 된 새로운 땅이 종교 부흥의 본거지였음을 보여준다. 파리는 과거 '근대성의 수도(capital of modernity, Harvey(2003))'였던 만큼 오늘은 '이슬람의 수도(capital of islam, Beau(1998))'이다. 런던 역시 전 지구적 차원의 이슬람 부흥의 본거지 중 하나였다. 권위주의적이었고 민족주의와 발전을 외쳤던 아랍 본국에서 정치적 탄압을 피해 망명한 이슬람주의자들은 이 근대성의 수도들에서 환대를 받았던 것이다. 무슬림형제단, 엔나흐다, 이슬람구국전선, 그리고 친이란계 시아파조직들의 터전은 '자유로운' 유럽이었고 파키스탄 기원의 국제적 이슬람선교단체 타블리히(Tabligh)도 마찬가지였다.

한편 유럽은 단지 이슬람사회 본국의 '재이슬람화(reislamization)'를 위한 국외의 기지로서 이슬람에 중요했던 것만은 아니다. 때마침 1974년 서유럽 전역에 걸쳐 시행된 비유럽 노동이민 금지 조치에 따라 유럽 사회에의 거주가 영구화된 이주민들에게도 이슬람은 새로운 상황에 대처할 중요한 자원이 되었던 것이다. 이는 예상치 못한 일이었다. 새로운 사회에의 통합과 정체성의 재구성 과정에 종교적 자원이 동원되었다. 유럽의 이슬람 집단의 경우 이 종교의 부상은 특히 성, 가족과 관련된 규범 및 실천의 변화로 나타났다. 1980년대 이래 프랑스에서 이슬람과 연관된 갈등과 사회적 논의가 학교와 같은 공공 영역에서의 히잡 착용, 이슬람 가정에서의 여성의 인권 등을 중심으로 전개된 것은 바로 이러한 배경에서였다.

한편 중동 지역에 대한 미국의 개입은 1916년에서 1922년까지 오스만 제국의 사후 수습을 놓고 영국과 프랑스 사이에 거래가 활발하던 시기부터 시작되었다. 즉 제1차 세계대전이 끝난 직후인 1918년 미국은 이 지역의 전통적인 강국 두 나라 간 협상의 중재자로 이 지역에 발을 들여놓기 시작한 것이다. 미국은 당시 아메리카 대륙에서의 주도권 확보 차원에서 주창한 민족자결주의를 오스만 제국에 속했던 지역에 대한 개입의 명분으로 삼았다. 그래서 당시 영국과 프랑스의 세력권 아래 놓여 있던 이 지역 사람들에게 미국은 유럽 열강들에 대한 견제 세력으로, 새로운 친구로, 해방자로 여겨지기도 했던 것이다(Laurens, 2003). 미국의 중동 군사 개입은 1980년경부터 적극적이 된다. 그 전까지만 해도 소련에 인접한 지역이고 아랍민족주의가 강해서 개입이 어려웠었다. 그러다가 이 두 장애물이 약화되는 1980년대 이후 중동의 군사화가 본격화되었고 그 주역은 미국이었다. 국방비 지출, 무기 수입, 군인의 수 모두에서 증가세가 나타난 것이다(Salamé, 1996: pp. 39~40).

이슬람주의에 대한 미국의 기여는 보다 직접적이었다. 일반적 인식과 달리 미국이 중동의 맹주가 된 것은 1970년대 후반 또는 더 확실하게는 걸프전 이후부터였다. 당시 세계는 제2차 세계대전 이후 세속적 이데올로기의 위력 앞에 정치적 중요성이 약해졌던 종교의 재부상을 경험했는데, 아랍세계의 경우 종교의 부상은 바로 제국주의 논리가 관철되는 과정, 즉 미국과 이스라엘 주도로 새로운 지역질서가 형성되는 과정과 동시대적인 현상이었다. 이 지역의 국가들에서의 재이슬람화는 바로 이러한 석유 및 사우디 중심의 지역 경제 질서 재편과 함께 강화된 것이다. 이슬람주의의 대두는 새로운 지역질서 형성이 낳은 부산물인 동시에 이 과정의 필수 구성요소였다. 미국은 1970년대 후반 당시 세계 각지에서 전개되고 있던 혁명운동이 소련의 사주에 의한 것이라 하며 양 진영 간의 화해(데탕트)를 파기하고 갈등을 격화시키게 된다. 이러한 맥락에서 미국은 이슬람이 있는 제3세계 곳곳에서 이슬람을 정치 도구화하려 했다. 미국은 철저한 반공주의자이자 시장경제주의자인 이슬람주의자들이 그들이 표방하는 반제국주의 구호에도 불구하고 본질적으로는 미국과 미국 주도의 신자유주의 세계화의 동반자임을 잘 알고 있었다. 역으로 이슬람주의자들의 가장 큰 적은 무신론과 사회주의, 그리고 이 두

이념의 화신인 소련이었던 것이다.[37]

2) 무슬림형제단의 사례

1950년대부터 시작된 무슬림형제단(이하 '형제단')의 유럽 진출은 냉전이 시작되던 당시 분위기에서 이들의 반사회주의적 성격으로 인해 서방진영의 우호적인 관심을 받았고 유럽의 주요 도시들에서 쉽게 정착할 수 있었다. 유럽 국가들의 관용적인 태도와 더불어 한편으로는 사우디아라비아 등 외부세계의 재정 지원, 다른 한편으로는 이민자들로 구성된 유럽의 무슬림 집단이라는 물적, 인적 토대가 성장요인으로 작용했다. 이러한 맥락에서 1961년 사이드 라마단(Said Ramadan)은 제네바에 '제네바 이슬람센터(Centre islamique de Genève)', 뮌헨에 '독일 이슬람공동체(Islamische Gemeinschaft in Deutschland)'를 창설하게 된다. 형제단은 또한 1962년 세계이슬람연맹(The Muslim World League, MWL) 창설에 사우디아라비아 정부와 함께 주도적인 역할을 하게 된다.

1980~1990년대에 들어서 형제단은 유럽, 특히 런던, 더블린, 파리 등지에서 유럽이슬람단체연합(Union des organisations islamiques en Europe, UOIE), 프랑스 이슬람단체연합(Union des organisations islamiques, UOIF), 이슬람판결과 연구 유럽이사회Conseil européen pour la fatwa et la recherche, CEFR), 영국 무슬림협회(Muslim Association of Britain)와 같은 단체를 결성하면서 유럽 이슬람사회를 대표하는 지위를

---

37 I부에서 살펴본 것처럼 미국 및 세계화와 종교적 근본주의 간의 친화성은 이슬람세계에 국한된 것은 아니었다. 우리는 레이건 시대 이래로 오순절교회를 필두로 한 미국의 신근본주의자들이 미국의 대중남미정책, 신자유주의와 맺는 동반자적 관계를 알고 있다. 미국은 1970년대 이후 종교의 부활 및 정치화 현상의 진원지이자 이 현상의 전 지구적 확산의 주역이었던 것이다.

가지게 된다. 예를 들어 프랑스이슬람단체연합(UOIF)은 1980년대부터 프랑스의 북아프리카 출신 이민자들의 사회통합 문제가 주요한 사회문제로 부각되면서 이들의 대변자 역할을 하게 된다. 이렇게 대표성을 가지게 된 형제단은 활동의 폭도 넓어져 유럽의 다른 종교 지도자들이나 사회단체, 정치인들과 종교간 대화나 이민자들의 사회통합 등과 관련된 다양한 관계를 맺게 된다. 그리고 이러한 부상의 중심에는 초기 지도자 중 하나인 사이드 라마단의 두 아들이 있었다. 1995년부터 제네바 이슬람센터를 맡고 있는 하니 라마단(Hani Ramadan), 그리고 활발한 저술활동을 하고 언론의 주목을 받아온 타리크 라마단(Tariq Ramadan)이 그들이다.

현재 프랑스 등 유럽에서 가장 인기있는 이슬람 지식인인 타리크 라마단의 사상을 보면 그는 수단의 이슬람 지도자 하산 투라비(Hassan Tourabi)와의 만남 이후 그의 영향을 강하게 받게 된다. 이러한 영향은 '위로부터의 이슬람화'라는 전략, 그리고 여성문제에 대한 입장에서 찾아볼 수 있다. 전자는 의식있는 소수의 전위들에 의한 사회의 이슬람화를 의미하며 후자는 히잡의 착용을 의무화하면서도 여성의 사회참여를 강조하는 입장을 말한다. 여성문제에 있어서 투라비와 그의 영향을 받은 라마단은 서양의 성평등 사상과 여성을 가정에 가두는 전통적인 문화를 동시에 비판한다. 투라비와의 만남으로부터 '위로부터의 이슬람화' 전략을 받아들였다면 프랑스 리용의 이슬람청년단체인 무슬림청년연합(Union des jeunes musulmans)은 타리크 라마단에게 '아래로부터의 이슬람화', 즉 현장에서의 활동의 중요성을 가르쳐주었다(Landau, 2005: pp. 74~75).

한편 이론적인 측면에서 타리크 라마단은 이슬람주의를 유럽에서 나온 주요 근대 이데올로기들과 동일선상에 놓고자 한다. 그의 글에서 남미의 해방신학이나 이슬람기초공동체가 자주 언급되는 등 여타 종교와의 유사성을 통해 자신들의 운동에 보편적 지위를 부여하려는 시도를 볼 수 있다(Ramadan, 1994). 이와 관련해 맑스주의 철학자 에티엔 발리바르는 이슬람주의가 이슬람을 보편적 성격의 이데올로기로 만들려는 노력과 이슬람세계를 현재 진행중인 세계화과정에 적극적으로 편입시키려는 이들의 열망 간의 연관성을 언급한다(Etienne Balibar, 1997: p. 19).

3) 자본주의와 이슬람

왜 이슬람세계에서는 자본주의가 발생하지 않았는가? 왜 14세기경까지 서구는 말할 것도 없고 세계의 다른 어느 지역보다도 근대적인 과학과 산업이 발전할 가능성이 있었던 이슬람세계가 이러한 식의 발전을 포기하였는가? 이 질문에 대해 이슬람 경전이 부르주아지의 이해를 대변하고 이들의 활동을 촉진시키는 내용을 담고 있다는 점이 언급되기도 하였지만 일반적으로는 자본주의 발달에 부정적인 영향을 미쳤다는 점이 더 강조되어 왔다. 특히 이자의 금지와 요행을 바라는 정당하지 않는 사업계약에 대한 코란의 금지 규정이 자본주의의 발전을 가로막은 요인으로 인식되어져 왔다. 예를 들어 파트리시아 크론(Patricia Crone)은 긍정적인 요인으로 전통적으로 상업이 발달한 중동지역의 특성상 사적 소유에 관대했다는 점을 들면서도 부정적인 요인이 훨씬 강하게 작용했다고 설명한다. 이슬람법이 계약의 자유를 용인하지 않는 매우 보호주의적인 성격을 가진다는 점을 부정적 요인으로 들고 있다. 즉 위험요소를 수반하는 거래, 그리고 일방이 상대방으로부터 불로소득을 얻을 수 있는 거래, 우연성이나 불확실성을 지니는 계약을 허용하지 않는다. 그에 따르면 이슬람사회는 혁신을 가능케 하는 모험적인 투자를 제약함으로 인해 자본주의를 가능케 하는 기업가 정신을 창출하지 못했다. 이슬람법이 자율적인 법인격으로서의 회사를 용인하지 않았다는 점도 자본주의의 주역인 자본가계급의 창출을 가로막는 요인이었다는 것이다(Huff, 1999: pp. 14~15).

물론 근대 이후 아랍세계를 보면 전통적인 이슬람법은 근대 이후 다양한 수정을 경험하였고 이는 자본주의 세계체제에 적응하기 위해 불가피한 것이었다. 크론이 제시한 것과 같은 설명은 막스 베버(Max Weber)에게서 그 원형을 찾아볼 수 있다. 아시아사회에 대한 맑스나 엥겔스의 견해와 유사하게 베버에게도 오리엔트 사회의 전제주의와 자본주의는 양립불가능한 것이었다. 이슬람사회 등 오리엔트 사회에서는 개인의 안전과 시장에서의 거래 참여자의 소유권과 같은 부르주아 계급 발전의 기본적인 조건이 결여되어 있다는 것이다. 이슬람에는 서구사회에서 자본주의를 가능케 했던 합리적이고 형식적인 법, 자율적인 도시, 독립적인 시민계급, 정치적 안정이 전혀 존재하지 않았다는 것이다.

베버는 자본주의 발전과 이슬람의 관계에 대한 연구에서 사회적 요인을 강조했으며 특히 법과 정치체제를 중요하게 고려하였다.[38] 그는 이슬

---

[38] 맑스주의의 영향을 받은 브라이언 터너는 베버가 가치의 역할을 이슬람사회의 객관적 조건에 의해 규정되는 부차적인 것으로 간주했다고 평가한다. 그에 따르면 베버는 사회적 의미를 가지는 인간의 행동을 설명하는 데 있어서 행위자가 이 행동에 부여하는 주관적 의미와 동기를 이해하는 것이 필요하지만 이 행동을 묘사하고 설명할 수 있는 주관적 요인들은 사회적, 경제적 요인에 의해 결정된다는 점을 강조했다. 달리 말해 개인의 행동에 영향을 미치는 세계관 그 자체만이 아니라 이 세계관을 담지하는 특정 사회계층의 이해가 중요하다는 것이다. 이슬람과 자본주의의 관계에 대한 설명에서도 마찬가지다. 베버는 이슬람 사회에서 볼 수 있는 헤도니즘, 숙명론, 기존 전통의 답습과 같은 일련의 태도는 자본주의와 양립이 불가능하지만, 왜 이러한 태도들이 우세하게 되었는지 이해하기 위해서는 가산제적 관료제로 특징지어지는 이슬람국가의 사회적 환경과 이슬람사회에 고유한 특성을 담지하는 계급인 무사계급의 이해를 검토해야 한다고 말했다. 터너는 베버가 가산제적 지배형태를 가진 이슬람사회의 군사적, 정치적, 경제적 환경을 이 환경의 산물인 세계관보다 더 중요하게 다루었다고 평가한다(Bryan Turner, 1974: pp.

람의 정치적 지배방식을 가산제(patrimonialism), 즉 통치자와 피통치자가 직접적이고 개인적인 관계를 맺고 있는 통치형태로 규정하였다. 베버는 자의적인 가산제(arbitrary patrimonialism), 술탄제(Sultanism), 녹봉적 봉건제(prebendal feudalism), 자유로운 녹봉적 봉건제(free prebendal feudalism) 등 여러 가지 용어로 이슬람적 특수성을 표현했다. 이러한 체제에서 통치자는 자신의 재산으로 관리들에게 급여를 제공하며 적어도 이슬람 초기에는 이들이 통치자 가족의 일원이 되는 경우도 있었다. 오스만 제국이 붕괴되기 훨씬 이전에 이미 이슬람 제국과 이슬람 문명은 다수의 작은 단위로 쪼개졌거나 아바스 제국, 맘루크 왕조, 오스만 제국와 같은 큰 왕조나 제국은 외부의 용병에 의해 지켜졌다. 베버에 따르면 이러한 가산제적 지배방식이 지속되면서 서구의 경우와 달리 자본주의 발전에 필요한 조건들이 형성되지 않았다(Turner, 1974: p. 137).

사회지리적 조건도 이슬람사회의 정치적 저발전의 원인으로 거론되었다. 예를 들어 마을들이 산재해있고 이로 인해 자급자족적인 성격을 지녔기 때문에 국가에 저항할 수 있는 마을 간 연대가 발달하지 않았다는 것이다. 이슬람사회 등 아시아 사회의 마을공동체가 고립적이고 자급자족적이어서 국가에 저항할 필요성도, 능력도 약했던 것은 민중에게는 재산권이 전혀 부여되지 않았고 국가가 지주 역할을 했던 서구사회와 대비되는 것이었다. 이것은 서구와 다른 이슬람사회의 특징이 도시가 발전하지 않았고 국가가 상업 등 경제활동에 깊이 관여했다는 점과도 연관된다(위의 책, pp. 15~16).

결국 베버가 이슬람사회의 핵심적인 특징으로 여긴 것은 바로 가산제

20~21). 이런 시각에서 보면 이슬람사회에 대한 베버의 설명은 맑스, 엥겔스의 아시아적 생산양식론과 크게 다르지 않다. 양자 모두 사회적 요인을 통해 아시아 또는 오리엔트가 자본주의와 부정적인 친화성을 가짐을 보여준 것이다.

적 지배였으며 이것이 사회의 경제적, 정치적, 법적 관계를 불안정하고 임의적이고 비합리적으로 만들었다고 생각했다(위의 책: p. 14). 이슬람 사회에 대한 베버의 핵심적인 견해는 법, 과학, 산업 등의 분야에서 두드러지게 나타나는 서구사회의 합리적이고 체계적인 성격과 대비되는 오리엔트 문명, 특히 이슬람 문명의 자의적이고 불안정한 정치적, 경제적 조건이었다. 베버의 논의가 동시대의 오리엔탈리즘과 차이가 있다면 양자 모두 논리적인 사고능력의 결여나 충동적인 성향 등 합리성의 부재를 오리엔트 사회의 특징으로 간주했지만[39] 후자와 달리 오리엔트사회를 단순하게 이슬람이라는 종교와 동일시하지는 않았다는 점이다. 사실 코란에서 자본주의에 대한 긍정 또는 비판의 근거를 찾는 것은 허황된 일이다. 찾을 수 있는 것은 상업이나 상인 일반에 대한 비판이 아니라 기껏해야 정직하지 못한 상인에 대한 비난 정도인 것이다(Rodinson, 1966: pp. 33~34).

4) 신자유주의와 이슬람주의의 논리적 연관성

이슬람은 각 시대의 사회적 조건과 지배 이데올로기에 따라 달리 해석되어왔다. 즉 독립 직후 사회의 재건시기에는 경제발전에 동원하기 위해 이슬람이 지닌 근대적 성격이 강조되었었다. 그 이후 아랍민족주의가 이 지역 정치를 상악했을 때 이슬람은 통합 이데올로기로서의 기능을 부여받았다. 이에 근거해 우리는 1970~1980년대 이후 부상한 이슬람주의에 의한 이슬람 해석이 이 시기의 주된 사회적, 정치적 조건, 즉 세속화, 민족국가의 위기, 신자유주의적 정치 · 경제 변화, 사회운동의 위기

---

39 이 점에 대해서는 이 책의 35~37쪽을 참조하시오.

등에 의해 규정된다고 가정할 수 있다. 이슬람주의자들이 주창하는 이슬람은 그간에 일상 속에서 믿고 실천한 이슬람이 아니다. 우리는 이 새로운 이슬람이 일정정도 수입된 것임을 알 수 있다. 특히 마그레브에서 이 '새로운 이슬람'은 이슬람주의의 두 주된 본거지인 사우디아라비아나 이집트에 기원을 둔 것으로 이 지역 사람들에겐 아주 낯선 것이었다. 그런데 이 새롭게 해석된 이슬람은 신자유주의 논리와 상당한 유사성을 보여준다. 즉 미시적 연대를 강조하고, 이슬람법에 입각한 국가의 건설을 주장하지만 과학기술과 시장경제에 대한 무비판적 동경을 보이며, 경직되고 형식에 치우친 이슬람이라는 점에서 그렇다.

(1) 정치경제학적 사고가 결여된 이슬람주의 경제관

이슬람주의의 부상은 많은 부분 미국과 서유럽의 지원에 의한 것이었으며 이러한 현대판 서구와 이슬람의 공생 관계는 내용 면에서도 이슬람주의가 현 서구의 지배논리인 신자유주의와 상당한 논리적 유사성을 보이는 식으로 나타났다. 먼저 경제문제에 대한 이슬람주의자들의 개입은 이들에 가까운 경제학자들의 정치 참여와 사우디의 석유 수입 및 '이슬람은행(Islamic Bank)',[40] '이슬람 기초 공동체(Islamic Base Communities)'의 발전, 그리고 극빈자들에 대한 원조 등을 통해 이루어지고 있다.

---

[40] 이 용어는 이슬람법의 적용을 표방하는 은행들을 가리킨다. 1970년대에 태동하여 1980년대부터 적극적 활동을 하고 있는 이슬람은행은 걸프만 연안 산유국 또는 아랍빈국들에서 활동하는 은행, 그리고 세계적 차원의 사우디 은행들로 나누어볼 수 있다. 그리고 대부분의 이 은행들은 석유와 그로 인해 갑자기 부유해진 사우디아라비아의 정치 전략과 밀접한 연관을 맺고 있다. 이 나라는 아랍세계 석유 수입의 40%를 점하며 이 부를 통해 이슬람주의를 확산시킬 수 있는 유일한 나라이다. 대다수의 이슬람은행은 이슬람을 무기로 한 사우디아라비아의 지역 정치전략의 한 수단이며 이 전략은 이집트, 이란과의 주도권 싸움에서 이기기 위한 것이다(Beaugé, 1990).

그런데 이러한 개입의 이론적 토대가 되는 '이슬람 경제(Islamic Economics)', 즉 경제에 이슬람 원리를 적용시키려는 학문적 경향은 경제성장과 물적 향유를 긍정하고 평등 사회의 건설 과정에서 개인들의 주도적 역할과 국가·사회제도의 부차적·보완적 역할을 강조한다. 그리고 이슬람주의자들의 사회경제적 개입은 사적 부문의 활성화와 공동체 차원의 자급과 상호부조를 주창하며 전개된다. 이러한 이슬람주의의 경제관은 한편으로는 과거의 국가 주도 및 규모의 경제에 입각한 발전 모델, 그리고 이념적 차이에도 불구하고 공히 국가의 역할을 '발전'에 필수적이라 여기던 기존 이데올로기들에 대한 정당한 비판의 측면을 지니긴 하지만, 다른 한편으로는 국가의 사회적 책임 방기와 시장경제 원리를 이슬람법에 비추어 정당화하면서 신자유주의적 모델을 이슬람과 화해시키는 결과를 초래한다. 그리하여 근대 아랍의 주요 이데올로기들의 특징이었던 제3세계주의적 경향은 신자유주의 사고의 영향을 크게 받고 있는 이슬람주의에서 비본질적 위치만 차지하고 있다.

이는 근본주의적 성향이 가장 강한 사회인 사우디아라비아와 수단이 신자유주의 경제모델을 가장 열성적으로 추구하는데서도 알 수 있다. 그 한 예로 알제리의 대표적 이슬람주의 세력인 이슬람구국전선(FIS)은 시장경제의 원리의 많은 부분을 이슬람법에 비추어 정당한 것으로 해석하면서 이 둘을 화해시킨다. 미국 방식의 경제노선을 그것이 제국주의적 측면에도 불구하고 그것이 구 소련의 방식보다 개인과 소유의 존중을 중시한다고 나름대로 해석하는 이슬람에 더 근접해있다는 이유로 선호한다(Al-Ahnaf, Botiveau & Frégosi, 1991: 4장). 또한 사우디 경제정책에서 우리는 코란에 의한 신자유주의 경제체제의 정당화의 전형을 볼 수 있다. 경제에 대한 코란의 일반적인 원칙들을 넘어서 생산수단의 사적 소유와 유산의 정당성 등 보다 구체적인 내용을 근거로 상업활동과 고용

노동, 이윤, 이자를 인정하고 촉진시키는 것이다(Ahmed, 1990: p. 76). 이 나라에서 이슬람은 이란이나 파키스탄에서처럼 경제영역에 그 규범들을 실질적으로 적용시키기 위한 것이기보다는 자본주의적 경제규범의 수용과 지역정치의 수단으로 이용하기 위한 것이다. 이슬람규범 그 자체가 목적이 아닌 것은 이 나라에서 이슬람법에 근거한 헌금(zakat)이 매우 미약하고 다른 세금도 거의 부재한 것에서도 알 수 있다. 이란의 예는 종교운동이 근대성, 그리고 현재의 근대화 과정의 주된 방식인 신자유주의와 맺는 관계를 잘 보여준다. 이란혁명은 세속적 성격의 진보세력을 중심으로 다양한 사회 세력이 결합해서 수행되었고, 그래서 초기에 사회의 진보적 변혁에 성공한 점에서 독특한 예이나 그것이 근대화·세속화 전략을 정당화하기 위해 이슬람으로 포장된 측면이 크다는 점에서 아랍세계의 정치적 이슬람 일반과 유사하다(Khosrokhavar, 1993: p. 76). 한편 혁명 이후 보수 종교세력이 혁명의 성과를 가로채게 된다. 이러한 보수화 과정의 결과 이란에는 오직 이란인민무자헤딘조직(People's Mujahedin of Iran, PMOI)[41]과 같은 소수만이 민영화를 비판하고 국가의

---

[41] 이란인민무자헤딘조직(PMOI)은 1965년 왕정 시절 도시게릴라전을 수행하기 위해 창설된 반정부 무장단체이다. 현재 프랑스에 본부를 두고 이란 국내외에서 활동하고 있으며 마수드 라자비(Masoud Rajavi)와 그의 부인 마리암 라자비(Maryam Rajavi)가 조직을 이끌어왔다. 자유주의적인 이슬람을 표방한 좌파 단체로서 코란의 평등사상과 맑스주의에 사상적 기반을 두고 있다. 호메이니 집권 후에는 민주주의의 축소, 성직자들의 권력 독점을 비판하는 정치활동을 전개하였다. 1981년 마수드 라자비는 왕정에 반대하지만 호메이니에도 반대하는 세력들의 연대조직인 '이란저항운동전국연합'(NCRI)을 창설한 바 있다. 이란-이라크전쟁 중인 1986년에는 이라크에 이란민족해방군을 창설하여 이란 군대와 전투를 벌이기도 하였다. 1988년 종전과 함께 이란 국내로 진입하려했으나 이란군과의 전투에서 패배하게 된다. 이후 이란 내부에서 강력한 탄압을 받는다. 이 단체의 주장에 따르면 12만명의 조직원과 지지자들이 이란에서 처형되었다. 2003년 미국의 이라크 침공 이후 미군에 의해 무장해제되었으며 당시 이라크의 아쉬라프 기지 거주 조직원들의 이란 귀환을 추진한 바 있다.

경제 개입을 주창한다(Kian-Thiébaut, 1997).

(2) 형식주의와 추상적인 인간관

경제관에서 친화성을 띠는 이슬람주의와 신자유주의는 인간관, 정치관에서도 유사성을 보여준다. 둘 다 사회집단, 계급에의 소속이 사상된 추상적인 개인을 상정하고 이 고립된 개인에 근거한 이데올로기와 정치적 동원을 수행한다. 추상적인 사회정의와 법을 강조하는 신자유주의 시대 정치논의의 형식주의적 성격과 탈이념화는 이슬람주의에서 종교 의무의 준수와 같은 신앙의 외적 표현에 치중하고 경전을 문자 그대로 강요하는 것에 상응한다고 볼 수 있다. 특히 히잡은 정권과 이슬람주의자들 양자에 의해 신앙의 대표적 상징으로 치켜세워졌다. 이슬람주의에서 상징이 강조된다는 것 자체가 형식주의의 증거일 수는 없다. 모든 인간사회, 특히 종교에서 상징은 중요했다. 우리의 주목을 끄는 것은 그것이 민주주의 제도의 부상과 맺는 관계이다. 즉 아랍세계에서 형식적 민주화는 현실에서의 사회적 관계가 사상된 추상적 개인의 동원을 기반으로 하여 정권유지의 알리바이로 기능하는 단순한 의례에 그치고 있다. 이와 마찬가지로, 세속화 속에 전개되는 재이슬람화는 집단적, 종교적 상징을 개인 차원의 것으로 축소시키고 공동체에의 소속감을 잃은 고립된 개인들을 동원의 대상으로 만든다. 다른 한편 이슬람주의가 주창하는 '새로운 이슬람'의 형식주의적 성격은 부분적으로 수니파의 가장 엄격한 학파인 한발리 학파의 영향에 기인한 바 크다. 특히 아랍어로 대중교육을 받아 경전을 해독할 수 있고 신자유주의적 사회변화의 가장 큰 피해자인 젊은 세대는 쉽게 한발리파의 특징인 문자 그대로의 경전 해석에 빠지게 되었다.

두 이데올로기에 공히 나타나는 도덕주의, 즉 '개인'의 성취와 청교도적 윤리의 강조는 격화된 경쟁과 사적인 것의 찬양으로 특징지어지는 새로운 경제환경에 상응하는 것이다. 이슬람주의에서 볼 수 있는 개인의 강조는 근대에 보편적인 현상인 신앙의 개인화로 설명될 수 있다. 아랍 사회에서는 1970년대부터 경제발전과 사회의 서구화와 연관되어 진행되던 세속화가 개인화 경향을 촉진시켰다. 개인에 대한 긍정적 인식은 성도덕이나 개인적 성취와 같은 개인적 미덕에 대한 강조를 동반한다. 그리고 엄격한 도덕과 합리성에 기초한 생활양식을 강조하면서 그렇지 못한 전통적인 생활양식을 비판한다.[42] 모로코 이슬람주의 학생들의 사례가 이를 잘 보여준다. 이들이 상대적으로 높은 학업성취도를 보이는 것은 성취를 강조하는 이슬람주의 운동의 성격과 이 운동이 주창하는 가치에 입각한 동아리 문화의 변화로 설명될 수 있다. "시험예상문제, 잘 된 강의노트가 돌아다니고 집단적으로 답안지를 검토하고 모범답안 해설강좌를 조직하는 ... 이슬람주의라는 표식은 열성적이고 능력있고 도덕적이라는 것과 동의어다(Tozy, 1999: p. 179)."

한편 모하메드 아쿤이 지적하듯, 이슬람주의에서 볼 수 있는 문자 그대로의 경직된 경전해석은 추상적인 보편주의로 이어진다. "역사적으로 행해져온 종교의 내용을 고려하지 않고, 변호하는 방식으로 이슬람에 대한 고전적 규정들을 반복하게 되면 우리는 모든 인간사회에 해당될 수 있는 명확하지 않고 뭉뚱그려지고 고리타분한 것에 머무를 것이다

42 물론 이 청교도주의를 신자유주의적 변화의 영향으로만 해석할 수는 없다. 카예탄 뮐만은 아메리카 인디언 연구에서 이 청교도주의적인 엄격함이 외세의 침략에 대한 반응에서 보편적 특징임을 보여준다. 그에 따르면 외세의 지배로 인한 사회의 위기에서 두 가지 종교적 태도가 나타난다. 초기에는 자신(의 문화)을 백인의 기독교와 동일시하는 현상이 일어난다. 그러나 백인에 의해 공동체가 파괴되고 나서는 전통종교의 부활이 일어난다. 또한 이 두 경우 모두에서 주술, 일탈적 성에 대한 비판과 통제가 나타난다.(Kajetan Mühlmann, 1968)

(Mohammed Arkoun, 1984: p. 361).” 그리고 이러한 초역사적인 이슬람주의 담론은 인권개념으로 상징되는 인간주의 담론과 친화성을 가진다. 서구의 합리성에 대한 태도에서처럼 이슬람주의자들은 인권사상을 전면적으로 거부하지는 않는다. 오히려 그들은 경전에 대한 자율적인 해석(*ijtihad*, 이즈티하드)을 강조하며 인권의 가치와 인간사회 법들의 신적인 기원을 화해시킨다.[43] 1988년 자신을 이슬람주의의 화신으로 간주하던 리비아정권이 제정한 ‘인권에 관한 녹색(이슬람) 대헌장(the Great Green Document on Human Rights)’은 이슬람주의자들이 시대분위기에 부응하려는 노력을 잘 보여주었다. 이란혁명의 대표적 이론가였던 바니 사드르 역시 코란에 비추어 세계인권협약을 해석하면서 본질적으로 이슬람이 인간의 자유, 그리고 이를 통한 역사의 진보를 보장하는 종교임을 주장하였다. “신은 너희들을 자유로운 존재로 창조하셨다. 그러니 너희들은 스스로를 노예로 만들지 마라(Bani Sadr, 1989: p. 101)”라는 네 번째 칼리프 알리의 말을 인용하면서 사드르는 다음과 같이 신에서 유래

---

[43] 종교적 원리와 인권의 원리의 화해시도는 이미 오래 전에, 더 본격적인 방식으로 서구에서 발전되었다. 서구에서 도시화로 인한 사회문화적 변화는 종교성의 단순한 쇠퇴가 아닌 종교의 합리화와 도덕화 경향을 낳았다. 사회학자 위르겐 하버마스에 따르면 근대사회에서 “전통적 세계관은 윤리의 주관적 신앙으로 변형되었다.” 오직 도덕적 유산인 박애사상만이 살아남았고 근대성에의 적응과정에서 종교는 그것의 도덕적 측면과 ‘이 세상’에서 인간성의 완전한 실현을 증진시키는 측면만을 보존할 수 있었다.(Jürgen Habermas, 1987) 이 종교의 윤리화 현상은 종교의 종족화 또는 민족화 과정과 함께 진행된다. 민족국가의 형성기에 이미 나타난 종족과 종교의 중첩 현상은 오늘날 인격신의 비중이 줄어듦에 따라 강화되었다. 또한 종교는 초월적이고 초민족적인 기원으로부터 멀어지면서 민족국가라는 틀 속에서 도덕적 가치로 환원된다. 이런 식으로 종교가 정치와 결합될 때 종교는 정치윤리나 법의 기반으로 기능하게 되었다. 이러한 종교 · 윤리 · 민족의 중첩현상은 세계화와 더불어 강화된다. 세계적 차원의 선교를 중시하는 전파복음주의자들의 예를 들며 이브 랑베르(Yves Lambert, 2000)는 세계화 시대에 종교가 인권원리에 입각해 윤리화되는 현상을 언급한다.

하는 인간본성에서 자유는 양도할 수 없는 것이라고 말한다. "인간은 이 세상을 주재하시는 신의 보좌관이다. … 이 의무를 다하기 위해 인간은 자유롭고 자신의 발전에 필수적인 권리를 가져야 한다. 코란은 진보의 도구이고 이슬람은 평화의 종교다. 인간은 자신의 재화와 자신의 발전을 위해 이 종교의 은총을 받았다(위의 책: p. 159)."

보편적 가치를 중시하는 이슬람주의의 경향은 무엇보다도 이 운동의 복합적인 계급적 기반과 연관되어 있다. 지지계층의 이질적 성격은 이해관계의 다양성을 의미하며 이것이 추상적이고 애매한 성격의 이 이데올로기가 힘을 얻게 되는 배경이 된다. 다른 한편 미국의 신근본주의자들만큼의 공격적이고 세계적인 야망을 갖고 있지 못한 이슬람주의자들에서 나타나는 '보편적' 가치에의 열망은 이들이 외부세계와의 관계를 중시함을 보여준다. 심지어 알 아즈하르(Al-Azhar, 이집트의 대표적인 종교기관)와 같은 전통적이고 제도화된 종교제도들이 극히 조심스럽게나마 내비치는 종교적 다원주의 경향은 이러한 맥락에서 이해될 수 있다. 정치적 측면에서든 신학적 측면에서든 지배적 종교세력은 다른 종교, 다른 사상과의 대화의 필요성을 강조하는 것이다.

5. 여성문제 중심의 이슬람 담론

1) 근대화와 아랍여성의 현실

여성관련 지표를 보면 먼저 아랍 전반에 걸쳐 인구증가율이 크게 둔화되었는데 이것은 주로 출산율의 급속한 감소에 따른 것이다. 이는 특히 모로코나 튀니지처럼 독립 이후 본격적인 근대적 변화를 겪었던 사회에서 뚜렷하다. 1966년부터 가족계획사업을 추진했던 모로코의 경우

1960년 7.1이던 합계출산율이 1980년 5.7, 2000년에는 2.7로 급속한 하락을 경험했다. 튀니지의 지표는 더 인상적이다.(<표 II-3> 참조) 이제 최소한 도시에서는 자녀 둘을 가진 가정이 '정상적인' 가정으로 여겨지고 이와 함께 여성의 경제활동참여율도 세계은행의 통계에 따르면 25%에 달하고 있다.[44] 서구에 비하면 여전히 크게 낮지만 빠른 증가세를 보였다. 이 경향이 최근에는 전반적으로 높은 실업률로 주춤하고 있다. 수년째 여성의 고용지표가 나아지고 있지 않다.[45]

<표 II-3> 모로코와 튀니지의 합계출산율 변화 (년, 명)

	1960	1970	1980	1990	2000	2010	2012
모로코	7.1	6.7	5.7	4.1	2.7	2.6	2.7
튀니지	7.0	6.4	5.3	3.5	2.1	2.1	2.2

(출처: World Bank(http://data.worldbank.org/country/ tunisia?display=default https3A2F2F www.cia.gov2Flibrary2Fpublications2Fthe-world-factbook2Ffields2F 2102.html(튀니지 자료), http://data.worldbank.org/country/morocco?display=def ault https3A2F2Fwww.cia.gov2Flibrary 2Fpublications2Fthe-world-factbook2Ffields2F 2102.html(모로코 자료))

한편 '국가와 결혼한 여성'은 아랍국가들의 여성노동의 특성을 잘 보여주는 표현이다. 아랍에서 국가는 여성고용의 주된 원천이다. 최근 여성과 국가의 관계 변화는 무엇보다도 여성의 사회진출이 교육, 의료, 행

---

44 http://donnees.banquemondiale.org/indicateur/SL.TLF.CACT.FE.ZS

45 국제노동기구(ILO)의 추산에 따르면 모로코와 튀니지의 15세 이상 여성 고용률은 1990년대부터 현재까지 20% 전후를 기록해왔다. 모로코의 경우에는 1991년 23.1%, 2000년 25.2%, 2012년 23.7%의 추이를 보였고 튀니지는 같은 시기에 각각 17.2%, 19.5%, 21.5%를 나타냈다. 상대적으로 모로코의 비율이 높게 나타나고 있으며 수치상으로는 지난 20년간 크게 변화하지는 않았다.
(World Bank(http://data.worldbank.org/country/tunisia?display= defaulthttps3A2F2Fwww.cia.gov2Flibrary2Fpublications2Fthe-world-factbook2Ffields2F2102.html(튀니지 자료), http://data.worldbank.org/country/morocco?display=de fault https3A2F2Fwww.cia. gov2Flibrary2Fpublications2Fthe-world-factbook2Ffields 2F2102.html(모로코 자료))

정분야, 즉 공적 부문을 중심으로 이루어지는 현실에서 비롯된 것이다. 이밖에도 그간 남성이 독점했던 직종, 특히 전문직에의 여성들의 진출은 1990년대 이후 국가의 적극적 개입에 힘입은 바 크다.

튀니지의 경우를 살펴보자. 초대 대통령 부르기바는 이슬람 원리에 근거해 이슬람을 국가화하면서 세속화와 국가 주도의 근대화를 추진하였다. 그런데 그가 추진한 세속화 및 정교분리를 지향하는 개혁은 1960년에 시작된 가족계획사업, 히잡 착용의 금지, 교육개혁, 라마단 금식 폐지운동 등이었는데 여기서 우리는 전통, 특히 그간의 종교적 관행을 진보의 장애물로 간주했다는 것을 알 수 있다. 민법 개정(1956년 8월 13일)에서 일부일처제를 이슬람 원리를 근거로 정당화한 것도 이러한 전통에 대한 비판의 맥락에서 이루어진 것이었다.

2) 재이슬람화와 여성문제의 정치화

아랍에서 근대화는 사랑과 성, 육체에 대한 부정적 인식이 여성에 대한 증오의 형태로 표출되는 양상을 보였다. 여성과 여성의 육체에 대한 편집광적인 집착이나 경계는 근대화에 따른 품행의 변화 에 대한 투쟁의 일환으로서 이슬람주의자들의 문제의식과 정서에서 중요한 부분을 이루게 되었다(Lamchichi, 2002). 유사한 시각에서 압델 와합 메데는 다음과 같이 이슬람주의와 성의 관계를 표현하였다. “재이슬람화가 가져온 결과 중 하나는 쾌락에 대한 사회적 인식의 변화에서 두드러지게 나타난다. 이슬람사회는 삶에 대한 사랑에 기반을 둔 헤도니즘적 전통에서 ‘성애’에 대한 증오로 가득찬 현실로 변화되었다(Abdelwahab Meddeh, 2002: p. 135).”

이웃 나라들에서처럼 모로코에서도 여성운동의 주요 주제는 가족법 개정문제였다. 모로코의 경우 가족법(Moudawana, 무다와나)은 1957년

제정되었는데 여성의 사회활동, 가족에서의 지위의 측면에서 극히 억압적인 내용을 담고 있어 1984년 알제리에서의 가족법 개악 당시 모델로 고려되었을 정도였다. 이후 이 법은 1993년 이혼, 부부의 관계, 재산문제 등에서 극히 미미한 수정을 겪었을 뿐이다. 그래서 심지어 최근 타계한 모로코 이슬람주의 지도자 압데슬람 야신(Abdesslam Yassine)의 부인 나디아 야신(Nadia Yassine)조차 이 법을 비판하고 모로코 여성의 현실을 개탄할 정도였다. 그럼에도 불구하고 가족법 개정을 둘러싸고 여성운동 진영과 대립했던 이슬람주의자들은 이 법의 조항들이 이슬람의 유산이라면서 현상유지를 주장했다. 드디어 1999년 국가와 여성단체가 만든 개정안을 놓고 전 국가 차원에서 벌어진 논쟁의 결과 구두이혼(repudiation)은 법적 이혼으로, 혼인가능한 최소연령은 15세에서 18세로 바뀌었고 일부다처제도 법적으로 금지되게 된다. 당시 여성단체들과 이슬람주의자들은 시위를 통해 세 경쟁을 벌이기도 했다. 이 과정에서 국왕은 시민사회와 밀접한 연관을 맺으며 보수세력을 견제함으로써 근대화의 기수로서의 자신의 이미지를 확고히 했다. 1984년에 개정된 알제리의 가족법은 여성을 불치산자로 간주하여 남성의 후견 아래 두도록 하였고 알제리 이슬람주의자들은 남성이 여성을 대신해 투표하는 것을 인정하라는 요구를 하였다. 국가는 1991년 정부와 이슬람주의자들 간의 갈등이 폭력적 양상을 띠기 전까지 이 요구를 명시적으로 거부하지 않았었다.

특히 여성의 외양문제가 정치적 논의의 핵심을 이루었다. 이것은 여러 가지 요인들로 설명될 수 있다. 그중 하나는 이제 사회의 공적 영역이나 경제 영역에서의 최소한 법적 평등은 크게 진척되었는데, 역설적으로 바로 그 때문에 여성과 관련된 사회적 논의, 그리고 여성운동의 개입이 점차 사적 영역과 관련된 주제들로 이전하게 된 것이다. 현대사회의 구조적 특성상 이슬람주의 세력이 주창하는 사회에서의 남성과 여성의 분리를 실현하기는 매우 어렵다. 그래서 부각된 것이 히잡이다. 즉 이슬람주의자들에게 히잡은 남녀의 교류를 막고 학교, 병원, 관공서 등 공공영역의 이슬람화를 실현하는 핵심 무기로 여겨진 것이다.

전반적인 종교변동의 맥락에서 이 현상을 설명할 수도 있다. 즉 최근 20~30년 동안 아랍세계는 담론의 측면에서 다음과 같은 양상을 보여 왔다. 한편으로는 전반적으로 이슬람의 외적 측면이 중요한 논의의 주제였으며, 아랍세계 전반에 걸쳐, 즉 폐쇄적인 이슬람국가들을 포함해 세속화 및 개방화의 심화를 보였다. 다른 한편으로는 반부패, 사회정의 등 보편적 성격의 담론이 부상하였다. 이러한 담론 상황은 내외적인 개방의 요구 증대와 사회통합의 약화와 같은 사회적 배경에서 나온 것으로 볼 수 있다.

다음으로 사회경제적 배경을 살펴보자. 지속적인 경제위기는 한편 여성의 배제와 빈곤화를 낳았지만 동시에 열약해진 가계소득의 보전을 위해 여성의 사회참여를 촉발시켰다. 이럼으로써 역설적으로 구조조정은 일부 산업부문에서나마 여성고용의 증대를 가져왔다. 이런 상황에서 이슬람주의자들은 전반적인 고용문제의 원인을 고용에서의 남성과 여성간의 경쟁으로 몰아가는 방식으로 남성들의 대변자로 나섰으며, 노동영역을 넘어서 여성의 가정과 사회에서의 지위에 대한 총체적 문제제기를 하였다. 이런 식으로 일부 여성노동의 진전에도 불구하고 구조조정의 주된 희생자였던 여성의 현실을 정당화하는 기능을 하였다. 결국 사회의 재이슬람화로 인한 여성의 사회적 지위의 후퇴는 국가와 이슬람주의자들 간의 합작의 산물인 것이다. 이러한 변화는 도시에서의 빈곤문제의 심화에 기인한 바도 크다. 즉 실업과 저임금 등으로 젊은 부부의 재정적 독립이 어려워져 부모와 함께 사는 부부가 늘고 이러한 주거조건에서 성행위가 부부에게조차 침대에서의 의무로 축소되는 변화가 나타났다(Lamchichi, 2002). 이러한 현상은 서구에서의 근대적 가족의 형성과 성규범의 변화를 연상시키는 것이다.

3) 히잡 착용의 다양한 의미

튀니지의 대표적인 여성학자 수하이르 벨하산(Souhayr Belhassan)은 튀니지의 사례를 근거로 히잡의 부활이 무엇보다도 가족의 해체에서 비롯된 현상이라고 설명했다. 그에 따르면 튀니지의 사회적 조건에서 히잡은 젊은 여성들이 그들에게 부정적인 사회로부터 이탈할 수 있는 탈출구 역할을 한다. 이집트 정치학자 장 프랑수아 끌레망(Jean-François Clément)도 같은 취지에서 국가의 금지에도 불구하고 튀니지 여성들이 히잡을 착용하는 행위는 '시민불복종'의 한 형태라고 해석한다. 이슬람주의자들에게 히잡은 현대사회에서 남녀 간의 불가피한 공존의 상황에서 이 상황이 지니는 성적 유혹과 부정한 행위의 가능성을 제거하는 방편으로 필수적이라는 것이다.[46] 착용을 찬성하는 입장에서는 히잡 착용의 의무화가 여성과 사회 간의 신뢰를 형성한다는 역설적 논리를 편다. 즉 여성들의 사회활동 참여가 히잡의 착용을 매개로 가능했다는 것이다.

히잡문제는 시대와 장소에 따라 다양한 함의를 지닌다. 튀니지에서 히잡이 근대적인 사회체제에 대한 거부를 상징한다면, 이란에서 그것은 부패와 부패한 기성질서에 대한 비판을 담고 있었다(<자료 II-9>참조). 시대에 따른 변화를 보면 대체로 히잡은 근대 초기부터, 특히 아라비아 반도에서 이슬람적 함의를 강하게 띠게 된다. 그러다가 식민지 시대에 오면 히잡은 부르디외와 사야드(Bourdieu & Sayad, 1964)가 지적하듯이 도시화로 인해 착용이 확대된다.

---

46 아라비아 반도의 군주제국가들의 경우에는 여성들이 줄곧 히잡을 착용해왔기 때문에 히잡의 부활이라는 개념이 부적절하다.

4) 이슬람주의와 페미니즘

페미니즘과 이슬람주의는 현재 아랍의 정치사회적 장에서 가장 눈에 띄는 현상이다. 이슬람주의와 페미니즘간의 관계를 규정하기란 쉽지 않다. 먼저 많은 경우 페미니스트들 자신이 남성과 여성이 평등하다는 것을 받아들이지 않는다. 특히 정치적 영역의 경우 페미니스트들의 유보적 태도가 두드러진다. 페미니즘은 나라마다 그것의 성격, 이슬람 및 이슬람주의와의 관계가 다르다. 이 차이는 그 지역의 문화적 특성, 정권의 이념적 경향, 산업구조, 민족해방의 과정, 도시화의 과정과 정도, 정치변동의 양상, 석유의 비중 등의 요인에 좌우된다. 특히 각 지역의 전통적인 토호들이 국가기구를 장악하는 정도가 큰 국가일수록 여성에 대한 억압은 강하게 나타난다.

이슬람주의자들에게 페미니즘은 이슬람법과 아랍민족주의를 제거하기 위해 서양이 고안해 낸 일종의 트로이의 목마이다. 역으로 페미니즘의 입장에서 아랍의 여성들은 무엇보다도 가부장적인 이슬람의 억압의 피해자이다. 한편, 현재 아랍세계에서 나타나는 이슬람주의와 페미니즘의 적대적인 관계는 이 둘의 관계를 남성과 여성, 우파와 좌파, 동양과 서양과 같이 뚜렷이 구분되는 두 세계의 대립으로 환원, 과장하여 제시하는 언론의 영향이 절대적이다. 이러한 표상이 받아들여지는 것은 이슬람이 그 어느 종교보다도 남성의 종교라는 인식이 깊이 뿌리내려 있기 때문이다. 그런데 이러한 인식의 기원은 식민지 시대로 거슬러 올라가는데 특히 당시 서구의 영향으로 태동한 '식민지 페미니즘(colonial feminism)'이 이슬람을 여성의 적으로 부각시켰다.

이슬람과 남성(중심주의)이 태생적 연관을 갖는다는 인식은 이슬람주의로 인해 더욱 강화되었다. 그것은 이슬람주의자들의 주된 목표 중 하나가 바로 남성과 여성이 동등한 권리를 갖는다는 인식과 법을 부정하는 것이었기 때문이다. 그런데 다소 의아하게도 대부분의 아랍 여성주의자들은 이슬람, 심지어 이슬람주의에 대해서조차 여성의 이해와 근본적으로 대립되는 남성 위주의 것으로 보지 않는다. 이들에게 이슬람은 그 어느 것보다도 여성과 섹슈얼리티의 해방에 기여한 종교다. 이집트의 대표적인 여성운동가인 나우알 사다우이(Naoual Saadaoui)는 여성과 이슬람의 대립은 제국주의 세력이 만든 덫이고 아랍여성들의 어려움은 이슬람이 아니라 사회경제적 요인과 민주주의의 저발전에 기인한다고 말한다. 투잔 파이잘(Toujane Faycal) 역시 여성을 위한 자신의 투쟁을 이슬람을 상대로 한 것으로 보지 않는다. 그는 "나는 항상 [여성과 관련된 어떤 사안에 대한] 나의 입장을 코란의 구절들을 참조하여 성리했으며, 이슬람법에 대해 엄밀하고 적극적인 논의를 펴왔다. 바로 이 점이 남성 종교인들이 견딜 수 없었던 점이었다." 지금 언급한 이 두 여성운동가는 이슬람주의 페미니스트(Islamic feminists)이다.

역으로 하나피(H. Hanafi), 투라비(H. Tourabi), 간누쉬(R. Ghannouchi) 등 이슬람주의 지도자들 중 상대적으로 개방적인 인물들은 이슬람주의를 여성의 진보와 해방의 무기라고 주장하며 자신들도 여성해방의 수호자임을 자처했다. 호메이니 역시 혁명에서의 여성의 역할이 중요함을 강조했었다. 오히려 일부 좌파들은 페미니즘을 여성해방으로 나아갈 수 없는 부르주아 운동으로 간주한다. 사회경제적 기반을 보면 페미니즘은 중등 교육 이상을 받은 중간계급, 이슬람주의는 주로 도시에 기반을 둔 현상이다. 점차 도시빈민뿐 아니라 공장노동자, 고등학생, 대학생, 사무직노동자들도 이슬람주의의 지지자들이 되었다. 한편 과거 이슬람과 이슬람을 중심으로 한 정치운동의 주요 지지기반이었던 농민은 이제 이슬람주의와 페미니즘 양자 모두에서 배제되어 있다.

5) 여성운동

페미니즘의 경우 제도화의 문제는 정당의 결성보다는 국가나 정치세력들과의 독립 또는 의존의 관계에 대한 문제이다. 즉 아랍의 정치지형에서 여성운동의 진보는 권력과 정치논리로부터 자유로운 여성단체의 창출과 같은 식으로 나타날 수밖에 없다. 이는 아랍에서 여성단체의 대부분이 국가나 정당이 만든 것이거나 정당과 국가, 정당과 정당간의 투쟁의 부산물이었다는 점을 상기하면 이해될 수 있다.

여성운동의 부상은 여성운동 자체의 역사에서 비롯된 측면이 크다. 즉 아랍민족주의와 사회주의의 시대에 여성문제는 사회문제의 해결을 통해 자동적으로 이루어지는 것으로 인식되었었다. 그런데 이 믿음이 점차 환상이라는 것이 드러나고, 더 나아가 사회문제의 구조적인 해결이라는 전망 자체가 아랍사회주의 세력의 약화와 사회주의권 붕괴로 실현되기 어려워지자 여성운동이 독자적인 길을 걷게 되었다. 여성운동의 경우, 운동의 제도화가 아랍지역 차원에서 이루어지는 경우가 많았다. 초창기에는 1940년대 이집트 카이로에 아랍페미니스트연합(Arab Feminist Union, AFU, Arab Women's Union 등 다르게 번역되기도 함)이 설립되었고 보다 최근에는 1982년 나우알 사다우이(Naoual Saadaoui)를 중심으로 이집트에 설립된 아랍여성연대(Arab Women's Solidarity Association, AWSA), 각국 정부가 설립에 관여한 아랍여성단체(Arab Women's Organisation, AWO, 2002년 설립)가 있다. 이들 지역 차원의 조직에는 다양한 국적의 여성운동가들이 참여하였으며 국가별로 지부 성격의 단체가 존재하기도 했다.

알제리 여성운동의 기원을 보면, 1960~1970년대 좌파 학생운동 출신의 여성들에 의해 시작되었으며, 그래서 여성해방을 민주주의 쟁취와 동일시하는 경향이 강했다. 그러다가 1980년대 국가 주도의 가족법 개악을 둘러싼 투쟁에서 세속적 경향과 이슬람을 입법의 원천으로 존중하는 종교적 경향으로 분화하게 된다. 1990년대 이후 전개된 여성운동의 민주주의 투쟁은 국가에 대한 요구 투쟁이자 동시에 교육, 노동 영역에서 독립 이후 얻어진 성과를 후퇴시키려했던 이슬람주의에 대한 투쟁의 의미를 지녔다.

자료 II-9 이란의 여성문제

이란에서 1978년부터 전개된 반체제운동은 이슬람주의 페미니즘을 낳았다. 그러나 이후 혁명의 우경화로 이 흐름은 약화된다. 그래도 이슬람의 부상을 겪은 다른 사회와 달리 이란의 경우 이 흐름이 지속되었다. 이란의 여성운동은 다음과 같은 흥미로운 양상을 보여준다. 먼저 일부다처제, 이혼, 상속 등 사적 영역에 속하는 주제들에 집중된 여성들의 동원이 역설적으로 이 주제들이 다루어진 언론, 법정, 의회 등 공적 영역에서의 여성의 존재를 부각시키는 결과를 가져왔다. 그리고 이러한 공적 영역에서의 여성의 참여가 역으로 가족이라는 사적 공간에서의 여성의 지위를 향상시키는데 기여했다. 1997년 대선에서 개혁적인 인사인 모하메드 하타미의 당선은 선거 과정에서 청년과 더불어 큰 역할을 한 여성의 지위향상을 가져왔다.

이란의 경우 여성들의 사회진출, 사회운동 및 정치에의 참여는 역설적으로 여성들의 이슬람혁명 참여, 그리고 그 상징이었던 히잡의 착용에 힘입은 바 크다. 비록 의무적인 것이었지만 히잡의 착용은 한편으로는 당시 사회해체의 주된 원인이었던 부패에 대한 고발의 의미를 담고 있었다. 이것은 혁명 일반이 그렇듯이 이란에서의 혁명 역시 부패에 대한 고발과 정의의 실현이라는 의미가 강하게 담겨있었고 혁명과정에서의 여성의 적극적인 참여와 히잡 착용은 이 점과 연관되었던 것이다. 다른 한편으로 여성들은 이러한 역할을 근거로 공적 영역에의 참여를 정당화하였다. 이란-이라크전쟁(1980~1988)의 종결, 라프산자니 대통령의 개방화 노선에 힘입어 1990년대 여성의 사회참여 및 정치진출이 증대되었다. 물론 이러한 현상은 그만큼 여성의 사회경제적 지위가 상승했기 때문에 가능했던 것이다. 이란의 경우 경제위기는 비공식부문의 성장을 가져왔으며 바로 여성의 사회참여는 바로 이 영역을 위주로 이루어졌던 것이다. 제도권 정치에의 진출의 예를 보면 특히 1996년부터 큰 진전이 있었는데 최근에는 조금 주춤한 편이다. 그런데 중요한 것은 바로 이 여성들의 정치진출 그 자체가 정치세력들 간의 논의의 주된 주제가 되었고 그중에서도 여성의 외양에 대한 것이 부각되었다. 바로 이 맥락에서 히잡, 히잡의 착용여부 및 착용방식이 정치논의의 핵심이 되었다.

사실 이란의 경우 히잡을 제외하고는 그리 눈에 띠는 이슬람적인 여성의 행태가 존재하지 않는다. 이것은 혁명 당시에 비해 여성의 이동의 자유의 신장, 후견제도의 약화 그리고 그로 인해 가능해진 직업선택 폭의 확대 등의 사회경제적 변화에 따른 것이다. 더욱이 이란의 대표적인 상징인 히잡의 착용조차 전국적인 현상이나 전 사회집단에 걸친 보편적인 현상이 아니다. 특히 시아파 이외의 종교집단과 그들의 거주시에서 이 관행의 실천은 미미하다. 더 나아가 이 관행은 계급성을 강하게 띤다. 즉 이란에서 히잡의 착용은 뚜렷이 특정 집단에 국한된 관행으로 이 집단은 바로 혁명 이후 체제의 핵심 지지기반을 이루는 집단들인 것이다.

3장. 이슬람주의에서 새로운 이슬람주의로

이 장은 21세기를 전후해 아랍의 이슬람주의가 보인 새로운 양상을 검토한다. 1990년대 이슬람주의는 1979년 이란혁명이나 1991년 알제리 이슬람주의자들의 선거 혁명에 버금가는 급진적인 변화에 실패하고 정권에 의한 강력한 탄압을 겪으면서 약화되었다. 9·11테러를 전후해 이슬람주의의 주된 양상으로 대두된 테러리즘은 이러한 이슬람주의의 위기의 산물이었다. 그런데 외부세계에 화려하게 조명되어 온 테러리즘의 이면에는 보다 광범위한 온건화 경향이 존재한다. 이슬람주의자들은 선거 등 제도권 정치에 적극 참여하고 경제적으로도 압도적인 조직력을 바탕으로 시장개방으로 탄생한 새로운 무역 분야를 중심으로 경제활동에 적극 참여하게 된다. 이들은 더 이상 시장개방으로 어려운 처지에 놓인 빈곤층에서만 지지자를 찾지는 않는다. 신흥부르주아지가 새로운 이슬람의 주체이자 지지기반이 되고 있는 것이다. 이슬람의 새로운 형태인 소위 '시장 이슬람'이 1990년대 후반부터 세를 확장하고 있는 것이다. 신자유주의 방식의 경제개혁 과정에서 아랍사회의 통합기제로 작용한 절차적 민주주의도 이슬람주의의 새로운 활동의 기반이 되고 있다. 이를 입증해주는 대표적인 사건으로 우리는 2002년 터키의 정의발전당

(AKP), 2005년 1월 시아파 지도자 알-시스타니가 이끄는 통일이라크연합, 2005년 6월 레바논 남부에서의 헤즈볼라(Hezbollah)-아말(Amal) 연합세력, 2006년 하마스 등의 선거승리, 2006년 2차 레바논 전쟁에서의 헤즈볼라에 대한 대중적 지지, 그리고 아랍의 봄 이후 튀니지, 모로코, 이집트 등지에서 볼 수 있었던 이슬람주의 정당의 선거 승리 및 집권의 사례를 들 수 있다.

1. 이슬람주의의 성공요인

이란혁명의 성공을 시작으로 1980년대 이슬람주의가 일국적, 세계적으로 거둔 성공은 괄목할 만한 것이었다. 대학, 노조, 지역사회 등 시민사회에서 아랍민족주의와 사회주의를 누르고 가장 강력한 대항이데올로기가 되었으며 튀니지의 엔나흐다, 이집트의 무슬림형제단, 팔레스타인의 하마스, 레바논의 헤즈볼라 등 강력한 대중적 기반을 가진 이슬람 단체들이 정권을 위협하였다. 이는 1950~1960년대 나세르의 아랍민족주의의 사례에 비견할 만한 것이었다. 이슬람주의가 광범위한 지지를 끌어낼 수 있었던 원인은 이 새로운 종교운동이 한편으로는 개인들에게 의미와 소속감을 제공해주었기 때문이다. 이슬람주의는 서구에 비해 뒤처진 이유에 대한 물음, 우리가 누구이고 서구는 우리에게 무엇인지와 같은 정체성 문제에 대한 효과적인 답변을 제시했다. 근대 이후 아랍세계가 겪고 있는 문제들의 원인을 잘못된 신앙이나 이슬람을 배신하는 지배세력과 같은 내적 요인에서 찾으며 이슬람의 '황금시대'로의 복귀를 주창함으로써 아랍 민중에게 고통스러운 현실을 견딜만하게 하는 삶의 의미를 제시해주었던 것이다.

이슬람주의는 타협과 술수만이 판치는 기존 정치에 사회정의나 철저히 계율에 따르는 삶과 같은 도덕적 담론으로 맞섰던 것이다. 갈리운에 따르면 결국 "대중을 끄는 것은 이슬람주의의 구체적 방안보다 그것이 지닌 급진성이다(Ghalioun, 1997: p. 111)." 이런 면에서 이슬람주의의 이론적 빈곤은 크게 문제되지 않는다. 사실 아민이 이슬람주의에는 정치경제학이 존재하지 않는다고 지적하듯이 아랍사회 변동의 주된 요소들에 대한 과학적 해명과 대안이 존재하지 않는다(Amin, 1982). 더 나아가 꼬름(G. Corm)은 이슬람주의 담론은 파시즘이나 인종차별주의에서처럼 '전쟁담론(discours de guerre)'일 뿐이며 그래서 정치적 동원을 위해 단순화되고 가식적인 이 담론은 그 자체로는 이슬람주의의 본질에 대해 아무것도 우리에게 말해주지 않는다고 말했다(Corm, 1992).

그런데 이슬람주의의 성공은 역설적으로 이 이론의 부재, 대안의 추상성에 기인한 것이라 볼 수 있다. 즉 한편으로 사회의 미래에 대한 전망이 부재한 상황에서 종교로서의 이슬람의 총체적이고 단순화된 사회해석과 처방이 대중동원에 매우 효과적이었던 것이다. 갈리소의 다음의 표현은 초월적인 것에 근거한 종교운동으로서의 이슬람주의의 매력을 잘 보여준다.

> 민족적 미래가 사라질 때 종교가 사회적 유토피아의 최후의 담지자로 부활한다. 종교는 자신을 정당화할 필요가 없어서, 즉 종교 자신이 자신의 정당성이어서 희망을 잃은 자들에게 희망을 심어주지 않는가?(Gallissot, 1987: p. 210)

이슬람주의 단체는 소속감과 집단적인 경험을 제공해줄 수 있는 거의 유일한 사회집단이었다. 노조는 국가에 따라 차이가 크지만 산업화가 저조함에 따라 큰 비중을 갖지 못했고 마을공동체, 친족공동체와 같은 전통적인 사회통합의 단위는 급속한 도시화로 인해 와해되었다. 도시빈민지역에서 재농촌화(reruralization) 현상의 일환으로 공동체가 부활하는 경향이 나타났는데 주로 이슬람과 이슬람 세력이 새로운 사회적 유대의 주체가 된다. 하마스(Hamas)의 사례는 이 점을 잘 보여준다. 이집트 대통령 사다트 사망(1981년)의 여파로 이집트에서 쫓겨난 팔레스타인인들이 1987년 창설한 하마스는 빈민과 난민을 대상으로 하는 현장밀착적인 사회봉사활동을 통해 대중적인 지지를 획득했다. 하마스가 주요 구호 대상으로 삼은 집단은 첫째, 가자 지구 주민과 난민촌 거주민 등 가장 어려운 팔레스타인인들, 둘째, 이스라엘의 공격으로 희생된 순교자들의 가족과 수감자 가족이었다. 또 다른 팔레스타인 민족해방운동 세력인 이슬람 지하드(Islamic jihad, 1980년 창설)의 경우는 하마스와 달리 사회사업보다 팔레스타인인 거주지역을 불법적으로 점령한 이스라엘군에 대항한 무장투쟁에 주력하였고 이로 인해 풀뿌리 조직과 대중적 지지가 상대적으로 약했다. 레바논의 헤즈볼라(1982년 창설) 역시 이란에 있는 모 조직의 지부의 성격을 띤 여러 재단을 설립해 각종 사회사업을 전개하였다(Ghandour, 2002).

이슬람주의는 또한 일반적으로 종교가 수행하는 보수적인 기능, 즉 기존 사회질서를 종교적 방식으로 유지 내지 강화시키는 사회적 결속의 기능을 수행하였다. 이것은 이 새로운 형태의 이슬람이 상당부분 국가, 심지어 외세의 지원 속에서 성장하였고, 역으로 정치권력은 이슬람 원리를 법, 정치, 경제에 도입함으로써 사회통제를 용이하게 할 수 있었다는 점에서 알 수 있다. 아랍세계가 현재까지도 소위 '종교문제(problem of religion)'에서 벗어나지 못한, 다시 말해 현재 아랍세계가 겪고 있는 문제들의 원인과 해결책을 종교에서 찾고 종교적 언어로 사회문제를 논의하는 지적 지형 역시 이슬람주의가 사회운동으로서, 이데올로기로서 독점적인 지위를 누릴 수 있었던 배경이 되었다. 예를 들어 아랍사회의 비판세력을 대표하는 모로코 학자 압달라 라루이(Abdallah Laroui)는 "종교에 대한 비판은 모든 비판의 토대"라는 칼 맑스의 견해를 토대로 종교 중심의 논의구도를 변화시키기 위한 방안으로 당대의 구체적인 현실에 입각한 비판적인 논쟁이 필요하다고 역설하였다(Abu-Rabi, 1996: p. 23). 그간 아랍정권들은 이슬람적 요소에 대한 존중이 국민의 경제적 어려움을 보상해주는 효과적인 수단이라고 생각해왔다. 정권은 또한 이슬람주의자들을 좌파에 대한 견제세력으로 여겨왔다. 사다트 대통령 등 많은 아랍정권들이 사회의 재이슬람화를 지지했던 것은 바로 이 때문이다. 그 결과 아랍사회의 공공영역에 이슬람적 요소가 넘쳐나게 되었다(Ferrié, 2008: pp. 9~10).

맑스에 따르면 종교는 아직 자신을 찾지 못했거나 자신을 잃어버린 자의 자기인식(self-consciousness)이다. 이슬람의 부상이 특히 아랍사회에서 두드러진 것도 정체성이나 의미의 문제가 아랍사회 논의의 두드러진 특징이라는 점을 감안하면 이해될 수 있는 것이다. 맑스는 또한 이러한 의미부재의 조건에서 창출된 종교는 뒤집혀진(reversed) 세계인식(world-consciousness)이며 그것은 이 종교를 산출하는 국가, 사회가 뒤집혀진 세계이기 때문이라고 말한다. 종교는 바로 이 뒤집혀진 세계에 대한 총체적 성격의 설명체계(general theory)라는 것이다(Marx and Engels, 1982: p. 41). 다른 종교와 비교해볼 때 이슬람의 특징이 그 선명성과 단순성에 있듯이 이슬람주의의 성공요인은 그 단순성과 총체성에 있다. 왜곡된 방식이긴 하지만 이슬람주의자들의 주장에는 오스만 제국의 쇠퇴와 해체 이후 강대국의 그늘에서 겪는 고통, 그러면서도 잃지 않은 자존심이 반영되어 있는 것이다. 맑스에 따르면 종교적으로 표현되는 고뇌는 현실에서 겪는 고통의 표현이자 동시에 이 현실의 모순과 고통을 이겨내려는 투쟁이다. 이런 측면에서 이슬람주의는 의미를 잃은 아랍인들에게 아편이었다. '아랍의 봄'은 잠시나마 이 아편과 같은 환상적인 처방이 현실적인 처방으로 변하고 있다는 기대를 심어주었다.

2. 급진화와 온건화의 이중적 변화

이슬람주의의 성격이 변화를 겪게 된 계기나 시기는 개별 운동마다 다르지만 대체로 1992년 알제리 이슬람주의자들의 선거혁명의 좌절, 1990년대 중동평화협상, 아랍국가들의 정치적, 경제적 개방화, 9·11테러 등이 변화의 계기가 되었다. 따라서 1990년대 중반에서 2000년대 초반이 이슬람주의에 새로운 경향이 나타났던 시기라고 할 수 있다. 9·11테러를 전후해 이슬람주의의 주된 양상으로 대두된 테러리즘은 역설적으로 이슬람주의의 위기의 산물이었다. 현재 이슬람주의의 소수 급진파의 활동은 주로 테러리즘의 형태를 띠는데 알랭 슈에는 다음과 같은 이슬람 테러리즘의 시대구분을 제시한다. 첫째, 1970년대 유럽-팔레스타인 테러리즘, 둘째, 1980년대 이란, 시리아, 리비아에서의 국가 테러리즘, 셋째, 1990년대 초 이래 서구사회와 이슬람국가들을 대상으로 한 '이슬람' 테러리즘. 그리고 세 번째 이슬람 테러리즘의 등장배경을 탈냉전 이후의 변화에서 찾고 있다. 잘 알려진 대로 냉전 말기였던 1970년대 후반 미국 등 자본주의 국가들은 소련과 아랍세계 내부의 좌파를 약화시키려는 목적으로 이슬람을 근간으로 한 정치 세력을 육성 또는 방조하였다. 그런데 슈에에 따르면 1979년 이란혁명을 계기로 급성장한 이슬람 세력은 소련의 붕괴 이후 존재가치를 상실하여 미국과 서방으로부터 버림받게 된다(Alain Chouet, 2007: pp. 9~11).

그런데 이 방치된 종교세력은 특히 여러 분쟁지역에 기반을 가지고 있던 무슬림형제단에 의해 활용되게 된다. 이런 식으로 활성화된 탈냉전 시대 이슬람 테러리즘의 새로운 점은 앞선 두 이슬람 테러리즘과 달리 국가나 혁명세력의 잘 훈련되고 조직화된, 뚜렷한 목적에 봉사하는 전략적 수단이 아니다. 물론 이란이 재정적, 사상적으로 강한 영향력을 미치고 있는 시아파 테러조직은 예외적인 사례이다. 이렇게 종교적, 정치적으로 제도화 정도가 미약한 현재의 이슬람 세력이 사용하는 폭력의 특징은 국가나 법을 의식하지 않는 것이다. 심지어 이슬람법조차 고려하지 않는 경우도 많다(앞의 책: p. 12). '이슬람으로부터의 이탈'이라고 부를 수 있는 이 현상은 맥락은 다르지만 이하에서 살펴볼 온건한 이슬람주의 역시 경험하는 것이다.

이슬람주의의 온건화는 무장투쟁의 포기와 그에 따른 정부군 및 외세와의 폭력적인 대결양상의 약화, 반정부 및 반체제 운동 진영에서의 이슬람주의의 비중 약화, 조직 및 이념에서 중산층의 비중 증대, 이슬람 원리의 관철이라는 이상의 약화, 서구사회가 경험한 것과 유사한 종교의 개인화 경향, 민주주의 제도의 수용 및 제도권 정치에의 참여 등 다양한 측면을 지니는 현상이다. 전 지구적인 차원에서 볼 때 현재의 테러리즘이 탈냉전의 산물이라면 온건한 이슬람주의는 동시대 아랍세계에 확산된 세계화의 산물이라고 할 수 있다. 아랍세계에 세계화는 무엇보다도 정치군사적 차원의 세계화이다. '중동분쟁(Middle East Conflict)'에서 '중동전쟁(Middle East War)'로의 수사학적인 변화는 외세의 직접적인 군사개입이 제한적이었고 지역 차원에 국한된 '저강도 전쟁(Low intensity conflict, LIC)'으로서의 분쟁이 UN의 이름으로 수행되는 상시적이고 국제적인 전쟁으로 변형된 현실을 반영한 것이다. 그렇지만 정치군사적 세계화는 경제적 세계화를 동반하는 것이며 일국 정치는 경제적 세계화를 수행하기에 적절한 형태로의 변화를 강요받게 되는 것이다. 1980년대 후반부터 부채문제를 계기로 국제 금융기구와 채권국으로부터 구조조정과 시장개방을 강요당한 아랍국가들은 국제사회가 주도하는 반부패운동, 인권운동, 선거 및 다당제 등 정치적 민주주의 제도 도입 요구 등의 압력을 받게 된다. 물론 이시기 아랍 각국에서 진행된 민주화, 보다 정확히 말하면 자유화 또는 정치개방은 시민사회의 압력이나 정권의 정당성의 약화 등 일국적 요인이 작용한 것이기도 하다.

이러한 변화된 환경에서 이슬람주의자들은 제도권 정치에 적극 참여하게 된다. 민주적 정치과정에 참여하면서 이슬람주의가 얻은 성과 중 대표적인 사례로는 아랍사회는 아니지만 2002년 레제프 타이이트 에르도안(Recep Tayyio Erdogan) 현 총리가 이끌었던 터키의 정의발전당(*Adalet ve Kalkınma Partisi,* AKP, Justice and development party)의 집권을 들 수 있다. 온건한 이슬람의 대표적인 사례로 간주되고 있는 이 정당은 세 번 연속 집권하는 등 민주주의를 수용하는 보수정당으로 성공적으로 변신함으로써 1980년대 혁명을 통한 집권으로 전 세계 이슬람 세력의 모델이 되었던 이란의 경우처럼 이제 선거를 통한 이슬람 세력의 집권이라는 새로운 길의 모델이 되고 있다. 아랍세계의 경우도 지역에 따라 편차가 있긴 하지만 유사한 경향을 확인할 수 있다. 무슬림형제단, 헤즈볼라, 하마스, 알제리의 사회평화운동(Movement for the Society of Peace, MSP) 등 대표적인 세력들이 공히 선거참여 전략을 채택하였고 이에 상응하는 노선의 변화를 보인 것이다.(<표 II-4> 참조)

<표 II-4> 총선에서 아랍 이슬람주의자들이 차지한 의석수의 변화

국가	연도	정당 또는 사회운동단체	결과	
			획득한 의석수	전체 의석수
알제리	2007	MSP	52	389
		IRM	5	
	2002	MSP	38	360
		IRM	1	
	1997	MSP	69	231
		IRM	341	
	1991	FIS	188(a)	231
이집트	2010	Muslim Brotherhood(b)	1(c)	444
	2005		88	444
	2000		17	444
	1995(d)		1	444
요르단	2007	IAF	6	110
	2003		17	104
	1997(e)		-	-
	1993		16	80
레바논	2005	Hezbollah	14	128
		AMAL	15	
	2000	Hezbollah	8	128
		AMAL	19	
	1996	Hezbollah	9	128
		AMAL	13	
	1992	Hezbollah	12	128
		AMAL	15	
모로코	2007	PJD	46	325
	2002		42	325
팔레스타인	2006	HAMAS	74	132

(출처: Maddaville(2007: p. 102)를 보완한 것임)

a. 알제리 군부가 선거결과를 무효라고 선언함.
b. 이집트에서는 무슬림형제단의 정당활동이 금지되었기 때문에 이슬람주의자 후보들은 무소속으로 입후보했으며 국민들은 이 후보들이 무슬림형제단 소속이라는 사실을 잘 알고 있었음.
c. 2010년 총선에서는 무슬림형제단 등 야권이 선거를 보이코트 하였음.
d. 무슬림형제단 소속 후보들이 대거 투옥 또는 수배되었음.
e. 이슬람행동전선(Islamic Action Front, IAF)이 1997년 선거를 보이코트 하였음.

* 약호 설명
MSP: Movement for the Society of Peace
IRM: Islamic Renaissance Movement
FIS: Front Islamic du Salut
IAF: Islamic Action Front
AMAL: Afwaj al-Muqawama al-Lubnaniyya
PJD: Justice and Development Party

2000년대 초반 레바논 이슬람 무장단체인 헤즈볼라(Hezbollah)는 창설 이후 처음으로 정치권에 참여하는 길을 선택하게 된다. 1982년 이스라엘의 레바논 침공을 계기로 결성된 이 조직은 이후 레바논 남부에 대한 이스라엘의 불법 점령이 2000년 5월까지 지속되면서 대부분 시아파인 이 지역 주민들의 압도적인 지지를 받았다. 그러다가 1990년 레바논 내전이 끝나면서 급진적이고 비합법적인 군사조직에서 군사조직은 유지하지만 제도권 내의 주류 정당으로 변신하게 된다. 2005년에는 또 다른 이슬람 조직 아말(AMAL)과 함께 '저항과 발전'이라는 선거블록을 형성해 레바논 남부지역에서 많은 의석을 확보했다. 이란 헌법을 모방한 강령을 가시고 있고 이란의 재정적, 군사적 지원을 받아온 아랍의 대표적인 급진 이슬람단체가 이러한 노선전환을 감행한 배경을 보면 시리아의 철수로 보호막이 사라지고 자신에 적대적인 미국의 레바논 개입이 강화됨으로 인해 온건한 행보가 요구되었기 때문이다. 과거 시리아가 레바논을 통제할 당시에는 헤즈볼라가 정부에 참여하는데 관심이 없었다. 특히 이 단체가 레바논이라는 일국 차원의 조직을 넘어서 팔레스타인 문제를 비롯한 중동지역 전체의 문제를 염두에 둔 지역 차원의 조직이었다는 점도 레바논 정치에 대한 그동안의 무관심을 설명해주는 요인이다. 물론 헤즈볼라의 경우에는 이러한 최근의 전략수정에도 불구하고 여전히 군사적인 면을 갖춘 저항운동이 주된 요소이고 정치참여는 보조적인 측면일 뿐이다(Confluences Mediterranee, 2007: pp. 41~42).

이집트의 무슬림형제단 역시 이슬람주의의 새로운 경향을 전형적으로 보여주는 사례이다. 1970년대 이후 일부 지도자들은 이 단체의 설립자이자 사상적 지주였던 사이드 쿠트브(Sayyid Qutb)의 사상을 더욱 극단적으로 적용해서 단지 정권만이 아니라 이집트 사회 전체가 자힐리야(jahiliya), 즉 신의 뜻에 따르지 않는 상태에 있다고 간주하게 된다. 따라서 지하드(jihad), 즉 성전이 보다 광범위한 대상과 사안에 적용되게 된다.(<자료 II-10> 참조) 1981년 사다트의 암살과 그 직전에 일어났던 테러들은 바로 이러한 급진화 과정의 산물인 것이다. 이들이 급진적인 태도를 가지게 된 사회적 배경을 보면, 당시 이집트에서 정권과 이슬람주의자들은 극단적인 적대관계에 놓여있었고 타협의 여지가 없는 제로섬 게임의 상황이었다. 그러다가 무바라크 집권 후 그간 불법단체로 규정되었던 무슬림형제단에게 제한적인 활동의 자유가 허용되자 그간 견지해 온 급진적이고 전투적인 노선을 버리고 온건화 경향을 보이게 되었다. 이후 시기별로 이들의 정치적 위상과 전략에 변화가 있었지만 결과적으로 일반적인 세속 정당과 크게 다르지 않은 정치세력으로 변화하게 된다.

자료 II-10 사이드 쿠트브의 사상

1950~1960년대 무슬림형제단의 대표적인 이론가이자 지도자였던 사이드 쿠트브의 사상은 자힐리야(*jahiliya*), 하키미야(*hakimiyya*), 지하드(*jihad*)와 같은 세 가지 개념에 요약되어 있다. 하키미야는 신의 주권을 의미하는데 신은 세계에 대한 배타적인 권리를 가지는 것이다. 인간은 오직 신에만 복종해야 한다. 신의 대리자인 통치자가 신의 명령을 소홀히 여기면 자힐리야에 빠지게 된다. 따라서 이러한 통치자에 대해서는 저항해야 한다. 자힐리야의 상황에서의 저항은 정당한 전쟁, 즉 지하드인 것이다. 남아시아 이슬람주의의 창시자인 마우두디 역시 '진정한 무

슬림'과 '이름뿐인 무슬림'을 구분하였지만 후자를 극단적으로 거부하고 투쟁의 대상으로 삼지는 않았다. 이와 달리 쿠트브는 당시 집권하고 있던 이집트의 권위주의적이고 억압적인 아랍민족주의 정권을 올바르지 않은 무슬림으로 규정하고 저항했던 것이다. 그는 이집트 정권 및 정치체제에 대해 출교(*takfir*, excommunication)를 선언하기도 하였다(Ayoob, 2008: p. 74).

경건주의적인 초기의 신학적 경향이나, 나세르의 극심한 탄압 속에서도 견지했던 비타협적인 노선은 이제 더 이상 찾아볼 수 없다. 자힐리야로 규정했던 이집트 정치체제를 인정하는 노선전환을 하며 이집트 제1의 야권세력으로 자리잡은 것이다. 「필수불가결한 민주주의」, 「여성의 지위」, 「소수자로서 형제단과 콥트족의 권리」에 대한 선언은 민주주의 제도 내에서의 권리 주장에 주력하게 되었음을 보여주는 사례들이다. 무소속으로 선거에 참여한 무슬림형제단이 획득한 의석수를 보면 1995년 444석 중 1석을 얻어 처음으로 의회진출에 성공한 이후 2000년 17석, 2005년 88석을 획득하는 등 괄목할만한 성과를 거두었다. 2010년 선거는 최대 야권세력이었던 무슬림형제단 후보자들을 포함해 야당이 선거에 참여하지 않았다.

역사적으로 보면 무슬림형제단이 최근 이집트 제도권 정치에서 큰 영향을 가지게 된 것은 이들이 1954년 나세르 정권에 의해 정치활동이 금지된 이후 오랫동안 비합법 상태를 경험하면서 합법적인 지위를 쟁취하기 위해 수행했던 노력의 결실이라고 할 수 있다(Al-Awadi, 2004). 이는 이슬람주의 일반이 그렇듯 보수적인 경향의 종교운동이었던 무슬림형제단이 결코 사회체제나 계급구조의 혁명적 변화를 추구하였던 것은 아니며 비합법노선은 서구의 극좌파에서 볼 수 있는 급진적인 거부라기보다 정권의 탄압에 의해 강요된 결과라는 점을 말해준다. 결국 2011년에는 민중봉기에 의해 무바라크 대통령이 물러나면서 '자유정의당'이라는 자신의 독자적인 정당을 창설했으며 2012년 6월 무함마드 무르시(Muhammad Morsi)를 대통령에 당선시키기도 했다. 현재 무슬림형제단은 노조, 학생운동조직, 투자회사, 의회 등 사회 전역에 광범위하게 진출해있으며 이는 1980년대 무바라크 집권 초기부터 유지해 온 고도로 체계적인 구조로 인해 가능한 것이었다. 이상과 같이 현재 아랍의 많은 지역에서 이슬람주의 세력이 정치적 장의 비중있는 세력이 되고 있는 것이다.

3. 새로운 이슬람주의

이슬람주의 단체 및 정당에 대한 정권의 지속적이고 강력한 탄압, 조직원의 세대교체와 같은 요인으로 인해 이슬람주의자들은 새로운 정치 전략을 모색하게 되었고 가장 두드러진 변화는 위에서 살펴본 제도권 정치에의 참여였다. 이 과정은 역으로 정권의 개방적인 태도가 동반된 것이었다. 1980~1990년대를 거치면서 이슬람세계의 많은 정권들이 제한적인 정치개방(political openings)을 시도하였다. 이들은 정기적으로 선거를 실시하고 최소한 형식적으로라도 다당제를 채택하게 된다. 또한 국제사회가 주창하는 인권을 옹호한다고 표방하고 외국의 국가 기구나 비정부단체가 주도하는 반부패운동이나 민주주의 강화 프로그램 등을 지지하는 변화를 보이게 된다(Mandaville, 2007: p. 103).

전문가들은 이러한 배경에서 나타난 이슬람주의의 변화를 '새로운 이슬람주의자(New Islamists)', '온건한 이슬람주의자(Moderate Islamists)', '무슬림 민주주의자(Muslim democrats)'와 같은 표현으로 설명한다. 먼저 새로운 이슬람주의(New Islamism) 또는 새로운 이슬람주의자(New Islamists)와 같은 표현은 신사회운동(New Social Movements)이나 신종교운동(New Religious Movements) 등의 경우처럼 기존 이슬람주의와는 다른 문제의식, 사회관, 실천방식을 보인다는 점을 강조하는 개념이다. 이 표현을 사용하는 사람들은 이슬람 정치세력 중에도 온건한 경향이 존재하며 적어도 이들의 경우 이슬람과 근대성은 양립가능한 것이라는 입장을 표명하고 있는 것이다. 참고로 이 표현은 주로 이집트 이슬람주의자들을 가리킨다. 그것은 아랍의 정치적, 지적 중심인 이집트가 이슬람주의가 태동한 곳일 뿐 아니라 새로운 경향의 산실이기도 하기 때문이다.

'새로운 이슬람주의자'라는 표현은 이렇게 표면적으로나마 민주적으로 변화한 새로운 정치체제에 참여하게 된 집단을 가리키는 것이다. 이들의 선배인 '1세대 이슬람주의자들'이 이슬람 원리에 따라 사회를 바꾸기 위해 정치권력의 장악을 목적으로 하였다면 새로운 이슬람주의자들은 보다 장기적이고 점진적인 방식으로 사회를 바꾸어나가는 전략을 선택한 것이다. 또한 '새로운 이슬람주의'의 등장이 최근 정치무대에의 진출로 부각되었지만 이미 1990년대 초 소위 '정치적 이슬람의 실패(Roy, 1992)'를 배경으로 한 이슬람주의의 변화가 지적되었었다.[47]

현 사회 및 정치체제에의 참여를 중시하는 새로운 이슬람주의자들의 접근방식은 다른 정치세력들과의 관계나 선거전략에 대한 관심을 강화시켰고 담론에 있어서도 1세대에 비해 민주주의, 인권, 법치국가 등의 개념을 자주 사용하게 하였다. 이제 상대적으로 이슬람법(샤리아)에 대한 언급은 줄어들었으며 선배 세대에게는 용납될 수 없었던 세속적인

[47] 신근본주의, 포스트이슬람주의 등 유사한 개념에 대해서는 이 책의 134쪽을 참조하시오.

정치세력과의 연대 및 선거동맹을 어렵지 않게 볼 수 있게 되었다. 그렇다면 새로운 이슬람주의자들은 구체적으로 누구를 가리키는가? 광의의 의미로 볼 때 이 개념은 앞 장에서 살펴본 무슬림형제단이나 헤즈볼라 등 이슬람단체들의 변신을 가리키는 것이지만 협의로 볼 때는 노선 차이로 기존 조직에서 갈라져 나온 조직이나 새로이 형성된 조직들을 가리킨다. 일반적으로 새로운 이슬람주의의 대표적인 사례로는 이집트의 알 와사트(*Hizb al-Wasat*, the Center Party), 요르단의 이슬람행동전선(IAF)이 언급되는데 둘 다 무슬림형제단과 연관된 조직이다.

이집트의 와사트 당은 명칭의 의미가 아랍어로 중도(center)라는 점에서 알 수 있듯이 유연한 입장을 표방하면서 무슬림형제단으로부터 갈라져 나온 세력이다. 이 정당은 무슬림형제단의 지도자들이 예전처럼 무소속이나 다른 정당 후보자로서가 아니라 자신들만의 독자적인 정당의 후보자로 선거에 참여하기 위해 만든 정당이다. 이들은 이슬람에 대한 경직된 해석 대신에 현대적인 해석을 표방하고 심지어 비무슬림 단체에게도 문호를 개방하였다(Mandaville, 2007: p. 104).

이슬람세계에서 더 개방적인 이슬람 정치세력은 '무슬림 민주주의자(Muslim Democrats)'로 불린다. 무슬림 민주주의자들은 자신들을 19세기 후반 서유럽에서 태동한 기독교 민주주의에 비유한다. 터키의 정의발전당(AKP)이 이 유형에 가장 근접해있는 사례로 여겨지고 있다. 터키, 인도네시아, 파키스탄과 같은 비아랍권에서 그 사례를 찾아볼 수 있는 무슬림 민주주의는 매우 실용적인 경향으로서 민주주의의 틀 내에서 개인이나 사회의 이익을 효과적으로 대변할 수 있는 안정적인 정치체제의 유지가 무엇보다 우선시되는 것이다. 이들에 이르게 되면 이슬람주의자들은 세속적인 정당들과 매우 유사해진다. 아랍권에서도 다수의 알제리 이슬람정당의 경우처럼 자신들의 종교적인 원칙보다는 실용주의가 강조되고 종교적 색채를 드러내지 않는 경향이 나타나고 있다.

한편 이슬람주의 내부에서 새로운 세대가 출현한 것과 같은 시기에 지식인사회에서도 새로운 비판적 지식인이 등장하게 된다. 알랭 루시용은 이슬람사회의 지식인을 전통적인 율법학자, 세속적인 지식인, 이슬람 지식인 등 세 가지 유형으로 구분한다. 이슬람지식인은 앞의 두 기존 지식인 집단을 비판하며 등장한 제3의 지식인 유형이다. 알랭 후시용에 따르면 이들이 기존 아랍사회 지식인들과 다른 점은 전통적인 종교인들은 생각조차 못하는, 그리고 세속적 지식인들의 경우에는 문제의식은 있지만 그에 대한 답을 제공하지 못하는 문제들을 다룬다는 점이라고 설명한다. 이들은 자신들을 이슬람세계의 정체를 극복하기 위한 대안으로 자처한다. 이들에게 이슬람세계가 지닌 문제의 근원은 폐쇄성에 있다. 즉 '이즈티하드의 문이 닫혔다'라는 자주 사용되는 표현이 의미하듯이 이슬람에 대한 자유로운 개인적인 해석이 11~12세기 이래 불가능해 진데 따른 것이다. 권위를 가진 소수의 전문가들이 자신들의 폐쇄적인 이슬람 인식을 대중들에게 강요해온 것이 문제라는 것이다. 이들은 또한 이슬람을 급진화시키고 서구와의 정치군사적 갈등을 심화시킨 기존 이슬람주의에 대한 대안으로서 자신을 규정한다(Alain Roussiollon, 2005: pp. 9~11). 이슬람주의자와 새로운 이슬람주의자의 구분이 실제 현실에 적용하기에 용이하지 않은 이념형적인 것이라면 지식인의 유형화는 더욱 어려운 문제이다. 예를 들어 기존 이슬람주의자들 역시 출현 당시에는 서구화된 지식인, 전통적 종교인과 구분되는 제3의 지식인으로 규정되기도 했다.[48]

---

48 지식인의 유형화에 대해서는 이 책의 141쪽의 <자료 II-5>를 참조하시오.

Ⅲ부 전쟁과 이슬람

I부와 II부에서 우리는 이슬람주의 현상이 보편적이고 사회적인 현상임을 알 수 있었다. 이와 함께 이 현상은 글로벌한 차원의 정치경제적 요인이 크게 영향을 미치는 현상이다. 아랍세계 근현대사에서 상당 부분 돌출적인 현상이라고 할 수 있는 이슬람주의는 그 배경에 중동 및 북아프리카 지역 차원의 정치적, 경제적 구조의 변동이 존재한다. 이러한 시각은 이 현상의 기원에 냉전, 석유, 미국과 같은 요인이 자리하고 있다는 점에 근거를 둔다. 특히 중동분쟁이라고 불리어져 온 폭력적인 상황은 종족 갈등, 종교의 정치화 현상을 만들어내거나 지속시키는 역할을 해왔다. 이 · 팔 분쟁, 레바논전쟁, 이라크전쟁, 아프가니스탄전쟁 등 끝나지 않는 또는 반복되는 전쟁은 이 지역을 대표하는 현상이다. 그리고 이 끝나지 않는 전쟁과 함께 이슬람주의 역시 1970년대 이후 아랍세계의 핵심적인 사회현상으로서의 지위를 유지하고 있다. 물론 이슬람주의는 정치적 대안세력으로서의 한계를 드러냈고 정권의 강력한 탄압으로 괴멸되거나 변질되기도 하였다. 그럼에도 불구하고 최근 '아랍의 봄' 이후의 정치변동이 잘 보여주듯이 여전히 아랍세계에서 이슬람주의를 대신할 정치세력이나 이념은 부상하지 않고 있다. III부에서 우리는 이러한 이슬람주의의 힘이 어디에서 기원하는지에 대한 또 하나의 실마리를 풀 수 있을 것이다. 또한 중동분쟁이 적어도 외면적으로는 종파 및 종족 간 갈등의 양상을 띠고 있으며, 이란, 하마스, 헤즈볼라 등이 중동분쟁의 한 축을 형성하고 있다는 점에서 중동의 폭력적 상황은 이슬람주의 현상을 이해하는데 필수적인 요인이라고 할 수 있다.

1장. 팔레스타인 문제의 역사와 현실

'팔레스타인 문제' 또는 '이 · 팔 분쟁'에 대한 일반적인 인식은 이 현상이 상당히 독특한 양상을 띠고 있고 특별한 의미를 지니는 것이라는 생각이다. 즉 우리에게 팔레스타인은 한편으로는 이해가 안 될 정도로 유달리 지겹게 반복되는 폭력, 전쟁, 또는 평화협상으로, 다른 한편으로는 일신교의 뿌리이자 3대 종교 공통의 성지 예루살렘이 있는, 그 어느 지역보다 특별한 의미를 지니는 곳으로 인식되어 있다. 그러나 이 · 팔 분쟁이 지니는 이러한 예외적 성격이 그리 자명한 것은 아니다. 사실 근대가 잉태한 대부분의 지역분쟁은 근본적인 해결 없이 갈등상황이 재생산되어왔으며, 그렇게 종교적으로 특별한 의미를 지니는 팔레스타인 땅이 종교적으로는 항상 중요했지만 정치적으로 중요해지고 분쟁의 상징이 된 것은 불과 1세기 전부터이다.

팔레스타인 문제가 다른 유사한 현상들보다 주목할 만하고 실제 그렇게 고려되는 데에는 팔레스타인 문제가 지니는 다음과 같은 보편성과 특수성 때문이다. 먼저 보편성을 보면 팔레스타인 문제에는 근대성의 핵심 동력이 전형적인, 순수한, 달리 말해 극단적인 방식으로 존재한다. 즉 국민국가의 형성과 재생산의 주요 기제였던 정복, 점령, 소수자의 차별이 이스라엘이라는 근대국가의 핵심기제였으며, 이스라엘-팔레스타인 관계는 근대적인 동양-서양 관계의 상징으로 작용해왔다. 이런 의미에서 이스라엘은 과거에도 지금도 '서양'의 작품이며, 실제 중남미처럼 상당 부분 백인사회, 유럽적인 사회이다. 바로 이런 의미에서, 즉 순수하게 종교적인 차원에서가 아니라 이상과 같은 역사적이고 구조적인 배경에서 이스라엘은 그들의 성지로, 다시 말해 서구 근대의 성지로 경배되고 있는 것이다. 팔레스타인 문제가 주목받는 또 다른 이유는 그것이 지니는 특수성이다. 그것은 바로 분쟁 당사자 간의 극단적인 힘의 불균형, 그리고 그것의 심화이다. 이·팔 분쟁의 상징이 다름 아닌 인티파다와 자살폭탄테러인 것은 바로 이 현실을 반영하는 것이다.

1. 팔레스타인 문제의 기원과 전개

1) 팔레스타인 문제의 역사적 기원

팔레스타인 문제의 역사적 뿌리는 19세기 말 유럽에 있다. 동일한 언어와 역사적 경험에 기반을 두는 민족국가 체제의 형성과정은 오랫동안 다양한 민족들이 섞여 살던 유럽, 특히 중동부 유럽에서 수많은 사람들의 박해와 이주를 초래했다. 이 과정에서 생겨난 민족차별의 대표적 희생양이면서도 유럽 내에서 스스로를 보호할 정치적 울타리를 형성할 수 없었던 유대인들은 팔레스타인으로의 집단이민에서 해결책을 찾게 된다. 결국 유럽에서 생겨나서, 후에 나치의 사례가 극명하게 보여주었듯이 유럽에서 해결되지 못한 유대인 문제가 영국, 프랑스의 아랍세계 지배전략과 맞물려 그들의 먼 조상의 땅으로 이전된 것이다. 이전된 것은 단지 박해받던 사람들만이 아니다. 그들이 겪었던 반유대주의는 또 다른 인종적 배타주의로 이어지고, 그들의 고립된 삶의 경험은 아랍인들과의 공존의 가능성에 눈을 감게 하였다(자료 <III-1> 참조).

▌자료 III-1▐ 시온주의

1. 시온주의는 유럽의 유대인문제, 특히 동유럽에서의 유대인 박해에 대한 해결책으로서 시온으로의 귀환을 주창하는 이념이다.
2. 시온은 작게는 예루살렘의 시온산과 예루살렘, 크게는 팔레스타인 지역 전체를 의미한다.
3. 이를 위해 유대인들의 민족적 정체성을 부각시켰고, 유대교적인 종교적 정체성이 민족화, 정치화된다.
4. 원칙적으로는 다른 민족의 개종을 허용했던 종교공동체로서의 유대인 사회가 민족적 공동체로 변하게 된다.
5. 유대국가의 위치가 팔레스타인으로 정해지면서 종교와 정치가 융합된다. 근대국가와 유대교가 결합하게 된 것이다.
6. 시오니즘이 공식적으로 등장한 것은 1897년 스위스 바젤의 제1차 세계시온주의 회의에서였다.

유럽 출신 유대인들의 팔레스타인 점령은 조상 대대로 이 지역에 살던 아랍인들의 추방뿐 아니라 아랍 각지에서 아랍어와 아랍문화 속에 살아온 아랍 유대인들의 어쩔 수 없는 팔레스타인으로의 이주를 초래했다(<그림 III-1>, <표 III-1> 참조). 이스라엘 국가가 창설된 1948년부터 이스라엘이 이집트의 시나이반도, 요르단 통치하의 요르단강 서안, 동예루살렘, 시리아의 골란고원을 점령한 67년 6일 전쟁까지의 시기는 이스라엘 팽창주의가 지속적으로 강화된 시기였다. 이 시기, 국제법을 무시하는 이스라엘에 대해 보여준 서양의 절대적 지지는 무엇보다도 나치 학살로 절정을 이룬 유럽인들의 유대인 박해에 대한 속죄로 설명될 수 있다. 그러나 이는 또한 이스라엘의 공격적인 민족주의가, 진보의 이름으로 세계를 정복한 그들 역사의 사생아이기 때문이기도 하다.

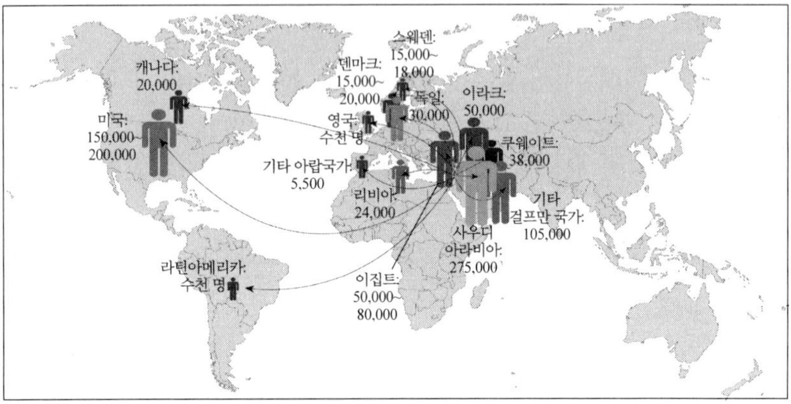

그림 III-1: 팔레스타인 난민의 지리적 분포

* 원의 크기는 팔레스타인에서 이주한 사람의 수에 비례한다.

* 이 지도에는 이스라엘의 팔레스타인 자치지역, 레바논, 시리아, 요르단 거주 팔레스타인인의 수는 나타나 있지 않다. 이에 대해서는 <표 III-1>을 참조하시오.

<표 III-1> 팔레스타인 및 인접 지역에 거주하는 팔레스타인 난민의 수

	난민캠프의 수	등록된 난민
요르단	10	2,110,114
레바논	15	474,053
시리아	9	528,711
요르단강 서안	19	895,703
가자지구	8	1,263,312
합계	61	5,271,893

(출처: 유엔 팔레스타인 난민 구호사업 기구(United Nations Relief and Works Agency for Palestine Refugees in the Near East, UNRWA) 2012년 12월 31일 통계)

2) 지역질서의 변동과 이스라엘 헤게모니의 확립

1967년 6일 전쟁은 아랍세계의 대이스라엘 저항능력의 한계를 확인시켜 주었으며, 이후 아랍민족주의의 쇠퇴와 미국의 이 지역 보루인 사우디아라비아 중심의 이슬람주의의 성장을 촉진시켰다. 다른 한편 이 전쟁은 그간 중동에서의 유대인 문제, 즉 유대인과 아랍, 이슬람세계간의 관계에 가려져 있던 팔레스타인인들의 문제에 대한 관심을 촉발시켰다. 그러나 이스라엘을 카우보이로, 토착 아랍인들을 인디언으로 여기던 서양인들에게 이러한 관심은 팔레스타인인들도 아메리카 인디언들처럼 보호구역이 필요하다는 정도의 생각에 그치게 된다. 이러한 문제해결 방식이 이집트 대통령 사다트의 역사적인 예루살렘 방문(1977년)이 계기가 된 캠프데이비드 조약(1978년)의 중심축이 된다. 1970년대 이후 석유를 매개로 한 아랍세계의 친서방화 경향과 이스라엘과의 관계진전은 팔레스타인 문제의 대립구도를 이스라엘-아랍에서 이스라엘-팔레스타인으로 바꾸어 놓았다. 영국보호령 하에서 시작된 팔레스타인 해방운동은 이스라엘 국가가 창설된 이후 팔레스타인 외부에서 전개되었다. 사실 수백 개의 마을방화와 학살을 모면해 이스라엘 내에 남을 수 있었던 소수의 아랍인들은 저항을 조직하기에는 너무 극한적인 생존의 위협에 처해있었다. 참고로 현재 팔레스타인인들의 대부분은 이웃나라들(레바논, 시리아, 요르단)이나 67년 이스라엘이 점령한 가자와 예리코의 난민촌에서 주로 생활한다. 유엔 팔레스타인난민 구호사업 기구(UNRWA)의 자료에 따르면 2012년 말 현재 전 세계의 팔레스타인 난민의 수는 520만 정도이다(<표 III-1> 참조).

3) 팔레스타인 저항운동의 부상

1950년대부터 팔레스타인 난민촌이 있던 레바논에서 아랍지식인들의 연대로 시작된 팔레스타인 해방운동은 1970년대 이후 팔레스타인해방기구(PLO, 1964년 창건)를 중심으로 나세르의 민족주의에 뒤이은 아랍세계의 주도적 정치세력이 된다. 나세르에서 아라파트로의 이행이 이루어진 것이다. 그러나 이들의 저항은 팔레스타인 문제에 대한 국제적 관심을 일으켰으나 그 결과는 불행히도 이스라엘이 아닌 레바논의 분열로 나타나게 된다. 팔레스타인해방기구의 레바논 남부거점을 공략하기 위한 이스라엘의 레바논 침공(1982~1988년)은 이 지역에서 드물게 종교적 다원주의 전통을 보존하고 있던 레바논에 종교집단 간의 분쟁의 씨앗을 심게 된다.

팔레스타인 영토의 59%를 차지하는 가자와 예리코의 팔레스타인인 거주지역에 대한 과도기적인 자치를 약속한 오슬로 조약에서 팔레스타인해방기구는 화려하게 국제무대에 등장하게 된다. 이 사건은 1970년대에 시작되었고 1990년대에 정착되고 있던 중동의 '새로운 지역질서'를 상징적으로 보여주었다. 냉전종식, 걸프전, 그리고 팔레스타인해방기구가 현실주의 노선을 채택한 오슬로 조약은 중동평화의 길을 여는 결정적 사건으로 받아들여졌다. 경제협력방안에 대한 세세한 언급을 보여준 오슬로 조약은 이제 평화는 이스라엘의 상당한 양보를 필요로 하는 분쟁의 근본적인 문제에 대한 진전이 아니라 이스라엘과 아랍 간의 경제협력방안으로부터 나올 수 있다는 논리가 구현된 조약이었다. 아랍국가들은 지역경제 활성화에서의 이스라엘의 역할을 기대하며, 팔레스타인해방기구 역시 이 전망을 공유하면서 팔레스타인 자치 이후에도 이스라엘이 전 영토에 대한 군사주권을 행사하는 것을 용인한다. 이렇게 해서 이스라엘은 온전한 국가로서, 중동의 일원으로서 인정받게 되었다.

2. 2차 인티파다의 사례

1) 2차 인티파다의 양상

2000년에 시작된 2차 인티파다는 팔레스타인인들에 대한 이스라엘군의 자극적인 행동, 과잉진압, 대중의 자생적인 저항, 하마스 등 저항운동 조직의 개입, 이스라엘 내부 아랍인들과 이스라엘 시민사회의 동조와 같은 양상을 띠며 전개되었다. 물론 전투가 벌어지는 기간에는 유대인들의 우호적인 행동이 미약할 수밖에 없었다. 중동평화 이정표(로드맵)가 마련된 2002년 12월에는 팔레스타인 해방운동의 두 주요 세력, 즉 이슬람주의 단체인 하마스, 그리고 아라파트가 속했던 민족주의 단체인 파타에 의한 유대인 정착촌 공격이 있었고, 그에 대한 보복으로서 이스라엘군의 공격, 자치지구에 대한 봉쇄조치, 테러혐의자 체포 및 암살, 이 과정에서의 가옥파괴가 있었다. 2003년 4월 24일과 29일에 발생한 테러는 팔레스타인 자치정부(Palestinian National Authority, PNA)의 구성 직후, 그리고 마흐무드 압바스(Mahmoud Abbas)의 총리 임명 직후에 일어났다. 6월 29일에는 하마스, 지하드, 파타 모두 휴전을 선언하고, 이스라엘은 가자지구 북쪽의 군대를 철수하기 시작하였고 살라와 에딘을 잇는 도로의 소통을 재개하였으며 곧이어 자치정부에 의한 자치지구의 관리가 재개되었다. 그러나 7~8월에는 양측 모두의 휴전 위반으로 사태가 악화되었다. 급기야 8월 19일에 발생한 서예루살렘 자살폭탄테러에 대한 보복으로 이스라엘이 자치지구 봉쇄를 강화하고, 서안지구의 나플루즈, 제닌, 툴카렘 공습, 하마스 지도자 살해 및 조직원 체포, 가옥파괴 등의 방식으로 대응하게 된다. 압바스 총리조차 하마스, 지하드와의 접촉을 단절하겠다고 선언하기에 이른다. 이에 하마스는 자살폭탄테러로 대응하였다.(<자료 III-2> 참조)

이・팔 분쟁에서 전형적으로 볼 수 있는 위의 사례들에서 우리는 약속 불이행과 그 근저에 깔려있는 상대에 대한 강한 불신, 그리고 안타까운 폭력의 악순환을 볼 수 있다. 특히 이스라엘은 분노를 야기하는 행동을 함으로써 팔레스타인인들이 자살폭탄테러 등 극단적인 방식으로 대응하게끔 유도한다. 이스라엘의 입장에서 급진화, 극단적 전개, 폭력적 상황의 지속과 같은 분쟁의 양상은 많은 이득을 가져다 준다. 즉 한편으로는 자신들의 부당한 태도를 세계적으로 정당화하는 효과를 낳으며, 다른 한편으로는 국제기구나 국제적인 조약의 권고사항에 대한 팔레스타인 측의 위반이나 미실행을 근거로 평화협상의 재개를 거부하는 수단으로 활용된다. 또한 공습 등 군사행동으로 수시로 하마스에 가까운 주민들을 자극하는 것은 이렇게 자극받은 상태에 있는 주민들이 테러를 예방하려는 팔레스타인 당국의 노력을 수용할 수 없게 만들어 결과적으로 평화협상 진전의 조건이 형성되지 못하게 하는 효과를 노린 것이다. 불신은 또한 자치정부와 팔레스타인 민중 및 하마스 간에도 존재하여 자치정부의 비폭력에 대한 호소에도 불구하고 폭력적 상황이 전개되곤 하였다.

▌자료 III-2 ▌ 2차 인티파다와 이라크전쟁 시기 중동의 주요 사건일지

2002. 12: 이스라엘과 팔레스타인 간의 폭력 상황 지속, 팔레스타인 저항세력에 의한 유대인 정착촌 공격 ⇨ 이스라엘 군에 의한 팔레스타인 지역 공격, 봉쇄조치, 체포, 가옥파괴

2003. 1. 2. 예멘: 30여 명의 이슬람주의자 체포

1. 5. 텔아비브: 두 차례 자살폭탄테러 발생, 팔레스타인 자치정부가 저항세력에게 1월 28일 치러질 이스라엘 총선 때까지 군사행동 자제 요청, 그럼에도 불구하고 2003년 1월은 폭력으로 점철됨

1. 28: 이스라엘 총선 실시

2월: 이스라엘과 팔레스타인 자치정부 지도자 회동

2. 5. 이스라엘 수상 아리엘 샤론(Ariel Sharon), 예루살렘에서 팔레스타인 국회(Palestinian National Assembly)의장 아부 알라(Abou Ala) 접견

2. 10. 샤론의 참모장, 팔레스타인 내무장관 하니 알 하산(Hani al-Hassan) 접견,. 그러나 동시에 이스라엘은 팔레스타인 저항운동 지도자 수색작업 실시

2. 11. 이스라엘 국방장관이 테러위협을 빌미로 전 팔레스타인 지구를 완전봉쇄

2. 17. 브뤼셀에서 이라크 사태에 대한 유럽특별위원회 개최

2. 27. 샤론, 의회에 새 정부 구성안 제출하고 승인받음

2. 28. 이란, 지방선거 실시

3. 1. 이집트의 샤름 엘 셰이크Charm El-Sheikh)에서 아랍연맹(Arab League) 정상회담이 개최되어 이라크에 대한 공격에 반대입장 표명

3. 1. 터키 의회, 이라크 공격을 위한 미군의 자국 영토 주둔 반대 결의

3. 1. 이라크, 미사일 해체 시작

3. 2~3. 시리아 총선 실시

3. 3. 이스라엘에 의한 가자지구 남쪽의 난민촌 공격, 8명 사망

3. 5. 이스라엘 북부 도시 하이파에서 자살폭탄테러 발생 ⇨ 이스라엘군, 가자지구 난민촌 공격, 11명 사망

3. 7. 유엔 팔레스타인 지역 감시단이 중간보고서 발표

3. 8. 아라파트 자치정부 수반이 팔레스타인해방기구(PLO) 창립자 중 한 사람이고 이스라엘과의 협상 주역인 마흐무드 압바스를 총리에 지명

3. 8. 가자의 이스라엘 군 헬기 공격으로 하마스 창립자 중 한사람이며 전략가인 이브라힘 마카드메(Ibrahim Makadme) 사망

3. 10. 베들레헴과 나플루즈에서 하마스 지도자 2명 사망

3. 16. 미국과 영국의 정상회담

3. 17. 이라크에 대한 미국의 최후통첩

3. 18. 영국하원, 이라크 사태 논의

3. 20. '이라크의 자유' 작전 개시

3. 28. '식량 대 석유' 프로그램 재개

4월: 이스라엘의 가자지구 공습, 작전명 '표적살인(targeted killing)'의 군사작전 지속

4. 8. F16과 아파치헬기 공격으로 하마스의 핵심인물 등 7명 사망

4. 10. 지하드(Jihad) 군사지도자 사망

4. 29. 팔레스타인해방인민전선(Democratic Front for the Liberation of Palestine, DFLP) 지도자 사망

4. 7~8. 벨파스트에서 부시와 블레어 간의 이라크문제에 관한 정상회담 개최

4. 9. 바그다드가 함락됨, 유럽의 관심은 미국의 중동 지역 독점 저지 ⇨ 유엔 중심의 문제해결 주창

4. 11~12. 전후문제 논의 위해 생페테르스부르크에서 독일, 러시아, 프랑스 대표 회담

4. 14. 사담 후세인의 근거지인 티크리트 함락

4. 15. 영국의 블레어 수상과 독일의 슈로더 수상이 하노버에서 전후문제 논의

4. 15. 이라크의 우르에서 미국의 제이 가너 장군의 주재 아래 이라크 정권에 대한 반대파 회동, 수니파, 쿠르드족, 왕당파 참여, 이란에 본거지를 둔 시아파 최대세력인 이라크 이슬람혁명 최고회의(Supreme Council of the Islamic Revolution of Iraq, SCIRI) 불참, 반대파들은 민주주의적 연방제 안과 바트당 해체론 제기

4. 16~17. 아테네에서 유럽연합 지도자 회동, 전후 이라크문제에서 인도적 차원의 문제뿐 아니라 독립정부의 구성에서도 유엔의 주도적 역할 주장

4. 19. 리야드에서 이라크 접경국 외무장관 회의, 가능한 한 빠른 미국

과 영국 군대의 이라크 철수 주장, 이라크 정부 구성에서 유엔의 주도적 역할 주장, 시리아에 대한 미국의 위협 비난

4. 22~23. 이라크 시아파들, 성지 카르발라(Karbala) 순례

4. 24. '석유 대 식량' 프로그램 연장

4. 24. 팔레스타인 정부 구성 직후 파타와 연계된 무장세력이 크파르 사바(Kfar Saba) 역 테러

4. 27~5. 2. 도널드 럼스펠드 미 국방장관, 걸프산유국, 아프가니스탄, 영국 순방. 산유국 방문, 사우디 수도 리야드 남부 50Km 지역에 공군본부 설치 선언

4. 27. 예멘에서 1990년 통일 이후 세 번째로 총선 실시

4. 29. 의회에서 압바스 총리 임명안 통과

4. 29. 압바스의 총리 임명안 통과 직후 파타와 연계된 무장세력이 텔아비브 카페 테러

4. 29. 카타르, 1971년 이후 처음으로 헌법개정을 위한 국민투표 실시, 주요 개정 내용은 삼권분립, 종교의 자유

5월. 가자지구에 대한 이스라엘 군사작전

5. 1. 가자지구 공습으로 15명 사망, 25명 부상

5. 9. 가자지구 북쪽 지역에서, 하마스 조직원 사망

5. 15. 탱크, 헬기, 불도저 등으로 베이트 하눈(Beit Hanoun) 포위, 조직원 은신처로 의심되는 가옥 파괴, 5명 사망

5. 1. 부시이 이라크전쟁 종전 선언, 그러나 대테러전쟁은 지속한다고 언급

5. 10~17. 콜린 파월 미 국무장관의 중동 및 유럽 순방

5. 10. 이란 시아파 지도자 아야톨라 알 하킴(Al-Hakim)이 망명에서 귀국

5. 12. 사우디아라비아 수도 리야드에서 알카에다의 자살폭탄테러 발생

5. 17~18: 압바스-샤론 첫 만남, 평화정착을 위한 이정표에 대한 논의

5. 17. 헤브론에서 테러 발생

5. 18. 예루살렘에서 테러 발생

5. 22. 유엔 이라크 제재 결의안 채택, 미 · 영 점령군에 큰 권한 부여, '식량 대 석유' 프로그램 종결, 이라크 발전기금 창설

5. 28. 샤론-압바스 두 번째 회동, 이스라엘 군에 의한 팔레스타인 주민 통제 완화 및 팔레스타인 포로 석방 확약

5. 25. 샤론, 4월 30일에 제시된 이정표 수용, 그러나 팔레스타인 측과 달리 14개 유보조항 제시

5. 29~6. 5. 부시의 유럽 및 중동 순방, 이집트 및 요르단에서의 정상회담 참석, 카타르 방문

5. 30. 대량살상무기에 관한 조사위원회의 보고서 발표

6월: 미군의 이라크 수니파 공격

6. 3. 샤름 엘 셰이크(Charm El-Sheikh)에서 부시와 아랍정상들 간의 회담 개최, 아랍정상들은 이정표 이행과 테러리즘 거부 천명, 부시 미 대통령 역시 이정표 실현 감시를 위한 위원회 설치 약속

6. 4. 요르단 아카바에서 부시, 샤론, 압바스 간 정상회담이 열리고, 평화안이 제시됨, 부시는 평화실현 의지 보임, 샤론, 압바스도 실현 약속, 압바스는 테러 행위를 비난하고 인티파다를 종식 시키려는 의지를 보임, 샤론은 요르단강 서안의 불법 정착촌 일부 철거 약속 ⇨ 팔레스타인 저항세력, 이스라엘 정착촌 전체를 거부함

6. 5.~13. 이스라엘과 팔레스타인 저항세력 간 폭력적인 상황이 반복됨, 요르단 아카바 회동 다음날부터 샤론정부가 하마스에 대한 전면전 선언

6. 5. 하마스 조직원 살해

6. 8. 하마스 조직원 살해

6. 10. 하마스 지도자 암살 미수, 공습으로 민간인 3명 사망

6. 11. 서예루살렘에서 하마스 자살폭탄테러로 17명 사망, 그에 대한 응징으로 가자지구에 대한 공습이 계속되어 3일간 40명 사망

6. 10. 유럽연합과 이스라엘의 과학기술협력조약 갱신(2003년에서

2006년까지로)

6. 17. 요르단 총선으로 국회의원 110명 선출, 무소속(왕가와 부족 대표들)이 과반수 획득, 이슬람행동전선(Islamic Action Front, IAF) 소속 이슬람주의자들이 16석 획득, 여성 당선자 없었으나 6석의 쿼터 배정

6. 21~23. 요르단 암만에서 세계경제포럼 개최, 주요 안건은 중동평화의 경제적 조건 및 이라크 재건, 미국은 2013년까지 근동지역과의 자유무역지대 창설 선언

7. 2. 팔레스타인 자치정부가 자치지구 관리를 재개함

6. 29. 하마스, 지하드, 파타 모두 휴전 선언, 가자지구 북쪽 이스라엘군 철수 시작, 살라와 에딘(Salah-Eddine) 간 도로 소통 재개

6. 27. 이스라엘과 팔레스타인 간 안전 협약 체결

7. 22. 사담 후세인의 두 아들 우다이, 쿠사이 사망

7. 25. 7. 29. 압바스, 샤론 각각 미국 방문

7~8월: 테러 등 휴전 위반 행위 재개

8. 7. 이라크의 요르단 대사관 테러

8. 14. 이라크 과도정부 창설 승인하는 유엔 결의안 통과

8. 19. 바그다드 소재 유엔본부 건물 테러로 23명 사망

8. 19. 서예루살렘에서 자살폭탄테러가 발생해 18명 사망, 120명 부상, 이스라엘은 봉쇄 강화, 팔레스타인 총리는 하마스, 지하드와의 접촉 단절 선언

8. 21. 이스라엘군의 나플루즈, 제닌, 툴카렘 공습, 체포, 가옥파괴, 가자지구에서 로켓 공격으로 하마스 지도자 살해

(출처: http//www.ladocumentationfrancaise.fr)

2) 2차 인티파다의 사회적 배경

(1) 팔레스타인 사회

자치정부체제의 형성은 1차 인티파다에 가담했던 두 주요 세력인 파타와 하마스가 상이한 정치적 선택을 하게끔 하였다. 파타의 대다수는 자치정부를 지지하고 경찰로 고용되는 등 제도권에 편입함으로써 저항운동을 마감하게 된다. 제도권에 편입되고 예전에는 누리지 못하던 혜택을 입게 된 이들에게 이제 보다 중요하게 생각되는 것은 팔레스타인 문제의 근본적 해결이 아닌 상황의 안정화였다. 이렇게 존재와 의식의 전환을 겪게 된 파타는 자치정부에서 배제되어 불만이 고조된 하마스와 심한 갈등관계에 놓이게 된다. 평화협상 과정과 자치체제를 비판하는 하마스 조직원들은 특히 1996년 초부터 자치정부와 이스라엘군의 적극적인, 즉 장기적이고 체계적인 탄압에 시달려 왔다. 이들이 겪게 된 또 다른 어려움은 평화협상 이후 예전과 달리 이스라엘과 싸우는 전사는 테러리스트로 여겨지고 이스라엘과의 협상을 주창하는 자들이 지배하는 현실에서 겪는 정체성의 혼란이었다. 이 혼란은 조직 내부의 분열과 조직역량의 전반적 약화로 이어지고 이로 인해 대중의 요구를 반영하고 상황변화에 적절히 대처하는데 있어서 문제점을 드러내게 되었다. 이러한 저항운동의 혼돈 상황은 파타의 경우에도 없지 않아 2002년 초부터 이스라엘군의 탄압이 강화되는 상황에서 파타의 하부가 상부로부터 자율화, 급진화되는 경향을 보이게 된다.

제도권 내에서의 투쟁과 군사화, 그리고 팔레스타인 경찰이 통제와 관용 사이에서 혼란을 겪고, 자생적 폭동이 증가하고 자살폭탄테러가 하마스나 지하드의 지도부와 무관하게 발생하는 현상은 바로 평화협상과 자치정부 수립 이후 팔레스타인 정치의 두 핵심 세력이 겪는 급격한 변동에 기인하는 것이었다. 2차 인티파다는 자치정부 수립 이후 표면화된 팔레스타인 사회의 갈등과 분화를 드러내주는 역할을 하였다. 즉 한편으로는 신·구세대 운동가들 간의 갈등, 파타로 대변되는 민족주의자와 하마스 등의 이슬람주의자들 간의 갈등, 다른 한편으로는 팔레스타인 사회가 겪게 된 계급분화와 불평등을 드러내주었다. 팔레스타인 민중의 저항은 많은 소수민족의 저항운동에서처럼 가두투쟁이나 테러의 양상을 띠었다.

한편 2차 인티파다와 가자전쟁(2010년)으로 표면화된 이러한 갈등적인 상황은 바로 위에서 언급한 자치정부체제 수립이 초래한 결과와 함께 다음과 같은 보다 근본적인 요인에 기인한다. 무엇보다도 자치지구의 경제적 기반의 부재를 들 수 있다. 평화협상 과정에서 기대된 경제원조가 지지부진하고 준내전 상황으로 경제활동은 마비되고 이스라엘이 팔레스타인인들의 고용문제에 무관심한 상황에서 이민을 떠나는 사람들이 늘게 되었다. 바로 이러한 경제적 토대의 부재가 조직적인 계급운동의 미약한 발전을 설명해준다. 보다 직접적으로는 이스라엘군의 강한 탄압이 정치사회운동의 저발전을 심화시켰다. 통행금지 등 수 십년 간 반복되어온 이스라엘의 통제 조치와 혹독한 탄압은 어떤 집단적인 움직임도 어렵게 하였다. 이러한 조건에서 팔레스타인 내에서의 운동진영의 단결이나 효과적인 운동방식의 개발은 극히 어려울 수밖에 없었다. 이와 같이 팔레스타인 사회운동의 저발전, 그리고 폭동과 테러의 문화는 이스라엘 건국이라는 역사적 사건에 그 연원을 두고 있으며 그 이후의 정치사회적 변화에 따른 역사적 산물이다. 이슬람 또는 이슬람사회에 고유한 어떤 특성으로 설명될 수 있는 것은 아닌 것이다.

(2) 이스라엘 사회

2차 인티파다 시기 팔레스타인에 대한 샤론 정부의 강경노선의 배경에는 미국과 유럽의 대중동관계와 이 지역 국가들 간의 역학관계 등 중동지역 차원의 요인이 중요하게 작용했다. 이라크전쟁과 팔레스타인의 사건전개가 보여주는 연관성이 이를 잘 입증해준다. 그러나 아래에서는 보다 근본적인 요인, 즉 이스라엘 사회변동의 양상, 즉 사회경제적 변화와 정치적, 이데올로기적 위기를 통해 샤론 정부의 팔레스타인정책과 2000년대 이후 팔레스타인의 상황을 이해해보고자 한다.

팔레스타인 분쟁이 격화되는 것을 볼 때면 우리는 이라크전쟁의 부시처럼 샤론이나 2009년 다시 수상이 된 벤자민 네타냐후(Benjamin Netanyahu)와 같은 보수적이고 강경한 인물에 분노의 화살을 돌린다. 실제로 샤론은 알 아크사 사원 광장의 방문으로 2차 인티파다를 유발하였고, 자살폭탄테러를 이용해 오슬로 조약을 파기하고, 급기야는 자치정부를 공격하고 자치지구를 재점령하였다. 또한 그는 2001년 9·11테러에 대해 언급하면서 "누구에게나 각자의 빈 라덴이 있고 우리에게 그것은 아라파트다"라며 부시의 대테러전쟁에 팔레스타인 문제를 연관시키려 했다. 그리고 이스라엘 국민 의식의 분열적 성격을 이용하여 이라크전쟁을 걸프전의 충격을 되살리는 식으로, 즉 이스라엘 국민의 공포를 자극하는 식으로 이용하였다. 이와 같이 팔레스타인 문제에 있어서 샤론과 그의 동료들의 비중이 매우 중요한 것은 사실이다. 그러나 다소 간과되고 있는 이스라엘 사회 내적 요인 역시 샤론 정권의 팔레스타인정책에 중요한 영향을 미쳤다.

2000년대 이후 이스라엘은 정치적으로 구조적인 위기에 처해있다. 그 배경에는 심각한 경제위기, 러시아 유대인의 대량이민 등에 따른 종족적 이질성 증대, 대중의 정치적 무관심, 시온주의에 대한 사회적 합의의 약화에 따른 정체성 위기와 같은 급격한 사회변동이 존재한다. 먼저 2차 인티파다 이후의 사태전개는 이스라엘 자체의 경제 및 사회의 위기와 연관된 것이다. 2차 인티파다 당시 이스라엘은 현재 최악의 경제위기를 겪고 있었다. 건국 이래 최초의 마이너스 성장, 외국자본의 유입 감소, 아랍시장의 상실, 관광산업 붕괴, 군과 정착촌 경비 부담에 따른 재정적자, 두 자리 숫자의 실업률, 이로 인한 사회갈등을 겪고 있었다. 인구의 20%에 해당하는 150만 명, 즉 인구의 1/5이 빈곤선 이하의 삶을 살고 있고 부패와 투기로 극소수의 부는 증대하는 등 경제적 불평등이 심화되었다(Rouleau, 2003). 물론 다른 곳에서처럼 경제위기의 폐해는 소수집단, 즉 이스라엘의 경우에는 아랍지역 출신 유대인, 이스라엘 국적을 가진 아랍인[1], 사회주의권 붕괴 이후 이주해 온 동유럽 출신 이민에게 집중되었다.

이러한 경제위기는 전쟁과 신자유주의, 그리고 이 둘의 결합에 따른 것으로 볼 수 있다. 먼저 이스라엘의 신자유주의화의 시발점은 1977년 당시 메나힘 베긴 수상이 이끌었던 대표적인 우파 정당 리쿠드당의 집권을 계기로 그간의 조합주의적 사회주의 노선에서 자유주의로 전환한 데서 찾을 수 있다. 물론 여전히 국가의 비중이 크지만 점차 키부츠 등 사회주의적 제도 또는 사회적 소유의 기반은 약화되어 온 것이다. 다른 한편 전쟁은 직접적으로 경제에 영향을 주어 평화협상 시기에는 호황을 겪다가 2000년대 들어 마이너스 성장을 보이기도 했다. 구조조정은 명예퇴직, 실업, 이주노농자 추방이라는 사회적 결과를 낳았다. 전쟁과 신자유주의적 처방의 결합은 군비증강과 사회보장지출의 축소를 가져와 무주

---

[1] 이들 아랍계 이스라엘인들은 약 100만 명 정도로 대부분 1948년 이스라엘에 의한 아랍인들의 추방과정에서 여러 이유로 예외가 되었던 사람들이다. 이들은 각종 사회적 차별과 더불어 밀려드는 유대인 이민들에 의해 그들의 생존기반인 토지를 잠식당해 왔다. 그간 공산당이 땅의 수호가 주된 저항의 계기인 이들의 이해를 대변하여 왔으나, 최근에는 아랍민족주의자, 이슬람주의자, 공산주의자들이 이들의 지지를 얻기 위해 경합을 벌이는 양상을 보이고 있다.

택자, 편모가정, 실업자 등 취약계층의 삶의 조건을 더욱 악화시켰다.

물론 이러한 사회경제적 위기가 부분적으로 인티파다 이후의 정세에 기인한 측면도 있지만 이 위기는 훨씬 전부터 진행되어 온 것으로 당시 샤론 정부의 강경책을 설명해주는 중요한 요인이다. 여기서 우리는 쉽게 경제위기와 극우주의의 연관성을 생각해 볼 수 있다. 세계화로 상징되는 1980년대 이후의 경제위기와 신자유주의는 이 세계자본주의체제의 위기의 피해자들을 토양으로 번성한 극우 정치세력과 극단적인 종교세력을 낳았다.[2] 이스라엘도 마찬가지였다. 1996년 벤자민 네타냐후의 승리는 팔레스타인 문제에 대한 입장이나 정치이념이 아니라 배제된 집단의 결집, 그리고 이들의 동원을 통해, 이들이 겪는 박탈감을 정치화함으로써 가능했던 것이다. 1990년대부터 우파와 종교 정당이 선거에서 의석의 2/3 이상을 차지하게 된 것도 평화가 아닌 전쟁, 팔레스타인인들과의 공존이 아닌 분리라는 이들의 정치노선 그 자체에 대한 지지를 반영하는 것은 아니었다. 사실 최근의 선거참여 실태를 보면 이스라엘인의 절반은 민주적 정치제도에 무관심하다.(<표 III-2> 참조) 게다가 유권자들은 전쟁상황임에도 불구하고 정작 이·팔 분쟁의 전망에 초점을 둔 선택이 아니라 치안문제, 그리고 정치세력 간 권력투쟁에 매몰된 정치적 선택을 하는 경향이 있다.

<표 III-2> 이스라엘 총선 투표율의 추이 (년, %)

1992	1996	1999	2001	2003	2006	2009	2012
77.4	79.3	78.7	62.3	67.8	63.6	64.7	67.8

(출처:http://www.idea.int/vt/countryview.cfm?CountryCode=IL)

[2] 극우주의 현상에 대해서는 이 책의 65~79쪽을 참조하시오

극우현상이 반유대주의로 환원될 수 있는 것이 아니라는 것을 최근 이스라엘의 핵심적인 사회현상들은 잘 보여준다. 극우세력 및 정당의 부상이 극우현상을 명시적으로 보여주는 징표라면 정치적 억압의 강화와 인구담론의 부상은 이 현상의 정치적, 이데올로기적 토대 역할을 한다고 볼 수 있다. 정치적 억압으로는 이스라엘 내 대표적 저항세력인 아랍계 이스라엘인들에 가해지는 탄압을 들 수 있다. 체포, 불법구금, 무고한 시민의 살해, 시위에 대한 과잉진압, 아랍계 정당과 정치인들에 대한 탄압, 외부세계, 특히 해외 아랍계 지식인들[3]에 의한 재정 지원 통제를 통한 아랍계 시민단체 탄압 등 아랍계에 대한 탄압이 전쟁이 일상화된 상황에서 더욱 심해지고 있다. 이외에도 언론통제와 언론인의 어용화, 일상적인 인권침해와 경찰폭력의 심화, 악화되고 있는 구금실태와 감옥현실[4] 등을 들 수 있다.

자료 III-3 이스라엘의 우경화

1. 이스라엘 사회의 다원성

현재의 이스라엘 사회는 팔레스타인 자치정부가 통치하는 지역을 제외하더라도 다양한 종족적 소수집단을 포함하고 있다. 유럽출신 유대인

---

[3] 아랍계 지식인들의 다수는 팔레스타인 난민문제를 야기시킨 1948년, 그리고 1967년의 디아스포라 당시 유럽, 아랍, 미국 등지로 망명하여 해외에서 민주화운동을 지원하여 왔다. 이들의 운명은 1930년대 파시즘 유럽으로부터의 유대인 지식인들의 망명을 떠올리게 한다.

[4] 현재 이스라엘 내에서 자행되는 정치적 억압과 인권유린은 '1391호(Camp 1391)'로 불리는 이스라엘 방위군 관할 감옥의 현실이 상징적으로 보여준다. 이스라엘 북동부에 위치한 이 감옥은 레바논 전쟁 당시 감금된 레바논인 등 외국인들이 주로 감금되어 관타나모 기지와 유사한 성격을 지닌 것이었다. 2003년까지 지도상에서 제거되어, 접근이나 감옥의 상황에 대해 공개하지 않았다. 2002년부터는 이스라엘 감옥들의 수용 한계로 인해 팔레스타인인들도 감금하기 시작했다. 아직도 감옥의 대부분의 현실은 극비에 부쳐지고 있다.

의 지배구조에서 차별을 받아온 아랍 및 지중해지역 출신 유대인, 온전한 권리를 누리지 못해온 아랍인, 기독교도, 이슬람의 소수 분파인 드루즈파, 그리고 소련의 해체 이후 대거 이주해 전 인구의 1/6을 차지하는 러시아인이 그들이다. 게다가 이러한 종족적 다양성에 유대근본주의, 이슬람주의, 민주주의, 이스라엘식 사회주의, 공산주의와 같은 다양한 이데올로기가 중첩되어있다. 그럼에도 불구하고 그간 이 복합적인 사회가 단일한 이미지로 외부에 비쳐졌던 것은 시온주의와 이 이상을 실현하는 강력한 국가의 존재 때문이었다. 시온주의는 전 세계 유대인이 하나라는 사고를 통해 비유대인의 배제를 낳은 것은 물론 유대인 내부의 차이와 불평등을 은폐시키는 효과를 가졌다. 이는 독립 이후 국가 주도로 이루어진 근대화, 특히 아랍진영과 대립하고 있는 상황에서 더욱 강화되었다.

2. 정체성 문제의 탄생

1970년대는 여러 측면에서 중동역사의 한 분기점을 이루지만 이스라엘에게 이 시기는 아랍진영에 대한 압도적인 군사적 우위의 확보와 동시에 국가의 약화를 의미했다. 일견 모순되어 보이는 이 두가지 변화는 공히 국가 주도로 형성되어온 국민적 정체성이 약화되고 그간 잠재되어 있던 다양한 사회집단들 고유의 문화와 정체성이 표면화되는 결과를 낳았다. 게다가 1970년대 아시아 및 아프리카 이민, 그리고 무엇보다도 1990년대 구소련 출신 유대인 및 비유대인 이민의 폭증은 종족적 공동체와 독자적인 하위문화의 출현을 가져왔다. 이러한 변화는 결혼과 의식주 생활뿐 아니라 언어생활에서도 감지되기 시작했다. 그리고 이 특수성은 각 종족집단의 독자적인 학교, 종교시설, 미디어 등의 제도적 기반에 의해 재생산된다. 이와 함께 그간 절대적인 것으로 강요되었던 미국식의 사회통합 모델인 '융합(melting-pot)' 모델이 비판을 받고 다원주의 사회로의 이행이라는 새로운 전망이 제시되었다. 그런데 이러한 다양한 집단들의 요구와 정체성의 부상이 유대교적 정체성을 강화시키는 일견 모순되는 결과를 낳고 있다. 유대근본주의세력인 하레딤(haredim)과 같이 이스라엘을 더욱 유대교적인 사회로 만들려는 극단적인 종교세력들의 이념은 정교분리주의적인 세력에까지 파급되고 있다. 또한 지중해 지역 출신 유대인들의 종족적 특수성과 종교적 순수성을 강조하는 정당 샤스(Shas)[5]는 종교를 종족성(ethnicity)과 연계시키며 아랍 출신 유대인들의 대변자로 급부상하였다. 문화, 종족, 종교간 공존의 길에 대한 모색은 수많은 사회에서 시급하게 제기되고 있다. 이스라엘의 경우 이는 사회집단 간 배타성의 배경인 경제적 불평등과 사회적 배제의 해결, 그리고 정체성의 정치도구화의 배경인 이・팔 분쟁의 해결에 의해서만 가능할 것이다. 그런데 불행하게도 팽창주의와 선민사상에 근거하지 않는 이스라엘적 정체성을 창출하지 못하고 있는 현재의 상황은 종족간 평등과 공존의 관건인 이・팔 분쟁 해결의 전망을 어둡게 하고 있다.

3. 정체성 위기와 시온주의의 재부상

이스라엘의 경우 건국 전부터 종교와 국가가 밀접히 결합되어 있었고 종교의 사회개입도 컸지만 현재 나타나고 있는 유대인적 정체성의 정치화, 극단적인 종교세력의 부상과 같은 현상은 1970~1980년대 이래 나타난 다음과 같은 현상에서 비롯된 현대적인 현상이다. 1960년대 말까지 이스라엘은 시온주의적인 국민적 정체성이 지배적이었다. 그것은 시민종교, 노동운동을 토대로 하는 노동당 중심의 국가주의였다. 그러다가 1970년대가 되면 첫째, 이스라엘-아랍분쟁의 격화에 힘입어, 둘째, 이 시기부터 본격화된 자본주의 세계체제에의 편입을 배경으로, 셋째, 1970년대 이후 정착촌 확대를 계기로, 그리고 넷째, 같은 시기 나타난

---

[5] 샤스(Shas, Sephardi Torah Guardians)는 유럽 출신 유대인 집단인 아슈케나지 중심의 유대인 사회에서 열등한 위치에 있는 지중해 지역 출신 유대인 집단인 세파르디 사회에서 등장한 교육수준이 높고 젊지만 종교적으로 극도로 보수적인 세력이 주도하는 정당이다.

아시아, 아프리카 출신 이민 등에 의한 이질성의 심화를 배경으로 신시온주의가 부상한다. 신시온주의((Neo-Zionism)는 1974년 창설된 구쉬 에무님(Gouch Emounim)의 신앙동맹을 필두로 한 급진 종교세력들에 의해 추동된 것으로 근대적인 국민적 정체성, 시민성보다 선민사상이 강한 민족적 정체성을 중시한다. 유대인적 정체성의 강조를 중심으로 전개된 이 현상은 당시까지의 서구주의적, 비종교적 성격의 이스라엘 정체성, 그것의 노동당 버전의 해체를 의미한 것이었다. 이 이데올로기와 이를 주창하는 정치세력은 특히 당시부터 본격화된 정착촌 확대, 아시아, 아프리카 이민의 급증 등 종족 간 관계가 중요해지는 맥락에서 이를 이용하면서 성장하게 된다. 이들은 점령지에서의 유대인의 존재를 정당화, 확대하면서 성장하였다.

이 흐름의 부상에 이어 1980년대에는 집단보다 개인(의 권리)을 강조하고, 시민성을 강조하고 이스라엘의 예외성을 비판하며 다원주의적이고 개방적인 민주주의를 주창하는 포스트시온주의(Post-Zionism)가 대두된다. 이 흐름은 국가주의적이고 민족주의적 요소가 강했던 기존의 시온주의에서 부차적인 지위를 차지했던 근대적 가치와 제도를 전면에 내세운다. 이 흐름은 이 · 팔 분쟁이 다소 소강상태였던 1980년대에 세속적 지식인 사회를 중심으로 세력을 키웠다. 1990년대 이후 지금까지는 러시아 유대인들의 대량이주와 경제위기 등이 낳은 정체성과 사회통합의 위기 속에서 신시온주의와 각축을 벌이고 있다고 볼 수 있다. 현재 이스라엘의 사회세력 간 투쟁은 유대주의를 강화시키려는, 즉 유대인의 결집이라는 이상에 기반을 두고 오로지 유대적 정체성에 근거를 둔 국가를 만들려는, 이스라엘을 가능한 한 가장 유대적인 국가로 만들려는 종교세력과 온전한 자유주의 국가를 실현하려는 정교분리주의자들간의 경쟁이 주된 대립의 축을 구성하고 있다.

유대적 정체성의 재부상과 관련해 간과해서는 안 되는 것 중 하나는 이 현상이 특정 종교세력이나 정치세력에 국한된 것이 아니라는 점이다. 신시온주의는 정교분리주의자들에게도 호소력이 있었다는 점을 잊지 말

아야 한다. 사회주의권 붕괴로 이념적 공백을 겪던 이들에게 이스라엘 국가건설 이전 시기에 유럽문화의 영향을 받은 정교분리주의자들을 중심으로 이루어진 팔레스타인 정착과정과 당시의 문화를 상기시킴으로써 지지를 얻었던 것이다. 구쉬 에무님 중심의 종교적 민족주의가 이데올로기적 주도권을 쥐게 되면서 1970~1980년대의 정착촌 건설도 상대적으로 정교분리주의적 성격이 강했던 과거의 키부츠들과 달리 단지 영토적, 정치적 의미뿐 아니라 종교적 공동체 건설의 의미를 지니게 되었다. 물론 이러한 변화가 어느 정도 새로운 것인지에 대해서는 여러 해석이 있을 수 있다. 이는 예를 들어 이스라엘 사회주의에 대한 평가와도 연관된 것이다. 사실 시온주의를 핵심으로 하는 이 좌파 이데올로기는 보편주의적 논리에서 출발한 것이기보다는 폐쇄적인 공동체주의적 성격이 강한 것이 사실이다. 시온주의의 재부상은 신시온주의 세력을 넘어선 전반적 경향으로, 특히 동구권 붕괴로 가속화된 이민현상에 따른 새로운 타입의 집단의 출현과 이들의 인구학적, 정치적 부상, 분절된 사회의 출현에 대한 대응으로 볼 수 있다.

4. 종족담론의 정치적 차원: 전반적인 우경화와 극우파의 부상

우파의 승리, 좌파의 와해, 중산층 아슈케나지의 이해를 대변하는 쉬누이당의 선전과 같은 선거 양상은 팔레스타인 문제의 전망이 더욱 어두워진 21세기 이스라엘 정치의 현주소를 말해주는 것이었다. 이스라엘 정당구조에서 우파는 리쿠드당과 세파르디 정당, 극우정당 카흐[6], 러시아계 정당들로, 좌파는 노동당, 메레츠당, 아랍계 정당들로 이루어져 있고, 쉬누이당은 쉐파라드당인 샤스당을 견제하는 성격을 띤 종족 정당이다. 이데올로기적 차원에서 이스라엘 정치의 우경화는 시온주의의 재

[6] 극우정당 카흐(*Kach*, This is the way)은 1970년대 말에 등장하였다가 2000년 2차 인티파다로 다시 그 세력이 강화되었다. 이 정당은 모든 아랍인들의 추방을 주창하고 있으며 랍비 카한(Martin David Kahane, 1990년 암살)이 주도자였다.

부상을 동반한 것으로 공산당[7], 아랍계 정당을 제외한 모든 정치세력이 시온주의를 명시적으로 주창하고 있다. 그 결과 원초적 요소를 토대로 하는 근본주의와 민족주의 그리고 배타적이고 공격적인 안전이데올로기와 강압적인 팔레스타인 정책이 정치적, 이데올로기적 공백, 대안 부재를 은폐하는 양상이 전개되고 있다.

7 이스라엘 공산당은 1992년에 창설되었고 5% 미만의 지지율을 보인다. 지지층은 대부분 아랍인들이다.

2장. 새로운 중동질서와 이슬람

이 장에서는 2000년대 들어 새로운 양상으로 전개되고 있는 중농분쟁의 사례를 다룬다. 이 시기에 중동 지역 대부분의 나라들이 전쟁을 겪었거나 전쟁의 위협에 처해 있었다. 중동분쟁의 새로운 양상의 하나는 팔레스타인 문제가 주변국으로 확산되고 이렇게 확대된 팔레스타인 문제가 이라크문제와 연계됨으로써 중동분쟁이 중동 전체의 분쟁의 양상을 띠게 되었다는 점이다. 9·11테러를 빌미로 한 미국의 이라크 점령이 계기가 되어 이제 팔레스타인 문제와 이라크, 이란 등이 연관된 걸프지역 갈등이 미국과 이스라엘의 대테러전쟁의 틀에서 연계되는 변화가 나타난 것이다. 보다 최근에는 '아랍의 봄'의 여파로 리비아에 이어서 시리아에서 내전이 지속되고 있다.

1. 새로운 중동질서의 형성

1) 아랍세계에서의 제국주의

역사상 나타난 제국들과 달리 '제국주의'는 제국의 건설이 아니라 팽창 그 자체가 목적인 현상이다(Arendt, 1982: p. 33). 그리고 1870년대부터 20세기 초반까지의 제국주의적 팽창은 서구 자본주의 발전과정의 한 산물이었다. 지금 우리 앞에 전개되는 제국주의 현상은 제국주의에 대한 레닌의 정식화에서 영토분할 이외에 다른 요소들을 그대로 갖고 있다.[8] 아랍세계의 경우 이 '신제국주의'가 일국 차원에서 관철되는 방식 중 하나인 신식민주의는 직접적인 정치적 지배, 외국인의 광범한 토지소유, 식민본국 출신 이주민의 대량존재를 제외하고는 식민주의와 유사하다. 19세기 말 외채문제와 그에 이어진 외세의 정치경제 지배의 강화현상은 1세기 후에도 유사한 양상을 보이며 재현되고 있다. 소외를 낳는 사회의 서구화, 더욱 심화되고 더욱 불평등한 세계경제에의 통합과 이 과정에서 외세와 연계된 신・구지배계급이 취하는 이득 등 과거 오스만 제국과 자치지역 정부들에 의해 수행된 개혁의 결과를 우리는 지금 다시 목격하고 있다.[9]

오스만 제국이 무엇보다도 그 지리적 중요성 때문에 유럽인들의 관심의 대상이 되었다면 현 아랍세계는 석유 때문에 서구사회의 포로가 되었다. 여타 지역에서처럼 아랍세계에서도 대부분 평화적으로, 즉 식민본국 주도로 이루어진 독립이 완전한 정치적 독립을 의미하지는 않았으며 경제적 독립은 더더욱 이루어지지 않았다. 식민지 시기에 그 뿌리를 두

[8] 미셸 허슨은 이 새로운 제국주의의 특징을 다음 세 가지로 설명한다. 첫째, 새로운 방식과 규모의 자본집중, 둘째, 세계화, 신자유주의, 테크놀로지와 조직 면에서의 변동, 셋째, 민족경제의 실체 와해, 즉 국가와 민족자본의 일체성의 해체경향이 그것이다(Michel Husson, 1995: p. 28).

[9] 이러한 유사성은 앨버트 후라니가 유럽지배 초기에 대해 설명한 피지배사회에 대한 지배세력들의 인식과 태도에서도 확인할 수 있다: 오리엔탈리즘, 이슬람의 반란에 대한 두려움, 재해지역에서의 구조활동이나 조직적으로 이루어지는 국제적 자선활동에서 나타나는 인류적 차원의 책임감, 다윈 진화론의 영향, 타문화에 대한 낭만적 관심과 프로그램화된 관광 열기.(Hourani, 1993: pp. 380~382)

고 있는 취약한 산업화로 인해 1차 원료의 공급지로서의 세계경제에서의 아랍의 위상은 변하지 않았다. 제조업의 경우, 비교우위를 갖는 천연자원이 존재하지 않는 지역에서 저임금 노동력의 비교우위에 기초해 일부 산업이 발전하였을 뿐이다. 베르끄의 다음과 같은 진단은 이러한 이 지역 사회들의 경제구조로부터 이해될 수 있으며 지금도 여전히 유효하다. "식민지 시대처럼 지금도 천연자원 수출의 두 주체인 외국대기업과 국가가 아랍경제의 양대 주체이다(Berque, 1964: p. 86)."

2) 미국헤게모니의 정착과정과 이슬람

갈리소가 제국주의를 "경제관계와 국가 간 지배-종속관계의 중첩(Gallissot, 1987: p. 176)"이라고 표현한 것처럼, 아랍세계에서 '신제국주의'는 구 식민본국이었던 영국과 프랑스, 특히 미국의 전략과 밀접히 연관되어 작동한다. 근대 초기에 그랬던 것처럼 이들은 아랍세계를 그들 각자의 이해에 적합한 매판적 성격을 띤 여러 지역으로 분열시키고자 한다. 그런데 이 책의 주제와 관련해 중요한 것은 이슬람주의의 대두과정이 바로 이러한 제국주의 논리가 관철되는 과정, 즉 미국과 이스라엘 주도로 새로운 지역질서가 형성되는 과정과 동시대적인 현상이었다는 사실이다. 정치적인 측면에서 구 식민세력과 1970년대 이래 이 지역의 지배세력이 된 미국은 특히 이스라엘-아랍 분쟁을 이용해 세력을 유지해 왔다.

그나마 냉전시대에는 알제리의 부메디엔느, 이집트의 나세르 등이 비동맹운동의 핵심인물이었던 데서 알 수 있듯이 서방세계에 대해 어느 정도 자율성을 확보하기도 했었다. 이런 시대적 배경에서 힘을 얻은 아랍민족주의는 식민지 시대와 달리 이슬람적 요소에서 탈피해 보다 근대적이고 종교적, 민족적 측면에서 개방적인 모습을 띠게 된다. 이 시기 아랍주의는 영광스러운 과거에 대한 향수가 아닌 사회혁명, 반제혁명을 통한 미래의 건설을 의미했다. 그러나 이때에도 반서방, 반자본주의는 자발적인 것이라기보다 현실에 의해 강요된 것이었다. 즉 일부 아랍국가에서의 사회주의적 경향과 소련과의 연대는 상당부분 독립초기에 추구했던 영국과 프랑스 등 구식민본국과의 협력관계 유지전략에 대한 서구의 거부에 기인한 것이다. 서구는 독립정권이 요구했던, 불평등한 기존 경제관계에 대한 어떠한 개선요구도 받아들이지 않았던 것이다. 예를 들어 알제리의 경우, 경제에서의 국가주의나 사회주의 경향은 독립 초기, 즉 1965~1966년 이래 추진된 석유부문에서의 프랑스 엘프(ELF)나 다국적기업들과의 협력이 기대한 만큼의 이득을 가져다주지 못한데 어느 정도 기인한다(위의 책: p. 197).

소련의 대아랍 정책에 대한 분석에서 엘렌 까레흐 덩꼬스가 보여준 처럼 이집트 등 사회주의를 표방한 나라들의 지도자들이 보여준 소련에 대한 유보적인 태도 역시 경제적으로 앞선 서방진영에의 열망으로 해석될 수 있다(Hélène Carrère d'Encausse, 1975). 아랍사회주의, 비동맹노선은 초기 짧은 기간 동안에만 반소련적 측면보다 반서방적 측면이 강했을 뿐 이 노선의 이면에 강하게 존재하는 발전주의 이데올로기는 머지않아 조건이 갖추어졌을 때 앞선 자본주의국들과의 관계를 우선시하는 방향으로 변형된다. 이런 의미에서 갈리소는 "아랍세계에서 사회주의라는 용어는 자본주의의 길의 불가능성을 의미한다"고 표현했다(Gallissot, 앞의 책: p. 184).

한편 이 지역에 대한 소련의 이해관계는 경제적인 면보다 이 지역이 가지고 있던 지정학적 중요성으로 더 잘 설명될 수 있다. 즉 군사적으로 미국과 직접 대치하고 있는 이 지역 국가들과의 우호적 관계유지의 필요성과 소련에게 절실했던 항만확보의 욕구가 대중동정책의 배경에 있었던 것이다. 중동 정치 전문가 프레드 핼리데이의 "서방은 석유, 소련은 지리적 조건(Fred Halliday, 1982: p. 38)"이라는 표현은 당시 상황을 잘 요약해 준다. 이는 소련이 아랍지역의 공산당보다 부르주아적 성격의 민족주의 정권에 대한 관계를 우선시한 데서 볼 수 있듯이 국제정치적 측면을 이데올로기보다 중시하였다. 아랍국가들의 경우에도 소련과의 우호적 관계는 무신론과 동일시된 공산주의에 대한 선호와 무관했고 오히려 상업 중심의 아라비아 반도에서 탄생한 이슬람이 용인한 사적 소유와 동일시된 자본주의는 보다 쉽게 받아들여졌다. 예를 들어 나세르주의와 함께 아랍민족주의의 양대 축을 형성한 바트주의의 대표적 이론가 미셸 아플락(Michel Aflak, 1912~1989)은 사회주의를 단지 기술적 차원에서만, 즉 당시 아랍세계의 도약에 유용한 것으로 간주해 받아들였을 뿐이다. 이들에게 아랍사회주의는 반공산주의적, 반소련적인 것이었으며 그보다는 아랍민족의 전통과 정신에서 나오는 이념으로 여겨졌다(Carré, 1993: p. 62)[10].

이 지역에서 정치군사적 갈등을 둘러싼 외부 개입세력의 하나에 불과했던 미국이 이 지역 최강의 외세가 된 것은 1970년대부터이다.[11] 특히 1973년 이후 미국이 이 지역 정치갈등과 경제변동의 열쇠를 쥐게 되었

---

10 1970년대까지 아랍세계의 지배적인 이데올로기였던 사회주의는 알제리에서의 자주관리운동, 시리아, 이라크, 이집트에서 추진된 토지개혁, 그리고 국가주도의 산업화의 양상을 띠었다. 그런데 이 노선은 석유를 통한 세계경제에의 과도하고도 불평등한 편입이라는 조건에서 국내시장과 세계시장 간의 접합을 조절하는데 실패하였고 이후 1980년대 경제위기에서 파생된 사회위기를 조절하는데 실패하게 된다.

11 유럽에 비해 아랍세계에 대한 직접적인 이해관계가 상대적으로 적었던 미국은 아랍인들에게 영국과 프랑스 제국주의에 대한 견제세력으로서 우호적으로 인식되었었다. 이와 같은 맥락에서 영국과 프랑스의 경쟁국이었던 독일에 대해서도 2차 대전 당시 해방자로 인식했으며 나치즘에 대한 우호적 평가 역시 발전전략에서 이 노선이 주는 매력과 더불어 이상과 같은 국제정치적 배경에서 이해될 수 있다.

다. 1967년 제3차 이스라엘-아랍전쟁(6일 전쟁) 당시만 해도 이 분쟁에 소극적으로 대응했던 미국이 1973년 제 4차 이스라엘-아랍전쟁에서 이스라엘 편에서 적극적으로 개입한 것은 미국의 대중동정책의 질적 변화를 보여준 상징적인 사건이었다. 점차 커져가고 있던 미국의 이 지역에 대한 관심은 당시 소련과의 격화된 경쟁과 관련된 정치적 이해 뿐 아니라 순수한 경제적 이해관계로도 설명될 수 있다. 이는 이 시기부터 미국이 처음으로 석유의 주요 수입국이 된 것과 밀접히 연관되어 있다. 이러한 배경에서 미국은 1970년대 말 남미, 아프리카, 그리고 이란, 아프가니스탄 등지에서의 좌경화 현상을 소련 팽창주의의 산물이라 주장하며 이를 막는다는 명분 아래, 그리고 인권과 민주주의의 수호를 내세우며 1980년 소위 '카터독트린'을 발표하면서 남미에서처럼 이 지역에서도 군사적 헤게모니를 추구하게 된다(Rouquié, 1998: p. 436).(<자료 III-4> 참조) 중동지역에 적용된 이 노선의 틀에서 혁명적인 정치변동이나 국가간 분쟁에 신속히 개입하기 위한 전략을 추진하였고, 그 중 핵심과제가 걸프만 지역에서의 군사기지 확보였다.[12]

---

[12] 제2차 세계대전 이후의 역사는 '전쟁-복지국가(the warfare-welfare state)'로 표현되는 미국 대외정책의 정치군사적 측면의 중요성을 입증해 준다. 미국은 바루쉬즘(baruchism)으로 표현되는 적극적인 무력개입노선의 경제적 유용성, 즉 경제활성화의 수단으로서의 군비지출과 정치군사적 헤게모니가 주는 경제적 효과를 발견하였다(Achcar, 1995). 꼬름에 따르면 걸프전은 중동지역에 적용된 미국의 이러한 개입노선의 가장 노골적인 표현이었다. 이 전쟁은 결정적으로 이 지역에서의 갈등의 무력적 해소(pacification), 즉 힘에 의한 갈등분출의 억압, 갈등의 은폐를 가져왔다. 그리고 그 결과로서, 내부문제의 해결에 있어서 주권의 손상을 감수하고라도 외세개입에 의존함으로써 정권의 안정화를 추구하는 전통을 만든 역사적 사건이었다.(Corm, 1997: p. 16)

자료 III-4 아프가니스탄 연표: 아프간내전에서 미국의 아프가니스탄 침공까지

1955~1963년: 모하메드 다우드 칸(Mohammed Daoud Khan) 수상에 의한 근대화, 공산주의 세력의 강화

1973년: 파슈툰족이 중심이 된 근대적이고 사회주의적인 세력에 의한 쿠데타

1979년: 사회주의 정권의 위기를 배경으로 소련의 개입 증대

1979년 12월: 수 만 명의 소련군대 진주, 바브락 카르말(Babrak Karmal)을 대통령에 추대, 종교세력 중심의 아프간 반군 결성, 이슬람세계, 특히 호메이니의 이란에서 소련을 비판하는 분위기 고조, 미국과 파키스탄의 아프간 반군 지원

1986년: 소련군의 철수 시작

1992년 봄: 공산주의 정권의 붕괴, 이슬람 세력들의 연합정권 수립, 이슬람 세력 간 갈등

1992년 아흐마드 샤 마수드(Ahmad Shah Massoud)가 이끄는 북부동맹의 수도 카불 장악

1996년 탈레반[13]의 카불 장악, 미국과 북부동맹이 탈레반을 몰아내기 위해 연대

2001년 9 · 11테러와 미국의 아프가니스탄 침공

---

13 탈레반은 농촌의 성직자 출신 조직으로서 아프간내전에서 경험을 쌓은, 파슈툰족의 헤게모니 장악을 추구하는, 극단적으로 보수적인 이슬람 세력이다.

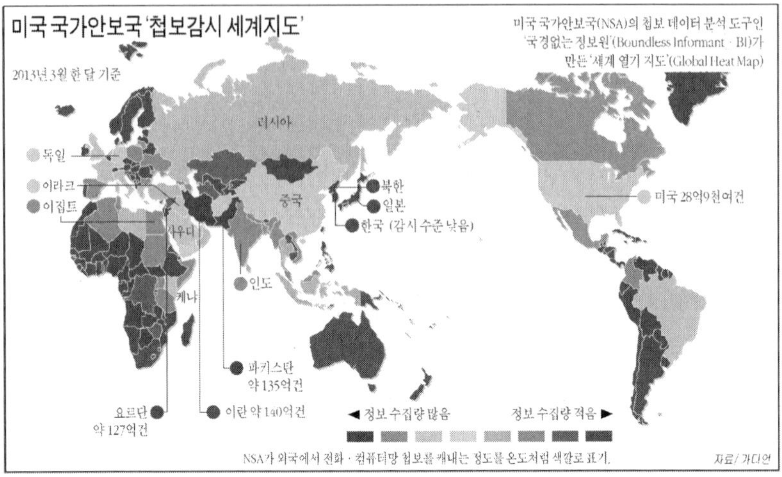

<자료: 연합뉴스>

그림 III-2: 미국 국가안보국 '첩보감시 세계지도'

그리고 정치적인 면에서는 아직 아랍민족이라는 큰 틀에의 소속감과 이 차원에서의 통합 열망이 컸던 이 지역에 분열을 조장하는 전략을 시도하였다. 이렇게 해서 미국이 제2차 세계대전 이후 매우 일관되게 추진해온 대아랍정책의 두 주요 목표가 실현 된다. 이 목표는 근동지역에서는 소련의 영향력을 제거하고 이스라엘-팔레스타인 분쟁의 유일한 중재자로서의 지위를 갖는 것이었고, 중동지역에서는 이 지역에 대한 이란과 이라크의 영향력을 무력화시켜 사우디아라비아 등 걸프만 연안 국가들의 석유에 대한 배타적인 통제력을 확보하는 데 있었다. 참고로 미국 정보기관의 최근 활동상황에 관한 <그림 III-2>에서 우리는 이란, 요르단, 이집트 등 중동지역이 미국이 가장 관심을 갖는 지역임을 추정할 수 있다.

3) 이슬람주의의 성장에서의 사우디아라비아의 역할

한편 미국의 대중동 전략은 사우디아라비아와 이스라엘의 전략과 맞물리면서 실현되었다. 석유와 팔레스타인 문제를 둘러싸고 맺어진 미국과 이스라엘, 미국과 사우디아라비아의 동맹관계의 가장 중요한 목표는 반소련, 반아랍민족주의 지역질서의 형성이었다. 그런데 이슬람주의의 대두는 이러한 새로운 지역질서 형성이 낳은 부산물인 동시에 이 과정의 필수 구성요소였다. 즉 기존 이데올로기들이 무력해진 상황에서 나타난 경제적 불평등의 심화와 사회통합의 위기에 대한 민중의 대응양식이자 동시에 중동에서의 미국의 영향력 실현의 축인 사우디아라비아 중심으로 이루어진 이슬람 중심의 지역질서 형성과정의 산물인 것이다.[14]

사우디아라비아는 이슬람의 두 주요 성지인 메카와 메디나가 있는 국가로서 19세기 초반 이래 근본주의 성향이 강한 와하비즘이 사회를 지배해 이슬람의 선봉이 될 수 있는 잠재력을 지니고 있었다. 그러다가 1970년대에, 당시 아랍세계 석유수입의 40%에 이르는 부를 이용해, 그리고 미국의 이 지역 주요 동맹국이 되면서 이때까지 아랍 정치의 중심이었던 민족주의 성향의 이집트와 주도권을 놓고 경쟁할 수 있게 되었다. 이러

---

14 사우디아라비아가 미국의 대중동정책의 대리인 역할을 담당하고 미국이 사우디의 아랍세계 주도권 장악을 도와주는 방식의 미-사우디 관계는 이미 1950~1960년대 나세르의 범아랍주의에 대한 견제전략으로 그 모습을 보였었다. 당시 냉전체제하에서 미국은 팔레비 치하의 이란과 사우디, 쿠웨이트 등 종교적 성격이 강한 왕정국가를 통해 아랍민족주의와 사회주의를 저지하려 했다. 이후 아프가니스탄전쟁에서의 미 CIA의 대리인 역할 수행, 이란혁명 이후 사우디 주도의 대이란전선의 형성, 석유수출국기구(OPEC), 아랍석유수출국기구(OAPEC)에서 사우디에 의한 미국의 이해대변으로 둘 간의 연대가 본격화되었다. 참고로 근본주의적 이슬람을 주창하는 세력이 정권을 장악하고 있는 파키스탄 역시 중앙아시아와 남아시아에서 중동에서의 사우디아라비아와 동일한 역할을 수행했다. 결국 미국은 이슬람이 있는 제3세계 전역에서 이슬람을 정치도구화했던 것이다.

한 지역전략 차원에서 사우디아라비아가 주된 무기로 삼은 것이 바로 이슬람이다. 석유자원에서 얻어지는 재정 능력을 기반으로 사우디아라비아는 자국 도시 제다(Jeddah)에 본부를 두고 회원국 간 경제협력, 이슬람은행의 활성화 등 경제영역에 관여하는 이슬람회의(OIC, Organisation of Islamic Conference)(1969년 창설), 전세계의 와하비즘(wahhabism)[15]세력을 지원하는 세계이슬람동맹(World Muslim League)(1963년 창설) 등 국제이슬람 단체를 주도적으로 이끌었다. 이웃 비산유국에 대한 경제지원, 사우디의 노선에 부합해야 한다는 조건하에 제공된 각국 이슬람조직 지원, 모스크 건립, 이슬람서적 보급, 자선단체 지원, 그리고 자국에 온 주변 국가 출신 노동자들을 와하비즘으로 무장시켜 귀향 후 사회 각 영역에서 이 새로운 이슬람 전파의 선봉에 서게 하는 등의 방식을 통해 이 지역에 이슬람 연대에 기반을 둔 사회질서를 만들어 왔다. 이 지역 국가들에서의 재이슬람화는 바로 이러한 석유, 사우디 중심의 지역질서 재편과 함께 강화된 것이다.

미국의 중동정책과 연계된 사우디의 전략은 이미 1970년대에 그 첫 결실을 보았다. 터키의 우익이 비종교적이고 맑스주의 경향을 보이던

15 19세기 초 아라비아반도에서 알 사우드(Al Saud) 왕가가 상징하는 종족적 권력과 와하비즘에 기반한 정신적 권력의 결합으로 사우디아라비아 왕국이 탄생했다. 이후 20세기에 들어서 30년 전쟁(1902~1934)으로 현재의 영토를 장악하게 된다. 오스만 제국이 쇠퇴하던 18세기 중엽, 엄격한 일신론을 주창하며 이븐 압달와합(Ibn Abd al-Wahhab)이 창시한 와하비즘은 주류 이슬람인 수니즘의 네 공식 학파 중 가장 완고한 성격의 한발리에 속한 학파로 지역성인 숭배 등 민중신앙과 수피즘에 대한 강한 비판, 경전해석 문제에 관한 매우 보수적인 입장, 일상생활에 관한 청교도적인 엄격성으로 특징지워진다. 이 사상은 절대군주제 국가인 사우디아라비아의 공식이념이다. 이 전형적인 이슬람국가에서는 코란과 수나가 헌법의 역할을 하고 이 코란과 수나에 근거를 둔 이슬람법(샤리아)이 사법의 근간을 이룬다. 이 이슬람에 기초한 법은 사우디에서 특히 여성에 대한 억압으로 나타나 이 사회를 극단적인 남성 위주의 사회로 만들었다.

좌파에 대응하기 위해 이슬람주의의 영향권에 들어가게 된다. 수단에서는 자파르 니메이리(Jafar Nimeiri) 장군의 사회주의적, 나세르주의적 정권이 1975년 이슬람회의(OIC) 가입을 계기로, 그리고 사우디의 영향하에 이슬람으로 선회했다. 1980년대에는 통일예멘에서도 이슬람정당인 이슬람개혁당(Al-Islah Party)이 정권을 잡고 예멘사회당(Yemeni Socialist Party)을 제거시킴으로써 내전을 야기했다. 구 소련의 주로 투르크족에 기원을 둔 이슬람을 믿는 종족들에서 나타난, 이슬람의 순수한 전통으로의 복귀를 주장하는 근본주의운동에서도 사우디의 영향력을 볼 수 있다. 즉 이 지역에 소수파로 존재해오던 와하비즘 분파가 사우디의 지원에 힘입어 근본주의 현상에서 핵심적인 역할을 수행한 것이다. 일반적으로 이슬람주의 부상의 주된 계기로 인식되는 이란혁명은 이상과 같은 지역질서 변동과정과 연관되어 성장하던 이슬람주의 세력들이 이란에서와 같은 이슬람혁명을 꿈꾸며 정치적으로 급진화하고 그에 따라 정권과 충돌하게 된 계기로 작용했다는 것이 더 정확한 설명일 것이다. 그리고 이란혁명에 뒤이은 이란-이라크전쟁은 바로 이란이 상징하던 이슬람주의와 나세르 사후 이라크와 시리아에 의해 어렵게 지탱되고 있던 아랍민족주의의 대결을 상징적으로 보여준 사건이었다.

4) 이스라엘과 이슬람주의의 연관성

이스라엘이 이슬람주의 현상과 가지는 관계에 대한 이해는 보다 역사적인 접근을 필요로 한다. 꼬름은 배타적인 유대인적 정체성에 기반을 둔 시온주의와 그 정치적 화신인 이스라엘 국가의 존재가 이 지역 정치질서에 미친 영향을 다음과 같이 설명한다. 주로 폴란드와 러시아에서 건너온 유대인 이주민들은 차별과 위협에 따른 유럽에서의 그들의 패쇄된 공동체 생활의 경험과 배타적인 탈무드 문화, 그리고 유대인만의 국가 창설이라는 이념으로 인해 다원주의 전통이 강했던 아랍사회가 그들에게 제공했던 공존의 기회를 저버렸다는 것이다. 그런데 이렇게 타자에 대한 거부를 본질로 하는 유대인 국가가 자신의 부당한 존재를 정당화하기 위해서는 단지 다른 민족을 차별, 배제함으로써만이 아니라 주변민족들 역시 자신을 배척하고 더 나아가 그들이 자신처럼 배타적인 종교적, 민족적 정체성에 따라 서로 분열, 대립하는 것이 필요했다는 것이다. 그러나 1970년대 초까지만 해도 이러한 이스라엘 존재의 의미와 그들의 분열 전략은 종교적 차원이 미미했고 종교적인 면에서 관용적이었던 아랍민족주의에 의해 효과적으로 저지되었다. 그런데 꼬름에 따르면 이미 1967년 아랍진영의 패배는 이러한 방어벽의 붕괴를 의미했고 그 이후 이 지역 정치질서는 이스라엘의 전략이 실현되는 방향으로 변형되었다. 즉 각 지역마다 다른 형태로 발전해 온 이슬람 내 분파간 차이를 극단적으로 부각시키는 이슬람주의 운동은 이스라엘의 이 지역 분열정책에 크게 기여하는 결과를 낳았다. 꼬름은 이슬람주의의 발전뿐 아니라 이스라엘이 레바논내전(1980~ 1988)을 야기하며 기워낸, 기독교 단체 팔랑헤주의자들(Phalangists)이나[16], 이슬람주의자들에 의한 배척에 대한 반작용으로 생긴 이집트의 기독교 집단 꼽트족(the Copt)의 종교적 정치운동[17]도 바로 이 이스라엘의 영향으로 설명하고 있다(Corm, 1992: pp. 82~95).

---

16 기독교 과격단체에 대한 이스라엘의 지원은 기독교인들에 대한 보호를 명분으로 행해졌는데, 이 명분은 19세기 서구열강이 기독교인들의 이반을 통해 오스만 제국을 약화시키는 과정에서 유용하게 쓰였던 것이다.

17 이집트의 소수민족인 기독교 콥트족(전 인구의 7% 차지)에서의 1980년대 공동체 운동의 부활은 개방화의 맥락에서 나타난 국가의 퇴각과 사회경제적 영역에서 이슬람주의 세력의 대두에 직면해 기독교 공동체를 강화하는 식으로 나타났다(El Khawaga, 1992).

이와 함께 그동안 아랍민족주의의 저항으로 온전히 실현되기 어려웠던, 경제적 차원을 포함한 온전한 의미의 이스라엘 제국주의의 실현이 이스라엘의 대아랍전략의 핵심으로 대두되었다. 이미 이스라엘의 군사적 헤게모니 완성과 미국주도의 평화협상을 거치면서 이스라엘이 이 지역의 온전한 일원으로 암묵적으로 인정되었다. 이에 따라 이스라엘 국가의 역사적 정당성 문제가 현실적으로 더 이상 중요하지 않게 되면서 이스라엘이 꿈꾸던 자국 중심의 중동경제질서 형성은 커다란 장애물을 벗게 되었다. 이스라엘의 존재를 사실상 승인한 아랍정권들은 정치적 양보를 하더라도 지역안정을 확보하여 경제부흥의 길을 걷고자 했다.[18] 이미 1980년대 초·중엽에 시작된 구조조정의 연장선상에서 추진된 경제개방 전략은 아랍국가들에게 부정할 수 없는 대세가 되었으며, 이는 구조적 한계를 지니는 아랍 차원의 지역화가 아닌 서방에의 편입, 특히 그 주요 통로인 유럽-지중해 차원의 협력을 유일한 대안으로 삼게 된 것이다(Salamé, 1992). 1995년 11월 바르셀로나 회의에서 윤곽이 잡힌 이 틀에서의 지역화는 이스라엘이 20세기 초에 그랬듯이 선진 유럽의 첨병으로 기능할 것을 가정하고 있는 것이다. 여기에서 우리는 1960~1970년대 아랍세계를 지배했던 아랍통합과 대서방 자주노선의 꿈이 깨어진 자리에 유럽의 비중이 큰 지역차원의 경제협력 증대, 교역관계의 다변화 등 현실주의적 전략이 들어서고 있음을 목격할 수 있다. 미국과 이스라엘에 의해 직·간접적으로 부추겨졌던 민족, 종교간 갈등 이후의 이러한 상황의 전개는 이슬람주의라는 종교현상의 역사적 의의가 무엇이었고 궁극적으로 어디로 귀결되는지를 보여준다.

---

18 예를 들어 "평화의 경제학(economy of peace)"이라는 개념은 1990년대 초 이·팔 분쟁의 해결전망이 밝았던 시대적 맥락에서 평화가 가져올 경제적 효과에 대한 아랍국들의 기대를 상징했다(Blin et Fargues, 1995).

2. 걸프전의 의미

1) 걸프전 이후의 이라크

현상적으로는 1990년대 초입에 전개된 걸프전과 소련의 붕괴, 그리고 이-팔 평화협상이 드디어 중동에 평화와 번영을 약속해주는 듯했다. 그런데 이 평화는 어떤 것이었고 이 평화는 무엇을 동반한 것이었나? 결론적으로 걸프전은 새로운 지역질서의 주된 요소였던 이슬람담론의 지배, 종족 및 종교에 따른 분열, 국가간 갈등을 더욱 심화시켰을 뿐이다.

먼저 이라크의 경우 걸프전은 후세인 정권을 몰아내지 못한 채 이라크사회의 총체적 위기만 가져왔다. 걸프전에서 정권유지와 반군의 통제, 그리고 이에 필요한 군사력 보존에만 주력했던 후세인에게 전쟁과 전후의 경제적, 군사적 제재는 정치적 위협이 되지 못했다. 히틀러의 정권장악에 기여한 독일의 천문학적인 전쟁배상금보다도 더 패전국의 지불능력, 국민의 생존을 고려하지 않은 배상금과 12년 간의 경제봉쇄는 대다수 국민의 생존 기반을 앗아갔으며 국제사회의 지원이 미치는 남·북부 국경지역 이외에는 국가의 자원을 독점한 정권의 호의밖에 의지할 곳이 없는 국민이 정권에 더욱 의존적이 되는 것은 당연했다. 게다가 주권국가라면 도저히 받아들일 수 없는 유엔사찰단의 요구, 이에 대한 어쩔 수 없는 이라크 측의 거부, 그리고 이를 빌미로 한 사찰단의 철수와 그에 뒤이은 공습이 반복되는 상시적 전쟁상황은 그간 서구언론이 만든 민족영웅으로서의 후세인의 이미지를 더욱 강화시켰다.

소수민족문제도 더욱 악화되었을 뿐이다. 걸프전을 거치면서 미국이 부추긴 북부 쿠르드족과 남부 시아파의 분리독립운동은 미국의 소극적 개입과 주변국의 반대로 큰 성과를 거두지 못했다. 그 대신에 연합군의 본격적인 지상군 개입 없이는 애초에 불가능했던, 주변국 누구도 원치 않는 쿠르드 독립운동의 실패는 결과적으로 수십만의 이주, 혹독한 정부군의 탄압, 그리고 쿠르드족이 대규모로 거주하는 이란, 특히 터키의 정치적 혼란과 쿠르드족의 고통만을 가중시켰다. 그리고 걸프전이 야기한 군비경쟁은 중동 각지에 대량살상무기의 증대를 가져왔고 무기수입의 증대로 인해 민중의 생활수준은 악화되었다.

▌자료 III-5 ▌ 이라크 연표: 걸프전에서 제2차 이라크전쟁까지

1932년 영국으로부터의 독립

1958년 사회주의세력에 의한 군주제 종식

1963년 아랍민족주의 세력인 바트당 집권

1979년 7월 후세인의 대통령 취임

1980~1988년 이란-이라크전쟁

1990년 8월 2일 이라크의 쿠웨이트 침공

1990년 8월 6일 유엔 안보리가 이라크 경제제재 결의

1991년 1월 미국을 중심으로 한 다국적군의 폭격을 시작으로 걸프전 발발

1991년 2월 지상군 투입

1991년 3월 6일 부시의 전쟁 승리 선언, 쿠웨이트 정권 복귀, 유엔의 이라크 경제제재 결의

1998년 이라크가 유엔의 대량살상무기 사찰을 거부, 미국과 영국의 이라크 공습

2001년 9·11테러 발생

2002년 1월 미국이 이라크를 테러조직을 지원하는 '악의 축'으로 규정

2002년 9월 부시 대통령이 유엔총회에서 이라크 공격의 정당성 호소

2002년 9월 이라크가 유엔의 사찰을 무조건적으로 수용한다는 의사 표명

2002년 10월 미국 의회가 부시 대통령에게 이라크 공격 권한 부여

2003년 3월 20일 미국의 이라크 침공
2003년 5월 1일 부시의 종전 선언

2) 종속 심화 속의 평화의 길

이라크가 아랍민족주의의 상징으로 여겨졌던 것은 이라크와 함께 아랍민족주의의 중심이었던 이집트의 나세르가 사망한 이후 친서방화의 길을 걷게 되고, 레바논에 대한 침략과 내정간섭으로 시리아마저 아랍인들의 지지를 잃게된 데 따른 것이었다. 그런데 이제 걸프전으로 이라크마저 고립, 파괴되고 나서 아랍국들의 서방에의 종속과 지역갈등은 더욱 심화되었다. 걸프전에서 모두를 놀라게 한 것은 시리아마저도 연합군에 가담한 사실이었다. 물론 시리아는 이미 1975년부터 레바논에 대한 침략과 내정간섭을 통해 미국과 이스라엘이 수행한 레바논 분열전략의 동조자 역할을 수행해왔다. 그래도 시리아의 참전은 이 지역 반제국주의, 반시온주의 세력의 결정적 패배를 보여주는 상징적 사건이었으며 시리아는 전쟁참여에 대한 대가로 레바논에 대한 자유로운 개입을 보장받았다. 리비아도 스코틀랜드에서의 팬암기 테러, 니제르에서의 UTA기 테러의 용의자 신병인도 문제를 빌미로 한 경제봉쇄로 고립되어 카다피는 반제국주의, 아랍통합의 기수로서의 아랍 정치에서의 기존의 위상을 잃는다. 이렇게 반제, 중립노선의 국가들은 걸프전이 낳은 새로운 지역질서 속에서 변신 또는 고립을 겪게 된다.

튀니지와 알제리는 걸프전 이후 이슬람 세력의 급부상으로 정치적 긴장상태 또는 내전을 겪게 된다. 사우디 역시 이슬람의 본거지를 자처하던 자국에 수십만의 이교도가 무슬림을 공격하기 위해 진주했다는 치명적인 문제로 종교세력을 중심으로 한 반정부운동에 시달리게 된다. 쿠웨이트도 미군에 의한 해방을 계기로 서방세계와 연관된 왕가의 부패와 종속성에 대한 종교세력의 비판이 강화된다. 그러나 전반적으로 볼 때 아랍세계의 정치적 이슬람은 1980년대와 달리 온건화 경향을 보인다. 이러한 변화 속에서 서방세계나 아랍의 학계, 정계, 언론에서는 이 대다수의 온건세력과 알제리의 이슬람무장단체(GIA), 아프가니스탄의 탈레반, 최근 빈 라덴의 테러조직에 가담한 이집트의 지하드, 팔레스타인의 하마스 등 과격파들을 구분하고, 온건파의 체제 내 수용을 향후 아랍세계 안정의 관건으로 여긴다. 실제로 세속적 전통이 강한 시리아, 튀니지, 이라크, 알제리에서 우리는 온건파와 강경파의 구분, 그리고 이 구분에 입각해 온건파는 포섭하고 강경파는 철저히 탄압하는 양면정책을 볼 수 있다. 이러한 일국 차원의 전략은 이슬람을 이용한 미국의 중동지배전략과도 일맥상통한다. 이 유사성은 급진세력의 위협을 내세워 국민의 자유를 억압하고 이 세력에 대한 투쟁에 모든 정치세력을 동원하는 것에서도 찾을 수 있다.

걸프전과 오슬로조약(1993년)은 중동에 '평화'의 길을 열었다. 이스라엘-아랍 간 협상재개, 오슬로 평화협정, 자치안 합의, 분쟁관련국인 요르단과 이스라엘의 수교로 숨가쁘게 진행된 이 평화의 길은 백악관 앞뜰에서의 양 진영 지도자간 최초의 만남을 통해, 그리고 시온주의를 인종차별주의, 식민주의로 규정한 1975년 11월의 유엔 결의안을 폐기시킴으로써 이제 이스라엘이라는 불법점령세력의 존재는 국제사회뿐 아니라 아랍국가들, 그리고 팔레스타인 지도부에 의해서도 정상적인 국가로 인정받게 된 것이다. 이런 식으로 평화협상이 이스라엘에게 면죄부를 주었다면 팔레스타인인들에게 이 협상은 팔레스타인국가 수립문제, 동예루살렘의 지위문제, 난민문제와 같은 본질적인 사안에 대한 논의가 빠진 편향된 것이었다. 걸프전 이후 팔레스타인 문제 해결의 주역이 된 미국은 비본질적인 사안 위주의 피상적 화해전략을 구사한 것이다. 그마저도 각종 유엔 결의안이 유례없이 철저히 적용된 이라크와 달리 팔레스타인 문제의 경우 오슬로조약은 거의 이행되지 않았다. 미국의 팔레스타인 정책의 편향성은 결과적으로 계속되는 이스라엘의 강압정책과 양 진영 모두에서 극단적 종교세력의 득세를 초래했다.

3. 제2차 레바논전쟁의 의미

레바논전쟁은 어떻게 가능했고 이 전쟁이 레바논의 역사와 중동문제에서 가지는 의미는 무엇인가? 2006년 7월, 2명의 군인을 구출하고 8명의 군인이 죽은 것에 대해 보복하겠다는 명분으로 감행된 이스라엘의 침공은 다시 한 번 레바논을 폐허로 만들었을 뿐 아니라 중동분쟁사에 또 하나의 획을 그었다. 세계는 1990년대 말부터 기대를 가지고 레바논의 재건을 바라보았었다. 라픽 하리리(Rafic Hariri) 총리의 암살과 예상치 못한 전쟁이 있기 전만 하더라도 레바논내전(1975~1990년) 시기에 해외로 빠져나갔던 레바논 자본의 귀환, 국제사회의 지원, 그리고 새로운 투자처로 몰려든 서구자본의 힘으로 하루가 다르게 베이루트는 새로운 지중해의 진주로 거듭나고 있었다(Corm, 1998). 그리고 다시 34일간의 전쟁(2006년 7월12일~8월 14일)을 치르고 세계는 레바논의 재건을 아무렇지도 않은 듯, 또는 들떠서 얘기하였다. 전쟁의 참혹한 결과는 외국자본에게는 또 다른 투자 기회로, 강대국과 중동국가들에게는 또 다시 찾아온 정치적, 군사적, 경제적 기회로 여겨지는 것이다.

제2차 레바논전쟁에 대한 설명은 이스라엘, 헤즈볼라 등 전쟁의 직접적인 주체에 국한된 접근을 넘어서 지역적 차원과 전 지구적 차원을 고려하는 것이어야 한다. 그것은 물론 이번 전쟁의 장소가 레바논이기 때문이기도 하다. '지중해의 진주' 베이루트는 역사적으로 유럽과 오리엔트가 만나는 국제적이고 다문화적인 도시였으며 20세기 후반 레바논은 팔레스타인해방기구(PLO)에 거점을 제공했다는 이유로 이 · 팔 분쟁에 연루되어 인류역사상 가장 잔혹한 내전(1975~1990)을 겪었었다. 종전 이후에는 군사적, 정치적, 경제적인 면에서 시리아를 비롯해 이스라엘, 이라크, 미국, 프랑스 등 외부세계의 강한 영향력 아래 놓여 있었다. 이런 점들이 레바논을 일국적 차원을 넘어서 바라보게 하는 요인이다. 그러나 제2차 레바논전쟁은 우리로 하여금 레바논적 특수성과 더불어 9 · 11 이후 시대 세계의 성격에 대해 생각하게 한다.

1990년 내전 종식 이후 레바논 사회는 미국과 이스라엘의 동의 아래 팍스 시리아나(Pax Syriana), 즉 레바논에 대한 시리아의 헤게모니가 관철되었다. 이 기간 동안 레바논은 오슬로조약을 기화로 한 팔레스타인 문제에 대한 평화협상 분위기와 맞물려 유례없는 평화를 누렸다. 부호인 하리리의 수상 선출은 레바논인들에게 큰 희망을 심어 주었고 실제 레바논의 안정과 번영의 상징 하리리의 집권은 레바논 재건에 불을 지폈다 (Corm, 2005). 그러나 들뜬 분위기도 잠시였을 뿐 미국의 이라크 침공은 레바논의 안전을 위협했고 재건의 노력에 찬물을 끼얹었다. 그것은 미국이 이 레바논의 후견인인 시리아를 이라크 저항세력의 배후로 지목하고 공세를 취하게 되면서였다. 이 긴장된 상황 속에서 하리리의 암살이 있었고 이 사건을 빌미로 미국과 프랑스는 시리아를 궁지에 몰아넣게 된다 (Gresh, 2005). 물론 시리아군의 철수를 이끌어낸 보다 직접적인 원인은 오랜 시리아의 내정간섭에서 싹튼 반시리아 정서가 대규모 반시리아 시위로 이어진 데서 찾을 수 있다. 한편 시리아의 퇴각이 낳은 정치적, 사회심리적 공백을 메운 것이 바로 오랫동안 대중적 기반과 정치적인 역량을 쌓아 온 헤즈볼라와 이 조직의 카리스마적 지도자 하산 나스랄라

(Hassan Nasrallah)였던 것이다. 그러자 이스라엘과 국제사회는 이 레바논인들의 새로운 희망을 테러리스트라 부르며 레바논에 다시 예전의 악몽을 되살린 것이다.

한편 우리는 다시 전쟁을 겪기까지 레바논이 걸어온 길에서 중동문제의 오래된 논리와 9·11 이후 시대의 새로운 양상을 확인할 수 있다. 먼저 이스라엘 자신의 안전을 빌미로 한 일방적인 전쟁이라는 현 대테러전쟁의 방식은 이미 1968년부터 이스라엘이 레바논에 행해온 역사의 연장선상에 있는 것이다. 다만 팔레스타인해방기구를 대신해 헤즈볼라가 악역으로 설정된 점이 다를 뿐이다. 1982년 레바논 침공이 팔레스타인해방기구를 몰아낸다는 명분으로 레바논의 분열과 파괴를 가져왔다면 이번 전쟁은 헤즈볼라를 제거한다는 명분 아래 레바논을 파괴한 것이다. 이 전쟁은 또한 완벽한 중동지역 지배라는 미국과 이스라엘의 오래된 전략의 연장선상에 있는 것으로 다만 9·11 이후 그 양상이 과거에 비해 더욱 일방적이고 극단적이라는 점이 다를 뿐이다. 이란과 시리아와 같은 비협조적인 세력을 세거하여 자신들의 이해를 실현하는데 그 어떤 장애물도 없는 소위 '새로운 중동질서'를 적극적으로 추구하고 있는 것이다. 대테러전쟁을 표방한 제2차 레바논 전쟁 역시 그 실질적인 목표는 전쟁을 통해 자신들의 구미에 맞는 꼭두각시 정권을 세우려는 것이었다.

다른 한편으로 레바논전쟁은 이스라엘 사회의 변화를 잘 드러내 준 사건이었다. 먼저 이 전쟁은 3년 전부터 준비된 전쟁으로 몇몇 이스라엘 군인의 운명에 대한 관심보다 훨씬 이전에 준비된 전쟁이었다. 그렇지만 전쟁이 이번과 같이 전개된 것은 예상치 못한 것이었고 그래서 설명이 필요하다. 우리는 그 단초를 직전의 정치변동에서 찾을 수 있다. 2005년 이스라엘에서는 건국 이래 최초의 민간정권, 즉 군 경력이 전혀 없는 수상 그리고 국방장관이 탄생하였다. 그런데 중동문제에 대한 평화적 접근이 강해질 것이라는 일반적 예상을 뒤엎고 이 민간정권은 그 이전 어느 강경한 정권이 있었더라도 쉽게 결행하지 못했을 '전쟁'이라는 카드를 택했던 것이다. 샤론이 아직 정권을 잡고 있었다면 이런 무모한 선택은 하지 않았을 것이라는, 즉 유례없이 강경한 방식으로 팔레스타인 정책을 이끌었던 샤론마저도 이러지 않았을 것이라는 이스라엘의 대표적인 사회운동가 우리 아베나리(Uri Avenary, 2006)의 지적에서 이 전쟁의 극단적인 면을 볼 수 있다.

레바논전쟁을 둘러싼 당시의 논쟁에서 이 점을 살펴보자. 이 전쟁의 새로운 점은 전쟁의 정당성과 방법에 대한 이스라엘 사회 내부의 비판이 예전에 볼 수 없을 정도로 광범위하게 일어났다는 것이었다. 이스라엘 사회의 유례없는 격렬한 논쟁의 배경은 전쟁의 실패, 즉 헤즈볼라에 대한 공격에서의 이스라엘 군의 실패에 따른 것이었다. 사실 레바논 전쟁의 실패는 그것이 근본적으로 성공할 수 없는 전쟁이었다는 점에 기인한다. 무엇보다도 이스라엘 지도부가 천명한 것과 달리 헤즈볼라는 대중과 구분되는 소수의 특별한 존재, 그래서 선별해 제거할 수 있는 테러리스트들이기보다 사회 곳곳에 단단한 기반을 가진 시민사회의 정치세력이었던 것이다. 우리는 이들이 자신을 '알라의 군대(Jeish-Allah)'가 아니라 '알라의 당(Hizb-Allah)'이라고 이름붙인 것에 주목해야 한다. 헤즈볼라와 그 지도자 하산 나스랄라는 당시 아랍세계에서 1960년대 나세르에 버금가는 인기를 누렸다. 에후드 올메르트(Ehoud Olmert) 정권의 대테러 전략에 대한 비판, 특히 성급하게 전쟁을 결정한 군 지도부, 그중에서도 전쟁의 지휘자인 단 할루츠(Dan Haloutz)에 대한 비판이 거세게 일어났다. 전쟁에 참전한 병사들 사이에서도 이 전쟁에 대한 반감이 고조되었고 심지어 불복종 현상마저 나타났다.[19]

그런데 이렇게 시온주의자 또는 전통적인 우파, 애국주의자들의 일부도 정권에 대한 노골적인 비판에 가담한 이스라엘은 2000년대 이후 '새로운 우파'가 주도하는 사회가 되어가고 있다. 그리고 이 새로운 우파의 이스라엘은 나치 독일에 비견할 만큼 억압적이고 폭력적인 사회이다. 이러한 현재의 이스라엘은 최근 변화의 산물이다. 특히 1995년 11월 4일 라빈 총리의 암살에 뒤이은 우파의 정치권력 장악 이후 '새로운 이스라엘(Warschawski, 2004)'이 형성된 것이다. 이 새로운 이스라엘의 주된 특징 중 하나는 정치적 억압, 특히 정치세계에서 우파가 말하는 '극좌파', 그리고 아랍계의 배제이다. 새로운 우파는 신자유주의가 자유주의와 달리 시장의 작동을 원활하게 하는 사회의 장치들을 거침없이 버림으로써 시장에 무질서를 심화시켰듯이(Vergara, 1992) 신자유주의 시대 이스라엘이 탄생시킨 이 새로운 우파는 전통적인 보수세력이 건설한 민주적 제도와 장치들을 과감하게 제거함으로써 이스라엘 사회 내부와 주변 국가들에 혼돈과 유례없는 폭력적 상황을 가져왔다. 한편 좌파는 이 · 팔 분쟁의 해결이나 이스라엘 사회의 개혁을 포기하게 되고, 그와 함께 이스라엘 자체를 등지고 1세기 전과는 정반대의 양상으로 유럽과 미국으로 떠나는 경우도 늘고 있다. 우리는 조국을 등지게 하는 상황이 어떠한 것인지 짐작할 수 있다. 단지 좌파의 소수만이 팔레스타인인들의 권리 쟁취를 위해 그리고 다른 한편으로는 이스라엘이 근본주의 국가로 전락하는 것을 막기 위해 아직 깃발을 내리지 않고 있다.

19 "Vif débat en Israel sur la 'faillite' de la guerre au Liban", *Le Monde* 2006년 8월 17일자.

4. 중동분쟁에서 중동전쟁으로

2006년 이후 제2차 레바논 전쟁의 발발과 팔레스타인 사태의 악화를 배경으로 대테러전쟁이 이라크에서 중동지역 전체 차원으로 확대됨으로써 '중동분쟁(Middle East Conflict)'은 '중동전쟁(Middle East War)'이라는 명실상부한 지역 전체의 전쟁이 되었다. 저항의 양상도 팔레스타인에서 시작된 자살폭탄테러가 이라크를 거쳐 아프가니스탄에서도 일반화되는 등 폭력성을 더해가고 있다. 이와 함께 대립구도도 변하였다. 즉 미국과 이스라엘, 그리고 사우디아라비아, 이집트, 요르단 등 이들의 협력자들을 한편으로 하고, 이라크의 시아파 중심 연합정권, 팔레스타인의 하마스, 레바논의 헤즈볼라, 이란 등 이란에서 이라크, 시리아, 레바논, 팔레스타인 일부에 이르는 일종의 '시아파 벨트'를 다른 한편으로 하는 구도가 형성된 것이다.[20] 미국과 이스라엘이 수행하는 대테러전쟁의 주된 목표가 알카에다에 연관된 수니파 그룹에서 이란, 시리아, 헤즈볼라로 이동된 것이다 (<그림 III-3> 참조).

---

20 시아파가 과격집단이라거나 호전적인 세력이라는 일반적 인식은 시아파가 석유, 그리고 그로 인해 외세와 갈등관계에 있는 것이 시아파의 종교적 특성이기보다 지리적인 요인에 크게 기인한다는 점에서 유보되어야 한다. 즉 우연히도 석유와 가스가 매장된 주요 지역은 이란, 이라크, 사우디아라비아, 중앙아시아에서 주로 시아파들이 거주하는 지역인 것이다. 그로 인해 2차 대전 이후 세계 자본주의 발전에 석유가 중요해지기 시작하면서 시아파 거주지역이 갈등의 중심에 서게 된 것이다.

그림 III-3: 시아파 거주지역

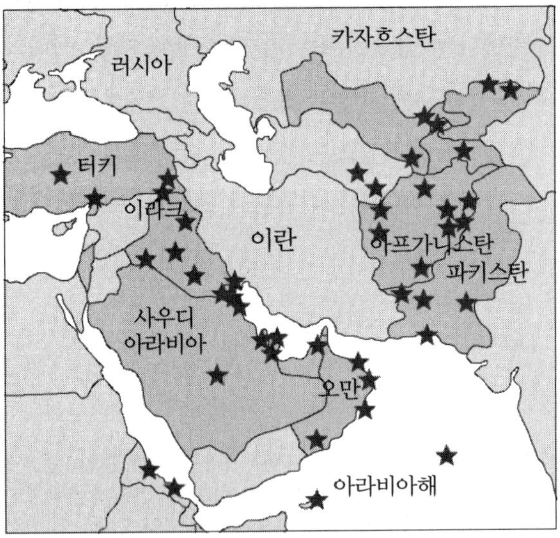

그림 III-4: 중동의 미군기지

* 전 세계에 1,000여개가 있는 미군기지 중 40여 곳이 중동 지역에 있으며 이란 국경지대에 많이 분포하고 있음을 알 수 있다.

팔레스타인 분쟁은 2차 인티파다와 9·11테러 이후 지금까지 과거 그 어느 시기보다도 강도 있고 지속적인 물리적 대결 양상을 보이고 있다. 그리고 그 정점은 가자전쟁이었다. '가자 밴드(Gaza Band)'라고 불리듯이 지중해 동안에 긴 띠를 이루고 있는 가자지구는 서울의 절반인 365km²에 불과한 작은 땅이다. 그럼에도 불구하고 이곳은 수십 년간 지속되어 온 이·팔 분쟁의 핵심지역이며 최근에도 '가자전쟁'이라고 불리어진 참혹한 전쟁이 있었다. 가자에는 2004년 기준으로 8천명의 이스라엘 정착민과 140만 명의 팔레스타인인들이 살고 있다. 이 두 집단의 거주 지역은 철저히 분리되어 있다. 이곳에 사는 팔레스타인인들의 2/3는 난민들이다. 즉 1948년 이스라엘 국가건설로 인해 자신들이 살던 고향에서 쫓겨나 지금까지 난민촌 생활을 해온 이들이다. 가자의 난민들은 유엔 팔레스타인난민 구호사업 기구(UNRWA)의 지원을 받으며 생활하고 있다. 총 8개의 난민촌이 형성되어 있고 시간이 지나면서 일반적인 도시와 유사한 모습을 갖추게 되었다. 가자전쟁은 2008년 12월 27일 시작되어 3주 동안 이루어진 이스라엘군에 의한 가자 공격을 말한다. 당시 이스라엘이 표방한 전쟁의 목적은 하마스의 이스라엘 본토 로케트 공격과 가자지구로의 무기반입을 저지한다는 것이었다. 이스라엘군은 경찰서와 하마스 정부 기관을 공격했고 이 과정에서 민간인 밀집지역이 폭격을 받았다. 이스라엘군은 고성능 무기를 갖춘 육해공군이 합동자전을 감행하였고 이에 맞서 하마스는 이스라엘 남부에 미사일을 발사하였다. 2009년 1월 21일 종결된 이 전쟁으로 1300여명의 팔레스타인인들과 13명의 이스라엘군이 희생되었다.

▌자료 III-6▌ 2차 인티파다와 9·11테러 이후 아팔 분쟁의 연표

2000년 9월 28일 2차 인티파다 시작

2001년 2월 6일 우파 리쿠드당 지도자 아리엘 샤론이 총리로 선출됨

2001년 9월 11일 미국에서 9 · 11 테러 발생

2002년 3~4월 이스라엘이 요르단강 서안 지구에서 '방어적 방패(Defensive Shield)' 작전 전개. 베이루트 정상회담에서 사우디아라비아가 제시한 평화협상안이 채택됨

2003년 1월 28일 총선에서 리쿠드당이 승리하여 샤론이 수상에 재선됨

2003년 3월 19일 미국의 이라크 침공

2004년 7월 9일 국제사법재판소가 이스라엘의 안전장벽이 국제법을 위반하고 있다는 판결을 내림

2004년 11월 11일 팔레스타인 자치정부 수반 야세르 아라파트 사망

2005년 1월 9일 마흐무드 압바스가 팔레스타인 자치정부 수반으로 선출됨

2005년 1월 10일 샤론이 노동당, 토라유대주의당연합(United Torah Judaism paties)과 공동정부 구성

2005년 4월 샤론의 미국 방문, 시리아군의 레바논 점령지역 철수

2005년 5월 26일 마흐무드 압바스의 미국 방문, 이스라엘이 400명의 팔레스타인 정치범 석방 및 하마스와의 대화 개시

2005년 6월 콘돌레자 라이스 미 국무장관의 이스라엘 및 팔레스타인 자치지구 방문, 마흐무드 압바스의 예루살렘 방문, 샤론 총리와 가자지구 문제 협의, 레바논 총선에서 라피크 하리리의 아들 사아드 하리리가 이끄는 반시리아 경향의 정당이 과반수 의석 획득

2005년 8월 15일 가자지구 및 서안지구 4개 정착촌 철수

2005년 10월 팔레스타인 자치정부의 부분적인 지방선거에서 파타 당 55석, 하마스 24석 획득, 가자 지구에서의 파타와 하마스간의 전투로 3명 사망

2005년 11월 아미르 페레츠가 이스라엘 노동당 당수로 선출되고 노동당은 공동정부에서 탈퇴, 샤론 리쿠드당 탈퇴 및 신생 정당 카디마(Kadima) 창당

2006년 1월 4일 샤론 총리가 뇌졸중으로 쓰러진 후 에후드 올메르트가 카디마 당의 새로운 지도자가 됨

2006년 1월 26일 하마스의 총선 승리

2006년 3월부터 분쟁 재개

2006년 3월 28일 에후드 올메르트가 이스라엘 총리로 선출됨

2006년 6월 가자지구 분쟁 격화

2006년 7~8월 제2차 레바논 전쟁

2006년 9월 가자지구에서 파타와 하마스의 충돌

2007년 2월 이스라엘의 알 아크사 사원 인근지역 공사에 대한 아랍세계의 거센 반발

2007년 2월 8일 사우디 메카에서 하마스와 파타의 권력 분점을 결의하는 팔레스타인 통합 협정 체결

2007년 6월 7일 가자지구에서 하마스와 파타 간 전투가 발생하고 하마스가 가자지구 장악

2007년 11월 27일 안나폴리스 중동정상회담에서 미국의 중재로 이스라엘과 팔레스타인 자치정부 간 평화안 로드맵 합의

2008년 2월 27일~3월 3일 이스라엘의 가자 폭격으로 최소 100명 이상의 팔레스타인인 사망

2008년 12월~2009년 1월 가자지구에서 이스라엘의 하마스 공격, 22일간의 전투로 13명의 이스라엘인과 1300여명의 팔레스타인인 사망

2009년 2월 10일 이스라엘 총선에서 우파 연합의 승리, 단일정당으로는 카디마 당이 최다 의석 획득

2009년 6월 4일 카이로에서 오바마 미국 대통령이 정착촌 신설을 중지하고 아랍세계는 이스라엘을 인정하기를 권고하는 연설을 함

2009년 6월 14일 벤자민 네타냐후 이스라엘 총리가 팔레스타인 국가 창설 지원에 관한 오바마의 권고는 받아들이되 서안 지구 정착촌 건설은 지속하겠다는 입장 표명. 이에 대한 반발의 표시로 팔레스타인 측은 평화협상 거부

2009년 8월 20년 만에 처음으로 파타 전당대회 개최, 파타 외교정책 프로그램 발표

2009년 8월 26일 팔레스타인 자치정부가 유럽연합이 지지하는 2년 내 국가 창설안 발표

2009년 11월 네타냐후 총리가 2010년 9월 26일 정착촌 건설을 중지하겠다고 발표

2010년 4월 26일 이스라엘과 미국이 동예루살렘 지역 정착촌 건설을 중지하는 방안에 합의

2010년 5월 31일 가자 지구의 봉쇄를 뚫고 구호물품을 전달하려던 터키 선박이 이스라엘 군의 공격을 받음

2010년 6~7월 이스라엘은 국제사회의 강한 압력에 직면해 가자지구 봉쇄를 풀겠다고 선언함

2010년 8월 20일 미국은 이스라엘과 팔레스타인 자치정부간 직접대화가 이루어질 것임을 공표

2010년 9월 2일 워싱턴에서 무바라크 이집트 대통령과 압둘라 요르단 국왕이 배석한 가운데 이스라엘과 팔레스타인 간 대화가 이루어짐.

(출처: http://www.mideastweb.org/timeline.htm, 2011년 10월 15일 검색)

3장. 중동전쟁의 사회학

이 장에서는 '새로운 전쟁'에 관한 논의를 중심으로 최근 전쟁이 보여주는 새로운 양상을 살펴본다. 특히 전쟁이 더 이상 정치의 연장에 머물지 않고 정치를 이끌고 사회를 주조하는 적극적인 역할을 한다는 점을 강조하고자 한다. 또한 중동 및 북아프리카 지역의 사례를 통해 국제사회의 개입이 해당 지역의 갈등 상황을 도리어 악화시키거나 적어도 지속시키는 측면을 검토한다.

1. 탈냉전과 '새로운 전쟁'

근대 이전의 전쟁은 다민족 제국이나 왕국들 간에 나타났고 종족 간의 전쟁이 여러 국가에 걸쳐 전개되기도 했다. 근대 이후에는 전쟁이 국가 단위에서 전개되었지만 국가 내부에서 또는 국가간 경계를 넘어 종족 분쟁이 일어나는 경우도 존재했다. 물론 이 경우 역시 국가 차원의 문제가 분쟁의 배경이 되는 경우가 많았다. 탈냉전 이후 현재까지 세계 여러 지역에서 전개되고 있는 군사적 갈등은 주로 '지역분쟁(regional conflict)' 또는 '종족분쟁(ethnic conflict)'이라고 불리어져 왔다. 전자는 양차 대전이나 냉전이 세계 전체 또는 그중 상당 부분이 연관된 것인데 비해 냉전 말기 이후의 전쟁이 한 나라나 인근 몇몇 나라들에 국한된 국지적 성격을 띠었다는 점을 강조하는 표현이다. 후자는 이 분쟁들의 원인이 오래전부터 지속되어 온 종족 간의 갈등에 있다는 시각을 반영한 것이다. 또한 상당수의 전쟁이 고전적인 국가 간의 전쟁과 달리 내전(civil war)의 형태를 띠었다. 클라우제비츠가 전쟁을 '다른 수단을 가지고 행하는 정치의 연장'이라고 했을 때 '정치'는 국가 간의 관계를 의미했고 전쟁은 국가 간에 발생하는 폭력적 상황을 의미했다. 그런데 이러한 전쟁의 범위와 주체에 있어서 변화가 있었던 것이다.

지역분쟁은 사회적 산물이라기보다 종족이나 문화 간의 타고난 차이와 적대감에서 비롯된 자연적 현상으로 여겨졌다. 이러한 이유로 서로 다른 종족이 결부된 전쟁은 사회과학적인 연구의 대상이 되기 힘들었다(Brown, 1989). 내전의 참혹함에 대한 언론의 피상적인 보도가 주를 이루었고, 자체적으로 해결할 수 없는 숙명적인 현상으로 여겨지면서 국제사회의 개입이 정당화되었다. 지역분쟁의 대표적인 사례로 간주되어 온 중동분쟁 역시 유대인과 아랍인, 유대교와 이슬람교의 숙명적인 갈등관계나 석유자원을 둘러싼 강대국의 경쟁에서 주된 원인을 찾았다. 따라서 분쟁지역 내부의 정치적, 사회경제적 배경 등에는 관심이 부족했다. 물론 이러한 일국 내적, 사회적 요인에 대한 무관심에는 나름대로 근거가 있었다. 즉 오랜 분쟁에 기인한 국내경제의 파괴, 그리고 그에 따른 시민사회와 사회운동의 파괴로 인해 갈등의 주체는 소위 '국제사회'이거나 군과 무장세력과 같은 군사적인 집단이 되었다.

탈냉전 이후 아프리카의 르완다, 콩고민주공화국, 라이베리아, 시에라리온, 남부 수단, 알제리, 중동의 팔레스타인, 레바논, 동유럽의 구 유고슬라비아, 체첸, 아시아의 동티모르, 스리랑카, 필리핀 등 세계 여러 지역에서 내전이 강도있게 진행되었다. 이에 비하면 9 · 11테러 이후에는 내전이 다소 약화되었다. 위 지역 대부분에서 폭력적인 상황이 종식되었다고 볼 수 있다. 이 시기 전쟁은 9 · 11테러의 부산물인 아프가니스탄과 이라크에서의 전쟁, 9 · 11테러에 이어진 대테러전쟁이 촉발시킨 제2차 레바논전쟁과 가자전쟁, 마드리드와 런던의 폭탄 테러나 인도네시아의 발리 나이트클럽 테러 등 테러리즘의 양상을 띠고 있다. 전쟁이 일어나는 지역은 중동 등 일부 지역으로 국한되었지만 예측할 수 없는 테러리즘의 공포가 이전까지 광범위한 지역에서 전개된 내전을 대체한 듯 보였다.

탈냉전, 세계화 시대의 전쟁은 이전 시대의 전쟁과 다른 특징을 보였다. 우선 군사적 갈등 상황이 장기간 지속되며 명확히 종결되지 않는 양상을 띠었다. 가장 잘 알려진 팔레스타인 분쟁 이외에도 유럽, 아시아, 아프리카, 중남미의 많은 지역에서 이러한 양상을 발견할 수 있었다. 예를 들어 유고내전은 1991년에 시작되어 10여 년간 지속되었고 지금도 종족간 충돌이 끝나지 않고 있다. 남아시아의 펀잡이나 카슈미르 분쟁도 1974년경부터 시작되어 수십 년간 지속되고 있다. 물론 폭력의 정도에는 차이가 있다. 유고슬라비아, 카프카즈 지역, 중동에서 강도가 높았다면 펀잡이나 카슈미르, 필리핀, 말레이시아, 영국 등에서는 상대적으로 강도가 약했다(Crawford, 1998: p. 8). 전쟁 상황이 오래 지속되면서 전시와 평시의 구분, 전방과 후방의 구분이 흐려지는 경향이 나타났다. 그리고 이것은 전쟁 유형의 변화, 즉 국가 간 전쟁이 아닌 내전이, 그리고 테러리즘이라는 새로운 방식이 중요해진 것과 연관성이 있다. 9 · 11테러 이후 확산된 테러리즘은 일상화된 전쟁의 위협을 상징적으로 보여주는 극단적인 형태라고 할 수 있다.

지역분쟁, 종족분쟁, 문화분쟁(Cultural Conflict), 문화전쟁(Cultural

War), 종교분쟁(Religious Conflict), 내전, 저강도전쟁, 테러리즘, 게릴라전과 같은 용어들로 지칭되는 최근 전쟁의 특징을 기존 전쟁과 대비해 새롭게 정의하려는 시도들이 있어왔다. 그중 하나가 '새로운 전쟁론'이며 메리 캘도어(Mary Kaldor)가 대표적인 이론가라고 할 수 있다. 그녀는 전쟁을 다른 국가를 누르기 위한 군사적 수단의 사용으로 간주한 클라우제비츠의 견해를 반박하면서 이러한 접근방식은 최근 전쟁에 적용될 수 없다고 주장한다. 캘도어는 탈냉전 시대의 전쟁을 '새로운 전쟁'이라고 지칭하면서 그 특징으로 첫째, 가능한 한 직접적인 전투를 피하고 주민들에 대한 정치적 통제와 공포를 조성하는 심리전을 통해 영토를 장악하고자 하는 전쟁방식의 변화, 둘째, 전시 자원동원의 고전적 주체인 국가뿐 아니라 비국가 행위자들도 참여하는 분권적이고 동시에 세계화된 전쟁경제의 형성, 셋째, 정체성 정치의 중요성, 넷째, 민간인 피해의 심화 등을 지적한다. 그리고 새로운 전쟁의 사회적 배경에 대해 범죄, 부패, 비효율이 확산되고 경제가 쇠퇴한 결과 국가 세입이 줄어들고, 조직범죄가 증가하고 준군사집단이 등장하면서 폭력이 사유화되며, 정치적 정당성이 사라지는 상황에서 발생한다고 설명하였다(캘도어, 2010: 22~29쪽). 그녀에 따르면 현대전쟁의 목표 역시 더 이상 어떤 명확한 군사적인 목적을 달성하는 것이 아니라 폭력의 사용을 통해 정치적 동원을 이루는 것이다. 이로 인해 민간인의 희생이 늘어난다는 것이다. 더 나아가 전쟁은 어떤 목적을 달성하는 것이 아니라 군사적 갈등 상황 자체를 유지하기 위해 지속된다는 것이다. 왜냐하면 그것이 전쟁 당사자들에게 경제적인 혜택을 제공하기 때문이라는 것이다.

린드와 햄스(William Lind and Thomas Hammes)는 더 대중적인 성격의 새로운 전쟁론을 제시했다. 그들은 전쟁의 역사를 몇 단계로 구분하면서 현재의 전쟁을 4세대 전쟁(fourth generation warfare, 4GW)으로 규정한다. 이 4세대 전쟁에서는 포착하기 어렵고 군사적으로 매우 약한, 그렇지만 게릴라전술, 테러리즘, 서구사회의 대중을 겨냥한 선전전을 결합해 서구사회의 안전을 위협할 수 있는 적을 상대할 수 있으려면 첨단기술이 동원된다고 말한다. 그러면서 이들은 전쟁을 국가 대 국가 간의 전쟁으로 인식하는 고전적인 관념이 여전히 지속됨으로써 이 기술적인 자원을 효과적으로 활용하지 못하고 있다고 진단한다(Schuurman, 2010: 90~91).

새로운 전쟁론이 강조하는 민간인의 중요성에 대해서 살펴보면, 민간인과 군인의 경계가 불확실해지고 그와 연관해 민간인의 희생이 커졌다. 또한 이러한 희생으로부터 민간인을 보호한다는 것이 소위 '인도주의적 개입', '인도주의 전쟁' 등을 표방한 강대국의 군사개입의 주된 명분이 되며 인종청소 등 민간인 학살이 전쟁의 책임 소재를 가리는데 중요한 기준이 되는 등 민간인 문제가 전쟁에 있어서 핵심적인 사안이 되었다는 것이다. 실제로 전쟁에서 민간인의 피해는 1990년대 이후 주요 전쟁 사례가 잘 보여주었듯이 급격히 증가했다. 제1차 세계대전 기간 동안 희생된 민간인의 수는 전체 희생자의 5%였던데 반해 최근 전쟁에서 그 비율은 90%를 넘는다. 민간인들은 제노사이드, 인종청소, 기아, 강제이주 등 점차 일반화된 관행의 희생자가 되었고 민간인이 전쟁의 도구로 동원되거나 군사개입의 명분으로 활용되는 등 이제 민간인은 전쟁의 한 가운데 있게 되었다(Mamou, 2011).

극단적인 힘의 격차도 현대전쟁이 기존 전쟁과 다른 특징 중 하나이다. 에티엔 발리바르(Etienne Balibar)는 전쟁의 새로운 양상으로 국가의 폭력독점 약화, 게릴라와 현대화된 국가의 비대칭적 저강도전쟁[21], 전쟁

---

21 국경을 초월한 테러리즘 대 첨단기술에 의한 공격, 인간폭탄 대 미사일공격, 자살폭탄차량공격 대 탱크 공격. 이 표현들은 바로 이러한 전쟁의 새로운 양상을 묘사하고 있다. 특히 현대전쟁에서 압도적인 지위를 가지고 있는 미국은 군사기술 면에

의 새로운 주체로서 종족과 민병대의 탄생[22], 국가 간의 전쟁이 아닌 종족전쟁(ethnic war)의 부상, 근대적인 군대-인민-국가의 통일성 해체, 전쟁을 위한 전쟁, 시공간의 제한이 없는 전쟁, 악마와 동일시되는 불확정적인 적에 대항하는 전쟁 등을 지적한다. 발리바르는 이러한 변화를 전쟁의 절대화, '절대전쟁(absolute war)'이라는 근대전쟁의 특징이 극단적으로 나타나고 있는 것으로 해석하면서 결과적으로 전쟁에 대한 정치의 우선성이 파기된다고 주장한 바 있다(발리바르, 2006).

한편 '새로운 전쟁'에 관한 논의를 비판하는 사람들은 이전의 전쟁에서도 새로운 전쟁의 많은 특징을 발견할 수 있다거나 잘 알려지지는 않았지만 냉전시기에도 탈냉전 시기의 내전이나 새로운 형태의 전쟁이 존재했었다는 점을 지적하고 있다(캘도어, 앞의 책, 17쪽). 심지어 새로운 전쟁론이 그 한계를 지적하는 클라우제비츠의 논의에서도 전쟁의 최근 양상을 설명할 수 있는 근거를 발견할 수 있다. 그에게 전쟁은 그것을 수행하는 사회의 반영이었고 따라서 서로 다른 사회는 그 나름의 전쟁관과 전략이 있었다. 특히 그는 전쟁에서의 정치적인 요인의 중요성을 강조했다. "정치적 의도가 목적이고 전쟁은 수단이다. 수단은 목적 없이 생각될 수 없다." 잘 알려져 있는 이 테제는 클라우제비츠의 전쟁관을 집약적으로 보여준다. 그런데 최근 전쟁의 양상과 관련해 유용한 개념은

서의 압도적인 우위를 바탕으로 '지능적인 공격'. '사망자 제로'와 같은 개념을 유행시켰다.

22 전쟁의 사유화가 탈냉전 이후 시대 전쟁의 중요한 양상이 되었다. 경제적 자원을 보유한 마피아, 기업이 전쟁을 유발하고 전쟁의 행위자로 참여하는 것이다. 인도주의적인 활동 역시 이렇게 사유화, 다원화된 전쟁의 행위자들에 의해 효과적인 도구로 활용되기도 한다. 소말리아나 남부 수단에서와 같이 인도주의 활동 지역을 설정하는 것이 민간인을 강제이주 시키거나 민간인을 전쟁에 활용하는 등의 역할을 하기도 하는 것이다(Mamou, 2011).

클라우제비츠가 제시한 독창적인 개념인 '마찰(friction, 또는 불협화음)'이다. 전쟁이라는 행위에 의해 생겨나는 예상치 못한, 그러나 전쟁이 내재한 결과들을 의미하는 이 개념은 '우연'보다 광의의 개념으로 실제 전쟁과 이론상의 전쟁을 구분하는 주된 측면이다. '전쟁의 안개'라는 그의 또 다른 표현도 우연과 불확실성의 역할을 강조한 것이었다. 그에게 전쟁은 액체의 흐름같은 것이었다(Clausewitz, 2006: pp. 7~27).

제1차 세계대전에서 처음 등장한 '총력전(total war)'에서도 최근 전쟁의 특징을 찾아볼 수 있다. 이 새로운 형태의 전쟁은 전쟁에 참여한 국가의 모든 물적 자원을 동원하는 것과 함께 전방과 후방, 민간인과 군인의 전통적인 경계가 사라지는 특징을 지녔다. 최근 전쟁의 가공할만한 위력이나 테러리즘이 주는 공포 역시 완전히 새로운 것만은 아니다. 제1차 세계대전의 경우 초기에는 국가 간의 고전적 전쟁의 양상을 띠다가 점차 적국의 인적, 물적 자원 모든 것을 파괴하는 '절멸전(war of extermination)'으로 변형되었다. 이러한 전쟁의 양상은 모든 사람들이 죽음의 공포를 경험하는 상황을 창출했다. 또한 총력전은 전쟁 이전까지만 해도 전혀 존재하지 않았던 전체주의 또는 파시즘이 등장하는 토대가 되었다. 9·11테러 이후 중동전쟁에서 재현되고 있는 제1차 세계대전의 또 다른 특징은 16세기에 형성되어 19세기까지 유럽에서 작동했던 국가간 법의 종말이었다. 그리고 이를 대신해 '세계적 차원의 내전(global civil war)', 즉 세계 전체가 전쟁터가 되고 이 세계의 구성요소로서의 개별 국가들이 전쟁을 치루는 전쟁이 등장하게 된 것이다(Traverso, 2001).

2. '새로운 전쟁'으로서의 중동전쟁

1) 전쟁의 자립화

전쟁에 대한 고전적인 인식 중 가장 잘 알려진 클라우제비츠의 테제, 즉 전쟁이 정치의 연장이며 정치의 도구라는 관념에 대한 수정이 요구되고 있다. 전쟁과 정치의 관계에 대한 다른 시각은 비록 대중화되지는 않았지만 이미 오래전부터 존재해왔다. 먼저 『영구평화론』(1795)에서 임마누엘 칸트(Immanuel Kant)는 전쟁이 예외적인 상태가 아니라 자연상태이며 평화는 노력하지 않으면 이룩될 수 없는 것이라고 간주했다. 그는 자연상태를 전쟁의 상태, 즉 적대행위가 지속되고 있다는 의미가 아니라 적어도 끊임없이 전쟁의 위협이 상존하는 상태로 보았다(이재영, 2005: 366쪽). 클라우제비츠와 반대로 칼 슈미트는 전쟁이 항상 정치의 전제가 된다고 했다. 슈미트가 제시한 '전체국가(Total State)' 개념은 전쟁이 정치의 수단이 아니라 자립적인 지위를 획득하는 최근의 양상이 완전히 새로운 현상이 아니며 이미 제1차 세계대전을 통해 형성된 것임을 보여준다. 이 개념은 1차 대전으로 19세기 자유주의 국가가 종말을 고하게 된 현실을 표현한 것이다. 전쟁으로 인해 자유주의의 전제인 시민사회가 국가에 의해 종속되고 결국 소멸되는 '시민사회의 국가화' 현상이 나타났다는 것이다. 슈미트에 따르면 1차 대전은 규범에 종속된 자유주의 국가가 전쟁과 같은 위기 상황에 대처하기에 불가능하다는 점을 입증했다. 그에 따라 아와 적의 구분에 기초한 전체국가가 요구되었다는 것이다. 이 현대적인 국가에 있어서 정치적인 것은 전쟁에 의해 규정되는 영역이 된다(Carl Schmitt, 1988). 무력의 독점이 국가의 본질이라는 베버의 국가론이 수사학의 차원을 넘어 현실에서 온전한 의미를 획득하게 된 것이다. '전체주의 국가'는 '전체전쟁(Total War)' 시대의 국가이며 '전체전쟁'의 성격이 국가 전체의 성격을 결정하게 된 것이다.

발터 벤야민(Walter Benjamin) 역시 전쟁의 능동적인 측면을 강조했다. 폭력에 관한 에세이집 『폭력비판론』(*Critique of Violence*, 1921)에서 그는 일반적으로 생각하는 것과 달리 전쟁 그리고 전쟁 중에 행해지는 폭력은 폭력의 한 부분이 아니라 모든 폭력의 근원이라고 주장했다. 전쟁은 개인 간의 폭력, 그리고 그 이후에 나타난 소규모 집단에서의 폭력이 확대되어 생겨난 것이 아니라 반대로 전쟁 폭력이 단순한 폭력을 초래하였다는 것이다. 근대 이후 국민국가 시대에 국가의 법, 통치와 폭력이 긴밀하게 연결되어 있었고 전쟁폭력이 다른 폭력들을 유발하는 역할을 하였다는 것이다. 폭력이 국가의 법을 설정하는(constituent) 성격을 지닌다는 의미에서 폭력과 법은 상호의존적인 것이라고 했다. 이러한 사고를 토대로 벤야민은 전쟁에 대한 절대적인 반대를 선언하게 된다(다키 고지, 2001: 9~10쪽; 38쪽). 히틀러의 독일은 근대의 전쟁이 정치로부터 자립화하는 현상을 전형적으로 보여주는 사례이다. 히틀러는 자신이 1차 대전 당시 경험한 전쟁의 체험에 바탕을 둔 국가, 즉 공동체적이고 전투적이고 애국적인 문화를 가진 국가를 구상하게 된다. 이 국가는 바로 전쟁을 목적으로 한 국가였고 정치의 연장으로서의 전쟁이 아니라 전쟁 자체를 위한 전쟁이 국가의 존재 이유였다.

이러한 측면에서 9·11테러 이후의 전쟁들은 전쟁이 더 이상 정치의 연장선상에 있지 않고 자립화하였다는 것을 잘 보여주는 사례이다. 주로 중동지역에서 수행된 이 전쟁들에서 그 동인이 되는 정치적 목적을 도출하기가 매우 어려워진 것이다(벡소, 2011: 14쪽). 미국이 시도하는 전쟁의 정당성은 매우 취약한 것이다. 더 나아가 전쟁은 정치의 쇠퇴, 즉 한 사회나 세계가 직면한 문제에 대한 정치적 해결 가능성이 약해졌음을 보여주는 반증이다. 레데케르의 말처럼 전쟁은 이제 더 이상 다른 수단을 통한 정치의 지속이 아니다. 정치의 부재를 대체하는 행위가 된 것이다(레데케르, 2000: 26쪽).

이렇게 자립화한 전쟁은 이를 겪는 사회에서 다른 어떤 측면보다 강력한 지위를 가지게 되었는데 그 배경 중 하나는 전쟁의 파괴력이 매우 커졌다는 점이다. 물론 폭력의 강도가 강해지는 경향은 이미 국민국가체제가 형성되면서 시작된 것이다. 근대 국가에서 전쟁은 정치적 수장의 권한에 속했고 법이 정한 바에 따라 진행되었다. 전쟁의 폭력은 이렇게 합법적이었고 그래서 이 폭력은 아무리 가혹해진다고 해서 문제가 되지 않았다. 바로 이러한 이유 때문에 근대 이후 전쟁은 폭력성과 그로 인한 희생이 이전 시대에 비해 크게 강화된 것이다(다키 고지, 앞의 책, pp. 18~19). 제1차 세계대전을 기점으로 전쟁에 동원되는 기술수준이나 희생의 정도는 더욱 심화되었고 이 경향은 냉전, 탈냉전을 거치면서 지속되었다.

새로운 전쟁의 또 다른 특징 중 하나는 전쟁에서 민간인이 중요해졌다는 점이다. 특히 현대의 전쟁에서 큰 비중을 차지하게 된 내전이나 테러리즘의 경우 피해나 공포의 측면에서 민간인과 군인의 차이가 크지 않게 되었다. 내전은 사례에 따라 큰 차이가 있긴 하지만 폭력의 양상이 국가간 전쟁보다 더 참혹하고 해당지역 및 주민들이 겪게 되는 피해가 더욱 심하다고 알려져 있다. 언제 어디서나 일어날 수 있는 것으로 여겨지는 테러리즘이 주는 심리적 효과는 막대하다. 부시가 이전과는 다른 전혀 새로운 형태의 전쟁이라고 자부한 걸프전의 경우 전쟁을 일으킨 미국 정부의 관념이나 전쟁 수행 방식에서는 그리 새로울 것이 없었지만[23] 그 결과는 새로운 전쟁의 특징을 잘 보여주었다. 무엇보다도 다른

---

[23] 이라크전쟁은 신기술로 무장하였지만 고전적인 전쟁의 틀에서 벗어나지 못한 것으로 평가된다. 예를 들어 이라크전쟁에 사용된 미군의 원거리 공습과 신속한 기동전의 결합, 그리고 과거 십자군 전쟁과 같이 '악의 제국' 또는 '악의 축'을 제거한다는 이상주의적 경향은 냉전 시대의 일종의 '가상 전쟁(imaginary war)'에서 비롯되어 이후 미국의 국방개혁에서 지속적으로 강조되어 온 현상이었다(캘도어, 2010: 212~219쪽).

'새로운 전쟁'에서처럼 전쟁의 주된 희생자는 민간인이었다는 점이다. 교전 당사자들이 직접 마주해 전투를 벌이는 경우는 드물었고 이라크 민간인이나 이제 막 형성되고 있던 이라크 보안기구와 관련된 사람들이 주로 희생되었다.

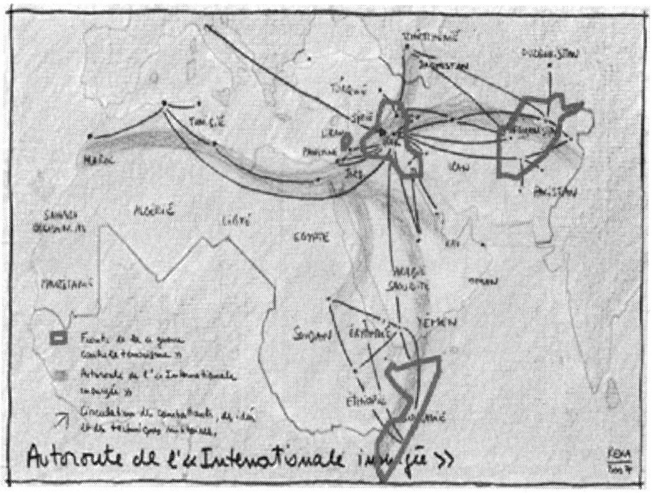

출처: http://www.monde-diplomatique.fr/cartes/autoroute
(프랑스 월간지 Le monde diploimatique 사이트에서 검색한 것임)

그림 III-5: 중동 및 아프리카 지역에서 활동하는 초국적 '저항세력'

* 위 그림은 이라크, 아프가니스탄, 소말리아 등 중동 및 아프리카 분쟁지역에서 활동하는 무슬림 '저항세력'들 간의 협력관계를 지리적 측면에서 보여준다. 굵은 음영선은 분쟁지역의 범위를, 굵은 선은 저항세력의 이동경로를 의미한다. 주요 분쟁지역들이 대륙은 다르지만 소통이 용이한 지리적 여건을 배경으로 초국적인 성격을 띠며 활동하고 있는 것이다. 이러한 지리적 측면은 외부세계에서 '무자헤딘'이라는 이름으로 표현하는 아랍 또는 이슬람세계의 무장세력들이 무슬림이 관여된 여러 분쟁지역에 국가의 경계를 넘어 가담하는 현상이 어떻게 가능한지 보여준다.

일반적으로 정치집단은 전쟁의 필요성과 그것이 가져올 결과에 대한 충분하고 합리적인 고려를 하지 못하는 경향이 있다. 전쟁은 불가피한 것으로 여겨지고 한번 전쟁을 고려하게 되면 전쟁 이외의 방법은 비겁하거나 반국가적인 것으로 간주된다. 최근 중동의 상황을 보면 정치집단 내부에서 전쟁에 대한 고려가 상존하는 것을 넘어서 일반인들에게도 익숙한 현실이 되었다. 전쟁 경험에서 비롯된 평화에 대한 절실함의 이면에 맹목적인 애국심이 존재하는 것이다. 중동사람들의 삶에서 전쟁은 핵심적인 지위를 차지한다. 전쟁의 한 형태로 테러리즘이 부상하면서 전쟁이 일상과 의식을 지배하는 경향은 더욱 심화되었다. 선거와 같은 정치 영역에서도 전쟁은 핵심적인 요인이 되었다.

‖ 자료 III-7 ‖ 이슬람주의와 폭력

현대 아랍 및 중동 사회에 대한 주된 표상으로 자리잡은 자살폭탄테러나 무자헤딘 등은 이슬람 및 이슬람주의와 폭력의 친화성을 보여주는 근거로 작용한다. 그러나 구체적인 사례들은 이러한 상관관계에 대한 보다 조심스러운 접근을 요한다. 모하메드 하페즈는 "왜 대중운동을 통해 부상한 이슬람주의자들이 시민을 대상으로 한 폭력을 저지르게 되었는가?"라는 질문을 제기하면서 이를 사회운동론의 '급진화모델'을 적용해 설명하고 있다. 알제리 이슬람 무장단체(GIA)의 사례에 대해 그는 정치환경, 동원구조, 집합행동 프레임이라는 '쟁투적 정치(contentious politics)'의 세 가지 차원의 상호작용을 통해 설명하고 있다. 시민을 대상으로 한 이슬람주의 세력의 폭력이 무차별적인 억압, 배타적 성격의 조직구조, 반체제 이념이 결합해 산출되었다고 해석하는 것이다. 1992년까지만 해도 당시 알제리의 개방적인 정치적 맥락에서 개방적인 성격의 이슬람주의 조직으로 성장했고 이들은 제도권 정치에 참여하게 된다. 역으로 당시만해도 GIA와 같은 급진세력은 정치적 장에서 배제되었다. 그러다가 1992년 선거 등 민주주의 제도들이 더 이상 허용되지 않고 이슬람주의자들에 대한 정권의 무차별적인 탄압이 시작되면서 급진세력이 세력을 확장하게 되었다는 것이다. 억압적 환경에서 급진세력들은 조직원 간 결속과 조직의 규율을 강화하게 되고 내부의 비판적인 목소리가 자취를 감추게 된다. 이러한 조직적 변화는 이념적으로 기존 체제에 대한 강한 거부를 동반하게 된다. 이러한 적대적인 태도는 정권뿐 아니라 이에 협조하는 모든 사람들을 적으로 상정하고 이들에 대한 폭력이 정당성을 얻게 된다. 심지어 적극적으로 이슬람 세력을 지지할 수 없는 상황에 있던 일반 시민이나 공무원들도 배신자로 간주되어 폭력의 대상이 되었다(Mohammed Hafez, 2004).

또한 이집트 이슬람주의 운동의 사례를 연구하면서 모하메드 하페즈와 퀸탄 위크토로비츠(Hafez and Wiktorowicz, 2004)는 폭력이 점점 더 저항수단으로서 정당성을 획득하게 되는 원인을 정치적 기회구조와 연관된 세 가지 현상에서 찾고 있다. 첫째, 정치적 기회구조의 변형에서 그 원인을 찾을 수 있다. 1980년대 제한적이나마 정치적 장이 개방되었다가 1990년대 다시 정권의 탄압이 강화되면서 온건한 이슬람주의자들보다 자마 이슬라미야(Jamaah Islamiya)와 같은 혁명적인 이슬람주의자들의 급진적인 전술이 더 설득력을 얻게 되었다. 둘째, 이슬람주의자들이 정부의 탄압에 폭력으로 맞섰다는 것은 이들이 막대한 희생을 감수하고라도 지켜야 할 상당한 정도의 조직적인 기반, 대중적인 기반을 가지고 있었다는 것을 의미한다. 셋째, 정부의 무차별적인 탄압이 이슬람주의의 폭력 전술에 정당성을 부여하였다. 일반 주민과 이슬람단체에 속한 사람을 구분하지 않고 행해진 정권의 무차별 탄압은 이슬람주의 진영에 가담하지 않는 것이 국가로부터의 보호를 보장받는 것이 아니라는 것을 의미했다. 무차별적인, 그래서 정당하지 않은 탄압은 또한 이슬람주의자들의 '부정의(injustice)' 담론이 대중적인 지지를 얻는데 기여하기도 했다. 위의 두 사례는 이슬람과 폭력 사이에 본질적인 친화성이 있다는 일반적인 인식에 문제를 제기한다. 즉 이슬람에 내재한 속성보다는 정치적인 조건이 폭력 전술 채택의 배경으로 작용한 것이다.

2) 이데올로기로서의 전쟁

전쟁이 이데올로기로서 역할을 하는 것에 대해서는 많은 지적이 있어

왔다. 특히 전쟁이 사회통합의 효과적인 기제로 작용한다는 견해는 지배적인 입장이 되었다. 민족주의와 유사하게 전쟁은 집단의 결속을 강화하는 기능을 하며 역으로 내부의 불만을 잠재우는데 활용되었다(cohesion theory). 예를 들어 갈등에 관한 게오르그 짐멜(Georg Simmel)의 논의에서 이러한 입장을 찾을 수 있다. 그의 논의의 핵심은 갈등이 사회화를 촉진하며 적대감이 집단의 경계를 더욱 선명하게 해준다는 것이다. 그에 따르면 전쟁은 집단의 중앙집권화를 요구하며 이를 위해서는 전제주의가 가장 효과적인 체제이다. 무력적인 갈등은 단지 집단의 유대를 강화시킬 뿐만 아니라 구성원들을 실제 동원시킴으로써 평소에는 서로 큰 연관 없이 살아가는 구성원들을 결집시키는 기능을 한다는 것이다. 그는 바로 이러한 측면에서 미국은 독립전쟁을, 스위스는 오스트리아와의 전쟁을, 네덜란드는 스페인에 대한 저항운동을 필요로 했다고 주장하였다(Smith, 1981: p. 380).

전쟁이 초래하는 상황은 한 사회의 정상적인 작동과 해당 사회에 대한 균형잡힌 인식을 방해하는 역할을 한다. 해당 사회에 대한 이해가 일천한 외부세계의 경우 몇몇 단편적인 사실과 스테레오타입에 의존한다면 내부의 경우에도 전쟁은 행정부나 의회의 기능, 언론이나 시민사회 단체의 활동과 같은 사회의 정상적인 과정을 불가능하게 하는 역할을 한다. 다른 한편 전쟁과 테러리즘에 관심과 논의가 집중되는 최근 경향은 실제 현실을 은폐, 왜곡하는 기능을 수행한다. 일반적인 인식과 달리 중동사회에도 서서히 다른 종류의 사회가 등장하고 있다. 교육의 대중화, 출산률 저하 등 현대 서구사회의 일반적인 경향이 나타나고 있다. 무슬림의 높은 출산율과 인구증가율에 대한 서구사회의 일반적인 두려움과 달리 중동 또는 아랍국가들의 합계출산율은 서서히 줄어들고 있으며 국가별로도 2에서 5까지 다양하다. 또한 일반적 인식보다는 치안 상황이 양호한 편이다. 아프리카의 사하라 사막 이남지역이나 중남미, 심지어 산업화된 국가의 대도시에 비해 아랍 대도시의 치안 상황이 더 양호한데 이는 권위적인 사회적 분위기, 가족구조와 도덕적 가치의 힘 등으로 설명될 수 있다(Laurens, 2004: pp. 441~442). 그런데 전쟁은 이러한 점진적인 사회의 진보를 은폐하고 해당 지역에 대한 화석화된 이미지가 끊임없이 재생산되게 한다. 중동사회는 예전이나 지금이나 이슬람 문화나 아랍민족에 대한 고정된 부정적 이미지로 인식된다.

폭력의 문화는 정치사회 및 시민사회의 성숙을 가로막고 국가 간, 종족 간 갈등을 합리적으로 해결하지 못하게 하는 역할을 하였다. 또한 중동지역에서 전쟁과 전쟁담론은 핵심적인 통치 이데올로기로 작용하고 있다. 제2차 인티파다와 제2차 레바논 전쟁에서 이스라엘이 보여준 과도한 폭력의 배경에 이스라엘 사회의 우경화가 존재한다는 점에서 우리는 전쟁이 국내정치와 맺는 연관성을 확인할 수 있었다. 제2차 이라크 전쟁 이후의 이란사회에서 전쟁이 수행하는 역할도 마찬가지다. 이란이 핵문제에 있어서 호전적인 양상을 보이는 것에도 이스라엘과 마찬가지로 국내정치적 요인이 강하게 작용했다.

지정학적으로 이란은 근대 페르시아 시절 오스만 제국, 러시아 제국, 대영 제국 간의 쟁투의 대상이었고 소련 해체 이후에는 냉전 시대 소련의 상황과 유사하게 터키, 사우디아라비아, 미국에 종속된 이라크와 아프가니스탄, 그리고 이란 접경지역에 위치한 친미 성향의 중앙아시아 신생국가들에 의해 둘러싸여 있다. 이러한 역사와 현실에서 짐작할 수 있듯이 주변 국가들과의 갈등과 전쟁, 이란을 해체하려는 끊임없는 외세의 시도라는 조건에서 자신들의 통합성을 유지하기 위한 노력이 중요했다. 이란의 강한 민족주의는 이러한 맥락에서 형성된 것이다(Gresh, 2009).

그러나 이러한 지정학적 요인이 부정적으로만 작용한 것은 아니다. 이란은 인접국이자 경쟁국인 이라크에서 일어난 전쟁의 최대의 수혜자였다. 즉 미국이 이라크와 아프가니스탄을 장악하면서 이 지역에서 이란의 상대적 비중이 커진 것이다. 전 대통령 마흐무드 아흐마디네자드(Mahmoud Ahmadinejad, 2005~2013년 대통령직 역임)가 정통 이슬람의 수호를 주창하고 반미의 선봉장을 자처하면서 아랍민중의 지지를 받게 된 것은 이러한 배경을 가지고 있는 것이다. 이런 의미에서 아흐마디네자드의 이란은 신보수주의 미국과 이스라엘에 맞서는 또 다른 신보수주의로 볼 수 있다. 즉 이란이나 미국이나 주류인 보수세력은 공히 핵문제 등 대외정책을 통치의 핵심수단으로 삼고 있는 것이다. 2009년 6월에 치러진 이란 대선 이후 전개된 반정부운동의 주된 배경 중 하나는 전쟁을 통치의 수단으로 삼은 정권에 대한 실망이었다(<자료 III-8> 참조).

전쟁이 지닌 또 다른 이데올로기적 효과는 전쟁이 유발하는 물리적 피해와 유사하게 해당 지역에 대한 인식을 치유 불가능할 정도로 왜곡시킨다는 점이다. 냉전 말기부터 활성화된 지역분쟁은 해당 지역의 역사나 현실에 입각한 이해를 결여한 채 다루어지면서 '제3세계'를 부정적으로 낙인찍고 인권이 도구화되는 효과를 낳았다. 분쟁에 대한 지배적인 사고는 원인과 결과를 합리적으로 고려하는 대신에 빈국을 낙인찍고 부국의 개입을 호소하는 것이었다. 인권, 민주주의, 여성의 권리 등이 낙인찍기의 수단으로 활용되었고 독재자가 존재하는 나라에 대해서는 이 독재자의 존재가 모든 문제의 근원으로 간주되었다. 민주주의 제도가 존재하는 나라에 대해서는 이 나라의 선거가 투명하게 치러지지 않는다는 점을 내세워 개입의 근거를 만들었다(Bricmont, 2011).

‖ 자료 III-8 ‖ 이란의 정치구조

이란은 국민주권에 입각한 대통령제를 표방하고 있다. 그러나 헌법수호위원회(Guardian Council)와 최고지도자(Supreme Leader)가 대통령의 권한을 제한하고 최고지도자는 입법, 사법, 행정 전체에 대한 절대권력을 행사하며 군 통수권자의 지위를 가지고 있다. 1979년 혁명 이후 이란 사회의 정치권력은 이슬람과 공화국이라는 두 요소로 구성되어 있다. 권력의 정당성의 원천은 신권과 인민주권인 것이다. 벨라야테파키(velayat-e-faqih, 성직자에 의한 통치)가 이러한 정치구조를 뒷받침해주는 원리이다. 이에 따르면 국가의 최고 권력은 혁명의 지도자에게 있으며 1989년 호메이니의 사망 이후 알리 하메네이(Ali Khamenei)가 이 지위를 차지하고 있다. 1989년 국민투표에 의해 채택된 개정 헌법에 따라 호메이니 이후의 최고지도자는 전문가회의(Council of Experts)가 임명하게 되었다. 이 전문가회의는 86명의 종교인들로 구성되며 8년마다 직접선거에 의해 선출된다. 현재 전직 수상인 악바르 하셰미 라프산자니(Akbar Hashemi Rafsanjani)가 의장직을 맡고 있다. 최고지도자는 시아파 교리의 핵심인 '은폐된 이맘'의 대리인으로서 전쟁 선포, 전시 총동원, 선거 개최, 혁명수호위원회 위원, 사법부, 언론기관, 군, 혁명수비대, 치안기관 등의 장에 대한 임면권 등 절대권력을 행사하고 있다.

대통령은 이란 사회의 2인자이지만 경제적, 사회적인 사안에 대한 일상적 행정업무만을 관장한다. 그러나 직접선거는 대통령에게 정당성을 부여하는 역할을 하고 선거 자체가 국민의 의사를 표현하는 장으로 중요한 역할을 한다. 따라서 직접선거로 선출된 대통령은 원칙상 자신을 통제하는 최고지도자나 종교세력과 경쟁관계에 놓일 수 있다.

입법권력은 '이슬람자문의회(Islamic Consultative Assembly)'라는 이름의 의회가 맡고 있는데 290명의 의원이 직접선거에 의해 선출되며 임기는 4년이다. 현재 국회의장은 알리 라리자니(Ali Larijani)이다. 의회의 모든 결정은 현재 아흐마드 자나티(Ahmad Jannati)가 위원장을 맡고 있는 헌법수호위원회에 의해 검토된다. 의회를 통과한 법이 이슬람공화국의 헌법과 이슬람 원리에 위배되지 않는지 여부를 검토하는 것이다. 주요 법안이나 인사 등에 대해 비토권을 행사할 수 있는 이 위원회는 최고지도자가 임명하는 6명의 성직자와 의회가 선출한 6명의 법관으로 구성된다. 1988년에 창설된 '국익심사위원회(Council for the National Interest)'는 34명의 위원으로 구성되는데 의회와 헌법수호위원회 간의 갈등을 해결하는 역할을 맡고 있다. 현재 라프산자니가 의장을 맡고 있다. 최고지도자에 의해 임명되는 의장은 의회의 권한을 능가하는 입법 권한을 가진다.

사법부의 장은 최고지도자에 의해 임명되는 사법 전문 성직자가 맡는다. 그는 5년 임기로 판사와 대법원장을 임명하는 권한을 가진다. 이란 정치체제는 이와 함께 이란혁명에 그 기원을 두는 기관이나 조직들을 포함하고 있다. 이 기관이나 조직들은 국가기구로부터 독립적이고 최고지도자의 지시만을 따른다. 정규군과 경쟁관계에 있는 혁명수비대(파스다란, Pasdaran), 수백만 명의 민병대(바시지, Basij), 혁명재판소 및 혁명위원회 등이 이에 속한다(Pironet, 2009).

혁명 이후 이란의 정치사를 보면 바니 사드르 1대 대통령(1980년 선출)은 호메이니와의 갈등으로 1981년 권좌에서 물러났으며 그에 뒤이어 대통령직에 오른 하메네이 현 최고지도자의 집권기간(1981~1989년)에도 호메이니 당시 최고지도자와의 권력투쟁이 이어졌다. 결국에는 호메이니가 하메네이를 허수아비로 만들기 위해 2009년에 대선 후보로 나선 바 있는 무사비(Mir Hossein Mousavi)를 수상으로 임명하였다. 1989년 호메이니 사망 직후 하메네이가 예상치 못하게 최고지도자 자리를 계승하였는데 이는 상당부분 대통령직을 승계한 라프산자니 덕분이었다. 라프산자니의 대통령 집권 기간(1989~1997년) 역시 공화국 내부의 권력투쟁은 이어졌지만 심각한 정치적 위기가 나타나진 않았다. 1997년 높은 득표율을 배경으로 모하마드 하타미(Mohammad Khatami, 1997~2005년 대통령직 역임)가 최고지도자가 지지를 표명한 후보자를 누르고 당선되었다. 주변 아랍국가들에서는 상상하기 힘든 비주류 후보의 승리는 이란사회에 존재해온 정치세력 간 경쟁관계의 산물이었다. 하타미의 재선과 그의 개혁정책은 최고지도자의 견제라는 조건에서 이루어진 것이다. 결국 2005년 하메네이는 아흐마디네자드를 대통령 후보로 내세우면서 자신의 권력을 유지하려 하였다(Salamatian, 2009).

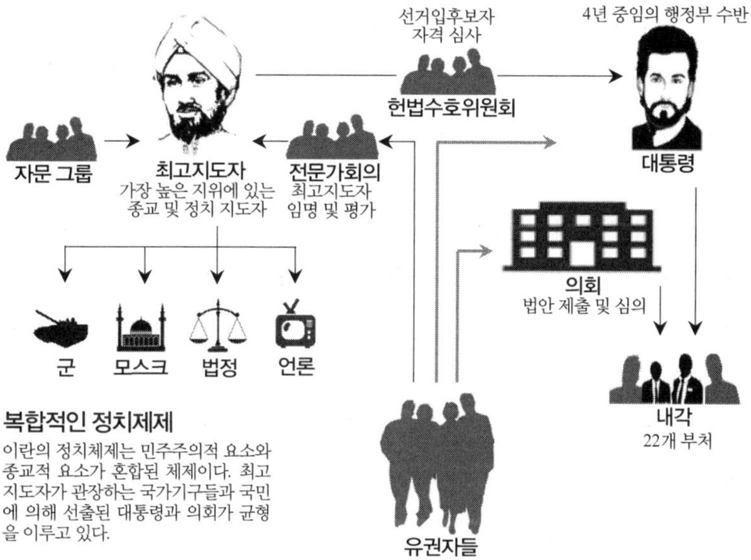

그림 III-6: 이란의 정치체제

3) 갈등을 생산하는 전쟁

푸코가 말하는 근대 권력이 억제하는 것이라기보다 지배의 공간과 기제를 생산하는 것이듯, 근대적인 전쟁 역시 파괴적인 것임과 동시에 생산적인 것이었다. 탈냉전 시대 지역분쟁의 경험은 전쟁이 갈등의 시발점으로 작용하는 측면을 잘 보여주었다. 클라우제비츠의 이론과 달리 갈등을 해결하기 위한 정치적 노력의 연장이 아니라 갈등을 생산 또는 유지함으로써 문제의 해결, 즉 정치적 해결을 불가능하게 하는 역할을 하는 것이다. 중동평화를 약속했던 걸프전은 이전까지 명백하게 나타나지 않았던 종족 및 종교에 따른 분열, 중동국가 간의 갈등을 새로이 촉발시키는 결과를 낳았다. 전쟁이 갈등을 적극적으로 유발하는 경향은 9·11테러 이후 보다 명백해졌다. 이 사건 이후 미국이 야기한 전쟁들은 아프간내전 때 등장한 초국적 자원병(무자헤딘), 그리고 레바논내전의 주체였던 종족 차원의 민병대를 활성화시키는 역할을 하였다. 이라크에서 미국은 종족들을 무장시켜 대리전을 치르게 하였고, 아프가니스탄에서도 북부동맹과 탈레반 등 오랜 전쟁이 낳은 전쟁 전문가들이 내전 상황을 지속시키고 있다.

이와 함께 전쟁은 극단적인 세력이 성장할 수 있는 토대를 제공하기도 한다. 아프가니스탄에서 다국적군의 강경진압전략이 역설적으로 탈레반과 알카에다의 사회적 기반을 강화시키고 군부독재정권에 면죄부를 주었듯이 중동에서도 알카에다와 같은 종교적 극단주의와 테러리즘은 전쟁 상황을 기반으로 영화를 구가하고 있다. 미시적인 차원에서도 전쟁은 폭력 생산의 역할을 한다. 전쟁 기간 중 일반적인 범죄와 폭력이 크게 증가한다. 즉 전쟁의 폭력적 상황이 유괴, 강간, 밀수 등 일반적인 범죄를 부추기는 기능을 하는 것이다(캘도어, 앞의 책, 7~8쪽). 전쟁과 일반적인 범죄의 구분이 약화되는 것이다.

이스라엘과 이란의 경험 역시 9·11 이후 폭력적 상황의 심화가 이미 중동에 만연해 있는 국가, 테러집단, 민병대 등의 폭력에 면죄부를 준다는 사실을 잘 보여준다. 역사적 측면에서 보면 현재 중동전쟁이 영국과 프랑스 등 '열강'에 의한 지역의 분할, 그리고 그 과정의 일부였던 이스라엘 국가 건설 등 20세기 전반부에 그 역사적 기반을 가지고 있듯이 현재 중동지역에 깊이 뿌리내린 폭력문화 역시 식민지 시대부터 시작된 오랜 외세 개입의 역사와 연관성이 있다. 본질적으로 기존 사회를 파괴하는 폭력적인 과정인 식민화와 제국주의는 자신을 정당화하기 위해 사회를 폭력적이게 만들었고 그 결과 권위주의 정권이 등장할 수 있는 기반을 마련해주었던 것이다(Laurens, 앞의 책.).

이밖에도 전쟁은 다양한 사회적 결과를 초래한다. 전쟁은 민간인을 비롯해 많은 인명피해를 가져온다. 이와 함께 강제적, 반강제적인 국내외로의 이주 역시 중요한 인적 피해임과 동시에 심대한 사회변동을 가져오는 요인이 된다. 이라크전쟁의 경우 유엔에 따르면 당시 이라크의 전체 인구 2,800만 명 중 400만 명 정도가 전쟁과 관련해 고향을 떠나 다른 지역으로 이주했고 200만 명 이상이 시리아(150만), 요르단(75만), 걸프만 연안 국가(20만), 이집트(8만) 등 인근 국가로 이주했다(Mamou, 2011). 전쟁은 이에 관여된 사람들에게 특정 세계관을 제시해주는 역할도 한다. '다르 알 이슬람(Dar al-Islam, 이슬람의 세계)'과 '다르 알 하르브(Dar al-Harb, 전쟁의 세계)'로의 구분 등 각종 이분법, 종교전쟁, 순교 등이 그 사례라고 할 수 있다.

4) 전쟁의 핵심요소로서의 외세개입

아프가니스탄전쟁과 이라크전쟁에서 최근의 리비아전쟁에 이르기까지 9 · 11테러 이후에 발생한 전쟁들이 보여준 새로운 점은 이전까지 국지적인 전쟁을 억제하는 힘으로서의 '국제사회'의 인도주의적 개입, 즉 UN이나 NATO의 개입에 대한 신뢰가 크게 약화되었다는 점이다. 물론 소위 '국제사회'의 중립성에 대한 관념은 코소보전쟁을 비롯해 이전의 사례에서도 비판의 도마 위에 올랐었다(<자료 III-9> 참조).

❙ 자료 III-9 ❙ 국제사회 개입에 관한 용어

1. <유엔 헌장 7장>은 "평화에 대한 위협, 평화의 와해, 외부의 무력공격의 상황에서의 대응방안"을 상정하고 있다. 이 사안은 유엔 안전보장이사회가 주관하며 평화유지군 투입을 허용한다.
2. 국제사회 개입의 의무와 권리: 국제사회 개입의 의무라는 관념이 국제법으로 인정되고 있지는 않다.
3. 평화유지: 유엔의 한 부처에서 관장하며 2011년 현재 16개의 작전을 수행하고 있다.
4. 평화유지군: 평화유지를 위해 다국적으로 구성되며 유엔 관할 하에 활동하며 2011년 현재 98,022명이 16개 작전에 참여하고 있다.
5. 국제사회: 이 표현은 법적인 용어가 아니며 맥락에 따라 국제정세에 영향을 미치는 유엔, 안보리, 강대국 등을 의미한다.
6. 민간인 보호의 의무: 2005년 유엔총회, 2011년 안보리가 인정한 이 의무는 1945년 유엔 헌장에는 명시되어 있지 않다. 의미가 명확하지 않은 이 개념은 2011년 초 '아랍의 봄' 당시 리비아에서의 군사작전을 정당화하는 근거로 사용되었다.
7. 인도주의에 관한 국제법: 국제법의 한 부분으로서 이 법은 무력분쟁이 민간인에 미치는 영향을 줄이고 전쟁포로에 대한 처우의 경우처럼 전시 전투원의 지위를 명확히 하기 위해 제정되었다. 제네바 협약이 이 법의 근거가 되었다.
8. 주권의 평등: 유엔 회원국들은 평등한 지위를 가지며 자신의 영토에 대한 배타적인 주권을 향유한다. 이러한 권리는 타국의 내정불간섭, 무력적인 해결책 금지, 분쟁의 평화로운 해결과 같은 국제법의 규정을 준수해야 한다.
9. 국제형사재판소(International Criminal Court, ICC): 1998년 로마협약에 의해 창설된 법정으로 국제사법재판소와 달리 유엔에 속하는 기구가 아니다. 이 기구는 제노사이드, 반인도적 범죄, 전쟁범죄와 같은 범죄를 다룬다. 117개 국가가 이 기구를 인정했는데 미국, 중

국, 러시아는 이를 인정하지 않고 있다.

10. 정당한 전쟁(Just war): 성 아우구스티누스, 토마스 아퀴나스 등 가톨릭 신학자들이 제시했던 개념으로 전쟁을 정당화하는 '정당한 대의'에 관한 논의로서 최근에는 이 개념의 영향으로 전쟁을 '정당한 전쟁'과 그렇지 못한 전쟁으로 구분하는 관행을 낳았고 상당히 자의적으로 '정당한 전쟁'으로 규정된 전쟁을 정당화하는 기능을 하기도 하였다.
11. 예방적 정당방위(Pre-emptive Self-defense): 무력에의 의존 금지 규정을 피하기 위해 일부 국가들은 소위 '예방적 정당방위' 개념을 활용한다. 1967년 이집트를 침공한 이스라엘, 2003년 이라크를 침공한 미국이 그 대표적인 사례이다(Le Monde diplomatique, 2011).

(1) 지역분쟁에서의 외세개입의 확산 경향

최근 세계의 무력분쟁에 있어서 외부세력의 개입과 무력사용이 일반화되었다. 최근의 예로 2011년 1월 코트디부아르 사람들을 내전으로 인한 위험으로부터 보호한다는 명분으로 반기문 유엔 사무총장은 헬기의 투입을 명령했고 이 헬기들은 퇴위한 로랑 그바그보(Laurent Gbagbo) 대통령이 은신한 지하벙커에 미사일을 발사하였다. 2005년 유엔총회에서 채택된 '민간인 보호의 책임' 논리가 2011년 3월부터 리비아 카다피 정권을 대상으로 수행된 나토군의 작전을 정당화하는데 동원되었다(Leymarie et Robert, 2011).

그러나 이렇게 확산된 군사개입의 효과는 검증되지 않았다. 주요 사례들의 장기적인 변화를 보면 오히려 당초 표방한 목표와 정반대의 결과가 나오는 것이 더 일반적이었다. '국경없는 의사회'의 공동창설자인 로니 브로만(Rony Brauman)은 "폭력을 통해 민주화를 정착시키는 것은 불가능하다"로 말했다(『Le Monde』 2011년 9월 24일자). 민주화를 위한 길이라고 천명되었던 소말리아, 아프가니스탄, 이라크에서의 군사작전의 결과가 이를 명백히 보여주었다(Leymarie et Robert, 앞의 책). 이 지역들의 사례는 군사개입 초기의 화려한 성과와는 달리 이후의 전개과정은 훨씬 부정적이며 대부분 이러한 측면은 은폐된다는 점을 잘 보여주었다(Halimi, 2011).

2003년 이라크의 경우 전쟁으로 이라크 민중들이 독재자로부터 해방되었다기 보다 서구에 의해 점령되었다고 보는 것이 더 적절할 것이다. 또한 점령은 이라크사회에 국한된 것이 아니었다. 대테러전쟁을 주도하는 미국이 자신의 미국사회를 점령한 것이다. 미국 시민에 가해지는 자유의 제한, 일상에서의 인권유린에 대해 하워드 진은 자신의 사회가 점령되었다는 느낌을 받는다고 했다. '대테러전쟁'이라는 명분은 이와 관련해 국내외에서 자행되는 미국의 모든 범죄를 용인하게 해준다(Howard Zinn, 2011).

(2) 예방전쟁, 외세개입의 새로운 논리

최근 미국 등이 주도해 온 군사개입의 새로운 특징 중 하나는 예방전쟁 개념의 적용이라고 할 수 있다. 잠재적인 위험에 대한 예방적인 정당방위로서 전쟁을 감행할 수 있다는 이 새로운 개념은 2003년 이라크전쟁과 같은 중대한 현실적 결과를 가져올 수 있다는 점에서 중요하다. 그런데 이 개념은 많은 논리적 결함을 안고 있다고 비판되어 왔다. "누가 전쟁의 정당성을 결정하는가?", "우리는 모든 갈등을 예방해야 하는가?"와 같은 질문에서 논의를 시작해보자.

'예방전쟁' 개념의 한계는 무엇보다도 "우리가 어떻게 전쟁이 어디에서 일어날지를 미리 알 수 있는가?"라는 근본적인 측면에서 비롯된다.

예를 들어 종족갈등의 대명사가 된 보스니아의 경우 1991년 독립을 선언하기 1년 전의 상황을 보면 서로 다른 종족들 간의 평화로운 공존이 확연했었다. 2차 대전 직전인 1930년대 상황 역시 오스트리아는 경제적인 풍요와 예술적인 번성을 누렸고 학문적, 경제적으로 유럽 차원의 교류가 활발해 곧 있을 엄청난 분열과 폭력의 상황을 예상키 어려운 것이었다. 전쟁을 예상한다는 것이 거의 불가능하며 따라서 전쟁의 예방이라는 것이 무의미한 것은 전쟁이라는 것은 그것이 시작되는 순간에야 존재하게 되는 것이기 때문이다. 전쟁이 준비되는 '전쟁-이전' 이라는 시기는 전쟁이 발생한 이후에나 사후적으로 설정될 수 있는 것이다. 그리고 사후에 전쟁발생의 근거로 제시되는 경제적, 사회적, 정치적 요인들은 전쟁이 일어나지 않은 경우에도 그에 못지않게 존재한다는 점에서 전쟁을 예상하는 징후로 간주되기는 어려운 것이다.

다음으로 "모든 갈등은 예방되어야 하는가?"라는 질문에 대해 확고한 답을 제시하기는 어렵다. 예를 들어 정당한 전쟁까지도 예방되어야 하는지에 대한 문제제기가 있을 수 있다. 1789년 프랑스 인권선언이 규정한 '억압에 대한 저항의 권리'까지 부정되어야 하는가? 피억압 사회에서의 독립전쟁이나 독재정권에 대한 게릴라 전쟁 등의 사례는 예방전쟁 개념의 난점을 잘 보여준다. 또한 '정당한 전쟁'은 예외로 한다고 할 경우에도 여전히 "전쟁의 정당성을 결정하는 주체는 누구인가?"라는 문제가 남는다. 걸프전을 예로 들면 당시 전쟁을 '정당하고 깨끗한 전쟁'이라고 규정했던 것은 소위 '국제사회'였다. 이와 함께 정당한 전쟁의 주체는 국가에 국한되는가, 아니면 소수민족 등 비국가적 행위자가 일으킨 전쟁까지 포함되는가도 근대국가의 폭력 독점이라는 테제를 고려할 때 답변이 쉽지 않은 문제이다.

전쟁의 정당성 문제와 더불어 제기되는 문제는 군사개입을 결정하게 되는 기준은 무엇인가이다. 몇 가지 기준이 주요 지역분쟁의 경우에 적용되었다. 첫째, 소말리아나 르완다에 대한 군사개입 시 중요하게 고려되었던 것으로 희생자의 수와 그에 대한 언론의 보도이다. 역으로 어떤 분쟁은 TV 등에 보도되지 않음으로써 그 실상에 대한 논의가 이루어지지 않고 그럼으로써 개입하지 않아도 되는 분쟁이 되는 것이다. 둘째, 잘 알려져 있듯이 전략적인 이해가 개입 여부를 결정하는 또 다른 중요한 요인이다. 셋째 분쟁에의 개입은 새로운 지역질서의 수립이 필요할 때 이루어지며 이 새로운 질서에서 높은 서열을 차지하기 위한 수단으로 고려된다. 넷째, 보다 기술적인 측면에서 군사개입이 불개입과 비교해 얼마나 경제적, 정치적 이익을 가져다 줄 것인지가 판단의 기준이 된다 (Raisson, 2011).

(3) 외세개입의 과정

외부의 군사개입은 먼저 개입을 정당화해주는 이미지의 확산으로부터 시작된다. 아이를 품안에 안고 폭력을 피해 도망가는 여인, 줄지어 선 시체들, 위협적인 분위기의 독재자 얼굴이 언론을 장식한다. 그리고는 전문가나 언론인들의 말과 글을 통해 사태의 심각성을 보여주는 사실들을 근거로 사태가 더 이상 악화되기 전에 국제사회의 개입이 필요함이 역설된다. 후세인, 밀로셰비치, 카다피 등을 지칭하는 '새로운 히틀러'와 같은 표현을 동반한 이러한 '선전전'은 외교적인 해결책의 가능성을 은폐하는 효과를 지닌다(Leymarie et Robert, 앞의 책).

2011년 3월 17일 유엔 안보리는 리비아의 카다피 정권에 대한 군사작전을 승인했다. 리비아의 경우 "(나토군이 주도하는) 국제사회의 공습인가, 또는 리비아 저항운동의 패배인가"라는 식으로 둘 중 하나를 선택해야 하는 상황이 조성되었다. 이와 함께 다른 방식의 해결책, 예를 들어 외교적인 방식이나 이집트나 아랍군대, 유엔군 차원의 개입은 배제되었다.

최근의 군사개입은 그밖에도 많은 문제점을 안고 있다. 개입의 주된 명분으로 사용되어 온 '민간인 보호'의 경우 이것이 단지 도덕적인 요구에 그치는 것이 아니다. 무력충돌의 시기에 민간인 보호라는 명분은 군사적인 목표에 대한 폭격을 용인하게 된다. 그런데 공격의 대상이 되는 군인들은 전쟁 상황에서 일시적으로 군복을 입게 된 민간인일 수도 있고 무장하지 않은 민간인들과 함께 섞여 있기도 한 것이다. 걸프전 이후 이라크의 사례와 같은 '비행금지구역 설정' 역시 군사개입의 한 부분으로서 그 자체가 공간적 제약이 해당 국가에 주는 직접적인 피해 이외에도 본격적인 군사개입의 발판으로 작용하기도 한다. 감시활동은 그에 투입되는 외부의 비행기가 공격을 당하거나 조종사가 생포될 위험을 안고 있는 것으로서 생포된 조종사 구출을 명분으로 지상군이 투입되는 근거로 활용되는 경우가 많은 것이다.

국제적인 전쟁으로까지 확산된 2011년 리비아 사태의 경우 물론 일차적인 책임은 카다피에게 있다. 즉 반제국주의적 성격의 독재에서 친서방주의적인 전체주의로 변신하며 정권의 억압적인 성격은 더욱 강화되었던 것이다. 그러나 이러한 사실이 리비아에 대한 외세의 군사개입이 무조건 정당화되는 근거가 될 수는 없다. 이와 관련해 주목해야 할 것은 리비아에 대한 공습이 다른 분쟁의 경우와 달리 신속하게 이루어졌다는 점이다. 그 원인은 카다피가 다른 아랍정권에 비해 더 독재가 심했거나 폭력적이었기 때문이 아니라 다른 정권에 비해 더 약했기 때문이다. 즉 핵무기도 없었고 자신들을 군사개입으로부터 보호해줄 가까운 강대국도 없었기 때문인 것이다.

탈냉전 이후 활성화된 지역분쟁에 대한 강대국의 태도는 언제나 일관성과 순수성을 결여한 것이었다. 리비아 사태에 대한 주변 강대국의 태도는 다시 한 번 이러한 점을 잘 보여주었다. 니콜라 사르코지(Nicolas Sarkozy) 프랑스 대통령은 역시 독재자였던 튀니지의 벤 알리에게는 반대파를 제어할 수 있는 치안 기법을 전수해 주었지만 카다피에게는 정반대의 태도를 보였다.[24] 그런가 하면 민중봉기가 발생하기 직전까지만 해도 밀접한 관계에 있었던 카다피의 '친구' 실비오 베를루스코니(Silvio Berlusconi) 수상 역시 군사개입에 합류하였다(Halimi, 2011). 카다피의 죽음은 독재자의 비참한 최후이자 동시에 민족주의 이라크가 사라진 이후 아랍민족주의의 마지막 상징의 소멸을 의미한다. 이것은 이라크의 경우와 마찬가지로 리비아에 대한 국제사회의 개입이 쉽게 이루어진 원인이 무엇인지를 보여준다.[25]

---

24 2012년 프랑스 대선 2차 투표를 앞두고 한 프랑스 언론은 2007년 프랑스 대선 당시 사르코지 후보가 카다피로부터 상당한 금액의 후원금을 받았다고 폭로하였다.

25 외세개입의 배경으로 우리는 세계의 다른 지역과 마찬가지로 아랍세계의 정치구도가 국가, 외세, 시민사회의 삼각관계로 구성되어 있다는 점에 주목할 필요가 있다. 민족주의와 국제화라는 두 가지 일견 상반되는 현상이 오스만 제국 해체 이후 중동을 특징짓는 핵심 요인이었다. 이와 함께 지역의 다양한 주체들은 이 지역에 대한 외세의 관심과 그로 인한 지역의 개방에 대해 이를 활용하고 더 나아가 외세의 개입을 자극함과 동시에 이를 거부한다는 의지를 표명하는 이중적인 태도를 보여왔다. 이러한 양상의 결과 국가, 사회, 외세 간의 삼각관계가 형성되었다. 어떤 경우에는 국가가 자신의 사회와의 대결에서 외세에 의존하였고, 어떤 경우에는 사회가 독재 정권을 몰라내기 위해 외세를 끌어들였고 어떤 경우에는 국가가 외세에 저항하기 위해 사회에 의존하였다. 아랍 근현대사 전문가 앙리 로항스는 이상과 같은 국가, 외세. 시민사회의 관계에 주목하면서 민주적 변화를 위해서는 사회를 대변하는 견실한 국가가 필수적이라는 점을 강조한다. 즉 민주적이고 통합능력을 갖춘 국가의 건설을 위해서는 종교, 종족, 지역 등을 기반으로 하는 공동체의 분열적 요인을 극복하는 것이 필수적이라는 것이다. 그에 따르면 역으로 미국, 유럽 등 외세는 공동체적 전통을 아랍사회의 분열에 적극 활용해 왔다(Laurens, 2004: pp. 439~440).

(4) 외세개입 문제에 대한 진보세력의 딜레마

인도주의 전쟁을 표방하는 지역분쟁에 대한 강대국의 군사개입은 진보세력에게 어려운 난제가 되어 왔다. 전쟁이나 범죄에 대한 좌파의 전통적인 태도는 사회구조적인 측면에서 접근하는 것이었다. 구조적인 설명과 사회구조 변화라는 해결책이 제시되었던 것이다. 이와 달리 거의 종교적인 성격을 띤 반대 진영의 접근방식은 구조적, 역사적 측면을 고려하지 않는 비역사적인 시각에 입각한 것이었다. 부시 정권의 선악 이분법이 대표적인 것인데 갈등의 한 당사자를 악으로 규정한 후 이를 물리치기 위한 유일한 방법은 선의 세력을 동원하고 무장시키고 공격에 나서는 것이라는 시고였다. 지난 수십 년 간 세계는 악의 세력을 물리치기 위한 선의 세력의 영원한 전쟁이라는 관념 앞에 좌파와 과학적 사고가 무력화되는 현상을 잘 보여주었다(Bricmont, 2011). 최근 리비아 사태의 경우에도 세계 진보세력들은 외부의 군사개입에 대해 찬성과 반대의 두 입장으로 확연히 갈렸었다. 선택은 피억압 민중과의 연대와 서구에 의한 전쟁 반대 중 어느 것을 더 중시하는가에 따라 결정되었다. 이 두 개의 판단기준 자체는 문제가 없지만 항상 이 두 가지를 동시에 만족시킬 수는 없다는 것이 선택을 어렵게 한다.

진보세력의 선택에 있어서 중요한 기준의 하나로 적용되는 '반제국주의'적 측면의 경우 해당 정권이 반제국주의적 성격 및 역할에 대한 평가가 그리 용이한 것은 아니다. 카다피 정권의 경우 이 정권이 9·11테러 이후 미국 주도의 대테러전쟁에 동의하고 협력해온 점, 그리고 서구자본의 점진적 유입 및 미국의 옥시덴탈 석유(Occidental Petroleum, Oxy), 영국의 브리티시 페트롤리엄(British Petroleum, BP), 이탈리아의 국영석유회사 ENI(Ente Nazionale Idrocarburi)와 같은 석유회사의 진출은 리비아 정권과 서구의 관계가 복합적인 것이며 그의 반제국주의가 형식적인 구호에 그친 측면이 있음을 보여준다. 영국의 사회학자 앤서니 기든스의 다음의 말은 리비아에 대한 서구의 인식의 일단을 보여준다. "[리비아는] 부유하고 평등하고 미래지향적인 북아프리카의 노르웨이가 될 수 있다(Anthony Giddens, 2007)." 리비아 정권의 반제국주의가 지닌 모호한 성격에도 불구하고 라틴아메리카의 좌파정권은 반제국주의 투쟁의 형제국으로 간주해 카다피에 의한 반대파의 탄압에 대해 침묵을 지켰다. 이란에 대한 외부세계의 평가, 그리고 이에 연계되어 있는 이란 핵문제에 대한 입장의 경우에도 유사한 딜레마가 존재한다. 이란 정권은 소수집단 정책, 계급적 측면, 좌파에 대한 대응방식 등에서 다른 반제국주의 세력과의 차이를 확인할 수 있다. 이러한 딜레마와 관련해서 알리미는 우리가 리비아나 이란에 관한 평가를 할 때 둘 중 누가 옳은지 결정하려는 욕구와 같은 이분법과 단순한 설명의 관행을 극복해야 한다고 제안한다(Halimi, 2011).

외세개입과 관련해 흔히 지적되어 온 것 중 하나는 지역분쟁에 대한 강대국의 태도에 있어서의 일관성 결여의 문제이다. 이러한 문제는 비단 미국 등 관련 국가의 문제만은 아니다. 좌파 지식인 및 활동가들에게도 해당되는 것이다. 예를 들어 1999년 좌파의 대부분은 나토군에 의한 코소보 공습을 옹호했다. 그런데 3년 후 미국의 이라크전쟁에 대해서는 반대했다. 이 두 사례에 대한 상반된 태도를 밀로세비치가 후세인보다 더 문제가 있었다는 식으로 정당화할 수는 없을 것이다.

IV부 사회운동과 이데올로기로서의 이슬람주의

IV부에서는 이슬람주의를 아랍세계의 주요 이데올로기 및 사회운동의 하나로 설명한다. 지리적으로 유럽과 인접한 아랍세계는 사상적으로도 유럽의 당대 사상들이 동시대적으로 발전하였다. 민족주의가 유럽대륙을 휩쓸던 근대 초기에는 당시 오스만 제국의 중앙과 지방에서 다양한 형태의 민족주의가 부상하였다. 사회주의 역시 유럽의 원료 공급지로서 자본주의가 발전하면서 지식인과 노동계급 중심으로 사회주의 사상과 정당이 등장하게 된다. 유럽 식민세력으로부터의 독립은 제국의 부활을 꿈꾸는 아랍민족주의를 낳았고 이슬람주의가 그 뒤를 잇게 된다. 이슬람주의는 이데올로기나 사회운동으로서만이 아니라 현실 정치세력으로서도 중요한 비중을 차지하게 된다. 오랫동안 권위주의 정치체제를 유지해온 아랍세계는 아랍예외주의, 이슬람예외주의, 아랍 권위주의 등으로 표현되었다. 그렇지만 이미 1980년대부터 권위주의와 장기집권에 반대하는 아래로부터의 저항이 전개되었다. '아랍의 봄' 은 이 오랜, 그러나 쉽지 않았던 민주화운동의 연장선상에 있는 것이다. 이슬람주의는 민주주의와는 이질적이거나 무관한 이념이고 '아랍의 봄'의 경우처럼 민주화운동에 소극적이었다. 그러나 현실정치에서는 터키의 정의발전당이나 이집트의 무슬림형제단, 튀니지의 엔나흐다의 사례가 보여주듯이 민주주의 제도에 힘입어 제도권 정치에 진입하게 된다. 특히 권위주의 정권의 오랜 탄압으로 세속적인 정치세력이 약화된 상황에서 대안세력으로서의 이슬람주의의 위상은 당분간 지속될 것이다.

1장. 사회주의, 민족주의에서 이슬람주의로

이 장에서는 이슬람주의를 사회주의, 민족주의와 같은 현대 아랍세계의 주요 이데올로기와의 관계를 중심으로 살펴본다. 19세기 초부터 20세기 중반까지 유럽에서 사회주의가 이데올로기 장에서 헤게모니를 가지고 있었듯이 아랍세계 역시 사회주의 사상의 도입과 사회주의를 지향하는 노동운동 및 정당이 일찍이 발전하였다. 식민지로부터 독립한 이후의 정치체제에서도 사회주의 성향을 확인할 수 있다. 민족주의 역시 나세르로 대표되는 아랍민족주의를 통해 아랍세계를 대표하는 이념으로 알려진 바 있다. 이렇듯 이슬람주의 이전 아랍세계의 이데올로기와 사회운동은 유럽에 비견될 수 있는 양상을 보였던 것이다.

1. 사회주의, 민족주의, 이슬람

1) 사회주의의 태동

제1차 세계대전 이후 아랍세계 사회주의의 양상을 살펴보자. 먼저 마그레브의 상황을 보자. 알제리, 모로코, 튀니지 등 아랍세계의 서부지역에서

'1920년대 세대'는 식민지배세력의 강력한 탄압에 짓눌린 세대였다(Gallissot, 1977: p. 555). 1924~1925년 파리에서 이 세대가 중심이 된 '청년 알제리 운동(Le mouvement des Jeunes Algériens)'과 '식민지 사회주의(socialisme colonial)'에서 파생된 급진적인 공산주의적 경향의 결합이 이루어지고 그 결과 '북아프리카의 별(l'Etoile de l'Afrique du Nord)'이라는 단체가 결성된다(위의 책, p. 23). 이 단체는 계급투쟁노선을 따랐지만 유럽사회주의자들의 '사회개혁주의(social-réformisme)'에 입각해 노동자, 농민 정부의 수립을 목표로 삼았다. 노동자를 중심으로 하면서도 혁명적인 민족주의 노선을 표방한 이 운동은 민족주의임과 동시에 민족에 비판적인 성격을 지녔던 것이다. 이것은 모순적이었지만 계급과 민족을 결합시키는 상호보완적인 해결책이기도 했다. 비록 아랍주의를 선택했지만 마그레브의 공산주의는 민족주의운동과 거리를 두었다. 당시 공산주의 단체들은 이 신생 단체를 민족주의적 개량주의(national-réformisme)라고 비판하였다(Gallissot, 1978: p. 28).

마그레브와 달리 마슈렉에서는 식민지 파시즘은 미약했고 따라서 이에 대한 대응은 급박한 사안이 아니었다. 마슈렉 지역의 핵심적인 문제는 바로 팔레스타인 문제였던 것이다. 이러한 상황에서 파시즘적 경향과 아랍민족주의 지도자들이 결합했고 국제관계에서는 독일, 이탈리아 진영에 서게 되었다(위의 책: p. 32). 전통적으로 아랍세계의 지적 중심지였던 이집트에서 가장 활발하게 사회주의 사상의 발전이 이루어진 가운데 지중해 동안 레반트 지역에서도 베이루트를 중심으로 이론과 실천이 전개되었다. 레반트 지역의 '대시리아(Great Syria)'가 분리되어 형성된 시리아와 레바논에서의 사회주의의 양상은 노동운동의 발전, 그리고 진보적인 사상에 민감했던 국제도시 베이루트의 지적 분위기와 밀접히 연관된 것이었다(위의 책, p. 553).

아랍세계에서는 유럽의 가톨릭사회주의와 유사한 이슬람사회주의, 다원주의적 사회주의, 영국의 페이비언 사회주의, 프랑스의 생시몽주의, 맑스주의 등 초기 사회주의의 다양한 흐름들이 등장했다. 그러나 당시 세계의 다른 지역에서와 마찬가지로 그중에서도 맑스주의의 영향력이 컸다. 알제리 민족해방전선(FLN)을 포함해 아랍의 민족주의 운동에서도 맑스의 영향력을 확인할 수 있다. 아랍세계에 공산당이 다양한 형태로 형성되기 시작한 것은 1917년 러시아혁명과 제3인터내셔널의 창설 이후였다(Chaaban, 1985: p. 336). 이는 1919년 이집트에서 노동자, 농민의 민족주의운동 참여, 1921년 이집트 노동계급을 결집시키는 노동조합총연맹(Egyptian Trade Union Confederation)의 창설, 그리고 사회당(Egyptian Socialist Party, 1921년)과 그 후신인 공산당(1922)의 창설로 명백해졌다. 다양한 사회주의 사상, 특히 맑스주의의 수용은 바로 이러한 조직화 과정을 통해 이루어졌다(위의 책, p. 344).

아랍세계에서 맑스주의는 비록 무신론과 프롤레타리아 국제주의와 같은 요소에 대한 거부감 때문에 전적으로 수용되지는 않았지만 맑스주의의 유용성에 대해서는 대부분 긍정하였다(위의 책: p. 349). 그런데 아랍세계에서 맑스주의는 매우 단순화되고 교리문답의 형태로 수용되었다. 그리고 이미 대중들이 가지고 있던 이념에 입각해 받아들여졌다(Rodinson, 1972: p. 162). 이러한 아랍에서의 맑스주의의 수용방식은 맑스 저작의 번역이 지연되었던 점과 연관성이 있다. 가장 앞섰던 이집트의 상황을 보면 맑스주의는 오랫동안 유럽 언어를 아는 극소수의 지식인들을 제외하면 원저작의 번역물이 아니라 유인물이나 요약 형태의 저작물로 학습되었다. 이집트 등 아랍의 공산주의 운동에서 맑스주의에 대한 이론적 연구가 빈약했고 일부 지식인들의 지배가 두드러졌던 주된 원인은 아마도 맑스 저작의 번역이 늦어졌기 때문일 것이다(앞의 책: p. 340).

한편 아랍을 포함해 과거 오스만 제국의 영토였던 지역들에서 노동자 세계에 공산주의를 전파한 것은 노동조합이었다(Gallissot, 1978: 23). 이집트에서 자본주의적 노동계급의 역사는 19세기에 시작되었다. 1840년 유럽 연합군과의 전투에서 패배한 이후 이집트는 외부 자본의 유입을 통해 자본주의적 생산양식을 접하게 된다. 바로 이러한 맥락에서 자본주의적 사회관계가 형성되었고 노동계급이 출현하게 된다(Couland, 1978: p. 178). 최초의 노동조합운동은 외국인 노동자들에 의해 시작되었으며 1908년 강력한 노동조합운동이 철도와 전차 부문에서 나타났다. 그런데 1914년 제1차 세계대전 발발 직전 6년 동안의 기간은 '이집트 민족운동(mouvement national égyptien)'이 개혁을 시도하던 시기였다. 이러한 배경으로 인해 노동운동의 핵심 세력은 민족주의자들이었다. 그러나 곧 이집트의 노동운동이 쇠퇴의 길에 접어들게 되었는데 그 주된 계기는 1차 대전 이후 이집트가 영국의 보호령이 되면서 독립을 추구했던 자유주의 정당이었던 와타니(Watanî) 당이 탄압을 겪게 된 것이었다. 그 부산물의 하나로 1920년부터 정치세력으로부터 독립적인 노동자운동이 나타났다. 그리고 그 결과 1921년 노동조합총연맹이 탄생하게 된다(위의 책, pp. 180~185). 이러한 맥락에서 당시 이집트 사회주의자들은 비합법노선이든 합법노선이든 노동계급의 자율성을 매우 중시했다(위의 책, p. 193).

1931년 6월에는 노동자중심주의가 매우 강했던 '이집트노동당'을 창설하려는 시도가 있었다. 양차대전 사이의 전간기는 노동계급의 양적 증가가 두드러진 시기였다. 그러나 화이트칼라의 높은 비중은 노동자로서의 계급의식 형성을 가로막는 장애요인이었다(위의 책, pp. 194~195). 1942년까지 이집트 노동조합운동의 역사는 노조를 매개로 '도시민중운동'을 통제하려고 한 부르주아 정당들 간의 경쟁의 역사이기도 했다(위의 책, p. 187). 이와 함께 민족주의운동과 노동조합운동의 결합이 나타나게 되고, 이러한 상황은 노동운동이 정치운동에 종속되는 양상을 초래하게 된다. 노동조합 지도자가 동시에 정치가였고 많은 경우 고위직을 수행하였다(Sraïeb, 1985: p. 7). 이집트에서 사회주의와 공산주의의 세력이 약화된 것은 노동조합운동과의 연계가 끊어지면서였다. 이는 시리아나 레바논, 심지어 팔레스타인이나 이라크와 다른 양상이었다. 노동조합총연맹이 해체되었고 노동조합이라는 토대를 상실한 정치조직들은 소규모 집단 이상을 넘어서기 어려웠다. 노동조합운동은 민족주의 정당들에 종속되어 있었던 것이다(Gallissot, 1977: p. 569).

이스라엘에서도 사회주의의 주체는 무엇보다도 노동조합이었다. 사회주의적 경향이 있었던 이스라엘의 시온주의 내부에는 정치 조직보다 노동조합이 우세했다. 중동부유럽에서 박해를 피해 서유럽, 영국, 미국 등을 거쳐 팔레스타인에 오게된 유대인 이민의 일부는 영미식의 '노동자주의(laborism)'에 강한 영향을 받은 집단이었다. 초기 이스라엘의 사회주의는 인민주의, 분트, 혁명적 사회주의, 오스트로맑스주의, 그리고 프롤레타리아 혁명은 팔레스타인에서의 유대인 사회의 경제발전을 토대로 가능하다는 맑스주의적 시온주의자 돈 베르 보로쵸프(Don Ber Borokhov)의 이론 등 러시아, 폴란드에서 경험한 다양한 사회주의 흐름이 혼재된 것이었다(위의 책, p. 553).

2) 사회주의와 민족주의

아랍세계에서 사회주의 수용의 특징 중 하나는 노동자, 농민의 계급운동 및 사회주의운동과 민족운동 간의 중첩현상이 나타났다는 점이다(Chaaban, 1985: p. 344). 노동자들의 상황과 사회주의 사상의 지형은 특히 다음 세 가지 요인에 의해 영향을 받았다. 서구 열강에 의한 자의적인 국경선 설정, 팔레스타인의 유대인 이주, 이주해 온 유럽인들의 영향력이 그것이다. 아르메니아 난민과 같이 민족국가 형성의 꿈이 깨져버린 종족집단들, 유대인 이주민, 유럽 출신 이주민에 의해 생겨난 노동에서의 인종에 따른 분리, 고용에서의 경쟁은 민족문제를 노동운동의 핵심적인 요소가 되게 하였다(위의 책, p. 545). 제1차 세계대전 직후 아랍세계 전체는 공히 식민지배하에 놓이게 되었다. 그러나 이 식민지배는 지역에 따라 그 형태와 정도가 매우 상이했다. 이집트에서는 민족국가 건설의 토대가 확고했다면 레바논에서 민족국가는 매우 인위적인 결합을 의미했다. 노동에서의 갈등은 '인종간의 전쟁'으로 인식되었다. 즉 민족문제가 계급문제 내부에 위치했던 것이다. 한편 이집트의 공무원노조는 식민지로서의 지위를 유지하는 노선을 채택하기도 했다. 초기 아랍세계의 노동운동에서 쁘띠부르주아적 경향이 강했던 것을 보여주는 사례이다. 노동세계에서 백인과 토착 아랍인 간의 불평등이 존재하는 상황과 관련해 세 가지 형태의 사회주의가 나타났다. 식민정권의 사회주의, 소수 백인집단의 사회주의, 민족주의 내부의 사회주의적 경향이 그것이다. (Gallissot, 1977: pp. 546~548)

수적 비중이나 조직적인 측면에서 아랍의 노동조합주의는 서비스 부문을 중심으로 한 것이었다. 즉 공무원이나 공기업 등 공공부문의 임노동자가 핵심세력이었던 것이다.[1] 계급구조를 보면 생산직 노동계급의 기반이 협소하고 서비스분야의 피고용자가 수적으로 더 많았으며 여기에 쁘띠부르주아계급의 비중 또한 매우 높았다. 대부분 수공업자와 소상인

---

1 피식민지 사회에서의 노동조합운동의 보편적인 특징 중 하나는 제조업의 발전이 미약함에 따라 노동조합운동의 폭을 넓혀 공무원들의 참여와 지식인의 역할이 크다는 점이었다. 석유산업의 발달과 그에 따른 노동자들의 공간적 집중은 아랍 경제와 노동자의 역사에서 매우 최근의 일이었던 것이다(Gallissot, 1978: p. 45).

들로 이루어진 이 집단은 이중적인 속성을 지녔으며 점차 쇠락의 길에 접어들고 있었다. 마그레브의 경우 토지를 위한 투쟁(농업문제)과 노동에서의 투쟁이 반식민주의 운동과 중첩되었고 이러한 배경에서 공산주의는 이미 1930년대부터 농촌지역에 연락책을 두었다. 이에 반해 민족주의운동은 극히 도시적인 성격을 띠었다(위의 책, pp. 551~553). 유럽에서의 파시즘의 등장과 함께 아랍세계의 사회주의 운동은 반파시즘운동의 성격을 띠게 되고 프랑스 인민전선의 경험에 관심을 가지게 된다. 당시 무엇보다도 중요한 변화는 공산주의 세력이 점차 민족주의적 개혁노선에 대한 비판을 포기하고 민족운동의 전선에 합류하게 되었다는 점이다(Gallissot, 1978: p. 33).

1935년부터 2차 대전이 발발하던 1939년까지 사회주의는 민족주의와 경쟁관계에 놓여있었다. 아랍세계에서 파시즘의 영향력이 강했기 때문에 더욱 그러했다. 아랍세계에서는 특히 무솔리니의 '프롤레타리아 민족'이라는 관념이 매력을 끌었다(Gallissot, 1977: p. 545). 2차 대전 종전 이후부터 독립에 이르는 기간 동안 사회주의 진영에서 계급투쟁은 식민지 인민들과 강대국간의 투쟁으로 간주되었다. 이러한 제3세계주의, 즉 계급적대를 한 사회 내부가 아니라 외부에 위치지우는 이념은 내부에서의 계급, 그리고 계급투쟁의 존재를 소홀히 여겼다. 아랍의 민중주의가 러시아 인민주의와 다른 점은 첫째, 자본주의의 발전을 인정하였다는 것이고 둘째는 피식민지 사회들의 민족해방운동의 일부였다는 점이다(Gallissot, 1978: p. 42). 1952년 나세르혁명을 기화로 이집트, 시리아, 알제리 등 아랍세계에서 국가권력이 된 사회주의적인 민족주의는 나치즘의 민족사회주의와 상당한 공통점을 지녔다. 민중의 참여가 약화되면서 정부와 지배권력의 기술, 이데올로기로 축소되었던 것이다. 그렇지만 정치조직이나 사회통제의 측면에서는 소련과 동유럽 사회주의 국가들이 모델이 되었다. 아랍 공산주의의 역설적인 측면은 한편으로는 자신들이 거부했던 민족주의에 국가-당이라는 모델을 제공해주었고 다른 한편으로는 이후 노동운동과 학생운동을 촉발시킨 전투적인 노동조합주의와 정치운동이라는 대조적인 모델을 발전시켰다는 것이다(위의 책, p. 44).

한편 국가의 탄압, 그리고 민족주의와 폐쇄적인 종교이념이 '이데올로기적 국가기구'에서 주도권을 가지고 있는 상황에서도 맑스주의는 민족주의운동에 큰 영향을 미쳤다(Chaaban, 1985: p. 347). 1950~1960년대 이집트 등 아랍의 공산주의자들은 민족부르주아지 및 다양한 민주주의 세력과의 연대를 특징으로 하는 민족민주주의혁명노선을 가지고 있었다. 이 점은 이집트에서의 1952년 7월 23일 나세르혁명의 준비과정과 실행에 공산주의자들이 참여한 사실에서 잘 나타난다. 알제리 민족해방전선(FLN) 내부에서는 러시아혁명은 사회주의 혁명이었는가, 또는 사회주의 혁명으로의 길을 연 민족민주혁명이었는가에 대한 논쟁을 통해 민족 부르주아지와의 연대, 민족해방전선이 취해야 할 노선에 관한 문제가 논의되었다. 1960년대에 이 문제는 민족해방과 사회주의적 변혁의 중간 단계로서의 비자본주의적인 길에 대한 논쟁으로 변형되었다. 그러나 많은 논쟁과 분화 현상이 있었지만 결과적으로 채택된 노선은 민족부르주아지 및 다양한 민족민주세력과의 연대였다(위의 책, p. 349).

3) 사회주의와 이슬람

이슬람 및 아랍 세계의 경우 1920년대는 심도있는 변화가 이루어지던 시기였다. '이슬람개혁주의(islamic reformism)'는 움마, 즉 형제애가 넘치는 이상적인 공동체로서의 이슬람공동체라는 관념을 제시했다. 그러다가 범이슬람주의가 위기에 처하게 되자 이슬람공동체라는 관념은 아랍공동체, 즉 아랍 움마로 축소된다. 이슬람의 공동체적 요소가 아랍주의로 이전되면서 바로 아랍과 이슬람을 동일시하는 '아랍-이슬람주의(Arabo-islamism)'가 형성되게 된다(Gallissot, 1977: p. 553). 아랍-이슬람주의의 탄생은 무슬림공동체에서 아랍공동체로의 전환을 의미했다. 물론 이슬람, 즉 종교적인 측면에 대한 아랍, 즉 정치적인 측면의 우위가 확보되는 데는 상당한 시간이 걸렸다(Gallissot, 1978: p. 14).

식민정책은 종교권력, 특히 가톨릭, 그리고 지역 교단(confrerie), 종교지도자(marabout, 마라부), 수피 교단(soufism)과 같은 이슬람 조직을 후원하였다. 식민정책은 이러한 종교세력과 종교제도를 자신의 통치기반을 강화하기 위해 활용하였다(Tlili, 1978: p. 61). 그런데 반식민주의 진영에서도 가장 종교에 비판적이었던 세속적인 이념인 사회주의와 그 대척점에 있던 종교가 밀접한 연관을 맺게 된다. 사회주의에 이슬람이 결합하게 된 배경은 대중에게 이슬람이 식민지 상황에서 도피처로서 인정을 받았기 때문이었다. 이는 아랍인들이 당시 상황을 자본주의의 확장, 종속적인 자본주의의 문제가 아니라 외세, 즉 서구의 영향을 중심으로 이해했고 그래서 이슬람이 기독교 유럽에 대한 문화적 형태의 대응으로 인정받았기 때문이다(Gallissot, 1977: p. 553).

이슬람과 사회주의의 만남의 방식은 충돌과 화해의 양면성을 지녔다. 먼저 이슬람에 대항한 투쟁에서 사회주의자들의 비판의 핵심은 종교가 상부구조에 위치한 허위의식이라는 점이었다. 사회주의자들은 종교에 대한 투쟁이 이데올로기적 차원에서 진행되는 것은 쁘띠부르주아적인 오류이며 유일한 대안은 계급사회를 극복함으로써 종교의 토대를 파괴하는 것이라고 주장했다. 종교에 대한 투쟁은 이데올로기적일뿐 아니라 실제적이고 행정적인 차원에서도 이루어져야 한다는 것이다. 그리고 그 반대편에는 공산주의에 대한 이슬람의 투쟁이 있었다. 이 비판은 무엇보다도 사회주의가 무신론이라는 점에 초점을 둔 것이었다(Rodinson,

1972: p. 163).

양자의 관계는 충돌과 함께 이데올로기적 화해라는 형태를 띠었다. 이러한 방식은 예를 들어 국내외적인 정치정세를 고려해 전략적으로 이슬람 및 이슬람 정치운동과 공산주의의 관계를 우호적으로 만들어야 할 필요성이 있을 때 시도되었다. 이슬람이 공산주의 사상에서 차용한 사례로는 제국주의론, 식민주의론이 있다. 또한 중세 이슬람 사상을 현대적인 공산주의 사상에 비추어 재해석하고, 역으로 새로운 사상을 이슬람식으로 변형시킴으로써 대중들에게 수용가능하게 만들기도 하였다. 공산주의에서 주창하는 사회체제나 사회적인 해결책들이 사실은 이슬람에 이미 존재하는 것이라고 주장하였으며 심지어 공산주의적 사회관과 대안이 이슬람의 본질이라고 주장하기도 하였다. 프랑스식 사회주의, 독일의 민족사회주의의 경우처럼 소위 '이슬람사회주의(islamic socialism)'가 강조되었다. '이슬람사회주의'는 맑스의 과학적 사회주의의 종교적 형태, 또는 그에 대한 대안 또는 부정이라는 다면적 성격을 지니고 있었다(Chaaban, 1985: p. 364). 이슬람에 존재해온 사회적 해결책은 자본주의와 공산주의의 이분법을 초월한 것으로 간주되었다. 식민지 독립 직후 아랍의 경제학자들도 자본주의나 사회주의와 다른 '제3의 길'을 모색하였다. 그러나 무슬림형제단이나 파키스탄 국가에서 볼 수 있는 이러한 주장은 자본과 노동의 연대를 주창했던 유럽의 기독교사회주의 등에 이미 존재해온 것이다.

이슬람과 공산주의의 유사성을 이론화하여 이슬람 공산주의를 만들려는 '일치주의(concordisme)'적 경향이 이슬람의 고전적 요소와 아랍 공산주의자들이 강조하는 요소들을 동일시 하였다. 이슬람과 공산주의를 화해시키려는 시도는 많은 경우 이슬람원리에 철저한 엘리트들에 의해 이루어졌고 이들은 결코 공산주의의 무신론을 받아들이려 하지 않았다. 이슬람 진영의 '일치주의'는 신의 존재의 문제와 같이 양자의 화해불가능한 요소를 은폐하였던 것이다. 한편 공산주의자들에게 이슬람은 진보적인 운동으로 여겨졌다. 본래 의미의 사회주의는 아니지만 부자와 지배계급에 대항하는 민주적인 사상으로 간주되었다. 그러나 일치주의는 환상이었고 이러한 환상은 당시로서는 불가피한 것이었다(Rodinson, 1972: pp. 166~174).

2. 아랍민족주의의 역사

1) 오스만 제국의 공존에서 민족주의의 각축장으로

제국의 쇠퇴와 점증하는 유럽의 압력에 직면한 오스만 제국의 지도층은 처음에는 제도개혁이나 무력 과시의 방식으로 대응하였다. 그러나 무력을 통해 제국의 건재함을 과시하고자 했던 전략은 1683년 빈 공격 실패, 1687년 크림전쟁 패배를 고비로 한계에 봉착했고, 셀림 3세(Selīm III, 1789~1807)의 즉위를 계기로 보다 본격적인 근대적 개혁에서 문제 해결의 실마리를 찾기 시작하였다. 그런데 서유럽 국가들에서처럼 이러한 근대화 과정은 민족주의의 부상을 동반한 것이었다. 처음에는 '오스만 민족주의(Ottoman nationalism)'를 주창하며 이를 바탕으로 황실의 제국 통제력 강화라는 중앙집권화 전략을 시도했다. '오스만 민족주의'는 오스만 제국에 속해 있던 다양한 종족과 종교를 포괄하는 민족주의, 오스만인으로서의 정체성에 기반한 민족주의를 의미했다.

물론 제국 중앙에서 추진된 근대국가로의 탈바꿈 이전에 제국의 지역 차원에서 근대 국민국가 건설 노력이 있었다. 그리스인, 아르메니아인, 쿠르드인, 아시리아인들이 시도한 민족주의가 그것이다. 그리고 그리스 등 제국의 기독교 민족들이 서구의 도움에 힘입어 하나씩 오스만 제국에서 이탈해감에 따라 오스만 민족주의라는 제국 황실의 첫 번째 대안은 점차 이슬람적인 색채를 띠게 되었다. 그러나 아브드 알 하미드(Abd Al-hamid II, 1876~1909) 집권기에 다종족적이었던 제국의 황실과 투르크 지배층 간의 연대마저 깨지면서 더욱 협소해진 '투르크 민족주의(Turkish nationalism)'라는 전망이 대두하게 된다. 1911년부터 이 이데올로기의 대표적 이론가였던 지야 괴칼프(Ziya Gökalp, 1876~1924)가 '범투르크주의(Pan-touranism)', 즉 '러시아 제국과 오스만 제국에 사는 투르크인들의 연합'이라는 꿈의 이론적 기반을 제시하게 된다(Cabanel, 1997: p. 79).

2) 근대의 산물로서의 아랍민족주의

한편 투르크 민족주의는 그것이 그리스 민족주의에 영향을 받은 것과 마찬가지로 제국의 아랍인들, 우선 이집트에서, 그 다음으로는 시리아와 이라크에서 아랍인들의 민족주의를 촉진시켰다. 참고로 이 세 나라는 바로 식민지 해방 이후 아랍민족주의를 이끈 나라들이었다. 그렇지만 이러한 아랍민족주의가 단지 제국 중앙의 움직임에 영향을 받은 단기적 상황의 산물만은 아니다. 사실 17세기 초부터 서구 근대사상은 지중해 너머에서 아랍인들의 뿌리, 특히 아랍어와 아랍인들의 역사에 대한 관심을 촉발시켰다. 그리고 이러한 아랍인들의 움직임은 점증하는 서구의 압력에 따른 제국의 위기에 대한 대응책으로 이슬람 경전에 대한 관심을 가졌던 황실에 의해 더욱 부추겨졌다.

> "이슬람학과 이슬람법에 대한 오스만 제국 황제들의 관심은 아랍인들의 '민족' 의식을 보존하고 더 나아가 강화시키는 역할을 했다.

[그렇지만] 그것은 자신들의 언어, 문화, 조상에 대한 아랍인들의 자부심, 그리고 이슬람이라는 종교에 대한 자신들의 책임감이라는 형태를 띠었을 뿐, 그들만의 독자적인 국가 건설에 대한 열망의 양상을 띠지는 않았다(Hourani, 1991: p. 34)."

아랍인들의 이러한 민족의식은 '정치적 민족주의'가 아니라 지식인 집단에 국한된 '문화적 민족주의'의 성격을 띤 것으로 제국에의 소속감이나 충성심과 배치되는 것은 아니었다. 달리 말해 다종족, 다종교적인 오스만 제국에서의 다른 종족이나 종교와의 공존과 상충되는 것이 아니었다. 한편 이러한 점은 아랍인들의 민족적 자각이 일었던 당시 제국 전반의 분위기를 통해서도 이해될 수 있다. 먼저 술탄 마흐무드 2세(Mahmud Ⅱ)나 이집트 총독 무함마드 알리(Muhammad Ali)에 의해 추진된 개혁의 목표 중 하나가 바로 종교에 따른 불평등을 없애는 것이었고, '이집트주의(Egyptianism)'처럼 서구에서 기원한 민족주의에 영향을 받아 제국의 지역에서 등장한 지역주의 역시 다른 민족들과 분리되고자 하는 것은 아니었다.

그런데 바로 투르크 민족주의가 이러한 상황에 종지부를 찍는 역할을 했던 것이다. 이 운동의 핵심에는 탄지마트가 낳은 중간계급, 그중에서도 '청년투르크(Young Turks)'라 불리운 장교들이 있었는데, 1909년 이들의 성권상악은 아랍지역의 지방정부나 종교법정에서 아랍인 엘리트를 배제시키고, 행정, 사법, 교육에서 터키어를 강요하는 결과를 초래했다(Laurens, 1993: pp. 119~120). 앙리 로항스가 강조하듯이 "이 조치들이 반드시 민족주의의 표현인 것만은 아니더라도 당시 아랍인들에게 이것은 과도한 투르크화 기획의 일환으로 받아들여졌다(위의 책, p. 121)." "특히 1916년 시리아 지역의 청년투르크 소속 통치자였던 제말(Jemal)에 의한 아랍 분리주의자 또는 분권주의자들의 탄압은 상당수 아랍인들을 오스만 제국으로부터 등을 돌리고 근대적 의미의 '민족'이라는 관념을 받아들이게 한 사건이었다(Rodinson, 1972: p. 254)."

'아랍적 속성(Arabity)'은 아라비아 반도에 살던 최초의 아랍인들의 문명, 생활양식과 연관된 것으로 그중에서도 특히 사막이라는 조건에서 요구되는 집단의 결속력, '집단정신(Assabiyya)'이 그 주된 특질로 여겨진다. 아랍적 속성은 아라비아 반도의 토착 아랍인이나 그 외 지역의 아랍화된 사람들에게 오래전부터 존재해온 것이지만, 모든 아랍인들을 그들만의 단일한 정치적 단위에 묶으려는 의지로서의 '아랍주의(Arabism 또는 Pan-Arabism)'는 특정 시기에만 나타났던 현상이고 특히 위에서 언급한 오스만 제국 말기의 상황에서 대두된 현상인 것이다.

한편 아랍민족주의는 지역에 따라 다른 의미를 지녔다. 청년투르크에 대한 대응으로 오스만 제국의 지배층 내부에서 등장한 아랍민족주의는 무엇보다도 제국의 생존을 주안점에 두었다. 반면에 이집트, 튀니지, 알제리 등 지역에서의 아랍민족주의는 본질적으로 이 지역들에서 일찍이, 그리고 강하게 나타났던 유럽의 지배에 대한 대응이었고 해당 지역 차원에 국한된 민족주의였던 것이다. 아랍민족주의가 정치성을 띠게 되는 20세기 초반에 오스만 제국의 아랍지역은 영국과 프랑스의 치열한 각축의 장이었고 제1차 세계대전 종전 후 양국에 의해 분할되게 된다. 제1차 세계대전을 전후한 시기 아랍민족주의는 제국의 결정적인 해체와 재편을 시도한 양 대국의 제국주의에 이용되었고, 이 지역의 식민화 직후인 1920년대에 분출했던 저항운동의 실패 이후 급속히 쇠퇴하게 된다.

식민지 해방은 아랍인들에게 무엇보다도 영국과 프랑스가 갈라놓은 아랍세계를 통합할 수 있는 기회였다. 그리고 한 나라가 이 꿈을 실현할 역할을 맡을 능력이 있어보였다. 그것은 이집트였다. 아랍국가 중에서는 상대적으로 많은 인구, 풍부한 문화적 유산, 지정학적인 중요성, 군사적 잠재력 등이 이러한 믿음의 근거였다(Sivan, 1988: p. 9). 이집트의 나세르주의와 이라크, 시리아의 바트주의를 중심으로 한 아랍민족주의는 미소 양 진영 사이에서 어느 정도 자율성을 가질 수 있었던 당시의 시대적 상황에 힘입어 식민지 시대와 달리 영광스러운 과거에 대한 향수가 아닌 사회혁명, 반제혁명을 통한 미래의 건설을 의미했다.

1956년 나세르의 수에즈운하 국유화를 응징하려는 영국, 프랑스가 이스라엘과 연합하여 아랍진영과 벌인 전쟁에서 이집트를 필두로 한 아랍연합군이 승리하고 '통일아랍(United Arab Republic(UAR), 1958~61)'이라는 국가 아래 이집트와 시리아와 하나가 될 때만 해도 아랍통합은 그리 멀어 보이지 않았다. 그러나 1967년 6일 전쟁에서의 굴욕적인 패배, 그리고 3년 후인 1970년 나세르의 사망과 함께 아랍민족주의와 아랍통합의 꿈도 떠나갔다. 그리고 그 빈자리는 이스라엘과 미국의 제국주의, 아랍세계를 구성하는 20여 개 하위 국가 차원의 민족주의, 그리고 무엇보다도 이슬람주의에 의해 채워지게 된다.

3) 아랍민족주의에서 이슬람주의로

1970년대 이후 아랍세계의 상황은 아랍민족주의에서 이슬람주의로, 달리 말해 세속적인 아랍민족주의에서 종교적 색채의 새로운 민족주의로의 이행, 그리고 미국, 유럽에의 종속 심화와 내적 분열로 요약될 수 있다. 아랍주의에서 이슬람주의로의 이행은 아랍세계의 쇠퇴라는 객관적 조건의 산물임과 동시에 이를 적극적으로 후원한 미국과 유럽의 작품이기도 했다. 제1차 세계대전 종전 후 영국이 시온주의와 아랍주의를 키워냈다면[2], 1970년대 이후 미국과 유럽은 이슬람주의를 키워왔다. 9・11테러를 계기로 폭로되고 있는 미국과 이슬람주의자들간의 밀월관계는 이미 1950년대 중반부터 미국이 제 3세계의 사회주의와 민족주의 세력을 약화시키는데 이슬람을 적극 이용해 온 긴 역사의 끝자락인 것이다.

현재 아랍세계의 상황에서 우리는 그 어느 때보다도 지역차원의 협력이 필요한 시대에 이 지역의 연대와 협력이 그 어느 지역보다도 미약하다는 아이러니를 볼 수 있다. 어쩌면 미국과 유럽이 가장 중요시하는 비서구로서의 아랍세계 또는 중동의 특수성을 생각해 보면 이러한 분열의 현실은 필연적인 것일지도 모른다. 이러한 상황은 단지 9·11에 따른 것은 아니다. 위에서 살펴본 아랍민족주의의 쇠퇴, 그리고 그에 상응하는 아랍세계의 쇠퇴라는 장기적인 과정의 산물인 것이다. 그러나 아랍의 연대와 통합이라는 대의는 상당수의 지식인들, 그리고 아직 잔존하고 있는 소수 아랍민족주의 성향의 정치세력들 속에 살아있다. 그리고 최근의 '아랍의 봄'과 같은 비중있는 사건이 있을 때 분출해 나오는 대중의 자생적인 표현 속에서 다시금 그 씨앗이 자라고 있다.

---

2 시온주의와 아랍주의는 둘 다 오스만 제국 해체의 산물이며 영국에 의해 부추겨진 민족주의였다. 현재 존재하는 이 지역의 국가들은 결국 영국의 중동정책의 산물이며 이 두 이데올로기가 그 정신적 기초였다. 인위적으로 나뉘어진 오스만 제국의 지역들은 그 이후 지금까지 종교적, 종족적 분쟁에서 벗어나지 못하고 있다. 그런데 1970년대 이후 명백해진 이스라엘의 정치적, 군사적 성공과 달리 이스라엘의 근간이었던 시온주의는 아랍주의와 함께 위기에 직면하게 된다. 그렇다고 이 공격적인 이데올로기의 와해가 팔레스타인과 중동에 공존과 평화를 가져온 것은 아니다. 오히려 그와 정반대로 종교적 색채가 강하고 더욱 배타적인 신시온주의를 나았다

2장. 아랍의 정치변동과 민주화

이 장에서는 '아랍 권위주의'라는 개념을 중심으로 현내 아랍세계 정치의 역사와 특징에 대해 다룬다. 아랍세계에 국한된 현상은 아니지만 아랍세계의 정치문화를 권위주의로 규정하는 것은 틀리지 않다. 그렇지만 장기집권이나 정치적 탄압 등 외부세계에 각인된 이 지역의 정치도 변화를 겪어왔다. 2011년 전개된 '아랍의 봄' 현상은 위로부터의 민주화, 아래로부터의 민주화의 오랜 역사의 연장선상에서 가능했던 것이다.

1. 아랍 근대정치사의 시기구분

근대 이후 아랍 및 중동의 경우 이전 시기와의 단절을 의미하는 사건이나 두 시기 간의 급격한 내용상의 변화 등이 시기구분의 기준이 되어왔다. 예를 들어 이란혁명을 비롯해 비중있는 사건이 집중된 1979년이 시기구분의 경계가 될 수 있을 것이다. 이 시기에 발생한 사건들은 상호간에 밀접한 연관성을 지니고 있으며 이를 근거로 1980년대 이후 시기를 그 이전 시기를 주도했던 좌파를 대신해 이슬람주의가 중심이 되는 시기로 규정할 수 있다. 즉 이집트에 의한 이스라엘 인정, 소련의 아프가니스탄 점령, 그리고 이란혁명은 다양한 지역에서 공히 이슬람주의의 부상을 동반했던 것이다. 새로운 시대의 도래는 수사적인 차원에서도 변화를 가져왔다. 피억압민족, 계급투쟁, 제국주의와 같은 용어들이 퇴진하고 지하드, 샤리아와 같은 이슬람 관련 용어들이 정치 담론이나 일반인들의 인식을 장악하게 된 것이다. 이러한 비중있는 사건을 중심으로 하미트 보자르슬란은 아랍 및 비아랍을 포함하는 중동의 근대사를 세 단계로 시기구분한다(Hamit Bozarslan, 2011). 첫 번째 시기는 오스만 제국의 해체와 근대국가 형성기이다. 두 번째 시기는 이스라엘 국가의 창설과 아랍민족주의 시대이다. 세 번째 시기는 이란혁명에서 '아랍의 봄'까지 일련의 전쟁으로 점철된 시기이다. 이 각각의 시기는 또한 자신에 고유한 상징, 특히 용어로 특징지어진다. 1950~1970년대의 '혁명', '제국주의', 1980~2000년대 '순교', '성전'과 같은 용어가 대중에게 끼쳤던 감성적, 이데올로기적 영향을 고려하지 않고 각 시대의 양상을 온전히 이해하기는 어려운 것이다.

① 오스만 제국 해체에 뒤이어 나타난 근대국가의 형성은 독립적인 근대국가 형성과 위임통치라는 이름의 식민화를 통한 근대국가 형성이라는 두 가지 양상을 띠었다. 후자는 인위적인 영토 분할을 통한 것으로 이 분할에 입각해 작은 국가들이 자리를 잡아나갔던 것이다. 이후 탈식민화 과정이 이렇게 분할된 국가 차원의 독립이라는 형태를 띠었는데(이라크, 1932년; 레바논, 1943년; 시리아와 요르단, 1946년) 이 신생 국가들은 정당성을 확보하지 못함에 따라 아랍 전체의 통합을 이상으로 제시한 아랍주의의 도전에 직면하게 된다. 아랍주의는 근대화 과정의 산물인 군인, 지식인 등이 주도하게 된다. 1900년을 전후해 나타난 근대 첫 시기

의 또 다른 특징은 서구화가 지속된 점이다. 터키의 무스타파 케말 아타투르크, 이란(독일 나치의 영향으로 1935년 페르시아에서 이란으로 명칭이 바뀌게 됨)의 레자 국왕이 시도한 근대적인 개혁이 대표적인 사례이다. 서구화가 터키나 이란 등 비아랍세계에 국한된 현상은 아니었다. 아랍세계 역시 좌파와 우파를 막론하고 특히 지식인 집단에 서구의 영향이 지속되었고 바로 이 근대적이고 서구적인 엘리트들이 1950년대 혁명적인 변화를 주도하게 된다.

② 근대 아랍세계의 두 번째 시대는 1948년 팔레스타인 지역에 이스라엘 국가가 창설되면서부터 시작된다. 이 시기는 탈식민화와 함께 권력을 잡은 이들이 표방한 부르주아 민주주의의 급속한 약화와 혁명적인 새로운 엘리트의 부상이라는 양상을 띠게 된다. 새로운 엘리트들에게 독립정권이 추구한 부르주아 민주주의 체제는 부패와 종속을 의미했다. 개별 국가 차원의 서구식 민주주의 체제는 탈식민화 이후에도 자신들의 이해를 추구하기 위한 서구의 덫으로 여겨졌다. 민주주의는 명분일 뿐 아랍세계를 분열시킴으로써 약화시키려 한다는 것이다. 이러한 비판적 태도는 보다 최근 영국, 프랑스를 대신해 중동의 제국주의 세력을 대표하게 된 미국이 주창하는 '민주주의 증진' 전략에 대한 불신으로 이어지게 된다. 오스만 제국에 뿌리를 둔 귀족적인 성격의 구 엘리트를 대신해 등장한 새로운 엘리트들이 이집트(1952년), 시리아(1949년, 1963년, 1966년), 이라크(1958년, 1963년, 1966년), 리비아(1969년)에서 유사한 시기에 일어난 일련의 혁명적인 쿠데타의 주역이 된다.

이스라엘의 탄생, 그리고 알제리 등 북아프카 3국의 독립(1956~1961년), 수에즈 전쟁에서 이집트의 정치적 승리(1956년)로 시작된 두 번째 시기는 이 시기 아랍정권들 중 상당수가 근대 중동역사에서 유일하게 정당성을 가졌다는 점에서 아랍 현대사에서 예외적인 시기라고 할 수 있다. 예를 들어 수에즈 전쟁에서 국민은 정권을 진심으로 지지했으며 일당체제, 대중조직, 인민의 무장화 등 권위주의적인 모델이 제국주의 세력에 저항할 수 있는 유일한 방법이라고 생각했다. 두 세력을 뚜렷이 구분하기는 어렵지만 한 쪽에 맑스-레닌주의자들이 있었고 다른 한쪽에는 아랍민족주의자들이 있었다. 전자는 당시 아랍세계에서 강력한 세력을 형성하고 있던 공산주의 계열 정당과 강력한 노동조합(이집트, 시리아, 이집트, 수단 등)을 기반으로 한 것이었다. 후자 역시 반제국주의와 아랍사회주의 등 좌파적인 색채를 띠었다. 이 두 세력과 아랍민족주의 정권들은 6일 전쟁으로 신뢰를 잃긴 했지만 1970년대 말까지 정치적으로 이데올로기적으로 주류를 형성하게 된다. 물론 이 시기는 동시에 다음 시기에 주도권을 잡게 되는 정치적 이슬람이 서서히 등장하던 시기였다. 1966년 처형된 무슬림형제단의 지도자 사이드 쿠트브의 사례가 전형적으로 보여주듯이 세속적인 아랍민족주의 정권에 의한 탄압으로 종교세력이 급진화된 것이다. 이집트에서 쿠트브의 급진적인 저술은 이슬람세력이 혁명적인 변화를 꿈꾸게 만들었고 이라크에서도 무하마드 바키르 알 사드르(Muhammed Baqir Al-Sadr, 1935~1980년)를 따르는 이슬람세력에 의해 이슬람정당 '알 다와(Al-Dawa, Islamic Call Party)'가 탄생하였다(1957~1958년). 한편 이 시기 비아랍세계에서 좌파는 극도의 탄압 속에 지하활동에 들어가거나(이란) 학생운동에서 주도권을 잡기도 했다(아프가니스탄, 파키스탄).

③ 1979년에서 최소한 2011년 '아랍의 봄'이라는 또 다른 비중있는 사건이 있기 직전까지의 세 번째 시기는 그 내부에 작은 세 가지 시기를 포함하고 있다. 그리고 이 작은 시기의 구분 역시 상징적인 사건, 특히 이

시기의 경우에는 일련의 전쟁의 물결로 구분된다. 현대 아랍, 중동이 겪고 있는 전쟁의 시대는 여러 전쟁의 물결이 시대 구분의 기준, 시대의 성격을 규정하는 핵심요소가 되게 한다. 이 시기 전체의 특징을 보면 상징적 사건과 함께 일련의 새로운 현상을 확인할 수 있다. 국제질서의 변화와 세계체제에의 편입의 심화, 1979년 이집트의 이스라엘 인정 이후 범아랍주의의 쇠진, 이라크와 시리아의 바트당 정권이 매우 강압적인 관료제 권력으로 변화, 도시화율이나 청년인구비율 증가와 같은 요인들이 이전과는 질적으로 다른 시대의 개막을 알렸다.

ⓐ 첫 번째 시기는 1979년부터 1990년 경으로 주된 특징은 그 어느 시기보다 전쟁의 비중이 압도적인 시기였다는 점이다. 아프가니스탄전쟁, 이스라엘의 레바논 침공, 이란-이라크전쟁 등 이전 이스라엘-아랍 전쟁에 비해 전쟁이 보다 장기적이고 광범위한 영역에서 전개되면서 전쟁이 중동사회를 좌우하는 핵심적 요인이 된 것이다. 또 다른 중요한 점은 이 전쟁의 시대에 이슬람이 핵심적인 역할을 하였다는 점이다. 그런데 이슬람 정치세력이 전쟁에 개입한 방식은 수니파와 시아파에 따라 달랐다. 수니파의 경우에는 30,000명의 '아랍' 청년들이 아프간 전쟁에 참전했고 먼 이국땅으로의 이들의 참전은 출신 지역인 아랍사회에도 영향을 미치게 된다. 예를 들어 소위 '아프간'들의 배후 거점이었던 파키스탄 북서부 국경지역 도시 페샤와르 (Peshawar)는 아랍세계 이슬람주의 운동의 핵심거점이 되었던 것이다. 시아파와 전쟁의 관계를 보면 레바논의 헤즈볼라가 대표적인 주체였다. 헤즈볼라의 부상은 레바논을 넘어서 아랍세계 전체에 비국가적 세력의 부상을 알리는 신호탄이 되었다. 국가의 강제력 독점 현상이 더 이상 유효하지 않게 된 것이다. 또 다른 특징은 비아랍국가인 이란과 아프가니스탄이 변화를 주도했다는 점이다. 이란혁명과 보

수적인 이슬람 세력의 집권, 그리고 아프가니스탄에서 매우 급진적인 노선을 취한 이슬람주의의 등장은 아랍국가를 포함해 전 중동에서 이슬람주의의 성장을 가져왔다. 역으로 소련의 아프간 점령, 이집트의 친서방노선과 바트당 정권의 변질은 아랍좌파의 급속한 쇠퇴를 가져왔다. 나세르주의, 바트주의, 국제주의 등 어떤 경향도 장기적인 쇠락의 길에 접어든 것이다.

ⓑ 두 번째 시기는 1988~1989년부터 2000년경으로 첫 번째 시기를 특징지었던 세 개의 전쟁이 종식되고 걸프전, 중동 주변지역에서 일어난 타지키스탄 전쟁(1992), 체첸전쟁(1994~1996년), 유고전쟁(1992~1995년)과 같은 새로운 분쟁과 함께 시작되었다. 무슬림들이 결부된 후자의 전쟁들은 한편으로는 외부세계의 인식에 있어서 이슬람세계의 경계를 넓히는 역할을 했고 동시에 아프간 전쟁에서의 이슬람 세력의 승리에 고무된 이슬람 무장세력의 확산을 의미했다. 무슬림들 사이에서 아프간 전쟁은 이슬람 대 서구, 이슬람 대 자힐리야의 전쟁으로 인식되어 서구 대 이슬람이라는 서구의 이분법적 문명론이 이슬람세계의 세계인식으로 내면화되는 결과를 낳았다. 그리고 아프간에서의 경험은 아랍 여러 지역에서 이슬람주의가 부상하고 동시에 급진화하는 주된 외적 요인으로 작용했다. 이슬람주의 부상의 내적 요인으로는 이집트, 알제리 등지에서 나타난 정권의 이슬람주의 탄압이 중요하게 작용하였다. 아랍 청년들이 이슬람주의에 가담하게 된 배경을 보면 우선 이들이 세속적 성격의 팔레스타인 민족해방운동의 전통과 자신을 동일시 하기에는 이 흐름이 너무 오래된 것이었고 그보다는 보다 가까운 시기에 '아프간'들의 영웅적인 행위와 성과가 이들의 모델이 되기에 더 적절했던 것이다, 실제로 알제리 무장세력 GIA의 지도자 일부는 '아프간' 출신이었다. 두 번째 시기는

16만의 희생자를 낸 알제리 내전 등 2000년을 전후한 이슬람주의의 패배로 막을 내린다.

ⓒ 세 번째 시기 역시 9·11테러라는 폭력적인 사건을 계기로 시작되었다. 이집트와 알제리에서의 이슬람주의의 패배 이후 외부세계는 중동에서 이슬람주의의 종식을 전망했었다. 그러나 이슬람주의가 9·11테러를 계기로 다시로 활력을 얻게 되면서 이 운동이 지닌 저력이 주목을 받았다. 이 저력은 특히 아프가니스탄, 파키스탄, 수단 등지의 무자헤딘 훈련소, 고문이 다반사로 일어나는 중동의 감옥, 중동 출신 청년들이 폭력의 길에 들어서는 유럽과 같이 무슬림 청년들을 급진화시키는 역할을 하는 공간들에서 생겨났다. 이 세 번째 시기는 아프간 전쟁(2001년), 이라크전쟁(2003년), 레바논전쟁(2006년), 가자전쟁(2008년)을 동반하였고 특히 과거 팔레스타인 정도에 국한되었던 저살폭탄테러가 보편화되는 특징을 보였다. 특히 중동의 범위가 넓어지는 양상을 띠게 된다. 공간적으로는 전쟁이 지역구분의 배경이 되기도 하였다. 이런 의미에서도 전쟁은 세계를 만들고 있는 것이다. 인도네시아에서 알제리, 더 나아가 소말리아에 이르는 광대한 지역이 테러리즘의 온상으로 그리고 대테러전쟁의 단일한 전선으로 간주하게 된다. 역으로 무슬림들에게는 '전쟁의 세계(Dar al-Harb)'를 대상으로 한 투쟁이 전선으로 간주되었다. 9·11테러 10년 후 이 넓어진 '중동'에서 폭력은 전 사회로 확산되고 장기간 지속되는 '정상적인' 현상이 된다. 장 보드리야르(Jean Baudrillard)의 표현을 빌자면 힘으로 세계를 지배하려는 체계에 자기희생을 통한 폭력이 대항하고 있는 것이다(보드리야르, 2002).

1979년 이후 세 번째 시기에 대한 이상의 세부적인 시기구분은 한계를 지니고 있다. 첫째, 3개의 작은 시기는 이슬람주의라는 하나의 공통점이 워낙 강해서 세부 구분의 필요성에 의문을 제기한다. 또한 외부세계의 개입으로 전복된 이라크를 제외하고는 정권이 세 시기 동안 지속되었다는 점도 세부적인 구분의 유용성에 의문을 제기하는 요인이다. 아랍 현대정치사는 극단적인 사건들과 정권 및 사회체제의 장기 지속이 공존해왔으며 둘간의 밀접한 관계를 추론할 수 있다. 전자는 아랍사회가 안고 있는 모순의 정도를 표현하며 다른 방식의 대응이 불가능함을 보여준다. 후자는 정권에 의한 탄압으로 가능함과 동시에 급진적인 사건 자체가 결과적으로 체제유지에 기여하는 측면이 있고 여기에 외부의 체제 지원, 역사적 유산, 지정학적 요인 등이 작용한 결과라고 할 수 있다. 세 개의 작은 시기로의 구분이 지니는 또 다른 문제점은 국가별 다양성이다. 각기 10년 안팎의 짧은 시기 동안 광범위한 지역의 국가들이 상당히 다른 정치변동을 경험하기도 했던 것이다.

2. 아랍 권위주의 정치체제

1) 아랍 권위주의의 배경 및 유형

아랍 및 중동의 국가 및 정치체제를 이해하기 위해서 일부 학자들은 권위주의 개념을 적용한다(Bozarslan, 2011; Schlumberger, 2007; Pratt, 2007). 아랍국가들은 공히 권위주의 정치체제로 규정될 수 있는데 이 개념에 대한 정의를 보면 엘리자베뜨 삐까(Elizabeth Picard, 2008)는 이 체제를 정치, 경제, 사회, 군사적인 영역이 사회가 직면한 문제에 대응하기 위해 상호작용하는 체제로 정의한다. 장 레까(Jean Leca, 1984: pp. 225~226)는 "권위주의를 사회발전의 성과배분 문제를 해결하기 위해 행정적, 군사적 권력을 집중시키는 '정상적인' 기술적 해결방식"이라고 정의한다.

아랍 권위주의 정권을 이해하기 위해서는 우선 역사적 배경을 고려해야 한다. 즉 국가형성 과정이 공히 폭력적인 양상을 동반했던 것이다. 독립전쟁(터키), 탈식민화(마그레브 국가들, 파키스탄), 쿠데타(시리아, 이집트, 이라크), 혁명(이란), 전쟁이나 내전(이라크, 아프가니스탄)이 그 예이다.[3] 이와 같은 태생적인 요인은 중동 정권들이 정치적 반대파의 존재를 용납하지 않고 적과 아의 이분법에 입각해 행동하고 정치적 방식보다는 치안이나 정보에 의존하는 배경이 되었다. 즉 적과 아의 이분법은 외세의 담론에서뿐 아니라 내부에도 강하게 존재해온 전통인 것이다. 이런 측면에서 볼 때 걸프전 등 외세 개입 현상에 대한 보다 복합적인

---

3 이집트의 경우 1952년에 수립된 실질적인 최초의 독립 이집트 정권은 나세르에 의한 쿠데타에 의해 창출되었다. 1954년 나세르에 의한 두 번째 쿠데타는 독립 이후 이집트 공화국의 초대 대통령이었던 모하메드 네기브를 퇴진시켰다. 튀니지의 독립은 부르기바 진영과 살라흐 벤 유수프 진영 간의 대결로 이어졌다. 알제리에서는 1965년 우아리 부메디엔느가 아흐메드 벤벨라 대통령을 퇴진시킨 쿠데타를 통해 집권하게 된다. 시리아에서는 하페즈 알 아사드가 1966년 쿠데타 이후 집권하였던 바트당 내부의 좌파세력을 몰아내고 집권하게 된다. 리비아에서는 카다피가 1969년 쿠데타로 집권한다. 모로코에서 왕실은 줄곧 독립운동의 선봉장이었던 이스티크랄(Istiqlal, 독립당)과 여기에서 갈라져 나온 좌파 정당들의 영향력을 약화시키려 했다. 이 과정에서 하산 2세는 1971년, 1972년 두 차례의 쿠데타 기도를 막아냈다. 이와 같이 권위주의 정권이 수립되던 1950년대~1970년대 초까지 아랍세계는 수많은 폭력적인 상황을 경험하였다. 이러한 과정을 거치면서 수립된 권위주의 정권의 지도자들은 반대파들의 결집이나 경쟁자들의 출현을 막는데 집중하게 된다. 이러한 측면에서 집권세력은 1965년 카사블랑카의 폭동, 1973년 모로코 아틀라스 산맥 중부지역(Moyen Atlas)에서 일어난 반란, 1977년 카이로에서의 폭동을 좌파세력이 주동한 것으로 간주해 탄압하였다. 결과적으로 아랍 권위주의 정권은 반대파와 국민의 저항을 잘 이겨내 장기집권에 성공하게 된다. 반대로 좌파세력은 정권의 극심한 탄압으로 쇠퇴의 길에 접어들게 된다. 잔존 세력 역시 불가피하게 온건한 입장으로 선회하면서 1980년대부터 일부 아랍국가들에서 나타났던 시민사회운동에 참여하게 된다(Ferrié, 2012).

이해가 필요하다. 외부에 의한 일방적인 제국주의가 아니라 극단적인 내부 체제와 극단적인 외부의 개입이 결합된 것이다.

아랍 권위주의 현상의 또 다른 배경으로 고유한 정치문화의 영향을 꼽을 수 있다. 여기에는 전통적인 요인과 서구의 영향으로 형성된 근대적인 요인이 있다. 우선 전통적인 요인으로 아랍세계에서 '국가(*dawla*)'는 국가이성을 바탕으로 절대적이고 시공을 초월한 권위를 누려왔다. '정치권력(*sultan*)'은 분할될 수 없는 독점적인 소유의 대상이었고 부자간에 세습되는 것이었다. 다른 한편 미래 사회의 원형으로서 역사적 사명을 지닌 단일 정당이라는 관념, 혁명의 문화, 무장한 인민들이 죽음을 불사하는 전쟁이라는 관념은 20세기 서구 지배의 유산을 고려하지 않고는 이해될 수 없는 것이다. 이러한 의미에서 중동 정권의 권위주의는 중동이나 이슬람세계의 전통만이 아니라 서구 근대의 산물이라고 할 수 있다.

권위주의의 두 가지 핵심 요소로는 헤게모니와 사회통제 기제를 들 수 있다. 메흐란 캄라바(Mehran Kamrava, 2005: p. 341)에 따르면 중동 국가들의 정당성의 원천은 다음과 같다. 첫째, 국가는 국익을 보증하는 유일하고 가장 강력한 존재로 간주된다. 둘째, 가산제(patrimonialism), 즉 국가 권력이 사적인 성격을 띠며 다양한 방식의 후견체제를 지닌다. 셋째, 조합주의가 국가에 대한 사적 부문의 협력을 보증하며 국가의 궁극적인 우월성을 보증한다. 넷째, 이상과 같은 정치체제에 이의를 제기하는 반대파를 통제할 수 있는 권위주의가 그것이다.

공히 권위주의로 규정할 수 있지만 국가별 차이 또한 중요하다. 이집트가 1970년대 말부터 어느 정도 언론의 자유와 정치적 다원주의를 용인하고 있는데 반해 시리아는 독점체제를 유지해 왔다. 북아프리카의 알제리, 모로코와 튀니지를 비교해보면 앞의 두 국가는 공히 정치권력이

군 또는 왕실이라는 선출되지 않은 행위자들의 후견을 받고 있긴 하지만 정치적으로 다원주의적인 성격을 띠고 있다. 반면에 튀니지는 억압적인 성격이 확연했고 결국 '아랍의 봄'의 진원지가 되었다. 이러한 측면에서 보자르슬란(Bozarslan, 2011)은 중동의 정치체제를 권위주의로 규정하면서 다음과 같은 유형화를 제시한다.

첫 번째 유형에는 터키, 파키스탄, 이란과 같은 세 비아랍국가들의 경우가 해당되는데 이 국가들은 이원적인 권력구조를 지니고 있다. 이 국가들은 정당들이 참여하는 선거제도를 갖추고 있거나(터키, 파키스탄), 정당의 선거참여는 허용되지 않지만 경쟁이 이루어지는 선거제도를 가지고 있다(이란). 제한적이나마 선거제도를 갖추고 있으며 경쟁이 허용되는 국가와 함께 군이나 종교세력 등이 국가와 구분되는 독자적인 권력을 향유하고 있는 것이다. 그러나 터키나 파키스탄의 경우 권력의 한 축인 군의 힘이 약화되었지만 이란의 경우 종교세력의 위상에는 변화가 없다.

두 번째 유형은 하나의 정당이나 개인이 권력을 독점하는 경우로서 터키의 케말 정권(1925~1945년), 이집트의 나세르주의 정권(1952~1977년), 아프가니스탄의 사회주의 정권(1979~1988년), 이라크의 바트당 정권(1968~ 2003년), 하페즈 알 아사드가 1970년 권력을 잡은 후 2000년 그의 아들이 정권을 물려받은 시리아 등이 여기에 해당되는 사례이다.

세 번째 유형은 제한적인 민주주의 제도를 가진 나라들로서 공식적으로 다당제를 채택하고 있는 2011년 정치변동 이전까지의 튀니지, 이집트, 알제리가 여기에 해당된다. 이 국가들에서는 주기적으로 선거가 실시되지만 대통령의 강력한 통제하에 관리되어 왔다. 이집트와 알제리에서는 군이 정권으로부터 상당한 자율성을 확보하고 있으며 정치체제에 대한 후견자로서의 역할을 담당해왔다.

네 번째 유형은 모로코와 요르단의 군주제 정치체제로서 정치적 다원주의가 있긴 하지만 실질적으로는 왕실에 야당이 포섭되는 양상을 보인다. '바야(*baya*)' 등 왕실의 지배체제를 공고히 하는 장치들의 역할로 상대적으로 권력이 안정되어 있는 경우이다. 사우디아라비아 역시 군주제 국가이지만 위 두 국가와 달리 전국적인 차원에서는 정당과 선거를 용인하지 않으며 모로코와 달리 직접 국민을 동원함으로써 왕실의 정당성을 유지하는 것이 아니라 와하비즘 종교세력과의 협력관계를 통해, 즉 종교세력의 지지에 의존함으로써 정당성을 확보한다.

다섯 번째 유형은 현재 심각한 내부 분열을 겪고 있는 사회들의 경우이다. 아프가니스탄이나 2003년 이후 이라크처럼 전쟁상태에 있거나 예멘이나 요르단처럼 국가가 사회를 통제할 힘을 상실해 여러 집단들이 독자적인 권력을 보유하고 있는 경우이다. 이 경우 국가는 매우 다양한 정치세력들간의 불안정한 균형상태에 있거나 내전이 나타난다.[4]

---

[4] 참고로 레까는 권위주의와 비교되는 개념인 전체주의를 '메시아주의와 실증주의의 역설적 결합'으로 설명한다. 그에 따르면 전체주의는 나치즘과 스탈린주의, 문화혁명기의 중국, 북한의 경우처럼 천년왕국주의적 이상을 설정하고 합리적이고 권료제적이고 실증주의적인 관리를 통해 이러한 이상을 실현하려는 것이다(Leca 등, 1984: pp. 225~226). 중동지역의 경우 우리는 오스만 제국 말기에서 이러한 전체주의와 유사한 사례를 확인할 수 있다. 1908년부터 1918년 사이에 오스만 제국의 권력을 장악하였던 '통합과 진보 위원회(Comité Union et Progrès)'의 경우가 이에 해당되는데 이 정당이 제국의 권력을 장악하고 있었음에도 불구하고 의사결정구조는 비밀에 속하는 것이었다. 이 조직의 핵심은 비밀정보기구였고 이중 가장 잘 알려진 테슈킬라티 마흐수사(Techkilat-i Mahsusa, 특수기구)은 아르메니아인 학살사건의 주역이었다. 사회적 다원주의의 영향을 받은 이 위원회는 인류역사를 종들 간의 투쟁으로 이해했는데 이들이 설정한 범투르크주의라는 이상을 실현하는데 있어서 매우 합리적인 관료제 조직을 활용한 것이다. 이러한 점에서 전체주의적이라고 볼 수 있으나 전체주의 국가에서처럼 '당-국가'에 연결된 광범위한 대중조직을 통해 사회를 장악하기에는 이들이 가진 자원이 턱없이 부족했다. 중동의 역대 정권 중 거의 유일하게 전체주의라고 규정할 만한 사례는 1979년 후세인 집권에서

이러한 차이점에도 불구하고 많은 공통점을 발견할 수 있는데 우선 후견 정치가 가장 두드러지는 양상이다. 선거제도를 통해 선출된 최고지도자(이집트, 튀니지, 시리아)나, 군(알제리, 터키)이나 왕실(요르단, 모로코) 또는 벨라야테파키(성직자에 의한 통치, 이란)와 같은 제도에 의해서든 주권자로서의 국민이 아닌 후견인들이 실질적인 권력을 가진 것이다.

두 번째 공통된 특징은 통치에 있어서 치안 차원의 방식이 매우 큰 비중을 차지한다는 점이다. 시리아의 경우 대통령에 직접 통제를 받는 20만 명의 치안담당 집단이 존재한다. 이집트나 이란의 경우도 마찬가지인데 후자의 경우 30만 명의 자원봉사자들과 다수의 재단으로 구성되어 있고 정계나 경제계에서 막대한 위상을 가지고 있는 파스다란(Pasdaran, 혁명수비대)이 성직자 집단보다도 체제 유지에 더 중요한 역할을 한다고 할 수 있다. 이러한 치안 중심의 체제는 동시에 국가권력을 둘러싼 다수의 집단간의 갈등과 협력을 동반하고 있다. 일종의 권력 카르텔이 존재하는 것이다. 다양한 기제를 통해 구축되어 있는 이 카르텔은 쉽게 해체되지 않으며 결과적으로 정치체제를 지속시키는 받침돌이 되고 있다.

세 번째 공통점은 전체주의 체제와 달리 중동의 권위주의 정권들은 정권의 이념에 대한 국민의 동의를 기대하지 않는다. 단지 국민의 복종만을 필요로 한다. 이러한 이데올로기적인 통합의 부재는 전체주의와 달리 정권에 대한 이반이 일어날 가능성이 상당히 존재함을 의미한다.

1993~1994년 걸프전의 여파로 약화된 권력을 회복했던 시기까지의 이라크 바트당 정권이다. 어떤 내부의 이견도 허용하지 않는 국가의 '유기적 통합', 그리고 전체 인구가 2,500만인데 60만 명이 정보원이라는 점, 도청 등 감시와 통제가 고도로 발달한 점, 공포를 통치의 효과적인 방법으로 동원한 점, 경쟁세력에 가해진 광범위한 폭력 등은 이라크의 경험을 특별한 것으로 만드는 요인이다. 이 예외적인 사례를 제외하면 중동의 정권은 권위주의로 분류될 수 있다. 이 정권들은 선출되지 않은 행위자들이 권력을 장악하면서 그 어떤 통제로부터도 자유로운 권한을 행사하고 있는 것이다.

2) 아랍정권 장수의 비결

사실 '아랍의 봄' 이전까지만 해도 아랍 정치, 특히 아랍의 정치적 중심인 이집트의 정치를 설명하는 가장 중요한 단어는 '안정'이었다. 시민의 저항에 무기력하게 물러나야 했던 무바라크 대통령 역시 퇴위 직전까지만 해도 정권에 위협이 되지 않는 한도 내에서 정치적 장을 개방하는 등의 방식으로 장기간 안정된 권력을 유지해왔다. 정치개방은 정치권에 국한된 것이었고 일반 시민의 정치참여 통로는 선거뿐이었다. 결과적으로 이집트 정치는 정권과 이슬람주의자들간의 경쟁이라는 구도를 나타냈다. 이슬람주의자들 이외의 반대세력들은 대중적인 지지기반이 약해서 집권 역량을 가지고 있지 못했다. 청년운동은 지나치게 이상적이라고 간주되었고 노동운동 등 부문운동은 정치적 성격이 약했다. 그리고 일반 국민들은 오랜 독재를 거치면서 탈정치화되어 있었다(El-Chazli, 2012).

바로 이러한 맥락에서 왜 아랍세계에 권위주의가 성공적으로 유지될 수 있는지에 대한 질문이 제기된다. 아랍 권위주의 정권의 장수에 기여한 요인은 무엇인가? 아랍 권위주의 정치체제가 장기간 상당히 성공적으로 유지될 수 있었던 비결에 대해서는 여러 가지 설명이 있을 수 있다. 첫째, 많은 사람들이 아랍국가들이 보유한 강력한 강제력을 그 비결로 꼽는다. 둘째, 문화주의적, 본질주의적 해석이 있는데 바로 이슬람 또는 아랍문화가 민주주의와 공존할 수 없으며 중동 또는 이슬람세계에서 민주주의가 부상하는데 절대적인 장애물로 작용한다는 설명이다. 하이드만(Heydemann, 2007)은 '민족민중주의적인 사회협약(national-populist social pacts)'이 중동의 국가-사회 관계를 구조화했고 아랍정권의 높은 유연성과 수용성을 설명하는 요소라는 것이다. 러스트 오커(Lust-Okar, 2007)에 따르면 반대진영의 조직을 활용해 반대진영의 특정 분파를 강화시키고 권력체계에 받아들이고 어떤 세력은 도태시켰다. 유사한 입장에서 홀거와 베거(Holger & Weguer(2006)에서 재인용) 역시 이집트와 모로코의 사례를 통해 권위주의 정권에서 야당 및 반정부세력이 사회세력 간 균형을 유지하고 이를 통해 현재의 정치구조를 유지시키는데 기여한다는 점을 강조하였다. 또한 선거 등 민주주의 제도를 통해 반대파 역시 정치적 장에 참여할 수는 있지만 이들의 참여는 정권이 정치적 장의 규칙을 결정한다는 한계를 넘어서지는 않는다는 것이다. 아랍정권은 강력한 억압능력을 보유하고 있지만 이와 동시에 상징정치, 후견체제, 정치적, 경제적 게임의 규칙에 대한 장악력 등을 통해 민주주의 제도 밖에서 얻어지는 정당성을 획득하고 있다. 그러나 정권의 안정성이 지속성을 자동적으로 보장해주지는 않는다. 아랍정권의 주된 권력의 주체는 군, 국가공무원, 부르주아지 등이라고 할 수 있다. 다니엘라 파이어피(Daniela Pioppi)는 정권의 전략의 측면에 초점을 두면서 어떻게 이집트 정권이 종교재단에 복지 서비스를 위탁함으로써 재정압박을 완화함과 동시에 새로운 협력자를 만들어 내는지에 대해 다루었다.[5]

아랍정권의 장수 비결은 경제적인 측면에서도 찾아볼 수 있다. 석유 등 풍부한 광물자원과 지대경제체제는 정권이 한편으로는 강제력을 유지할 수 있는 재정적인 기반이 되고 다른 한편으로는 반대파를 지대의 배분을 통해 포섭할 수 있게 해주는 것이다. 중동에서 외부세력은 독재권력을 유지시키는데 큰 역할을 한다. 그 이유는 중동 정권과의 우호적인 관계가 이 지역의 석유자원에 대한 접근을 용이하게 하고, 유럽, 아시아, 아프리카 세 대륙의 한 가운데 위치한 지정학적 요충지대로서 이 지역의 중요성을 고려할 때 정권의 안정은 외세에게 필수적인 조건이기

---

[5] 한국 역시 복지 영역에서의 밀접한 국가와 종교의 관계는 한국의 정치와 이데올로기적 상황을 이해하는데 매우 중요하다고 할 수 있다.

때문이다. 이러한 이해관계 때문에 강대국은 불확실성을 안고 있는 민주화보다 안정과 현상유지를 선호하는 것이다. 키엔레(Kienle, 2007)는 아랍세계에서의 '민주주의 증진' 전략이 실질적 민주화의 증진을 가져오기 어려울 뿐 아니라 역으로 권위주의 체제를 공고히 하거나 새로이 활력을 불어넣어주는 역할을 한 측면도 있다고 주장한다. 유사한 시각에서 사이드(Sayyid, 2007)는 아랍국가들의 급진적인 정치변동을 거부하는 국제적인 환경을 세 가지로 요약하고 있다. 첫째, 아랍국가들에서의 저항운동에 대한 서구 시민사회의 지지 부족, 둘째, 아랍정권 교체에 대한 서구 정부들의 무관심, 셋째, 아랍 정치개혁에 대한 외부 개입의 목표와 수단에 관한 서구 여론의 이중성이 그것이다(Schlumberger, 2007).

보다 사회학적인 측면에서 아랍정권의 장수를 설명하는 요인으로 우리는 권력의 일상적인 작동이라는 측면을 생각해 볼 수도 있다. 아랍정권을 이해하기 위해서는 정치구조와 함께 내부의 권력투쟁 등 권력의 일상적인 측면이 중요한 것이다. 그리고 이러한 권력의 속성은 위기에 처할 경우 이 위기를 재생의 계기로 삼는 능력을 부여한다. 현대사에서 아랍정권이 위기에 처한 사례를 보면 1953년 이란의 모세데그 정권의 붕괴, 1982년 시리아 하마에서 발생한 무슬림형제단의 반란이 진압되었던 사례, 1991년 이라크에서 쿠르드족과 시아파의 반란이 실패로 돌아간 사례, 1990년대 알제리 내전 등이 있었는데 이 위기에 직면해 정권들은 탄압과 함께 포섭 정책을 폄으로써 권력을 더욱 더 공공히 하는 계기로 활용했다. 이슬람주의자들이 제도권 정치에 진입할 수 있게 된 것도 바로 위기에 직면한 정권의 유화책 덕분이었다. 이러한 사실은 아랍 정치의 사회적 배경에 대한 관심과 함께 권력 그 자체, 그것의 작동방식에도 관심을 기울여야 함을 보여준다.

3) 아랍 권위주의의 최근 경향

아랍세계는 지난 30~40년 간 권위주의 통치에서 보다 민주적인 체제로 이행한 경험을 전혀 가지지 않은 세계에서 유일한 지역이라고 간주되어 왔다(O'Donnell and Schmitter, 1986). 아랍세계에 민주주의가 진전되는데 장애물이라고 고려된 요인들을 살펴보면 우선 부족적인 연대, 부족 간 갈등, 종교적 성격의 극단주의, 군의 힘과 같은 요인들이 본격적인 민주화를 어렵게 함으로써 민주주의를 형식적인 수준에 그치게 하는 역할을 하였다는 것이다(Sur, 2012). 정치적인 측면에서의 아랍예외주의는 이 · 팔 분쟁과 더불어 중동 정치와 관련해 서구 학계가 지속적인 관심을 보인 대표적인 주제라고 할 수 있다.

그런데 2000년대 아랍세계의 권위주의 정권들은 이전과는 다른 모습을 띠기 시작했다.[6] 이 시기 아랍 권위주의 정치체제는 공통적으로 사회 장악력이 약화되는 경향을 보였다. 이 내적인 약화가 아랍의 봄을 가져온 주된 요인 중 하나라고 할 수 있다. 그 원인으로는 정당성의 약화와

---

6 그 이전부터 권위주의의 약화가 나타났다고 볼 수도 있다. 1980~1990년대 아랍 정치의 주된 양상은 정권의 권위주의적 측면의 약화와 이슬람주의 탄압이었다. 이집트의 경우 1981년 무바라크의 집권은 시민사회에 참여의 장을 열어주면서 권위주의가 다소 약화되는 양상을 가져왔다. 튀니지는 1987년 당시 수상이었던 벤 알리가 소위 '의학적인 쿠데타'를 통해 건국의 아버지 부르기바를 권좌에서 몰라내고 대통령직에 오르게 된다. 벤 알리 집권 이후 튀니지는 정치개방의 외양을 띠지만 실제로는 벤 알리의 권력독점은 약화되지 않았다. 당시 권력독점 현상이 부각되지 않았던 것은 1990년대 정권이 주안점을 두었던 이슬람주의에 대한 투쟁과 경제개방이 이러한 권력독점 현상에 관심이 집중되지 못하게 하는 방패막이 역할을 하였기 때문이다. 알제리에서는 1988년 전국 각지에서 광범위하게 전개된 시위를 계기로 당시 집권세력이었던 민족해방전선(FLN)이 정치개방 조치를 단행하게 된다. 이 과정에서 민족해방전선의 위상은 약화되었지만 권력의 진정한 주인이라고 할 수 있는 군은 세력을 유지하게 된다. 모로코의 경우에는 왕실이 1975년 11월 녹색 행진 이후 서사하라 분쟁을 계기로 형성된 사회적 합의를 지속적으로 정권유지에 활용하게 된다(Ferrié, 2012).

미약한 경제적 성과, 권위주의 약화라는 세계적 추세 등을 들 수 있다(Ferrié, 2012). 그 결과 아랍 권위주의 정권은 두 가지 측면에서 사회와 유리되게 된다. 첫째, 정권이 국민들의 삶을 책임질 능력을 상실했고 사회의 미래에 대한 비전 역시 제시하지 못하게 됨에 따라 사회로부터 고립되어 존재하게 된다. 둘째, 대부분의 정권들이 '정치개방' 조치를 실시하였는데 이것이 민주주의의 확장을 의미하지는 않았다. 즉 공론장을 허용하고 정치적 장에 문호를 개방하긴 했지만 선거에서의 실질적인 경쟁을 동반하는 개방이 아니었다. 최근 권좌에서 물러난 두 대통령을 비롯해 대부분의 아랍정권의 사례가 정치개방의 실상이 무엇인지 잘 보여주었다.

원론적으로 얘기하자면 권위주의 정권은 강제력을 통해 국민을 통제할 수 있는 능력이 약화될 때 수명을 다하게 된다. 그리고 다른 성격의 정치체제에 자리를 물려주게 된다.[7] 이러한 측면에서 튀니지나 이집트는 2011년 정권붕괴 직전 권위주의 정권의 약화를 경험하였다고 볼 수 있다. 이와 대조적으로 알제리는 아랍의 봄 직전에 있었던 장기간의 참혹한 내전의 기억이 여전히 생생한 가운데 이를 정권유지에 효과적인 자원으로 동원할 수 있었던 것이다. 시리아의 경우에도 참혹한 양상으로 치닫고 있는 최근의 내전이 일어나기 전까지만 해도 권력세습 이후 정권의

---

[7] 튀니지 정권의 붕괴와 이집트 무바라크 대통령의 퇴진이 있었던 2011년 2월 『The Economist』는 아랍국가 중 가장 불안정한 나라의 순위를 발표하였다. (www.economist. com/blogs/dailychart/2011/02/arab_unrest _index) 순위는 2008년 부시 대통령에게 신발을 던진 이라크 기자의 행동에 착안해 이름붙인 '신발투척지표'에 따라 정해진 것으로 현 정권의 집권 기간, 전체 인구 중 25세 미만 인구의 비중, 1인당 국내총생산, 언론의 자유, 부패 수준 등의 요인들이 고려되었다. 조사 결과에 따르면 예멘, 리비아, 이집트, 시리아가 상위권을 차지해 정권 붕괴의 위험이 가장 큰 것으로 나타났고 카타르가 최하위를 차지해 정치적으로 가장 안정된 것으로 나타났다. 가장 먼저 정권 붕괴를 경험한 튀니지는 의외로 11위였다(Ferrié, 2012).

권위주의적 성격이 다소 약화되었다(Ferrié, 2012).

3. '아랍의 봄'의 전사

'아랍의 봄(Arab Spring)'이라는 표현은 2003년 미국의 이라크 공격이 이라크 사회 및 아랍세계 전체에 서구 친화적인 민주주의 체제를 확산시킬 것이라는 기대에 입각해 언론에 의해 사용되기 시작했다. 그러나 그 이전부터 위로부터의 민주주의 제도 도입, 그리고 아래로부터의 민주화 요구가 있어왔다.[8] 멀게는 근대 초부터 가깝게는 2000년대 이후 아랍 각지에서 진행되어 온 반정부운동의 경험이 고려되어야 하는 것이다. 근대 이후 아랍세계에서 저항운동의 큰 흐름을 보면, 우선 오스만 제국 말기 아랍인들의 저항운동이 있었고 결과적으로는 유럽에 의한 식민화 과정에 흡수되고 말았다. 두 번째 아랍세계 차원의 저항운동은 탈식민화 이후 전개되었다. 독립을 얻었지만 자유도, 기대했던 생활상의 진보도 주어지지 않았다. 외세의 정치적, 경제적 독점은 극소수 지배세력의 독점으로 대체되었을 뿐이며 그렇다고 외세가 완전히 사라진 것도 아니었다. 석유 역시 국가발전이나 민중의 삶을 개선시키기보다 지배세력 및 이들과 연계된 외부세계의 배만 불리는 결과를 가져왔다. 이를 배경으로 아랍민족주의운동 등 기존질서를 바꾸려는 저항운동이 전개되었다. 그리고 오랜 공백을 거쳐 2011년 세 번째의 아랍 차원의 저항운동이 나타난

---

[8] 아랍국가들의 정치체제는 크게 공화정과 군주제로 구분할 수 있다. 아라비아반도의 산유국들과 모로코, 요르단은 군주제, 나머지 국가들은 공화정이다. 대부분의 아랍 군주제는 유럽의 군주제와 달리 근대 이후 유럽에 의해 만들어졌으며 군주제 국가들은 공화제 국가들에 비해 대외의존성이 크다.

것이다(Sur, 2012).

1980년대 말부터 군주제 국가를 포함해 다수의 아랍정권들이 직선제 및 다당제 도입, 사회단체 결성의 자유화, 언론의 자유 보장 등과 같은 민주적인 조치를 시행하였다. 그런데 이렇게 대부분의 아랍정권이 전향적인 태도를 보인 것은 민주주의에 대한 정권의 강한 의지의 산물이거나 다수 국민이 민주주의 체제를 열망한 결과라기보다 경제개방 과정에서 재정지원의 조건으로 외부세계가 민주주의 제도의 도입을 요구했기 때문이었다. 위로부터의 민주화가 이루어진 또 다른 배경은 권위주의의 위기였다. 독립 이후 장기집권하고 있던 당시 권위주의 정권들은 민족주의나 발전주의와 같은 기존의 정당성 기제들이 더 이상 유효하지 않은 상황에 처해 있었다. 따라서 새로운 정당성 기제가 요구되었고 민주주의 제도의 도입이 대안으로 채택되었던 것이다. 다당제, 의회, 선거 등을 통해 정권유지에 위협이 될 수 있는 국민의 불만과 비판세력들의 요구를 제도권 정치로 흡수하려고 했던 것이다. 이와 함께 민주주의는 같은 시기 추진되고 있던 구조조정이나 긴축정책이 불러올 국민의 반발을 약화시키는 수단으로 간주되기도 하였다(Salamé, 1993). 이렇게 정권 안정과 신자유주의적 이행의 정치적 수단으로 채택된 민주주의는 절대적인 가치를 부여받게 되고 만병통치약인 것처럼 선전되었다. 알 아즈메는 이러한 민주주의의 모습을 '민주주의-부적'이라고 표현하였다(Al-Azmeh, 1993: p. 235).

정권이 민주주의 자체를 원한 것이 아니듯 아랍민족주의나 이슬람주의가 대세를 이루고 있던 비판 세력들 역시 민주주의가 그들이 추구하던 가치는 아니었다. 두 세력 모두에게 민주주의는 서구적 현상, 더 나아가 아랍세계를 지배하려는 서구의 이데올로기적 수단으로 간주되는 경향이 강했다. 한편 이렇게 위로부터 도입된 아랍의 민주주의는 서구의 민주주의와 차이가 있었다. 볼피는 아랍의 민주주의를 '유사 민주주의(pseudo-democracy)'라고 부르며 이 체제가 자유주의, 공화주의, 이슬람주의에 의해 영향을 받은 세 종류의 민주주의가 혼합된 것이라고 진단한다. 그리고 이렇게 세 가지 경향이 경합을 벌이며 형성한 민주주의는 시민의 자유나 경제에서의 자유방임을 강조하는 자유주의 세력보다 국가전체의 이해를 강조하는 공화주의적인 정치권력이나 이슬람 원리를 정치에 도입하려는 이슬람주의자들이 주도하게 되었다는 것이다(Volpi, 2004).

역설적으로 위로부터의 민주화의 가장 큰 수혜자는 이슬람주의자들이었다. 1980년대 이후 이집트, 1990년대 중반 이후 알제리 2002년 터키, 2005년 이라크, 2006년 팔레스타인, 2006년 레바논의 경우처럼 선거나 의회에서 두각을 나타낸 것은 이슬람주의 세력이었다. 보수적인 성향의 이슬람 세력을 제외하고는 대중적 지지와 조직적 기반을 갖춘 정치세력을 찾아보기 힘든 아랍사회의 경우 아래로부터의 민주화는 주로 대중들의 자연발생적인 시위나 폭동의 형태를 띠었다. 세계 다른 지역과 마찬가지로 양극화가 심해지면서 시위와 파업이 지속적으로 일어났지만 적어도 이번 사태가 일어나기 전까지는 이러한 경제적 차원의 투쟁을 정치투쟁으로 전화시킬 정당이나 사회단체의 힘이 미약했다.

1999년 이후 제2차 인티파다, 2004년 이후 지속되고 있는 미국과 그에 협력하는 정권에 대한 이라크 시민들의 저항운동, 2005년 시리아의 후견에서 벗어나기 위해 전개된 레바논의 민중항쟁, 2000년대 이후 아랍 각국에서 신자유주의 경제정책에 따른 대량실업과 빈곤으로 인해 자연발생적으로 전개되어온 대중운동은 많은 부분 국제사회의 압력에 의해 도입되었던 형식적 민주화와는 무관한 것이다. 위로부터의 민주화는 오히려 퇴보하고 있다고 볼 수 있다. 대부분의 경우 1980년대 이후 도입된 민주주의 제도는 이후 형식적으로만 유지되거나 심지어 폐기되기도 했다. 1990년대 초 알제리에서의 민주화의 좌절, 벤 알리 집권 이후 튀니지에서의 '경찰국가(police state)' 현상, 이집트에서의 선거조작은 그 대표적인 사례이다. 이런 맥락에서 까모(Camau, 1997: p. 8)는 국가의 역할이 줄어들지 않은 채 진행된 다당제는 체제비판의 힘을 약화시키는 것을 의미할 뿐이라고 주장했다. 정치갈등이 민주주의 제도에 의해 희석되어 실질적인 정치적 경쟁이 약화됨에 따라 대중의 탈정치화를 가져왔다는 것이다. 게다가 아랍세계가 연루된 9 · 11테러 이후 아랍정권들은 대테러전쟁을 명분으로 국민의 자유에 대한 통제와 정치적 반대파에 대한 억압을 강화해왔다.

물론 아랍세계에 대해 민주주의의 저발전과 마찬가지로 사회운동 및 저항운동의 저발전을 얘기하는 것은 신중해야 한다. 사실 중동의 사회운동은 양면성을 가지고 있다. 언론 등의 주목을 끌만한 규모의 집단적인 행동은 극도로 위축되어 있다. 그렇지만 세부적으로 보면 수많은 저항의 움직임들이 일어나고 있는 것이다. 역설적인 것은 정치적 억압과 그로 인해 집합행동에의 동원력이 약한 것이 동시에 국가나 사회체제를 거부하고 이에 등을 돌리는 것과 같은 다른 방식의 저항을 동반한다는 점이다. 2000년대에 들어서면서 중동은 의미있는 정치변동을 경험해왔다. 정치적인 저항운동, 정치개혁, 그리고 정치개혁에 대한 외부의 압력이라는 세 가지 현상이 나타난 것이다.

첫째, 정치적인 저항운동을 보면 레바논에서 오랜 시리아의 점령에 반대하는 대중시위가 일어나 결국 2005년 시리아의 철수를 이끌어냈다. 바레인에서는 인권운동과 여성운동이 특히 활발하게 전개되었고 쿠웨이트에서도 2006년 선거와 관련된 개악에 항의하는 야당의원들의 장외투쟁이 전개된 바 있다. 이집트의 수도 카이로에서도 무바라크의 장기집권에 반대하는 시위가 대대적으로 전개되었다. 아랍전역에서 발생한 2000년대 대중시위의 특징은 수십년 만에 처음으로 대중의 불만이 정권교체 등 정치적 성격을 띠게 되었다는 점이다. 전통적으로 도시와 상업이 중요했던 아랍세계를 상징하는 '아랍 거리(Arab street)'라는 오래된 용어가 정치적 성격의 대중운동의 부상으로 새로이 부상하게 되었다. 아랍민족주의 시대 이후 처음으로 거리가 정치적 장이 된 것이다.

둘째, 아래로부터의 새로운 방식의 정치운동의 부상은 위로부터의 개혁의 시도들을 동반했다. 거버넌스, 다원주의, 인권, 민주주의 등 다양한 개념들이 정권의 적극적인 의지를 반영하는 듯이 보였다. 실제 개혁이 이루어지기도 하였는데 모로코의 민법 개정, 사우디에서 실시된 최초의 지방선거, 오만 등 걸프만 군주제 국가들의 의회제도 도입, 이집트 대선에서의 복수후보 허용, 예멘과 요르단 등에서 시도된 지방분권 정책, 시리아의 바트당 독재 해체 논의, 요르단의 반부패법안, 리비아의 점진적인 정치개방 등이 새로운 시대적 분위기를 보여주는 사례였다.

셋째, 이 시기는 또한 '거버넌스(governance)' 증진을 강조하는 외부세계의 압력이 두드러졌다. 진의에 대해서는 논란이 있을 수 있지만 적어도 수사학적인 차원에서 나마 자유로운 나라만이 평화와 안전을 보장받을 수 있다는 논리로 아랍국가들을 압박하였다. 외부세계는 권위주의를 세계평화에 대한 위협으로 간주하였고 동시에 지속적인 사회발전에 대한 장애물이라고 여겼다. 사실 2003년 이라크 전쟁 등을 계기로 이러한 '민주주의 증진' 담론이 언론을 장식하기 전에도 이미 오래전부터 '민주주의 증진'을 표방한 수백 개의 양자 또는 다자간 협력 프로그램이 시도되었었다. 특히 1990년대는 팔레스타인 평화협상이 의욕적으로 전개되고 실제 대부분의 나라에서 민주주의 제도가 새로이 도입되면서 아랍국가들이 '신흥민주주의(emergent democracies)'로 지칭되기도 했다(Schlumberger, 2007).

그렇지만 이러한 세 가지 현상이 현실을 잘 대변해주는 지표들은 아니다. 실제 현실은 그보다는 '민주주의의 결핍(democracy deficit)', 정치 수준이 경제발전 수준을 따라가지 못한다는 의미의 '거버넌스 갭(governance gap)'과 같은 부정적인 용어들로 더 잘 표현될 수 있는 것이다. 이집트의 사례가 이러한 이중적인 상황을 잘 보여준다. 외부에서 각광받았던 개혁정치들은 형식적인 차원에 그쳤고 이와 동시에 또는 뒤이어 도입된 억압적인 조치들에 의해 상쇄되었다고 볼 수 있다. '거대한 실망(Kienle, 2001)'은 이러한 상황을 잘 보여주는 표현이다. 1990년대 말이 되면서 많은 학자들은 아랍세계의 정치개방이 쉽게 뒤집어질 수 있는 허약한 것이고 실제 '반자유화(deliberalization)'가 뒤이어 등장했음을 확인했다. 민주주의 제도 도입이 결실을 맺기도 전에 '포스트 민주주의 시대(post-democratization era)'로의 진입이 언급되었다. '자유화된 독재(liberalised autocracies)', 제이슨 브라운리(Jason Brownlee)가 제시한 '여전히 그들은 존재한다(yet they persist)'와 같은 표현들이 형식적이고 도구적인 수준에 그친 민주화를 비판하기 위해 사용되었다(Schlumberger, 2007).

여러 정권의 붕괴는 예상치 못한 것이었지만 민중봉기는 수년 전부터 계속되어왔다. 특히 튀니지와 이집트의 상황이 서구의 관심을 끌었었다. 이미 이때부터 2011년 정권붕괴의 주된 무기였던 현대적인 기술, 즉 휴대폰, 인터넷, 온-오프라인 상의 자발적인 모임이 억압적인 상황에서 투쟁의 의지를 키워가는 역할을 하였다. 이집트에서의 2011년 민주화운동은 어느 날 갑자기 나타난 현상이라기보다는 그 이전부터 진행되어 온 과정의 연장선상에서 나타난 현상으로 보아야 할 것이다. 비록 튀니지 사태의 영향을 받은 것이 사실이지만 2011년 1월 혁명은 2010년 말부터 진행되어 온 정치적 과정이 중요하게 작용한 것이다. 그리고 청년집단

일부의 정치화, 과거와는 다른 노동자들의 높은 시위 참여, 비판세력에 대한 정권의 배제, 국가의 사유화, 신자유주의 정책과 같은 현상들이 이 운동의 배경에 있었던 것이다.

안정적이라고 여겨졌던 아랍정권이 불안정해진 것은 이미 오래 되었다. 이집트의 경우 1999년 시작된 2차 인티파다 이후 정치상황에 변화가 나타났다. 변화를 상징적으로 보여주는 사례가 9・11테러 직후 카이로 미 대사관 앞에서 일어났던 시위였다. 이 시위는 정권에 대한 비판이 무바라크 정권 하에서 볼 수 없었던 거리에서의 행동이라는 형태로 나타났던 최초의 사건이었다.[9] 이 사건은 또한 청년들이 정치 영역에 새로이 등장하였음을 보여주었다. 실제 2000년대 들어서 이집트에서는 이와 같은 집합행동이 지속적으로 나타났다. 2000년 인티파다, 2003년 이라크 전쟁, 2006년 레바논 전쟁, 2008~2009년 가자전쟁과 같은 지역적인 사건 또는 2005년 대선 및 총선과 같은 국내 정치상황에 대한 대응으로 나타났다. 이와 같은 전국적인 차원의 운동과 함께 부문별 실천도 활성화되었다. 2004년에서 2008년까지 170만명의 노동자들이 1900건에 이르는 파업 또는 다른 형태의 운동을 전개했다(Solidarity Center, 2010; Zarlan, 2007).

사회운동의 최근 경향을 보면 장기간의 강력한 물리적 억압, 그로 인한 좌파의 패배, 국제 NGO 등 외부세계의 지원은 결과적으로 저항세력으로 하여금 체제 내에서의 개혁을 목표로 하는 온건한 전략으로 선회하게 하는 효과를 낳았다. 1982년 폭동 이후 시리아, 그리고 이집트, 요르단, 모로코(정의와 발전당)의 무슬림형제단은 국가의 억압이 운동의 온

---

9 자흐란(Zahrân, 2007)에 따르면 1954~2001년 사이의 기간 동안 이집트에서는 대중 시위가 전혀 존재하지 않았다. 몰론 여기에는 1977년 '빵 폭동'과 같은 폭동이나 학생운동, 노동운동과 같은 부문운동은 배제된 것이다.

건화를 가져온다는 것을 잘 보여주는 사례이다(Bozarslan, 앞의 책). 더 나아가 보다 최근 시기를 포함하면 사회주의 혁명, 그리고 이를 대체한 이슬람 혁명에서 이제 시민사회의 부활, 인권담론의 부상 등으로 양상이 바뀌게 된 것이다(Geisser, Karam et Vairel, 2006: pp. 197~198).

전반적인 사회운동의 퇴조 속에서 정권과의 직접적인 충돌을 회피하는 보다 조심스러운 형태의 저항운동이 등장하였다. 특히 예상을 뒤엎고 부족, 종교집단 등 전통적인 저항운동의 주체들이 부활한 것이다. 이들은 이제 중앙의 현대적인 세계에 대항하려 했고 특히 '동네'가 새로이 핵심적인 공간이 되었다. 과거와 달라진 점은 이제 동네는 과거에 비해서도 더욱 국가로부터 자율성을 획득하였고 전통적인 토호세력을 대신해 새로운 인물들이 부상하였고 특히 청년세대가 중추적인 역할을 하였다. 이 자율성이 강화된 '동네'는 자체적인 사회통제 체계를 갖추고 있는데 이 통제는 보수성의 산물이자 보수성을 강화하는 효과를 지닌다. 그리고 이 '동네'의 보수주의는 권위주의 국가와 친화성을 가진 것으로 상호 공생관계에 놓이게 된다. 결과적으로 국가로부터의 동네의 자율화는 국가에의 정치적인 종속 심화를 동반하는 역설적인 양상을 초래하였다. 도시와 광장에서 동네와 거리로의 저항공간의 이전은 사회전반의 보수화의 결과이자 이를 유지하는 기제로 작용한 것이다(Bozarslan, 앞의 책)(자료 IV-1 참조).

저항하면서 복종하는 모순적 상황, 저항과 복종의 균형, 거리의 저항은 지속되는데 정권의 장기집권은 지속되고 사회의 실질적인 변화는 존재하지 않는 것이 최근까지, 적어도 아랍의 봄 이전까지 중동 및 아랍의 사회운동의 양상이었던 것이다. 아랍의 봄이 잘 보여준 것처럼 암울한 상황에서도 혁명적 변화나 전국적인 봉기는 가능한 것이지만 문제는 '혁명' 이라는 용어의 뜻이 그렇듯 이러한 현상은 본질적으로 예측할 수 없는 것이다. 아랍의 봄은 바로 이 예측할 수 없는 현상이 나타난 것이다.

‖ 자료 IV-1 ‖ 저항 공간의 역사

중동사회에서 도시는 역사적으로 저항의 공간이었다. 19세기만 하더라도 수많은 시위나 폭동이 도시 지역에서 발생했고 종교적이자 동시에 정치적 의미에서의 '정의'가 주된 구호였다. 이는 '사회정의'와 같은 표현들이 자주 등장하는 현대 중동사회의 양상과 유사한 것이다. 그리고 당시 이러한 도시 지역의 저항운동에서 지도자 역할을 한 것은 주로 종교인들이었다. 시위 참여자는 도시의 성격을 반영하듯이 다양한 직종이나 집단에 종사하는 사람들이 혼합된 것이었다. 1906년 이란(당시 페르시아)과 1907~1908년 오스만 제국에서 일어난 혁명운동, 1919년 이집트에서 시작되어 1920~1930년대 이라크, 시리아, 팔레스타인으로 확산된 민중봉기가 도시 민중이 중심이 된 집합행동의 대표적인 사례이다. 이 운동들의 실패가 저항운동의 종식을 의미한 것은 아니었다. 이집트에서는 1920~1930년대 강력한 노동운동이 전개되었고 팔레스타인, 이라크, 시리아, 이란, 튀니지 등에서도 민중들의 저항운동이 전개되었다.

그러나 점차 도시공간을 중심으로 한 집합행동은 약화되어 갔고 도시든 농촌이든 부족이 보다 소극적인 저항의 공간이자 주체가 되었다. 중앙권력에 대한 부족집단의 저항은 근대적인 정치권력이 한편으로는 부족의 핵심 자원인 전통을 극복해야 하는 사회악으로 규정하면서 약화시켰으며 다른 한편으로는 역으로 부족을 과세와 동원의 대상으로 그 역할을 강조한데 대한 대응이었다. 이 이중적 과정이 중동 현대사에서 부족을 새로운 정치적 주체로 만든 것이다. 부족이 영향력있는 정치적 행위자가 될 수 있었던 것은 구성원 간의 원초적인 연대의식, 그리고 부족의 지배집단이 지닌 권위와 정치적 역량과 같은 자원을 가지고 있었기 때문이다. 부족과 함께 저항 또는 은둔의 주체가 된 것은 작은 규모의 종교집단이었다. 부족집단과 마찬가지로 이 공동체는 강력한 상하관계나 신학교 등의 제도적 기반을 통해 영향력있는 정치적 주체가 되었고 많은 집합행동의 거점이 되었다. 신자로서의 주민들은 종교공동체와 종교지도자에 진심어린 충성을 맹세하게 되고 이는 종교공동체를 또 다른 충성의 대상인 국가와 경쟁관계에 놓이게 하였다. 실질적으로도 교육, 행정, 법의 영역에서 종교공동체는 국가를 대신하기도 하였다.

또 다른 저항운동과 집합행동의 주된 공간은 동네였다. 도시보다 작은 규모의 주거공간으로서 동네는 고유의 규칙을 가지고 있으며 독자적인 위계질서를 보유하고 있으며 이를 자원으로 권력과 사회운동의 주체가 되었다. 또 다른 공간은 작은 규모의 종교집단이 아닌 큰 규모의 종족 및 종교공동체였다. 지리적으로 상당히 큰 규모를 가진 이 공동체는 이라크의 시아파의 경우처럼 저항운동의 핵심 주체가 되거나 시리아의 알라우이파처럼 정권의 기반이 되기도 하였다. 마지막으로 도시 전체가 수동적인 일상적 저항의 공간이 되기도 하였다. 카페, 함맘(hammam, 아랍식 목욕탕), 식품점 등 사람들이 모이는 도시 곳곳의 공간들은 정보와 지식이 공유되고 토론이 이루어지는 민중들의 학교 또는 공론장이 되었다.

이상과 같은 전통적인 공간들은 19세기에서 20세기 전반부에 이르는 기간 동안 시민사회의 중요한 공간으로서의 역할을 수행했지만 독립국가 수립 이후 그 역할이 쇠퇴하게 되고 과거의 유산으로서 평가절하 되기도 하였다. 쇠퇴의 원인을 보면 이 공간들의 엘리트들이 중앙정치에 흡수되었고 그에 따라 이 공간들에서 전개된 아래로부터의 권력 비판이 무력화된 점을 들 수 있다. 이 전통적 공간을 대신해 사회운동의 주체로 등장한 노동운동이나 사회주의운동, 민주화운동 등은 한편으로는 전통적 공간들이 국가권력에 대해 가졌던 거부감의 종말을 의미했고 다른 한편으로 과거의 유지가 아니라 기존체제의 변형과 새로운 방식의 미래 건설을 추구했다는 점에서 새로운 것이었다.

또한 공간적으로도 과거의 동네, 공동체보다 거리와 광장이 중요한 저항공간이 되었다. 소수의 수동적인 저항이 아니라 다수의 적극적이고 가시적인 저항이 권력에 위협을 주는 주체가 되었다. 이란혁명은 바로 거리가 중심이 된 새로운 방식의 저항운동을 대표하는 사례였다. 그러나 이러한 새로운 운동은 권력을 위협할 수 있는 통일성이라는 장점과 더불어 그 이면인 획일성이라는 단점을 동시에 지닌 것이었다. 거리에서의 집합행동에서는 적과 아의 이분법이 중요하며 또한 전체가 '인민'으로서 또는 '국민'으로서 하나라는 단일한 정체성이 강조되었다. 다수의 주체들이 다양한 정체성과 자율성을 지녔던 전통적인 공간들과 극단적으로 대조되는 특성을 지닌 것이다.

도시는 국가에게 위협요인이다. 높은 사회적 밀도로 인해 권력이 완전히 통제하기 어려운 의사소통이 이루어지고 권력으로부터의 이반이 이루어지는 것이다. 도시의 민중은 국가에게 경멸의 대상이자 동시에 위협을 주는 존재인 것이다. 이러한 도시에 대해 국가는 모든 이 두려운 대중들을 포섭할 역량과 의지가 없는 가운데 소수 엘리트의 포섭에 만족한다. 저항적인 도시공간에 대해 국가는 다음과 같은 방식으로 대응한다. 첫째, 도시공간의 요새화, 군사화를 통해 시민이 권력을 침해할 가능성을 예방하는 것이다. 거리가 권력의 수단이 되는 것이다. 두 번째 방식은 요르단 암만의 가든 스트리트(Garden Street), 이집트의 신카이로나 신 룩소르와 같이 소수 중산층을 위한 새로운 공간을 창출하는 것이다. 이는 다른 기존 공간과의 접촉을 사전에 방지하는 효과를 가진다. 이러한 공간적 분리는 중산층의 지지를 확고히 하는 의미가 있다. 중산층은 정권을 혐오하면서도 동시에 권력의 도움으로 민중으로부터 자신을 보호해야 할 필요성이 있다. 이러한 방식으로 중산층은 정권의 지지기반이 되는 것이다. 1980~1990년대 정권이 도입한 개방정책과 세계화로 인해 도시지역에서 금융, 관광, 유통 등 서비스 분야를 중심으로 새로운 중산층이 형성되었다. 그런데 이 신흥부르주아지는 파편화되어 있어 국가와 개인적인 방식으로 관계를 맺는다. 그 결과 계급의식이나 집단의식이 매우 약하다고 할 수 있다. 이들이 자신들의 이해를 집단적인 방식으로 대변하는데 소극적인 이유 중 하나는 혹시라도 민중적인 정권이 들어설 경우 표적이 되지 않기 위해서이다(Bozarslan, 2011).

3장. 2011년 '아랍의 봄'

이 장은 2010년 말 튀니지에서 시작되어 아랍 전역으로 확산된 민중봉기 현상을 다룬다. 이번 사태는 아랍사회가 이슬람과 같은 그 지역에 고유한 요인으로만이 아니라 한국 등 비서구사회가 보편적으로 겪는 근대화, 민주화, 시민사회 등의 현상으로 설명될 수 있음을 보여주고 있다. 그렇다면 어떻게 누구도 예상치 못한 극적인 정치변동이 가능했는가? 아랍 민중들이 목숨을 걸고 강력한 국가에 저항하게 된 원인은 무엇인가? 이번 민중봉기는 어떤 성격을 지닌 것인가? 신자유주의 경제정책의 사회적 결과에 대한 반발, 오랜 독재에 따른 권력과 부의 집중, 외세와의 관계 등 기존 사회체제의 문제에 대한 총체적 대응이라는 시각에서 이 질문에 답하고자 한다.

1. 전개과정

'아랍의 봄'은 외부세계에 주로 유럽 관광객의 천국으로 알려져 온 튀니지에서 시작되었다. 한 청년의 분신이 벤 알리 대통령의 퇴진을 이끌어냈고 이집트 대통령 무바라크도 18일간의 투쟁을 견디지 못하고 벤 알리와 같은 길을 강요당했다. 리비아에서는 반정부운동이 외세가 개입한 내전의 양상으로 이어졌다. 중동 지역에서도 정권퇴진을 요구하는 시위가 확산되어 시리아의 경우 3년이 넘게 진행되고 있는 내전으로 수많은 희생자가 발생하였다.[10] 아래에서는 '아랍의 봄'을 촉발시킨 북아프리카 지역 국가들을 중심으로 반정부운동의 양상을 살펴본다.[11]

1) 혁명 이후의 튀니지와 이집트

2010년 12월 17일 길거리에서 과일과 야채를 팔던 대졸 청년 모하메드 부아지지(Mohammed Bouazizi)의 분신이 아랍에 변혁의 불씨를 당겼다. 이 사건에서의 경찰의 대응방식을 비판하며 2011년 1월 6일 변호사들의 파업이 있었고 한 달여에 걸친 투쟁이 결국 23년간 집권한 벤 알리의 퇴진을 이끌어냈다. 이후 벤 알리는 사우디아라비아로 도피했다. 혁명 후 짧은 기간 동안 다양한 변화가 나타났다. 집권 여당이었던 입헌민주연합(RCD)과 정치경찰이 해산명령을 받았고 표현의 자유, 집회결사의 자유 등 국민의 권리를 신장시키는 시도들이 이루어졌다. 2011년 11월에는 제헌의회가 출범하였으며, 2014년 1월에는 개혁적인 새 헌법이

---

10 시리아인권관측소는 2011년 3월부터 2014년 5월까지 사망한 사람이 모두 16만 2502명이라고 말했다.(『뉴시스』 2014년 5월 19일자)

11 또 다른 북아프리카 국가 모로코의 경우 대중의 불만이 왕실에 대한 공격으로 표출되지는 않았다. 그러나 주변 국가들과 마찬가지로 사회 전반에 확산된 부패 문제, 취업 전망의 상실, 자유의 억압으로 인해 절망에 빠진 청년들이 행동에 나설 가능성은 높다. 게다가 종족적으로 주변국들에 비해 더 다원적인 모로코의 경우 종족갈등이 분출할 가능성이 상대적으로 더 크다고 볼 수 있다. 게다가 영토가 길게 뻗은 지리적인 요인 등으로 인해 지역의 자율성이 큰 편이라 튀니지와 같이 소외받은 지역에서의 갈등이 분출할 가능성도 크다고 할 수 있다(El Alaoui, 2011).

제정되었다. 그러나 이러한 성과에도 불구하고 여전히 구체제는 사라지지 않고 영향력을 행사하고 있다. 벤 알리 퇴진 후 구성된 첫 번째 과도정부와 마찬가지로 두 번째 과도정부의 경우에도 에셉시(Béji Caïd Essebsi) 수상을 포함해 과거 벤 알리 정권에서 장관을 지낸 인사들이 포함되었다. 정치경찰의 해체 역시 10만 명이 넘는 것으로 알려진 정치경찰의 수를 만 명 정도로 평가해 취해진 조치라 실효성을 기대하기 어렵다.[12]

혁명 직후 튀니지 사회의 주요 과제로 제기되었던 것은 구 여당인 입헌민주연합과 정치경찰의 완전한 해체였다. 이와 함께 일자리 창출, 벤 알리 가족의 재산 환수, 구 정권에 책임이 있는 외채의 거부, 정치범 석방 등이 핵심 쟁점이었다.[13] 비민주적인 국가에서 일반적인 현상이지만 이스라엘, 그리고 아랍국가들의 핵심적인 정치적 이슈 중 하나가 바로 정치범 문제이다. 튀니지 역시 1980년대 벤 알리 집권 이후 수많은 이슬람주의자들과 좌파, 인권운동가들이 수감되었다.

이집트에서는 대규모 시위가 2011년 1월 25일 시작되어 18일간 지속되었다. 이 과정에서 친무바라크 시위대의 저항이 있었지만 결국 2월 11일 무바라크가 하야하고 샤름 엘 셰이크로 떠났으며 이와 함께 집권 여당 국민민주당(NDP)이 해체되었다. 무바라크 퇴진 후에도 실질적인 변화를 요구하는 파업과 시위가 지속되었다. 많은 노동자들이 임금인상과 근로조건 개선을 요구하였고 기초생필품 가격에 대한 요구나 그동안 향유하지 못했던 권리의 요구 등 다양한 요구들이 분출하였다.

튀니지에서 전개된 반정부운동 과정에서 기존 정치세력들은 어떤 모

---

12 Ahlem Belhadj, 프랑스의 신반자본주의당(NPA)과의 2011년 4월 12일 인터뷰기사 중 일부.

13 Jalel Ben Brik Zoghlami, 신반자본주의당(NPA)와의 2011년 4월 12일 인터뷰기사 중.

습을 보였는가? 먼저 벤 알리를 퇴진시키기 위한 투쟁에 참여하지 않았던 이슬람주의자들은 선거에서 승리함으로써 적어도 표면상으로는 튀니지 혁명의 운명을 결정짓는 주역으로 부상하게 된다. 2011년 10월 23일 튀니지 역사상 최초의 자유선거가 실시된 가운데 엔나흐다가 하원의 217석 중 89석을 획득하여 1당이 된 것이다. 그 다음으로 '공화국회의'가 29석, '대중서명운동'이 26석, 노동과 자유를 위한 민주주의 포럼(에타카톨)이 20석을 차지하였다(<표 IV-1> 참조).

<표 IV-1> 2011년 10월 23일 튀니지 제헌의회 선거결과

정당	득표율(%)	의석수
엔나흐다 운동(En Nahda Movement)	37.04	89
공화국회의(Congress for the Republic)	8.71	29
대중서명운동(Popular Petition)	6.74	26
노동과 자유를 위한 민주주의 포럼(*Etakatol*, Democratic Forum for Labor and Liberties)	7.03	20
진보민주당(Progressive Democratic Party)	3.94	16
새로운 시도(The Initiative)	3.19	5
민주적 근대주의자진영(Democratic Modernist Pole)	2.79	5
튀니지의 지평(*Afek Tounes*, Horisons Tunisia)	1.89	4
튀니지노동자공산당(Tunisian Workers' Communist Party)	1.57	3
기타	21.16	20
무효표	5.94	
합계	100	217

* 총 유권자 수 8,289,924명, 투표인 수 4,308,999명, 투표율 51.97%

(출처: www.Tunisia-Live.net)

좌파 정치세력 역시 걸프만 산유국의 재정 지원을 받는 이슬람주의 정당 엔나흐다 중심의 우파 정권을 인정하며 이슬람주의자들과 벤 알리 체제의 잔존 세력이 연대하고 있는 현 체제에 적응하고 있는 상황이다. 2011년 11월 22일 좌파정당 에타카톨의 벤 자파르(Mustapha Ben Jaafar)가 국회의장에 임명되고, 12월 13일에는 인권연맹 의장을 역임하고 좌파정당 '공화국회의'의 지도자였던 몬세프 마르주키(Moncef Marzouki)가 대통령직을 맡게 된 것은 급진적인 혁명세력의 압력에 직면한 제도권 정치세력 간 타협의 경향을 상징적으로 보여주는 것이다. 좌파들은 2012년 3월에 과거 벤 알리 정권의 관료들이 만든 '정치개혁위원회(Political Reform Commission)' 역시 적극 지지하였다. 이 위원회에는 경제계 인사들, 고위 행정관료, 노동총연맹(UGTT) 간부, 각계 전문가, 그리고 공산당 후신인 에타즈디드(Ettajdid), 진보민주당(Progressive Democratic Party, PDP)과 같은 좌파 정당들이 참여하였다. 법학교수 벤 아슈르(Yadh Ben Achour)가 맡은 위원회는 혁명 후 경쟁을 벌이고 있는 두 세력, 즉 벤 알리 퇴진을 이끌었던 급진적인 세력과 벤 알리 체제하에서의 지배세력들 사이에서 중간적인 입장을 가지고 있었다(Lantier, 2012).

한편 혁명 후 실시된 2011년 10월 제헌의회 선거는 벤 알리 퇴진운동에서 하나가 되었던 혁명세력을 여러 가지 이념과 진영으로 분열시키는 결과를 낳았다. 선거를 계기로 새로이 형성된 정당이나 분파에서 민중이 참여할 기회도 적었다. 선거유세 기간 동안 주된 이슈는 민중이 겪는 경제적, 사회적 문제가 아니라 이슬람을 국교로 규정한 헌법 조항 등과 같은 종교적인 사안이었다. 폭력적이고 반동적인 종교세력에 대한 투쟁이 화두가 되면서 온건하고 개방적인 모습을 보인 이슬람 세력인 엔나흐다가 승리를 가져갔던 것이다. 절반의 국민들은 이 실망스러운 선거에 불참하였다. 이제 혁명 후 튀니지 사회를 이끌어 온 엔나흐다 정권은 다시금 국민들의 저항에 직면하고 있다. 이들의 요구는 크게 두 가지이다. 하나는 과거의 경제, 사회 정책을 새 정권이 계승하지 못하게 하는 것이다. 다른 하나는 여성의 권리, 학문과 사상의 자유, 표현의 자유 등에 대한 요구이다.

‖ 자료 IV-2 ‖ 튀니지와 이집트의 아랍의 봄: 주요 연표

1) 튀니지

1975년: 대통령 부르기바가 헌법을 개정해 종신 대통령이 된다.

1978년: 총파업이 폭동으로 이어지고 이 과정에서 200명이 사망하게 된다.

1983-1984년: 소위 '빵 폭동'이 튀니지 남부지역과 수도 튀니스에서 발생한다.

1987년: 노쇠했다는 이유로 부르기바가 퇴위되고 당시 수상이었던 벤 알리가 권력을 승계한다.

1988년: 벤 알리 정권은 이슬람주의자들을 제외한 모든 주요 정치세력과 '국민협약'을 맺는다.

1989년: 벤 알리가 99.27%의 득표율로 대통령에 선출된다.

1991년: 주요 이슬람정당인 엔나흐다에 대한 강력한 탄압이 전개되어 조직원들이 대거 투옥되거나 프랑스 등지로 망명하게 된다.

1994, 1999, 2002(대통령임기제한 규정 폐지 이후 실시된 선거), 2004, 2009년 반복해 벤 알리가 압도적인 득표율로 대통령에 선출된다.

2007년: 급진적인 이슬람주의자들과 경찰의 충돌이 빈번해진다.

2008년: 6월 광산지역인 가프사에서 폭동이 발생하여 주도자들이 10년형을 선고받는다.

2008년: 10월 벤 알리가 5번째로 대통령에 당선된다.

2010년: 12월 튀니지 남부 도시 시디 부지드(Sidi Bouzid)에서 발생한 모하메드 부아지지의 분신을 계기로 청년실업자들의 시위가 전국적으로 확산된다.

2011년: 1월 8-9일 카스린(Kasserine)에서 경찰이 시위대에 발포하여 20명이 사망하는 사건이 발생한다. 전국적으로 진행된 시위가 점차 정치적인 성격을 띠게 된다.

2011년: 1월 13일 벤 알리는 정치개혁방안을 발표하고 2014년 대선에 입후보하지 않겠다고 밝힌다. 다음 날 벤 알리는 사우디아라비아로 떠난다.

2011년: 1월 17일 총리 모하메드 간누쉬(Mohamed Ghannouchi)가 거국내각을 구성하지만 시위대는 이에 반대의사를 표한다.

2011년: 1월 30일 튀니지의 대표적인 이슬람주의 정당 엔나흐다의 지도자 하셰드 간누쉬(Rached Ghannouchi)가 20년간의 망명생활을 마치고 귀국한다. 간누쉬는 다음 대선에서 엔나흐다는 후보를 내지 않는다고 밝힌다.

2011년: 2월 9일 시위대의 압력으로 모하메드 간누쉬가 총리직을 사임하고 에셉시(Béji Caïd Essebsi)가 직위를 대행하게 된다.

2011년: 6월 20일 벤 알리와 트라벨시가 공금횡령 혐의로 각각 35년형을 선고받게 되고 형량은 이후 다른 죄목으로 늘어나게 된다.

2011년: 10월 23일 제헌의회 의원을 선출하는 선거에서 엔나흐다가 하원의 217석 중 89석을 획득하여 1당이 된다. 그 다음으로 민족주의 성향의 좌파정당인 공화국회의가 29석, 또 다른 좌파 정당 노동과 자유를 위한 민주주의 포럼(에타카톨)이 20석을 차지한다.

2011년: 11월 22일 좌파정당 에타카톨의 벤 자파르(Mustapha Ben Jaafar)가 국회의장에 임명되고, 12월 13일에는 인권연맹 의장을 역임하였고 좌파정당 공화국회의 지도자였던 마르주키(Moncef Marzouki)가 대통령직을 맡게 된다.

2012년: 5월 근본주의적 성격의 살라피 세력의 폭동이 일어나고 이를 배경으로 6월에는 튀니스를 비롯한 5개 도시에서 통행금지령이 선포된다.

2012년: 7월 19일 벤 알리에 종신형이 선고된다.

2) 이집트

1977년: 11월 19~21일 이집트 대통령 사다트가 예루살렘을 방문한다

1978년: 카터 미 대통령이 캠프 데이비드에 베긴 이스라엘 수상과 사다트 이집트 대통령을 초대해 팔레스타인 문제의 평화적 해결을 위한 협상을 진행한다. 이 해 베긴과 사다트는 노벨평화상을 공동수상한다.

1979년: 3월 26일 사다트와 베긴이 캠프 데이비드 협정에 서명하고 이스라엘군의 시나이 반도 철수와 이집트에 의한 이스라엘 국가 승인에 합의하게 된다.

1981년: 10월 6일 수도 카이로에서 열린 군사 퍼레이드에 참석한 사다트가 이슬람 세력에 의해 암살되고 국민민주당(NDP)의 무바라크가 권력을 승계한다.

1987, 1993, 1999, 2005년 무바라크가 대통령에 당선된다.

2005년: 다수의 대선 후보자를 허용하는 헌법개정안이 통과된다.

2005년: 9월 7일 무바라크가 5선에 성공한다.

2005년: 12월 총선에서 무슬림형제단이 의석의 20%를 차지한다.

2006년: 4월 26일 시나이반도 휴양지에서 세 차례의 테러가 발생한다.

2010년: 12월 31일 알렉산드리아의 콥트교 교회 앞에서 테러가 발생해 23명이 사망한다.

2011년: 1월 25일부터 2월 11일까지 이집트의 주요 도시에서 무바라크의 퇴진을 요구하는 시위가 발생해 365명이 사망한다.

2011년: 2월 11일 무바라크가 대통령직에서 사임하고 모하메드 후세인 탄타위(Mohammed Hussein Tantawi)가 최고군사위원회 의장직을 맡는다.

2011년: 2월 28일 무바라크와 그의 가족에 대한 가택연금 및 재산동결 조치가 실시된다.

2011년: 11월 28일부터 2012년 1월 10일까지 치러진 총선에서 무슬림형제단의 정당인 자유정의당(FJP)이 제1당이 된다.

2011년: 12월 13일 제헌의회에 의해 몬세프 마르주키(Moncef Marzouki)가 대통령에 선출된다.

2012년: 2월 1일 포르트사이드에서 열린 축구경기 이후 발생한 관중들 간의 충돌로 74명이 사망한다.

2012년: 1월 29일에서 2월 22일까지 진행된 상원 선거에서 자유정의당이 승리한다.

2012년: 5월 31일 1981년에 내려진 계엄령이 해제된다.

2012년: 6월 2일 무바라크가 종신형을 선고받는다.

2012년: 6월 17일 무슬림형제단의 후보 무함마드 무르시가 대통령에 당선된다.

2) 알제리, 제2의 튀니지?

'아랍의 봄' 직후 국제사회에서는 튀니지, 이집트, 리비아에 이어 새로운 혁명이 일어날 유력한 지역으로 알제리를 꼽은 바 있다. 알제리에 대한 외부세계의 관심은 이 나라가 다른 아랍국가들에 비해 급격한 정치변동의 가능성이 높기 때문이라기보다 북아프리카에서 이 나라가 가지는 역사적, 정치적 중요성 때문일 것이다. 이는 중동, 더 나아가 아랍세계 전체의 주도권을 놓고 사우디아라비아 및 이란과 경합해온 이집트에 대한 관심에 비견할 만한 것이다. 특히 130년 간 이 나라를 지배한 경험이 있는 프랑스에게 알제리에서의 의미있는 변화는 자국에 매우 중대한 영향을 미칠 수 있기 때문에 관심이 크다.

튀니지 사태가 시작되기 전에 이미 알제리에서는 2010년 물가인상과 생활수준 하락에 분노한 시민들의 폭동이 있었다. 알제리는 석유와 가스 수출로 얻어지는 막대한 수입이 프랑스의 토탈피나엘프와 같은 외국 정유회사, 그리고 이들의 협력자인 알제리 지배층에 의해 독점되어 국민에게는 그 혜택이 거의 돌아오지 않는 구조를 가지고 있다. 2010년에 일어난 10,500회의 거리시위는 바로 이러한 불합리한 구조에 대한 불만의 표시였다(『Tout est à nous! 90』, 2011년 2월 17일자). 2010년 12월 29일 주택 부족문제를 제기하는 대대적인 반정부시위가 일어났다. 2011년에 접어들면서는 비공식부문 양성화를 통해 조세수입을 늘리기 위해 취해진 세제개혁의 여파로 식용유, 설탕, 밀가루 등 기초생필품가격이 급등했다. 근로자 평균임금이 당시 153,50유로(약 23만원)에 불과했던 알제리에서 이러한 가계 재정의 악화는 1월 4일과 10일의 격렬한 시위를 초래했다(Abderrahim, 2011).

급기야 2011년 1월 12일부터 일주일간 주거문제와 일사리문제로 절망에 빠진 청년들의 분신이 이어졌다. 수십 차례 일어난 분신 시도는 이러한 분노와 절망감이 얼마나 깊은 것인지를 잘 보여주었다. 안나바(Annaba) 제철과 같은 대기업을 비롯해 여러 사업장에서 파업이 일어났고 청년실업자들의 가두행진과 연좌시위가 이어졌다. 대학에서는 대학의 권위주의적인 문화와 정부의 고등교육 개혁조치를 비판하는 동맹휴교가 늘어났다. 정당들도 시위에 가담하기 시작해 1월 22일에는 '문화와 민주주의 동맹(RCD)' 주도로 수 백 명이 참여한 시위가 있었고 1월 29일에는 천 명 이상의 사람들이 가두시위에 참여했다. 이러한 전방위적인 압력, 그리고 튀니지의 벤 알리 정권과 이집트의 무바라크 정권이 붕괴하는 상황에서 대통령 압델아지즈 부테플리카는 2월 3일 19년간 지속된 비상계엄의 해제를 약속했고 2월 22일에 실행하였다. 이후에는 매주 토요일 부테플리카 정권의 퇴진을 요구하는 시위가 벌어졌다. 시위 구호는 <자유롭고 민주적인 알제리>, <학살정권>, <국민은 정권퇴진을 원한다> 등이었다(『Le Soir』, 2011년 2월 20일자).

부테플리카 정권은 한편으로는 비상계엄을 해제하고 정치개혁을 약속하는 등 유화조치를 펴면서 다른 한편으로는 세계의 이목이 리비아와 중동국가들에 집중되고 있는 사이에 반정부운동 진영에 대한 탄압을 강화하였다. 시위에 가담한 몇몇 야당[14]은 국회를 해산하고 제헌의회 구성을 요구하였다. 다양한 업종의 노동자들이 시위와 파업에 나서는 등 시민과 노동자의 저항운동이 계속되었지만 역량있는 지도부의 부재 등 반정부 진영 내부의 한계도 적지 않았다. 반정부 시위를 주도해 온 연대기구인 '변화와 민주주의를 위한 국민회의(CNCD)[15]'에 국민의 신뢰를 받지 못하는 두 정당이 참여하고 있는 점을 들어 청년실업자들과 자유노조, 실종자대책기구(SOS disparus), 인권연맹(LADDH) 등이 이탈해 '시민사회연대(Coordination de la société civile)'라는 독자적인 연대기구를 결성하기도 했다. 알제리의 경우 튀니지나 이집트에 비해 큰 성과를 거두지 못했고 투쟁의 지도부도 분열상을 겪는 등 문제가 있었지만 적어도 20년 만에 종교문제에서 세속적인 문제로 쟁점이 이전되었다는 사실만

---

14 부테플리카 대통령은 1999년 집권 이후 야당을 무력화시켜왔다. 그 결과 알제리 독립 이후 줄곧 제1당을 지켜왔으며 부테플리카 현 대통령이 명예의장인 민족해방전선(FLN), 온건한 이슬람주의 정당인 평화운동당(MSP), 국민민주당(RND), 노동자당(PT) 등 몇몇 정당이 정권비판의 기능을 하지 못한 채 명맥만 유지하고 있는 실정이었다.

15 최근 시위를 주도한 '변화와 민주주의를 위한 국민회의'는 연대기구로서 5명의 사망자가 발생한 1월 5일과 14일의 시위 직후 결성되었다. 주로 1980~1990년대에 활동했다가 2000년대에는 활동이 뜸했던 알제리의 전통적인 민주세력이 모여 있다. 국민회의에 참여한 단체는 알제리 인권연맹(LADH), 독립노조(SNAPAP, SNTFP, SATEF, CLA), 문화와 민주주의 동맹(Le Rassemblement pour la culture et la democratie, RCD)을 비롯한 야당(MDS, PLD), 페이스북 그룹(Wassila), 아르크 운동(Le mouvement des Archs), 전국 실종자가족모임(L'Association nationale des familles de disparus), 아동인권옹호단체(L'Association de défense des droits des enfants), 언론의 자유를 위한 전국모임(Le Collectif national pour la libération de la presse) 등이었다.

으로도 큰 변화라고 할 수 있다.

3) 리비아, 제2의 보스니아?

리비아 사태 역시 외부세계가 예상하지 못한 급진적인 방식으로 전개되었다. 주된 계기는 2011년 2월 17일, 1996년 아부 셀림 감옥의 1200여 명 수감자 학살사건에 대한 진상규명을 요구했던 변호사들이 수감되는 사건이었다. 당시까지 리비아 국민들은 초대형 계약 성사 등 카다피의 대외적인 성과에 눌려 자신들의 입장을 적극적으로 개진하지 않았으며 카다피 독재가 저지른 추악한 범죄들을 심각하게 생각하지 못했다. 2011년 2월 15일 최초의 대규모 반정부시위가 일어났고 18일 반대파가 리비아 제2의 도시 벵가지의 대부분을 장악하게 된다. 20일에는 수도 트리폴리에도 시위가 일어났고 26일 벵가지에 반군의 과도정부가 수립된다. 3월 19일 유엔 안보리의 결의에 따라 리비아 상공이 비행금지구역으로 선포되었고 프랑스를 필두로 군사개입이 이루어졌다. 개입의 명분이 처음에는 민간인 희생의 예방이었다가 이후 카다피 정권의 축출로 확대된다. 정부군의 강력한 반격에 직면한 반군이 지상군 개입과 같은 나토의 더 적극적인 개입을 요구하면서 정부군과 반군 간의 화해의 가능성은 희박해졌다.

4월 말 리비아 정부군은 리비아 서부에 있는 주요 도시 중 유일하게 반군이 장악한 리비아 3대 도시 미스라타에 대한 압박을 강화했다. 미스라타에서의 상황은 내전 초기 벵가지의 경우와 마찬가지로 나토군 개입의 또 다른 근거로 작용했다. 이 과정에서 미국 및 유럽의 정부 및 언론은 미스라타를 보스니아 내전 당시 세르비아 군에 의해 무슬림들이 소위 '인종청소'를 당했던 스레브레니차에 비유하기도 하였다. 대량학살이나 인종청소에 해당하는 사건이 벌어지지 않았음에도 이 지역의 상황은 과장되었고 이는 미국과 나토의 개입을 정당화하기 위한 것이었다(Martin, 2011). 유고내전의 경우 『아! 보스니아』라는 영화를 만들어 나토의 개입을 촉구했던 프랑스의 지성 베르나르 앙리 레비(Bernard-Henri Lévy)와 같이 많은 유럽 지식인들이 인도주의를 명분으로 외세의 무력개입을 옹호했었다.

2011년 2월 23일 프랑스가 유럽연합에 카다피 정권에 대한 신속하고 구체적인 제재조치를 제안하였고 독일 역시 이에 긍정적으로 반응했다. 영국 역시 유엔에 의한 제재조치와 카다피 정권의 반인도주의 범죄에 대한 조사를 요구하게 된다. 2월 24일 스위스도 자국에 예치되어 있는 카다피 일가의 재산을 동결하기로 결정하였고 2월 25일 오바마 대통령 역시 카다피 일가 및 측근의 미국 내 재산을 동결하는 조치를 발표한다. 며칠 후 오스트리아, 영국, 스페인도 유사한 동결조치를 취한다. 유엔 안보리에서 리비아 상공에서의 비행금지조치가 논의되고 있던 3월 초 프랑스 공군의 리비아 상공에서의 정찰비행이 이루어진다. 3월 10일 프랑스가 과도국가위원회(National Transitional Council, NTC)를 정당성있는 리비아의 유일한 대표로 인정한다는 입장을 발표한다. 결국 3월 17일에는 유엔 안보리가 리비아 민간인들을 보호한다는 명분으로 친 카다피 세력에 대한 무력공격을 승인하게 된다. 이후 2011년 10월 20일 카다피가 사망할 때까지 공습과 반군 지원 등 나토군의 군사개입이 진행된다(<표 IV-2> 참조). 나토의 리비아 공습은 코소보전쟁이나 이라크전쟁 등 미군이나 나토군이 주도한 전쟁에서와 마찬가지로 수많은 민간인의 살상을 초래했다. 적어도 10만 명이 목숨을 잃었고 카다피를 죽이고 리비아의 석유자원에 대한 기존 서구의 기득권을 공고히하는 결과를 낳았던 것이다.

<표 IV-2> 리비아 혁명에서의 외세개입

2011년 2월 15일	벵가지에서 폭동 발생
2월 22일	법무장관 압델자릴과 내무장관 유네스가 반군에 합류
2월 26일	리비아의 유엔대사가 반군에 합류
2월 27일	벵가지에서 반군 지도부가 과도국가위원회(NTC)를 결성하고 전 법무장관 압델자릴이 의장이 됨
3월 10일	프랑스가 과도국가위원회를 리비아의 유일한 대표로 인정
3월 17일	유엔 안보리가 민간인 보호를 명분으로 친카다피 세력에 대한 무력 공격을 승인
3월 31일	나토군이 미군을 대신해 친카다피 세력에 대한 공습 개시
4월 7일	독일이 리비아에서의 유럽연합의 인도주의적 개입에 참여 의사 표명
4월 30일	카다피의 막내아들과 손자 세 명이 나토군의 트리폴리 공습으로 사망
5월 11일	반군이 미스라타 공항 장악
5월 22일	벵가지에 유럽연합 연락소 설치
6월 27일	국제형사재판소가 반인도주의 범죄 혐의로 카다피와 그의 아들 세이프 알 이슬람, 정보부장 알 세누시에 대한 체포영장 발부
6월 29일	프랑스가 네푸사 산악지역 주둔 반군에 무기를 공수한 사실 인정
7월 15일	리비아 사태에 개입한 국가들의 모임이 과도국가위원회를 정당성 있는 정부로 인정
8월 9일	카다피 정권이 즐리텐 지역에 대한 나토의 공습으로 85명의 민간인이 사망했다고 비난
8월 23일	반군의 트리폴리 장악
10월 20일	시르트에서 카다피 사망
10월 31일	나토군의 군사작전 종료

혁명 직후 리비아의 상황을 보면 카다피 살해 이후 실권을 장악한 과도국가위원회와 당시 반군 출신 대통령 무스타파 압델자릴(Mustapha Abdeljalil)에 대한 불만이 확산되어 역설적으로 혁명의 진원지이자 새

정권의 기반인 리비아 동부 벵가지 등지에서 새 정권에 대한 투쟁이 전개되었다. '새로운 리비아'의 또 다른 문제는 민병대에 관한 것이었다. 반군 출신이며 과도국가위원회의 군사적인 기반이었던 민병대가 혁명 후에도 국민들에게 폭력을 행사하였기 때문이다. 2012년 말 리비아의 상황을 보면 혁명의 영웅으로 추앙받던 반군이 이제는 리비아 사회가 겪고 있는 모든 문제의 근원으로 지목되고 있는 실정이다. 무엇보다도 카다피 정권이 붕괴한지 1년이 지난 시점에서도 반군이 무기를 내려놓지 않고 있다는 점이 중요하다. 무기를 소지한 반군 출신들은 국가의 통제에서 벗어난 민병대의 모습을 띠고 있는 것이다. 이들을 정규군으로 전환하려는 정부의 시도가 있었지만 이들이 개인적으로 채용되는 것에 반대함으로써 실패하였다. 결국 민병대 전체를 집단적으로 정규군으로 받아들이게 되었는데 정부는 이들을 통제하는 데 큰 어려움을 겪고 있다. 현재 리비아 사태의 가장 강력한 권력자는 바로 이 민병대라고 할 수 있다. 게다가 민병대에는 카다피 정권에 의해 탄압받았던 이슬람주의자들이 상당수 포함되어 있다.[16] 이러한 상황에서 많은 사람들이 안정적인 정치체제가 수립될 수 있을지에 대해 회의적이며 제2의 내전이나 혁명이 발생할 수도 있다는 진단을 내놓았다(『20minutes』, 2012년 10월 17일자). 2012년 6월 리비아에서는 새로이 국회(General National Congress)를 구성하기 위한 선거가 열렸고 국제사회에서는 '민주주의로 가는 또 다른 초석', 또는 '리비아 최초의 자유선거', '새로운 시대의 시

[16] 2000년대 초 리비아에서 이슬람 무장세력은 감옥에 있거나 알카에다에 소속되어 이라크 등 외부에서 활동하고 있었다. 카다피 정권은 자국이나 국외에서 발생한 테러에 가담한 이들을 탄압하였지만 동시에 이들과 협상에 나서고 2008년 4월 대표적인 이슬람조직인 이슬람전투그룹(Groupe islamique combattant en Libye) 조직원 90명을 석방하는 등의 유화조치도 병행하였다.

작' 등의 표현을 사용하면서 추켜세웠다. 선거 결과 마흐무드 지브릴(Mahmoud Jibril)이 이끄는 국민동맹(Alliance of National Forces)이 승리하였다. 이들은 다른 세력과의 연대를 통해 과도국가위원회를 자신들의 이해를 대변할 수 있는 조직으로 대체하려고 하지만 현재 리비아의 복잡한 정치 상황을 고려할 때 쉬운 일은 아닐 것이다.

4) 시리아, 제2의 리비아?

시리아에서는 2000년 바샤르 알 아사드가 집권한 직후 반정부 시위가 일어났다. 전 대통령 하페즈 알 아사드의 사망 이후 많은 사람들이 시리아 정치체제의 변화가능성을 얘기했었다. 그러나 '다마스의 봄'은 2001년 2월 경찰 등 치안 담당 세력의 탄압으로 실패하게 된다. 그러다가 2011년 3월 새로운 다마스의 봄이 전개되었고 현재까지 폭력적인 상황이 지속되고 있다.

2011년 이후 시리아가 겪고 있는 상황은 시리아의 독특한 역사, 정권의 성격, 사회구조 등에서 그 원인을 찾을 수 있다. 19세기 말 시리아(당시 빌라드 알 샴(Bilad al-sham)으로 불림)를 포함해 아랍 각지에서 종교적, 정치적, 문화적 개혁운동이 등장하였다. 엘리트계층을 중심으로 아랍문명의 재발견, 서구문명 수용, 정치개혁 등을 주창한 개혁운동은 근대적인 민족국가 형성이나 반제운동의 동력이 되었다. 1세기 전과 달리 2011년 아랍의 민중봉기는 지식인들에 의한 유사한 시도를 배경으로 한 것이 아니다. 인터넷과 사회단체가 전통적인 지식인, 엘리트를 대체하였다. 오랫동안 세속 정권에 의해 탄압을 받아온 탓에 시리아에서 이슬람주의 세력은 무슬림형제단의 이집트나 엔나흐다의 튀니지와 달리 그리 강하지 않다. 그러나 반정부운동이 등장한 이후 종교세력의 역할이 커지고 있다.

시리아에서도 이집트나 튀니지처럼 저항운동의 주된 공격의 대상은 바샤르 알 아사드 개인이었다.[17] 바샤르는 2011년 시위가 발생하자 곧바로 개혁조치로 대응하였다. 2011년 4월 시위대의 주된 요구사항 중 하나였던 48년간 유지된 계엄령 해제조치를 받아들였고 수만 명의 쿠르드인들에게 시리아 국적을 부여하였다. 그러나 이러한 당근과 함께 채찍도 동원되었는데 대표적인 예로 오랫동안 시리아 사회를 통제해 온 무하바라트(Moukhabarat)라는 정보기구의 활동이 늘어났고 최근 설립된 '시리아사이버군대(Syrian Electronic Army)'는 반정부 인사나 시위참여자들의 SNS나 이메일 정보를 감시함으로써 반정부운동을 약화시키려 했다(Mehli, 2012). 2011년 7월 29일 군 이탈자들을 중심으로 '자유시리아군'이 창설되었지만 80%가 알라우이파로 구성되어 있는 군의 정권에 대한 충성심은 여전하다.

시리아의 권력구조를 보면 알 아사드 정권의 지지기반은 대통령의 사촌 라미 마클루프(Rami Makhlouf)가 전체의 60%를 통제하고 있는 마피아적 경제의 수혜자들이라고 할 수 있다. 여기에 다양한 형태의 치안담당 세력이 아사드 정권을 유지하고 있다. 또한 아사드는 자신의 측근을 모든 군의 요직에 기용했다. 아사드 정권은 알라우이파와 기독교인들의 지지에 기반을 두고 있다. 전체 인구의 70%를 차지하는 수니파는 권력에서 배제되어 있는 것이다.[18] 그렇지만 이번 민주화운동 이전까지 시리아에 종교나 종족 공동체 간의 심각한 갈등은 존재하지 않았다. 정권과 국제사회의 상당수는 이번 사태를 내전이라고 말하고 종족간 갈등

---

[17] 이 점에서 모로코는 예외이다. 주된 요구사항은 모하메드 6세에 관련된 것이 아니라 입헌군주제의 관철이다.

[18] 종교적인 측면에서 시리아는 70%가 수니파이고 기독교인들이 10% 정도를 차지하고 있다. 1970년 이후 집권하고 있는 알 아사드 가문은 알라우이파에 속한다.

을 부추기지만 시위 참여자들은 '자유 시리아', '하나의 시리아', 존엄성(dignity), 법치국가, 다당제, 권력의 분점 등을 구호로 제시하였다(『Ouest France』, 2012년 3월 15일자).

외부세계의 반응 중 의외였던 것은 시리아에 대한 강력한 경제제재 조치를 단행한 아랍연맹의 태도였다. 아랍연맹은 2011년 11월 시리아의 회원 자격을 정지시키기도 하였다. 이와 함께 불과 얼마 전까지만 해도 바샤르 정권과 호의적인 관계에 있었던 터키가 시리아 정권에 시위대 탄압 중지와 개혁조치 단행을 요구한 점도 이채롭다. 리비아와 달리 시리아의 시위대는 외부의 군사개입에 반대하였다. 이들은 외부개입이 내전을 초래할 위험성을 잘 인지하고 있었던 것이다(Mehli, 2012). 시리아 사태에 대한 관련국들의 태도 및 이 사태의 향후 전망과 관련해 중요한 점 중 하나는 정치군사적으로 중동 내부의 가장 강력한 세력이자 레바논, 시리아의 정치상황에 막대한 영향력을 미치고 있는 이스라엘이 시리아의 급격한 정치변동을 원하지 않았다는 사실이다.

시리아 내부의 소수집단 역시 마찬가지였다. 비록 알라우이파에 의한 정치적, 군사적 권력의 독점에 반발하였지만 인접국 레바논이 경험한 것과 같은 내전을 초래할 수 있는 정치변동을 원하지는 않았다. 유럽연합 소속 국가 등 시리아 사태에 개입하고자 하는 나라들의 경우 적절한 개입의 수단을 가지고 있지 못하다는 점도 중요하다. 게다가 러시아나 중국은 시리아에 대한 군사개입에 반대하였으며 미국도 아랍연맹에 이 사안을 떠넘기는 등 소극적인 태도를 취했다. 시리아 사태에 대한 이란 정부의 입장은 예상대로였다. 2009년 선거 이후 시민들의 반정부운동을 경험한 이란은 현재까지 아랍의 봄의 본격적인 영향은 없지만 지역의 분위기가 자국에 미칠 영향을 우려하고 있다. 이는 이란이 시리아 정권의 대응을 '미국과 이스라엘에 대한 투쟁'으로 규정하면서 정권에 대해

지지를 표방했던 주된 배경 중 하나이다(Charillon, 2012). 이러한 관련 국가들의 미묘한 입장에다가 시리아에서의 폭력적인 상황의 책임 소재와 관련된 이견이 더해져 시리아내전에 대한 평가와 대응을 어렵게 하였다.

5) 입헌군주제를 지향하는 모로코 민주화운동

모로코에서 전개된 민주화운동의 양상을 보면 2011년 1월 12일 수도 라바(Rabat)에 있는 의회 앞에서 천여 명의 대졸 실업자들이 공공기관에 일할 수 있게 해달라며 시위를 벌였다. 이러한 시위는 이미 수년 전부터 계속되어온 것으로 시위 3주 전 정부의 약속으로 일시적으로 중지되었다가 다시 재개된 것이다. 당시 정부는 2011년 2월 10일부터 1,500~2,000개의 자리를 확보해 채용을 재개하겠다고 밝혔다가 일정을 3월 1일로 미룬다고 발표했다. 이러한 약속 불이행에 반발하여 청년들이 거리에 나섰던 것이다. 2011년 모로코에서 벌어진 시위는 튀니지나 이집트의 상황에 영향을 받았다기보다는 오래전부터 진행되어온 대중운동의 연장선상에 있었던 것으로 해석된다.

2011년 2월 20일 처음으로 시위가 대규모로 나타났고 입헌군주제를 요구하며 수 주일간 계속되었다. '2월 20일 운동'(이하 '운동')으로 불리게 된 시위대에 대해 야당과 노조가 지지를 표명했고 학생, 실업자, 은퇴자 등 경제상황에 불만을 품은 다양한 시민들이 참가했다. 민주주의, 복지, 반부패 등이 시위의 주요 이슈였고 정권에 대해서는 국왕이나 왕정에 대한 거부보다는 영국과 같은 입헌군주제를 요구하였다. 혁명적인 상황이 전개된 주변국에 비하면 적어도 이번 '아랍의 봄'에서는 정권을 위협할 만한 운동이 전개되지는 않았지만, 수 세기 동안 왕이 사회를 직접 통치해온 모로코에서 입헌군주제를 시도하는 것은 매우 혁명적이라 할 수 있다. '운동'이 주도한 시위에 대한 응답으로 국왕 모하메드 6세는 2011년 3월 9일 TV에 출현해 정치개혁의 의지를 표명했다. 수상의 권한 강화, 삼권분립 보장, 개인과 집단의 자유 신장 등이 개혁안의 내용이다. 이를 위해 국왕은 '헌법개정 특별위원회'를 구성하였고 이를 토대로 6월 17일 신헌법 초안을 제출하여 국민투표에 붙였다. 대다수의 정당과 기업총연맹이 지지를 표명하였고 유럽연합, 오바마 행정부, 유엔, IMF 등도 이를 환영했다. 그러나 '운동' 시위대는 국왕이 시도하는 개혁의 방향이 진정한 변화를 바라는 민중의 요구를 반영하지 못하고 있다며 비판하였다. '운동'은 새로운 헌법은 국민에 의해 민주적으로 선출된 제헌의회에서 다루어져야 한다는 입장을 표명했다. 이를 관철시키기 위한 방안으로 국왕이 제시한 국민투표안을 거부하고 대신에 전국을 순회하는 평화행진을 추진했다. 그러나 결국 7월 1일 국민투표로 헌법개정안이 통과된다. 그 결과 국왕은 '정부의 대통령(Président du Gouvernement)'이라고 이름이 바뀐 수상직에 선거에서 1당이 된 정당의 장을 임명하였다. 행정부가 국왕으로부터의 자율성을 획득하게 되었고 사법부의 독립이 선언되었다. 이와 동시에 북아프리카 지역 토착인의 언어인 베르베르어가 아랍어와 함께 공식 언어가 된다.

헌법 개정 이후 2011년 11월 총선이 실시되었고 그 결과를 보면 이슬람 정당인 정이발전당(PJD: Parti de la Justice et du Développement)이 27.08%의 득표율과 107석을 획득하여 1당이 되었고 독립당(Parti de l'Istiqlal, 15.19%, 60석), 무소속전국연합(RNI: Rassemblement national des indépendants, 13.16%, 52석), 국왕 모하메드 6세의 측근인 엘 힘나(Fouad Ali El-Himna)가 창설한 신생정당인 정통과 근대당(PAM: Parti Authenticité et Modernité, 11.90%, 47석), 민중사회주의연맹(USFP: Union Socialiste des Forces Populaire, 9.87%, 39석), 민중운동(MP:

Mouvement Populaire, 8.10%, 32석) 등의 좌파 정당이 그 뒤를 이었다(<표 IV-3> 참조).

<표 IV-3> 2011년 모로코 총선 결과

당명	득표율	의석수 (기존 의석과의 비교)
정의발전당(Parti de la Justice et du Développement, PJD)	27.08%	107석(+60)
독립당(Parti de l'Istiqlal)	15.19%	60석(+8)
무소속전국연합(Rassemblement national des indépendants, RNI)	13.16%	52석(+13)
정통과 근대당(Parti Authenticité et Modernité, PAM)	11.90%	47석(신생정당)
민중사회주의연맹(Union Socialiste des Forces Populaire, USFP)	9.87%	39석(+1)
민중운동(Mouvement Populaire, MP)	8.10%	32석(-9)
제헌연맹(Union Constitutionnelle)	5.82%	23석(-4)
진보사회주의당(Parti du progrès et du socialisme, PPS)	4.55%	18석(+1)
노동당(Parti travailliste, PT)	1%	4석

물론 모로코 정치세력의 구도를 선거 결과만으로 이해하기는 어렵다. 그 주된 이유는 국회의원의 권한이 약하기 때문이다. 모든 것은 왕실에서 이루어진다. 이 때문에 선거에 대한 국민의 관심이 크지 않고 투표율도 서구사회보다 낮은 편이다. 2007년 9월 총선의 경우 투표율은 37%였고 2011년 11월 총선에서는 그보다 조금 오른 45%였다. 선거부정의 관행 역시 선거에 대한 국민의 무관심을 부추기는 요인으로 작용한다. 선거부정으로 피해를 보는 세력은 주로 좌파정당이었고 1997년과 2002년

총선의 경우에는 이슬람주의 정당 역시 실제 득표율보다 낮게 발표되었다. 그러다가 아랍의 봄 직후에 실시된 2011년 총선에서는 선거부정이 이전보다 어려워져 결과적으로 온건 이슬람정당인 정의발전당이 전보다 60석이 늘어난 107석으로 제1당이 되었다. 선거부정이 아니었으면 이 정당은 이미 10여 년 전부터 이와 유사한 결과를 얻었을 것이다. 2007년에도 정의발전당은 부당하게 제1당을 독립당에 내주며 제2당에 머물렀다.

2. 사회적 배경

난공불락이라고 여겨졌던 아랍의 권위주의 정권들이 위와 같이 순식간에 위기에 처하게 된 이유는 무엇인가? 최근 반정부운동이 일어난 아랍국가들의 경우 그 배경은 유사하다. 권력과 부의 독점과 부패, 인권침해, 물가폭등, 실업문제, 특히 30~40%에 이르는 심각한 청년실업문제와 이로 인한 청년세대의 박탈감 등이 원인으로 거론되는 것들이다. 또한 정권을 붕괴시키거나 위협하는 수준에 이를 수 있었던 요인으로는 노조, 사회단체, 정당의 역할보다는 시민의 자발적인 참여와 소셜 미디어의 역할을 주로 얘기한다.

우선 세계의 여타 지역들과 마찬가지로 대다수 국민의 고용조건과 생활수준의 악화가 아랍 민중봉기의 주된 배경이었다고 볼 수 있다. 중동 및 북아프리카 국가들과 같이 복지수준이 선진국에 비해 크게 떨어지는 국가들의 경우 구조조정에 따른 대량 실업 등 노동시장에서의 상황 악화는 선진국에 비해 훨씬 더 큰 빈곤화, 그리고 그로 인한 격렬한 저항을 초래할 수 있다. 특히 2008년 미국발 경제위기는 북아프리카와 중동 민중들에게 직접적인 고통을 초래했다. 유럽에 대한 수출의존도가 높은 아랍세계, 특히 북아프리카 지역의 경제는 유럽 수요의 하락에 의해 급격하게 추락했던 것이다. 세계은행에 따르면 유럽연합에 대한 이집트, 튀니지, 모로코의 상품 수출이 크게 위축되었고 60년만에 최악의 경기침체를 맞이했다. 또한 경제위기에 따른 부동산거품 붕괴 후 투자자본은 곡물시장 주식거래에 집중되었고 이는 곡물가 인상을 초래했다. 경제위기에 의한 유럽 내 이주노동자들의 실업률 증가와 송금액 감소도 특히 북아프리카 지역이 겪는 경제적 어려움의 주된 원인의 하나로 지적되었다(정은희, 2011: 150~151쪽).

<표 IV-4> 북아프리카 5개국의 주요 지표(2012년)

	이집트	리비아	튀니지	알제리	모로코
인구(만명)	8,368	673	1,073	3,540	3,230
인구밀도 (명/㎢)*	83.5	3.8	65.6	14.8	72.3
합계출산율	2.94(?)	2.12	2.02(?)	1.74	2.19
15세 미만 인구 비율(%)	32.5	27.7	23.1	27.8	27.4
도시인구비율 (%)	43.5 (2011년)	78.1	67.7	67.1 (2011년)	58.8 (2011년)
평균수명(세)	72.9	77.8	75.2	74.7(?)	76.1(?)
GDP($)	6,500 (2011년)	14,100 (2010년)	9,500 (2011년) (?)	7,200 (2011년) (?)	5,100 (2011년) (?)
경제성장율(%)	1.2 (2011년) (?)	4.2 (2010년)		2.9 (2011년)	4.6 (2011년)
물가상승률(%)	13.3 (2011년)	6.1 (2011년)	3.7	4.0 (2011년)	1.9 (2011년)

실업률(%)	12.2 (2011년)	30 (2004년)	16.0	9.7 (2011년)	9.2 (2011년)
석유수출국기구 가입여부	x	o	x	o	x
석유생산량 (1000배럴/1일)	736	1,659	80	1,809	
정부형태	대통령제	대통령제	대통령제	대통령제	군주제

* 북아프리카 국가 대부분이 사하라 사막이 전체 영토에서 차지하는 비중이 크고 인구의 대부분이 지중해 연안 해변 지역에 거주하기 때문에 주거가능면적 대비 인구밀도는 도표의 수치보다 훨씬 크다.

그런데 흥미로운 것은 이집트, 튀니지 등 최근 급격한 정치변동을 경험한 나라들이 공히 경제의 신자유주의적 변화를 시도해온 대표적인 나라들이라는 점이다.[19] 국제사회로부터 이들 국가의 개방정책은 모범사례로 칭송되었다. 그러나 상대적으로 양호한 경제성장률 등 신자유주의적 개혁으로 얻은 성과는 양극화, 빈곤화, '사회적 배제'의 심화를 동반한 것이었다. 이미 수년전부터 이러한 현실에 대한 반발이 노동자들의 파업, 농민들의 투쟁, 도시빈민들의 시위와 같은 형태로 나타났다. 최근 사태는 바로 이렇게 지속되어 온 경제투쟁이 정권교체를 요구하는 정치투쟁으로 전화된 것으로 볼 수 있다.

튀니지의 경우 국민의 불만이 분출하게 된 것은 무엇보다도 경제적인 요인 때문이었다. 이 점에서 2009년은 중요했다. 경제성장률이 예상치의 절반을 밑돌았고 수출도 감소했다. 주 수입원인 관광 분야도 부진했고 외국인 투자도 줄었다. 2010년 흉작은 문제를 더 심각하게 했다. 경제상황의 악화와 더불어 해안지대와 내륙지대간의 지역 불평등이 민주화운동의 또 다른 배경이었다. 벤 알리 정권의 퇴진을 가져온 시위가 시작된 곳이 시디 부지드(Sidi Bouzid) 지역이었던 것은 우연이 아니다. 이 지역

[19] 신자유주의 경제개혁에 대해서는 이 책의 150~152쪽을 참조하시오.

은 내륙지역의 낙후된 농촌지역이다. 벤 알리 시대 성장의 과실은 관광지역이자 공장이 집중되어 있고 현대적인 도시가 발달한 해안지대에 집중되었다. 내륙의 경우 농촌의 경제여건이나 도시의 일자리문제가 해안지역보다 심각했던 것이다. 2000년대 들어 지역간 불평등을 해소하기 위한 정책을 펴기는 했지만 역부족이었다. 이러한 상황에서 내륙의 낙후지역 주민, 특히 청년들은 박탈감을 강하게 느꼈고 민주화운동의 선봉에 서게 된 것이다.

이집트에서도 시민들이 시위에 나서게 된 배경에는 튀니지와 마찬가지로 경제적 요인이 크게 작용했다. 실질소득이 감소하는데 물가는 인상되고 실업률은 높아지는 상황에서 2004년 말부터 시위와 파업이 늘어갔다. 월 최저임금은 1984년 35이집트파운드(당시 6.5달러)로 결정된 이후 인상되지 않았다. 그러다가 2010년 11월 국민의 압력에 못 이겨 400이집트파운드(69달러)로 인상하게 된다.[20] 그러나 1년 동안의 최저임금은 1인당 국민소득의 13%에 불과한 것이어서 국민의 기대에는 턱없이 못 미치는 수준이었다. 이러한 배경에서 이집트 최대의 국영 의류회사인 미스르 노조의 파업 등 노동자들의 파업이 이어졌고 시민들은 물가인상에 항의하였다.

알제리에서는 비공식부문에 종사하는 빈곤한 도시 서민들의 문제가 반정부운동의 주된 배경이었다. 이번 반정부운동의 시발점이 되었던 2011년 1월 5일의 시위는 노점상, 암시장, 도시빈민의 철거 및 이전의 문제를 둘러싸고 2007년부터 진행되어 온 지역 단위의 투쟁이 정점을 이룬 사건이었다. 현실적으로 다른 출구가 없는 청년들이 암시장 등으로

---

20 http://www.aufaitmaroc.com/monde/afrique/2010/11/19/egypte-le-salaire-minimum-a-69-dollars-fait-grince r-des-dents)

흘러들어가는 것을 막을 수 없었고 수십 만 호의 서민주택을 공급한다는 정부의 발표도 신뢰를 얻지 못하였다. 게다가 부자들과 다국적기업에 주는 혜택과 극단적으로 대조되는 서민정책에 대한 불만이 점점 커져갔던 것이다.

이번 민주화운동의 또 다른 배경은 바로 정권과 극소수 지배층의 과도한 권력 독점에 대한 반감이었다. 정치경찰에 의한 억압적 지배에 의존함에 따라 국가와 극소수 지배층은 점차 대다수 사회구성원들과 유리되어 갔다. 그런데 독립 이후 1970년대까지 정권이 정당성기제로 활용했던 독립운동의 경력이나 민족주의 이데올로기, 그리고 아랍식 사회주의는 이제 더 이상 유효하지 않거나 존재하지 않는다. 1980년대 이후 이들의 지배를 정당화해줄 자원으로 동원된 이슬람과 절차적 민주주의도 더 이상 설득력을 가지지 못한 것으로 볼 수 있다. 국가가 이슬람주의자들과 경쟁적으로 추진한 위로부터의 재이슬람화는 실업이나 양극화와 같은 '사회적인 문제(social question)'로부터 종교문제로 국민의 관심을 돌리는데 기여했지만 경제상황이 악화되면서 이데올로기적 효과가 약화되었다.

3. 민중봉기의 성격

그렇다면 이번 아랍세계에서의 민중봉기는 어떤 성격을 지니고 있는가? 독재를 타도하고 자유를 쟁취하려는 민주주의 혁명인가, 보다 급진적인 사회혁명인가? 그동안 아랍 정치의 핵심적인 요소로 간주되었던 종교적인 측면은 어떤 비중을 차지하고 있는가? 노동계급은 어떤 역할을 하였는가? 운동에 참여한 사람들이 추구하는 목표는 일국 차원의 변화인가, 아랍 전체 차원의 변화인가? 아래에서는 이번 민중봉기의 성격을 정치적 민주화에 대한 요구, 새로운 지역질서의 요구, 배제된 세계와 노동계급의 저항, 포스트-이슬람 혁명, SNS 혁명의 측면을 중심으로 설명한다.

1) 정치적 민주화에 대한 요구

이번 '아랍의 봄'은 무엇보다도 민주화운동의 성격을 지닌다. 독재타도 및 극소수 정치계급에 의한 부패 및 권력독점 타파, 억압적인 장치들의 해체와 자유의 쟁취 등이 여러 지역의 반정부운동에서 공통적으로 확인할 수 있는 목표였다. '자유 이집트', '자유 튀니지'와 같은 구호가 민주주의 혁명의 성격을 상징적으로 보여주었다(Chawqui, 2011).

이집트의 경우 시위의 중심에는 2008년 4월 6일의 투쟁을 계승한다는 의미를 지닌 청년운동인 '4 · 6운동'이 있었다. 이들의 요구사항은 형식적인 선거가 아닌 자유로운 정상적인 선거, 예외적인 계엄령 체제가 아닌 법치국가 체제, 삼권분립 등이었다. 즉 정치적 민주화에 대한 요구가 주요 내용이었던 것이다. 무바라크 퇴진 이후에는 시위대중의 요구가 무바라크와 그의 두 아들, 그리고 정권의 부패와 범죄에 연루된 모든 사람들을 체포해 심판대에 올리는 것, 권좌에서 물러난 후 샤름 엘 셰이크의 별장에 거주할 수 있게 도와주고 있는 세력들에 대한 비난, 무바라크 정권에서 21년 동안 국방부장관이었고 퇴위 후 이집트 군을 이끌고 있는 후세인 탄타위의 사임 요구, 국민의 직접 선거로 체제 이행을 관리할 민간 위원회 구성 등이었다(El Alaoui, 2011). 민주주의에 대한 요구에는 다양한 계층과 집단에 속한 사람들이 참여했다. 도시빈민, 노동자, 농민, 야당, 사회단체, 네티즌 등 다양한 집단이 참여하였고 심지어 리비아 반군의 경우 카다피 정권 관료 출신이 주축을 이루기도 하였다.

역사적으로 볼 때 이번 아랍 민주화운동은 1980년대 이후 정권에 의해 도입된 형식적 민주화의 한계를 극복하려는 아래로부터의 민주화운동이라고 할 수 있다. 국익의 이름으로 시민의 자유가 억압되고 극단적인 이슬람 원리가 정치에 도입되고 민주주의 제도는 정권유지 수단으로 활용되는 '유사 민주주의'에 대한 거부의 성격을 지닌다고 볼 수 있다. 국가와 시민사회 양측 모두에서 민주주의 담론이 넘쳐나지만 '경찰국가' 체제에서 국민의 권리가 크게 억압되는 모순을 극복하려는 아래로부터의 시도라고 볼 수 있다.

2) 반외세와 새로운 지역질서의 요구

외부세계의 영향력이 매우 크다는 점이 다른 지역과 비교해 중동 및 북아프리카가 지닌 두드러진 특징 중 하나이다. 이 지역에 대한 관련 강대국의 관심은 석유자원의 통제, 신자유주의의 관철, 군사기지의 유지, 이스라엘의 현 지위 유지 등으로 요약될 수 있다. 그리고 역으로 바로 이 요인들을 변화시키는 것이 반정부세력의 목표인 것이다. 친외세 독재정권들에 의해 막대한 액수로 불어난 외채의 거부, 최근 유럽이나 미국과 맺은 자유무역협정의 파기, 외국과의 군사협정 재검토 등이 반정부운동의 요구에 포함되어 있는 것은 바로 이러한 차원에서 이해될 수 있다. 이런 의미에서 이번 반정부운동은 일국적 차원의 현상임과 동시에 아랍세계 전체 차원에서도 중요한 함의를 지닌다. 또한 미국, 영국, 프랑스 등 이 지역에 영향력을 가지고 있는 국가들과의 관계 역시 중요한 요인이다. 위에서 살펴본 대로 이번 사태를 촉발시킨 주된 원인은 바로 강대국과 국제금융기구가 강요한 신자유주의 경제개혁이 낳은 사회적 결과였다. 또한 이번 사태의 또 다른 계기였던 정권의 극단적인 억압과 권력의 독점은 바로 외세로 인한 아랍세계의 불안정을 배경으로 가능한 것이었다. 걸프전, 팔레스타인 전쟁, 9·11 테러가 야기한 제2차 이라크 전쟁과 제2차 레바논 전쟁은 아랍세계에 전쟁과 테러리즘이 지배하는 극도로 불안정한 상황을 야기했다. 이러한 예외적인 상황에서 아랍국가의 정권들은 자신들을 정치적 안정의 보루로 내세웠고 억압정치를 정당화했던 것이다.

이번 민중들의 저항운동은 정치적 민주화를 넘어서 현 정권이 대표하는 기존 체제 전반에 대한 문제제기를 담고 있다. 그런데 이들이 해체하려고 하는 '구체제'는 프랑스 혁명 시대와 마찬가지로 해당 정권뿐 아니라 그에 연계된 보다 포괄적인 구조를 가지고 있는 것이다. 탈냉전 이후 미국이 시도해온 '새로운' 중동질서, 같은 시기부터 프랑스가 주도하고 있는 유럽-지중해 협력체계, 그리고 영국, 프랑스, 미국이 개별적으로 아랍국가들과 맺고 있는 경제적, 정치군사적 관계가 구체제의 틀인 것이다(Corm, 2003: p. 893). 따라서 아랍국가들의 현 체제를 변화시키려는 어떤 시도도 구체제 전체의 변화를 필요로 하며 따라서 구체제에 의한 반혁명의 시도에 직면할 수밖에 없는 것이다.[21] 아랍의 봄에서 반혁명 진영을 구성하고 있는 세력들이 지키고자 하는 '구체제'는 이슬람주의 세력 자체를 넘어 사회 전체에 확산되어 있는 경직된 종교담론, 권위주의적인 국가, 연고주의, 군, 경찰, 민병대, 비밀경찰 등 막대한 수의 치안세력에 의한 '강제적 지배', 이상과 같은 내적 요인이 유지되는데 기여하는 유

---

[21] 한편 2011년 아랍의 민주화운동은 유럽과 북아프리카 및 중동 국가 간 관계가 생각보다 허약한 것임을 잘 드러내주었다. 그동안 유럽과 지중해 남부 세계의 관계는 매우 가까운 것으로 여겨져 왔다. 오랜 역사적인 연관은 차치하고라도 실제 경제적, 사상적, 사회심리적 측면에서의 밀접한 상호작용이 있어왔다. 그러나 정치적인 측면에서 지중해 양안의 관계는 권력을 독점한 소수에 국한된 관계였을 뿐이었고 결국 이 편협한 관계의 붕괴 이후 양 지역간 관계는 새로이 만들어져야 하는 것이 된 것이다(Charillon, 2012).

럽, 미국 등 강대국의 개입 등이 주요 구성요소이다. 국민들이 원하는 새로운 체제는 세속적인 담론, 민주주의, 자유, 자주와 같이 이 구체제에 대척점을 이루는 것이다.

자유, 사회정의와 함께 '자존감(dignity)'이 아랍의 민중봉기에서 강조된 배경에는 바로 여전히 외세에 종속되어 있고 팔레스타인 분쟁, 레바논전쟁, 걸프전, 이라크전쟁에 이르기까지 아랍 영토에서 외세에 의해 자유롭게 폭력이 자행되고 있는 현실에 대한 아랍인들의 굴욕감이 존재하는 것이다. 영국과 프랑스로부터의 독립 이후에도 아랍인들은 아랍세계 전체가 아직 완전한 독립을 쟁취하지 못하고 있다는 생각을 해왔다. 최근 아랍 전역에서 분출하고 있는 저항운동은 형식적인 독립에 이어 이제 실질적인 독립을 요구하는 것으로 볼 수도 있다. 달리 말해 아직 경제적, 정치적으로 자주적이고 통합성을 지닌 국민국가가 형성되지 못하였다는 인식이 지배적인 것이다.

한편 과거 아랍민족주의 역시 유사한 문제의식에서 비롯된 것이었다. 아랍민족주의는 바로 실질적 독립을 추구했고 이를 쟁취하기 위해서는 20여 개로 나뉘어진 아랍민족이 뭉쳐야 한다는 논리를 제시했던 것이다. 이런 의미에서 민주화운동은 다시 한 번 아랍의 단합을 열망하는 것으로 볼 수 있다. 이러한 측면은 아랍민족주의의 주역이었던 이집트의 경우에 특히 중요하다. 사실 무바라크 대통령은 과거 나세르와 달리 아랍의 리더로서의 역할로 존경받는 것은 안중에 없었고 권력과 축재에만 관심이 있었다. 물론 이러한 소극적인 자세는 6일 전쟁에서의 생각지 못한 끔찍한 패배 이후 아랍인들이 가지게 된 패배주의를 생각하면 충분히 이해할 수 있다. 역사적으로 아랍의 정치적, 학문적, 정신적 지주였던 이집트는 무바라크 집권 기간 동안 정치적 위상이 급속히 약화되어 이제는 이란이나 사우디아라비아와 같은 중동의 경쟁자들에 크게 밀리는 양상을 보이고 있다. 이러한 맥락에서 이번 이집트혁명은 이집트가 이스라엘이나 미국 등 외세에 대한 굴욕적인 자세를 버리고 이집트 민중과 아랍세계 전체를 생각하는 민중적인 아랍의 리더로서 거듭나길 바라는 측면이 있는 것이다. 이번 시위의 구호 중 하나가 외무장관의 퇴진이었다는 점도 이집트 혁명에 있어서 대외정책에 대한 불만이 중요한 비중을 차지하였다는 것을 보여주는 예이다(Salmawy, 2011).

역으로 다른 아랍국가들 역시 이집트에서의 혁명적 변화를 보면서 아랍의 구심점으로서의 이집트의 부활을 바랬을 것이다. 이집트 시위대를 지지하는 시위가 아랍 전역에서 일어났던 점도 이집트 사태가 지니는 지역 차원의 함의를 보여준다. 시위 도중 이집트 국가를 부르는 모습은 이 점을 상징적으로 보여주었다. 역으로 이집트 시위대의 주된 구호 중 하나는 팔레스타인 문제에 관한 것이었다. 가자지구에 대한 이스라엘의 공격을 규탄하고 이스라엘의 국기를 불태우고, 튀니지, 리비아, 시리아, 예멘 등 다른 국가들의 국기가 펄럭이고, '아랍민중은 하나다'를 외치는 시위대의 모습에서 이러한 측면을 읽을 수 있었다.

튀니지에서 시작된 운동이 중동, 북아프리카의 아랍국가 전역으로 확산되는 현상도 이번 저항운동이 중동 및 북아프리카에서의 새로운 지역 질서를 요구하고 있다는 점과 무관하지 않다. 외부세계가 아랍의 특징이라고 얘기하는 아랍인들간의 연대는 베두인족 특유의 결속력이나 아랍어를 쓰는 아랍인으로서의 종족적 정체성도 그 배경에 있겠지만 그에 못지않게 아랍국가들이 경험하고 있는 공통의 문제에 기인한다고 볼 수 있다.

3) '배제된 세계'의 저항과 노동운동의 부활

이번 아랍 민중봉기의 주체에 관한 외부세계의 관심은 조직화된 노동계급이 얼마나 중요한 역할을 하였는지, 개별적으로 참여한 시위대중은 어떤 사람들인지, 그리고 그들의 요구는 어떤 성격을 지니고 있는지 등일 것이다. 이는 또한 이 운동의 성격을 규정함에 있어서도 중요한 측면이다. '아랍의 봄'에는 국가에 따라 차이가 있지만 청년, 학생, 도시빈민, 노동자, 농민, 영세상인, 여성과 같은 다양한 세력이 참여했다. 소수의 기업가, 중산층, 관료, 군부를 제외하면 거의 모든 계층이 반정부운동에 동참했다. 그런데 이들 대부분은 소위 '배제된 세계'에 속한다. 비공식부문 종사자, 청년실업자, 노동자들이 겪는 문제는 시장개방, 구조조정 등 신자유주의 정책의 산물이며, 낙후된 지역 주민들의 봉기 역시 일부 대도시에 집중된 경제정책이 가져온 지역의 열악한 조건을 반영하는 것이다. 과거 이란의 반정부운동의 경우처럼 이번 아랍국가들의 저항운동에도 여성의 참여가 돋보였다. 여성들 역시 남성중심주의적인 문화로 인해 일자리나 정치적 장에서의 배제를 경험하고 가정에서 열등한 지위에 있는 존재인 것이다.

튀니지혁명이 한 대졸 청년의 분신으로 시작되었다는 것은 일자리 없는 고학력 청년들의 문제가 핵심적인 문제임을 보여준다. 이들은 이탈리아나 프랑스 등 유럽으로의 이주 이외에는 길이 없었고 그마저도 유럽연합이 외부로부터의 이주민 유입을 통제함에 따라 점점 더 어렵게 되었다. 알제리에서의 청년들의 봉기는 알제리 사회운동에 있어서 비공식부문이 중요한 역할을 한다는 점을 보여주었다. 비공식부문은 국가에 의해 취해진 경제자유화조치로 인해 모든 형태의 경제활동이 용인됨에 따라 그 비중이 커졌다. 이 영역은 이탈리아의 마피아와 같이 국가의 통제에서 완전히 벗어나 있었다. 이 부문은 정부만이 아니라 노조, 사회단체, 정당의 관심에서도 벗어나 있음으로 인해 여기에 속한 청년들의 봉기는 자연발생적으로 전개되었던 것이다(Djermoune, 2011).

그렇지만 이번 아랍 민주화운동은 동시에 청년층이 단일한 성격의 집단이 아니라는 점을 드러내 주었다. 유럽 등 외부세계에서는 그들의 기존 인식에 맞게 아랍 청년들이 자유주의적이고 좌파적이고 반권위주의적이고 개방적인 성격을 지녔다고 간주하였고 이러한 표상에 맞는 사례만 보여주려 하였다. '블로거 세대' 또는 2011년 깐느영화제 출품작인 무리드 벤 셰이크(Mourad ben Cheikh)의 『결코 다시는 두려워하지 않으리』의 주연 여배우 린나 벤 메미(Lina ben Mhenni)의 결의에 찬 표정이 아랍청년의 상징으로 비추어졌다. 그러나 현실에서의 청년들의 모습은 보다 복합적이다. 민족주의적이고 보수적이고 종교의 비중이 크고 경직된 교육체제에서 성장한 이들은 자유주의적이기 보다는 보수적이다. 물론 마그레브의 대도시에 사는 불어권 청년들은 보다 개방적이며 1960~1970년대 좌파 지식인 세대의 자녀들 역시 서구의 표상에 부합하지만 이들은 소수에 불과하다. 다수의 청년들은 가난하고 제대로 된 교육을 받지 못했고 졸업 후에도 일자리를 찾지 못하는 이들이다. 이들의 전망은 유럽으로 이주를 시도하거나 보수적인 종교이념을 통해 출구를 찾는 것이다. 튀니지의 2011년 10월 선거에서 청년들의 다수가 엔나흐다에 표를 던진 것에는 이러한 배경이 존재하는 것이다.

청년과 함께 외부세계가 이번 민주화운동에서 관심을 가졌던 집단은 여성이었다. 마그레브의 경우 국가별로 차이는 있지만 여성들의 지위와 권리가 어느 정도 향상된 게 사실이고 이들의 의식도 상당히 근대화되었다. 그렇지만 이러한 변화가 여성을 종교나 보수와 대척점에서 그에 저항하는 존재로 만들지는 못했다. 청년의 경우와 마찬가지로 상당수가 혁명 이후 치러진 선거에서 종교세력을 지지했고 또한 여성 내부에는 다양한 성향이 존재한다. 권위주의 정권에 대항한 아랍 여성들을 보면 교육수준이 높은 불어권 및 중산층 여성들은 외부세계가 기대하듯이 성평등이나 민주주의를 주창했지만 다수의 여성들은 혁명을 자신들의 종교생활을 강화하고 세속적인 정권 하에서 탄압받았던 엔나흐다나 무슬림형제단 등 이슬람주의 세력에 표를 던질 수 있는 기회로 여겼다. 이 두 가지 아랍여성의 모습이 완전히 모순되는 것은 아니지만 아랍 여성이 단일한 집단이 아님을 보여주는 것이다(Lhomel, 2012).

이상과 같은 '배제된 세계'의 사회심리는 '호그라(hogra)', 즉 모욕과 경멸이라는 용어로 요약될 수 있겠다. 오랫동안 국민들이 소수의 지배세력에 의해 경험한 모욕감이 이번 민중들의 저항의 주된 원인이자 동력이었음을 알 수 있다. 역사가 마크 페로는 '분개(ressentiment)'가 인류 역사의 주된 동력 중 하나였다고 말하였다. 또한 피에르 부르디외는 북아프리카 사회를 '명예경제(l'économie de l'honneur)' 라고 묘사하였다. 즉 다양하게 얽혀있는 사회관계망이 중요하게 작용하는 사회라는 것이다. 특히 집단을 책임지는 남성들에게 외부로부터의 모욕, 특히 독립 이후 형성된 권위주의 국가로부터의 모욕은 견디는데 한계가 있는 것이었다. 결국 이번 사태가 보여주었듯이 이 모욕감은 저항과 사회변동의 동력으로 작용하였다. 이번 민주화운동 과정에서 나타난 두려움을 이겨내고 죽음을 두려워하지 않는 태도는 지켜내야 할 '명예'의 대가였던 것이다. 자신들의 아버지가 사회와 정권으로부터 경험한 모욕에 대한 복수심은 아들의 증오, 더 나아가 딸들의 증오로 나타났다. 이러한 분노는 이 젊은 세대의 '해방'의 욕구와 결합하여 강력한 저항의 동력이 된 것이다. 모욕의 또 다른 대표적인 양상은 고학력자들이 노동시장에서 겪는 경험이었다. 독립 이후 1960년대부터 학교 교육을 받는 사람들의 수가 급속도로 늘어났는데 1970~1980년대부터 세계적인 경제위기의 여파로 노동시장은 이들을 받아들일 수 있는 역량을 상실하기 시작하였다. 특히 질 높은 일자리가 부족한 아랍 노동시장의 구조로 인해 고학력자들의 실업문제는 언제 폭발할 지 모르는 심각한 사회문제가 되어왔다.

정치적 무력감 또는 '정치적 모욕감(Hogra politique)' 역시 중요하게 작용했다. 외국으로의 이주, 자신을 종교나 지역에 고립시키는 공동체주의적인 시도, 정치적 무관심은 바로 권위주의 체제에서 경험한 오랜 정치적 배제의 산물인 것이다. 지역간 불균등 발전 역시 아랍의 봄을 설명하는 한 요인이다. 마그레브의 경우 각국의 주요 도시인 카사블랑카, 알제, 튀니스는 부와 고용을 독점하고 있는 지역들이다. 이 지역을 방문하는 외부인들에게 마그레브는 매우 발전한 것으로 비추어질 것이다. 그러나 적지 않은 인구가 사는 마그레브의 산악지역, 고원지역의 경우 주민들의 삶의 수준은 사하라 이남 흑아프리카와 크게 다를 바 없다. 이들이 겪는 무력감, 모욕감은 상상을 초월하는 것이다. 민중들의 저항이 소외된 튀니지 남서지역, 리비아 북서쪽의 베르베르족 거주지역인 자발 나푸사(Jabal Nafusah)에서 특히 강했던 것은 이러한 구조적 요인과 무관하지 않을 것이다. 이 두 지역은 식민지 시대부터 시작된 국민국가 형성과정에서 배제되거나 억압된 지역이었다(Vermeren, 2012).

한편 정치적 장에서의 노동계급의 부상도 중요하다. 아랍세계는 전통적으로 상업의 비중이 컸고 제조업의 비중이 적어 고전적인 노동자계급의 비중이 적다고 알려져 있다. 그러나 튀니지, 알제리, 이집트 등 주로 북아프리카에 위치한 아랍국가들은 상대적으로 노동운동과 사회주의운동의 전통이 강하다(Ismael & El-Sa'id, 1990). 이번 아랍의 봄의 경우에도 최근 몇 년간 지속되어온 노동자들의 파업과 시위가 그 배경에 있었던 것이다. 아랍세계에서 노동운동의 전통이 가장 강하다고 알려져있는 튀니지에서는 2008년 수 개월간 지속되었던 가프사(Gafsa)와 벤 가르단(Ben Gardane) 지역에서의 투쟁과 튀니지 노동총연맹 산하 노조들의 파업이 있었다. 이번 혁명의 경우 노동운동이 상황을 주도하지는 않았지만 노동총연맹의 조직이나 사무실이 시위대를 보호해주는 기능을 수행했다. 또한 2011년 1월 12~14일 노동총연맹이 주도한 세 번의 파업이 상황을 반정부진영에 유리하게 하는 계기였다고 평가된다. 파업은 튀니지의 주요 도시에서 이루어졌고 벤 알리가 퇴진한 날은 바로 수도 튀니스에서 총파업이 일어난 날이었다.[22]

이집트에서도 2008년 4월 6일 수도 카이로 인근 국영의류회사에서의 노동자 파업 등 수 년 동안 강도있게 전개되었던 노동운동이 혁명을 준비했다고 할 수 있다. 알제리의 경우에도 반정부운동이 가능했던 배경에는 열악한 상황에 처한 청년들의 투쟁과 함께 노동자 투쟁의 부활이 있었다. 안나바 제철, 수도 알제의 트럭공장, 벨 압베스 지역의 전자회사, 철도노동자, 항만노동자들의 투쟁이 2009년 이후 분출하기 시작하였던 것이다. 이 부문들을 중심으로 노동자들의 투쟁이 부활하게 된 배경에는 최근 정권이 채택한 보호주의 전략의 영향이 있었다. 1990년대 이후 IMF의 지도하에 추진해온 구조조정과 민영화로 인해 많은 분야가 타격을 입었다가 국가의 부분적인 노선 전환으로 이 부문들이 다시 활력을 찾으면서 노동자들의 투쟁력도 강화되었던 것이다.[23] 종합해보면 이번 저항운동의 주체는 신자유주의와 권위주의로 인해 배제를 경험한 집단과 조직화된 노동자계급의 결합이라고 할 수 있다. 일반적으로 강조되는

---

22 50여만 명의 조합원을 가진 노동총연맹은 10만 정도의 교원노조를 비롯해 우편, 통신, 보건의료 등 공공부문이 중심을 이루고 있다. 이러한 구성은 제조업 비중이 적고 공공부문의 비중이 큰 아랍국가 고유의 산업구조에 기인하는 것이다.

23 최근 들어 알제리에서는 신자유주의 지지자들과 보호주의를 요구하는 관료들간의 갈등이 심해졌다. 시장개방과 구조조정이 빈곤화와 국내기업의 위기를 낳고 수입의존도가 높아지면서 이에 반발한 관료들이 2006년 이후 보호주의적 경향을 강화시킨다. 예를 들어 2008년 하반기에 유가가 하락하면서 수입액이 원유에 크게 의존하는 수출액을 앞지르게 되면서 수입에 대한 규제를 강화하는 조치가 취해졌다 (Salhi, 2011).

미조직 대중의 자발적인 운동과 함께 조직적인 운동도 중요한 역할을 하였던 것이다.

4) 포스트-이슬람 혁명?

우선 이번 민중봉기는 다음 이유로 포스트-이슬람 혁명, 즉 1980년대 이후 사회운동과 반정부운동에서 이슬람 세력이 가지고 있던 헤게모니의 약화가 나타난 혁명으로 규정할 수 있다. 첫째, 주체의 측면에서 종교세력이 소극적인 태도를 보였고 종교세력과 무관한 다양한 세속적인 세력이 운동의 주축을 이루었다. 둘째, 이와 연관된 것으로 그동안 아랍 정치에 대한 논의를 지배해온 종교담론이 약화되고 빈곤이나 불평등과 같은 '사회문제'가 전면에 등장했다.

이슬람주의자들의 예상치 못한 부재에 대해 다음과 같은 설명이 가능하다. 우선 그동안 이슬람주의자들이 현 체제를 인정하고 제도권 정치에 진입하는 등 온건화 경향을 보여왔다는 점에서 그 원인을 찾을 수 있다. 아랍 최대의 이슬람주의 단체인 무슬림형제단의 행보가 이를 잘 보여준다. 무슬림형제단은 1980년대 초 젊은 세대를 중심으로 한 노선전환에 따라 그간 반이슬람적이라며 비판해온 이집트의 정치체제를 인정하면서 제도권 정치의 장에 들어가게 된다. 역으로 이집트 혁명에서 무슬림형제단의 부재는 이 단체에 대한 그동안의 정권의 관용적인 태도로도 설명될 수 있다(Achcar, 2011). 결국 2011년 2월 말 이집트의 무슬림형제단은 '자유정의당'이라는 정당을 창설하기로 결정했다. 그동안 자신의 정당이 없어서 무소속으로 국회에 진출해 활동해온 이 최대의 이슬람 단체가 이제 본격적으로 제도권 정치에 참여하기로 한 것이다. 튀니지의 대표적인 이슬람 세력인 엔나흐다 역시 1980년대 후반 벤 알리 집권 이후 자신들의 조직을 철저하게 파괴한 바 있는 정권과 타협했고 정치적 지분을 추구해왔다. 알제리 역시 이슬람주의와 민주화의 연관성을 잘 보여준다. 이슬람주의자들이 비록 반체제적인 외양을 지니고 있지만 제도권 정치에의 점진적 편입이 이루어졌다. 알제리 이슬람주의자들은 선거를 통해서든, 폭력적인 방식을 통해서든 더 이상 이슬람혁명을 추구하지 않는다.

알제리에서의 정부군과 이슬람 반군의 내전이나 튀니지 벤 알리 정권에 의한 엔나흐다의 파괴와 같은 정권의 극심한 탄압도 이슬람주의자들의 소극적인 태도를 설명해주는 요인이다. 조직이 크게 파괴되었고 심리적으로도 크게 위축되어 대다수가 정권에 대한 비판적 태도를 보이지 못하고 있는 것이다. 로프티 샤우키는 이러한 일국적 요인과 함께 이슬람주의자들을 지원해온 두 축인 사우디와 이란 정권이 국내정치에서의 정당성 위기를 겪고 있어서 지원이 약화되었다는 지역적 요인을 또 다른 원인으로 제시하였다(Chawqui, 앞의 책).

5) '아랍' '혁명'?

일부 정권교체가 이루어진 지역을 포함해 아랍국가들에서 진행되어온 민주화운동의 전망은 매우 불투명하며 국가마다 크게 다를 수 있다. 따라서 이번 민중봉기를 '혁명'이라고 명명하기에는 다소 이르다. 최근 이집트와 시리아의 정치적 상황은 '아랍의 봄' 당시 외부세계의 환호가 섣부른 것이었음을 잘 보여준다. 프랑스 혁명이 테러리즘과 전쟁, 왕정복고를 거쳐 대의제 민주주의를 확립하는데 한 세기가 걸렸고 보다 최근의 사례로는 사회주의 체제가 붕괴된 동유럽의 경험이 섣부른 평가를 어렵게 한다(Sur, 2012). 또한 '혁명'이라는 용어가 일반적으로 의미하는 바를 고려할 때 지금으로서는 아랍의 사례에 혁명이라는 표현을 쓸 수는 없다. 정권 차원의 변동이 지배 엘리트의 실질적인 교체나 정치체제의 변화를 동반하지 않았기 때문이다. 그렇지만 '폭동'이나 '봉기'는 '아랍의 봄'의 양상을 담아내기에는 다소 약한 표현이라고 할 수 있다. 즉 불과 얼마 전까지만 해도 영원할 것 같았던 독재자가 사라졌고 이전까지는 보이지 않았던 시민사회가 깨어났고 지역 차원의 정치질서와 미국과 유럽 등 외부세력의 위상이 상당한 정도로 변화를 겪고 있는 등 심대한 변화가 나타나고 있는 것이다(Charillon, 2012).

'아랍의 봄'의 성격과 관련해 우리는 섣부르게 아랍지역 전체 차원의 현상이나 글로벌한 차원의 현상으로 해석해서는 안된다. 세계체제론이 강조하듯이 국가가 자율성 있는 단위가 아니라는 점을 고려하더라도 '아랍의 봄' 현상에서 여전히 '국가'가 중요했다. 우선 국가별 양상이 크게 달랐다. 마그레브 지역의 경우 각국의 상황은 판이하게 달랐다. 2011년 10월 중순 리비아에서는 전쟁이 끝나면서 민주화운동이 막을 내렸지만 모리타니에서는 그 사이에 어떤 의미있는 저항운동도 일어나지 않았다. 튀니지는 급격한 변동을 경험하였지만 모로코는 2011년 2월 운동의 요구에 대해 왕실이 개혁정책으로 대응하였다. 그런가 하면 알제리는 걸프만 산유국 일부의 경우와 같이 정권이 반대 진영의 압력을 몇 가지 양보조치를 통해 잘 막아내고 있는 전형적인 사례를 보여주었다(Vermeren, 2012). 다음으로 각국의 민주화운동 간의 연관성이 미약했다. 시기적으로 유사성이 있고 주변국가들의 상황에 영향을 받는 측면이 없지 않지만 각각의 운동들은 해당 국가의 내적 문제에서 비롯된 곳이며 해당 국가의 권위주의 정권에 대한 저항운동이었다. 과거 아랍민족주의 운동과 같이 아랍 차원의 대의나 목표가 존재하지 않았고 지지의사의 표명을 넘어서는 실질적인 아랍 민중들간의 연대를 찾아보기도 어려웠다. 권위주의 정권들 역시 이번 사태에 대한 대응에서 국가간 연대나 공조가 있었던 것이 아니다. 또한 '아랍'이라는 표현의 한계를 지적해야 할 것이다. 소위

'아랍세계'에는 다양한 종족적 소수자가 존재한다. 마그레브의 경우에도 베르베르족이 모리타니를 포함해 전 마그레브 지역 주민 9,000만 중 1/3 정도를 차지하며, '아랍의 봄'에서 비중있는 역할을 하였던 것이다.

6) SNS: 엇갈린 평가

모로코, 이집트, 시리아, 바레인 등 다수의 국가에서 자영업자나 서비스업 종사자 등 중간계급에 속하는 청년들은 정치운동조직 차원에서 시위에 참여한 경우도 있지만 대다수는 SNS를 통해 시위에 참여하였다. 그리고 이는 비단 특정 계층에 국한된 현상만은 아니었다. 아랍세계에서 인터넷은 일반적인 인식과 달리 여유있는 계층의 전유물이 아니었다. 하층계급 역시 집이나 인터넷 카페에서 인터넷을 사용하고 휴대폰을 통해 소통하였다. 튀니지와 이집트의 혁명을 '페이스북 혁명'으로 간주하는 담론은 여러 가지 측면에서 신자유주의적이고 테크놀로지에 과도한 기대를 갖고 있는 '민족주의 2.0'이라는 환상에서 나온 것이라고 할 수 있다. 이러한 비판은 이번 민중봉기에서 새로운 미디어가 수행한 역할을 과소평가하려는 의도에서 비롯된 것이 아니다. 그보다는 SNS를 계기로 표현된 대중의 확대된 의사소통의 저변에 깔려있는 요인을 강조하고자 하는 것이었다. "왜 튀니지 청년들은 거리에서 시위를 벌이는 것일까? 페이스북이 있는데도 말이다." 이집트와 튀니지 대통령이 물러난 직후인 2011년 2월 이집트에서 유행한 이 가벼운 농담은 가상세계와 실제세계 간의 차이를 효과적으로 드러내주고 있다. 68년식 표현을 빌자면 "구조는 거리로 나오지 않는다." 이러한 맥락에서 사미르 아민은 정치적 갈등의 해소가 궁극적으로 인민의 운명이 결정되는 도시의 공간에서 판가름난다고 주장하였다(Amin, 2011: p. 56).

'페이스북'과 '거리'라는 이분법의 배경에는 이번 사건을 바라보는 두 가지 시각이 깔려있다. '페이스북 혁명' 담론은 이번 봉기의 탈집중화되고 예측불가능한 성격을 강조하면서 고전적인 설명틀이 더 이상 유효하지 않다고 주장한다. 그러나 이 담론은 '민주주의 2.0'의 기술중심주의적 유토피아에 의존하면서 대중운동의 폭력적인 측면과 민중적인 측면을 배제하는 기능을 수행한다. 또 이 담론은 아랍혁명의 핵심이 테크놀로지로 인해 가능해진 대중의 자발적인 지지라고 해석한다. 이러한 시각은 적어도 튀니지의 경우 혁명이 상당 부분 대중의 폭동에 의존한 점에 대해 관심을 두지 않는다. 이집트의 경우 이 담론은 운송, 직물, 석유, 의료, 교육, 은행, 제약 분야 등에서 수년 전부터 활발하게 전개되어온 파업이 정권의 붕괴에 기여한 측면을 경시한다. 이러한 맥락에서 아랍의 봄에서는 새로운 사회미디어가 수행한 역할에 대한 논의에 그칠 것이 아니라 이러한 측면을 과대평가하는 이 담론의 배경에 있는 전략에 대한 논의로, 또는 이 담론이 헤게모니를 잡을 수 있을 수 있었던 사회적 조건에 대한 논의가 필요하다고 할 수 있다.

'우리는 모두 할레드 사이드이다'[24]라는 페이스북 그룹의 사례는 이러한 측면을 잘 보여준다. 이 페이스북 그룹을 만든 와엘 고님(Wael Ghonim)은 1980년 생으로 구글의 중동 및 북아프리카 지역 마케팅 책임자였다. 그는 2010년 1월 21일 카이로에서 전개된 시위에 적극적으로 참여하게 된다. 그리고 6월 10일 위의 페이스북 그룹을 만들게 된다. 2011년 들어 그는 경찰의 날에 반정부시위를 호소하는 글을 페이스북에 올림으로써 수년 전부터 지속적으로 전개되어온 반정부운동이 혁명으

---

24 할레드 사이드는 튀니지의 모하메드 부아지지와 유사하게 이집트에서 혁명을 촉발시키는 역할을 하였다. 그는 2010년 6월 6일 두 명의 경찰로부터 무자비한 구타를 당한 후 사망하였다. 이 사건은 경찰의 폭력성과 그 배경이 된 계엄령을 비판하는 대중의 시위로 이어지게 된다.

로 전화되는 중요한 계기를 만들게 된다. 그 직후 경찰에 의해 연행되어 소식이 끊긴 뒤 12일 후 풀려난 그는 타흐리르 광장에서 열광적인 환영을 받는다. 이날 이후 그는 이집트 혁명을 대표하는 인물이 된다. 자신이 출연한 한 TV 방송에서 그가 받은 조사 과정을 얘기하던 중 무대에 쓰러진 사건 등 언론에서의 그의 모습이 담긴 영상이 페이스북 등을 통해 전 세계에 알려지면서 그는 이집트 국내외에서 화제거리가 되었다. 그의 페이스북 페이지는 혁명 직후인 2011년 4월 당시 10억 회 이상의 조회수를 기록했으며 여기에 오른 글이나 동영상에 달린 댓글의 수도 천만 개가 넘었다.[25]

그러나 전 세계 언론의 주목을 받은 고님은 무바라크 정권과 접촉하면서 변질되어갔고 결국 시위대가 무바라크의 퇴진을 요구하는 것에 대해 페이스북에서 자신이 행한 여론조사를 근거로 거부의사를 표명한다. 이런 식으로 고님과 그의 페이스북은 혁명의 장애물로 전락하게 된다. 한편 상황이 이렇게 전개된 후에도 세계 언론은 그를 여전히 이집트 혁명의 주역으로 칭송했고 타임지는 그를 2011년 세계에서 가장 영향력 있는 100인 중 한 사람으로 선정하게 된다. 그는 세계 각지에 초대되었고 IMF를 방문해 이집트 사회의 미래에 대한 그의 견해를 설명하기도 했다. 결과적으로 볼 때 그는 e-비즈니스를 통해 소수의 여유있고 서구 시앙적인 도시 중산층의 이해를 정치적으로 대변하고자 했다고 평가할 수 있다. 그에게 민주주의는 다른 상품과 마찬가지로 효과적인 마케팅으로 이루어지는 것이었다. 고님은 혁명 후에도 새로이 창설된 정당이 아니라 트위터를 통해서만 정치 활동을 하였다(『Le monde』, 2012년 10월 19일자).

---

[25] http://egypterevolution.wordpress.com9/2011/04/09/nous-sommes-tous- khaled-said

7) 종교적 설명의 한계

걸프만 지역에서 아랍의 봄은 바레인에서 시작되었다. 1990년대(1994~1999년) 정치갈등에 대한 설명에서처럼 이번에도 외부세계는 2011년 바레인 민주화운동을 종교적인 측면에서 설명하였다. 이것은 70%의 주민이 시아파이지만 권력은 수니파 왕조가 가지고 있는 바레인의 상황에 근거를 둔 것이었다. 특히 바레인의 시위가 사우디 동부 시아파 거주지역으로 확산된 점이 종교적 설명을 뒷받침해주는 근거로 제시되었다. 그러나 걸프만 지역의 아랍의 봄을 시아파들의 저항운동으로 간주하는 것은 한계가 있다. 예를 들어 시아파가 소수이고 시위가 특정 종파에 국한되지 않았던 오만의 상황을 설명하기 위해서는 다른 방식의 접근이 요구되는 것이다. 사우디에서도 튀니지와 이집트에서의 민주화운동의 영향이 나타난 것은 수니파 진영에서였다. 또한 2011년 2월 14일 바레인에서 최초의 시위가 발생하기 전에 이미 10명의 사우디 수니파 이슬람주의자들이 '움마 이슬람당'을 창설하였다. 이후 전개된 사우디 정권에 개혁을 요구하는 서명운동 역시 특정 종파에 국한된 것이 아니었다. 바레인에서조차 반정부 시위대가 시아파로만 구성된 것은 아니었다. 초종파적 성격은 시위에서 볼 수 있었던 "나는 시아파도 수니파도 아니다. 나는 바레인인이다"라고 적힌 플래카드에서도 읽을 수 있다. 다른 아랍국가들에서처럼 바레인에서도 반정부시위에서 특정 종파를 부각시키는 행위는 금기시 되었다.

시위를 종파간 관계로 규정하고 종교적인 측면을 활용하려 한 것은 시위대가 아니라 바로 정권이었다. 1990년대 알 칼리파 총리(Al Khalifa, 바레인이 영국으로부터 독립한 1971년부터 현재까지 총리직 역임) 정권은 매우 강력했던 당시 반정부운동을 시아파에 대한 외부세력, 즉 이란의 사주로 규정하고 이 외세로부터 바레인을 막아내야 한다는 논리를 폈다. 외부 언론들 역시 당시 상황을 중동 지역 헤게모니를 둘러싼 수니파 사우디와 시아파 이란 간의 경쟁의 일환으로 해석하였다. 이는 2004년 요르단 국왕 압달라 2세가 제시한 '시아파초승달(Shia Crescent)'론에 호응하는 것이었다. 이 이론에 따르면 후세인의 퇴진은 이란 주도로 중동의 시아파 세력이 결집하는 계기를 만들었다는 것이다. 그러나 이는 지난 20여년 간 시아파 세계의 상황에 부합하지 않는다. 혁명 이후 이란은 혁명의 수출을 포기하고 실용주의적인 외교정책을 추진해왔다. 이 과정에서 중동 다른 지역의 시아파들과의 협력관계가 약화되기도 하였다. 1990년대 바레인의 시아파 조직 '이슬람해방전선(Front islamique de libération)'이 이란 정부에 의해 추방되거나 투옥되었던 것이 이를 잘 보여주는 사례이다. 이와 함께 과거 사상적으로 재정적으로 이란의 영향력 하에 있었던 시아파 조직 상당수가 이후 자신의 나라에 국한해 활동하였고 형식적 민주화 과정을 통해 합법노선을 채택하게 된다.

외부세계가 아랍 정치현상의 주된 설명요인으로 받아들이는 종교간, 종파간 갈등, 특히 시아파의 정치적 부상은 그리 명백한 현상이 아니다. 북아프리카와 중동 모두 반정부운동은 소수에 의한 권력과 부의 독점, 정권의 권위주의적 형태, 그리고 생활 수준의 하락 등과 같이 세계 다른 지역들 역시 겪었거나 현재 겪고 있는 보편적인 문제에서 비롯된 것이라고 할 수 있다. 걸프만 산유국 중 아랍의 봄 현상이 나타난 바레인, 사우디, 오만이 최근 복지의 축소 등으로 인한 국민의 생활수준 하락이 가장 심각했고 따라서 국민의 불만도 컸던 나라들이었다는 사실은 민주화운동을 설명하는데 있어서 사회경제적 요인의 중요성을 보여주는 사례이다. 오만의 경우 시위대가 요구했던 것은 정권 퇴진이나 정치체제 변화가 아니라 실업과 저임금, 부패와 같은 구체적인 사안에 대한 정부의 실질적인 개혁조치였다. 사우디에서도 청년실업문제 등 경제문제가 시위의 주된 계기로 작용했다. 비록 근본적인 처방이 될 수 없고 여러 문제를 안고 있지만 주거, 실업, 임금과 관련된 1300억 달러의 제정지출을 대책으로 제시한 점은 이번 민주화운동의 원인과 성격이 어떤 것이었는가를 상징적으로 보여준다.

4. '아랍의 봄'의 유형화

2011년 '아랍의 봄'의 양상은 다음과 같이 서로 다른 유형으로 구분될 수 있다.

① 튀니지와 이집트에서는 '급속한 제거'의 양상이 나타났다. 계속되는 거리의 압박이 거셌고 군부가 어떤 희생을 치르더라도 군주를 지키려는 태도를 보이지 않음에 따라 정치지도자의 몰락이 급속하게 나타난 것이다.
② 폭력적 상황의 지속: 다음으로 첫 번째 유형에 비해 정도는 약했지만 격렬한 충돌이 지속된 나라들이 이에 속한다. 리비아, 시리아, 예멘, 바레인 등이 그 예라고 할 수 있다. 이 국가들에서는 반정부세력과 군의 지지를 받은 정권간의 대결의 양상이 전개되었다.
③ 정치적, 제도적 차원의 개혁이 진행된 경우가 있다. 이에 해당하는 국가들의 정권은 야심찬 개혁을 약속함으로써 저항을 막아낼 수 있었다. 모로코가 가장 적절한 사례이며 요르단이나 오만 역시 유사한 양상을 띠었다.
④ 소위 '사회적 평화(social peace)'를 재정지출로 달성한 경우이다. 걸프만 산유국들과 알제리는 석유수입을 기초로 한 국민에 대한 재정적

혜택, 예를 들어 임금 인상이나 수당 지급 등을 통해 안정을 획득한 사례이다.

⑤ 마지막 유형은 다양한 이유로 적어도 '아랍의 봄' 시기에는 민주화운동이 본격적으로 나타나지 않았던 경우이다. 레바논, 팔레스타인, 이라크가 이에 해당되는데 쉽게 이해할 수 있듯이 이 국가들은 최근 전쟁 등 극단적인 정치적 상황을 경험하였다. 아랍세계에서 가장 부유한 쿠웨이트와 아랍에미레이트연합은 이와는 조금 다르게 경제적 풍요가 '아랍의 봄'을 예방하는 역할을 하였다(Charillon, 2012) (<그림 IV-1> 참조).

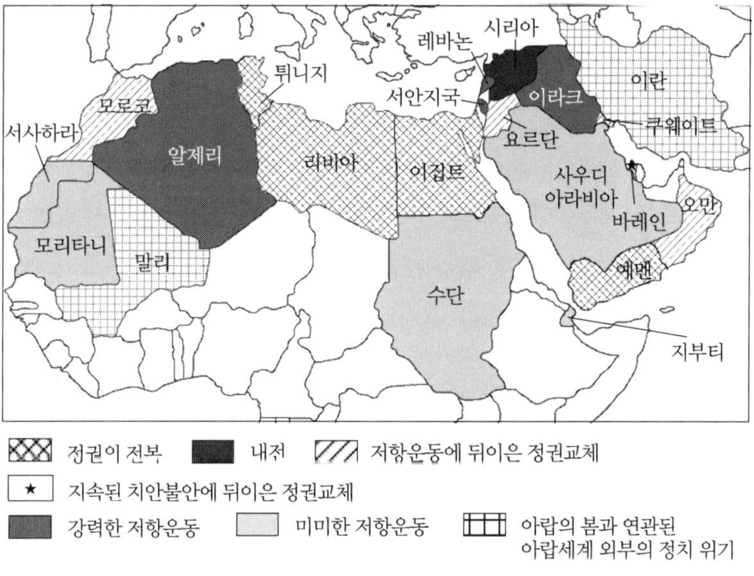

그림 IV-1: '아랍의 봄'의 국가별 양상

4장. 아랍의 민주주의와 이슬람

이 장에서는 이슬람과 민주주의의 연관성, 이슬람 및 이슬람주의가 아랍 정치에서 차지하는 위상을 살펴본다. 이를 통해 향후 아랍 민주화 과정에서의 이슬람 및 이슬람주의의 역할을 점검해본다. 이슬람주의는 민주주의와 친화성이 없으며 '아랍의 봄'에서의 이슬람주의의 부재도 이를 입증하는 듯 했다. 그러나 '아랍의 봄' 이후 이슬람주의 세력의 선거 승리는 이슬람과 민주주의, 이슬람주의와 아랍세계의 민주화의 관계에 대한 보다 진지한 논의를 요구하고 있다.

1. 아랍세계에서 민주주의의 위상과 의미

1) 민주주의의 주변적 지위

오스만 제국 말기 서구화, 근대화가 시도되던 시기부터 영국, 프랑스에 의한 식민지배를 거쳐 독립에 이르는 시기까지 민주주의는 주로 사상의 측면에서만 존재했고 그마저도 서구 제국주의 및 서구문명에 대한 종합적인 논의 차원에서 단편적으로만 다루어졌다. 또한 근대 초기 주요 아랍사상은 근대화론, 이슬람개혁주의, 사회주의, 민족주의 등이었고 민주주의에 대한 문제의식은 미미했다. 독립 이후 아랍국가들은 정치적으로 사회주의적, 민족주의적, 민중주의적 성격의 정권이 집권한 지역, 서구지향적인 권위주의 정권, 친서구적인 왕조 등 다양한 형태를 띠었다. 정치체제는 상이했지만 공히 권위주의적 성격을 띠었고 대부분 장기집권의 양상을 보이게 된다. 정권에 반대하는 진영에서도 민주주의 담론은 헤게모니를 가지지 못했다. 적어도 2011년 '아랍의 봄'이 분출하기 전까지만 하더라도 대부분의 나라에서 '민주주의자들' 또는 '민주세력'이라는 표현이 정권에 비판적인 세력 다수를 아우르는 용어는 아니었다. 많은 경우 시민사회, 인권, 민주주의 등 서구적인 관념에 우호적인 일부 집단에 국한된 흐름이었던 것이다.

민주주의의 주변적 지위가 담론 상의 문제만은 아니었다. 아랍세계의 정치에서 정당이나 의회 등 민주주의 제도는 여러 요소들 중 하나일 뿐이다. 정치는 군, 경찰, 행정부, 의회 등 제도화된 세력과 함께 정권과 연계되어 사회 각 영역에서 권력을 가지고 있는 개인이나 집단들, 민중의 요구를 유토피아적인 방식으로 대변하고 있는 이슬람주의자들, 지하활동을 하는 좌파세력과 같이 제도권 밖에서 활동하거나 비공식적으로 정치에 영향력을 행사하는 집단, 그리고 아랍세계의 특징 중 하나인 간헐적으로 발생하는 시민들의 폭동 등 다양한 세력 및 양상으로 구성되어 있는 것이다. 이 지역의 경우 '정치' 개념은 '제도 정치'에 국한하기보다 시민사회의 정치를 포함하는 광의의 의미로 사용되는 것이 적절해 보인다. 이러한 맥락에서 아랍세계의 정치적 특징으로 권위주의와 함께 정당의 저발전이 거론되는 것이다. 대부분의 국가에서 보편선거와 다당제를 도입했지만 대부분의 정당은 정권의 꼭두각시이며 정권으로부터 인정받지 못한 정치세력은 제도권 밖에서나 또는 비합법적인 지위를 가지고 활동하고 있는 실정이다. 이러한 구조를 고려할 때 아랍 정치는 서구사회와 달리 정당이나 민주주의 제도의 상황만으로는 충분히 이해될 수 없는 것이다. 물론 2000년대에 들어서서는 '시민사회'라는 개념으로 지칭된 시민사회단체들이 활성화되어 정권에 비판적인 진영에서 '민주세력'의 위상 역시 강화되었다고 볼 수 있다.

이와 함께 아랍세계에서는 민주주의가 불가능하다거나 적절한 정치체제가 아니라는 인식이 강하게 존재했었다. 오리엔탈리즘적인 외부세계의 인식에서 비롯된 이러한 사고는 자신들 역시 오리엔탈리즘의 영향에서 자유로울 수 없었던 아랍인들 사이에서도 폭넓게 공유되고 있었다. 이상과 같은 아랍세계의 정치 및 이데올로기의 역사, 그리고 그 속에서 민주주의가 차지했던 위상을 고려할 때 최근에 나타난 '아랍의 봄' 현상은 단순히 지구상에서 정치적으로 가장 후진적인 지역에서 일어난 정치발전 이상의 의미를 지닌다고 할 수 있다. 물론 이러한 평가 역시 뒤에서 살펴볼 것처럼 '아랍의 봄'이라 불리었던 과거 몇 차례의 경험이 가져온 실망스러운 결과를 고려하면 보다 신중해야 할 필요가 있다.

2) 아랍 정치 및 아랍 민주주의에 대한 외부의 시각

이슬람 및 이슬람세계와 관련해 많이 언급되는 서구적 가치, 제도 등에는 어떤 것이 있을까? 정교분리주의, 민주주의, 인권 등이 이슬람과 서구를 대비시키는데 사용되는 주된 요소일 것이다. 민주주의는 중동 및 아랍정권에 대한 비판의 수단으로 또는 민주주의를 수용하는데 장애물로 작용하는 이슬람문화를 강조하는 차원에서 주로 언급되어왔다. 인권 개념은 특히 이슬람권에서의 여성의 열악한 지위를 비판하는데 사용되었다. 정교분리주의는 한편으로는 종교의 영향력이 큰 이슬람권 국가에서의 정치를 비판하는데 사용되었으며 다른 한편으로는 공공영역에서의 히잡 착용 등 무슬림 여성의 지위를 비판하는데 사용되어 왔다. 이슬람 사회에서는 정치와 종교가 분리불가능하고, 신이 지배하는 사회이므로 인민주권에 입각한 국가는 불가능하다는 것이 지배적인 인식이었다. 더 나아가 이렇게 예외적인 아랍사회는 외부의 개입을 통해서라도 변화시켜야 하는 것이 되었다. 정교분리 문제는 내정 간섭이나 무력 개입을 정당화하는 효과적인 명분으로 사용되어 온 것이다. 이러한 의미에서 정교분리에 관한 담론은 제국주의 이데올로기의 성격을 갖는 것이다.

다른 한편 최근 '아랍의 봄'을 다루는 연구가 봇물을 이루기 전까지 아랍사회의 정치사회적 측면을 다루는 연구들은 정치적 이슬람이나 권위주의 정권 및 문화 등에 관한 것이 대종을 이루었다. 오리엔탈리즘, 본질주의, 문화주의의 혐의를 덜 받는 연구자들 역시 아랍 정치에 대한 연구는 노동운동, NGO, 학생운동 등 급진적인 비종교적 아랍사회운동의 주체보다는 이슬람 진영에 초점을 맞추었다. 민주주의의 역사나 아랍 민주주의의 특성에 관한 조명은 찾아보기 어렵다. 그만큼 아랍민족주의 시대가 종식된 이후 학계나 외부세계의 관심은 이슬람 등 문화적 측면에 집중되었던 것이다.

2011년 북아프리카에서 시작되어 전 아랍세계로 확산된 민주화운동은 아랍세계가 민주주의와 맺어 온 이상과 같은 외재적, 국제정치적 관계, 그리고 이 주제에 관한 오리엔탈리즘적 인식에 수정을 요구하고 있다. 지하드, 샤리아, 히잡, 자살폭탄테러 등 시대착오적이거나 극단적인 상징에서 SNS, 민주주의, 자유와 같은 보편적이고 현대적인 상징으로의 변화가 보여주듯이 이제 영원히 예외성('아랍예외주의', '이슬람예외주의')의 질곡에서 벗어날 수 없을 것 같았던 이 지역이 스스로의 힘에 의해 보편적인 인류사에 편입되고 있다는 기대를 불러일으키고 있다.

3) 민주주의에 대한 아랍세계 내부의 인식

외부세계의 평가와 달리 민주주의나 근대성에 대한 아랍인들의 인식은 단순히 적대적이지만은 않았다. 먼저 19세기 말에서 20세기 초까지의 근대 초기 구 오스만 제국의 상황을 보면 제국의 황실과 엘리트층을 중심으로 서구 민주주의에 대한 긍정적인 태도가 나타나기도 했다. 서구사회의 발전수준에 도달하기 위해서는 근대적인 헌법과 의회제도 등 민주주의가 필수적이라는 생각을 다수가 공유하고 있었다. 특히 비서구사회에서는 유일하게 서구식 정치제도를 도입한 일본이 러시아를 이긴 러일전쟁은 이러한 생각을 더욱 강화시키는 계기가 되었다. 이러한 맥락에서 의회와 헌법에 대한 관심이 컸다. 1908년 오스만 헌법의 제정, 1905~1911년 근대적인 헌법 제정을 요구한 페르시아 혁명, 양차대전 사이에 일부 아랍국가에서 도입된 내각제 등은 서구 민주주의에 대한 선망을 보여주는 사례이다. 물론 2차 대전 이후 의회제도에 대한 실망이 커지기는 했다. 즉 의회제도가 소수 지배세력과 부자들의 이해만을 대변하는 제도라는 인식이 생겨난 것이다. 그리고 그 대안으로 민족주의와 사회주의가 세력을 얻을 수 있었던 측면도 있다(Keddie, 1972: pp. 48~49).

4) 통치수단으로서의 민주주의 담론과 제도

중동의 정권들은 '개혁'을 자신들의 담론에 포함시킴으로써 개혁세력임을 자치하고 또한 '변화'를 통해 새로운 지배방식을 창출한다(Boltanski, 2009: p. 183). 중동 사례는 민주주의, 민주화, 개방, 개혁 등의 담론이 대내외적으로 중요한 통치의 자원이 될 수 있음을 잘 보여준다. 안전 기제와 결합된 이 개혁 담론의 장악은 실질적인 경제적 양보를 동반한 서구사회의 헤게모니적 지배와도 다른 중동 권위주의 정권의 지배

방식인 것이다. 시민사회단체 등 시민사회에 대한 정권의 관용적인 태도가 이러한 위로부터의 개방과 변화의 대표적인 방식이다. 물론 이때 모든 시민사회 세력이 관용의 대상이 되는 것은 아니며 주로 국가를 대신해 현장에서 복지를 담당하는 자선단체, 복지단체들이 여기에 해당된다.

시민사회의 실태를 보면 시리아의 경우 2002년 555개에 그쳤던 민간단체의 수가 2010년 1,485개로 늘어났다. 이집트에서는 20만 개가 넘는 NGO가 있으며 튀니지에는 5,700개, 요르단에는 3,500개가 있다. 1980년대 말 대표적인 '민간단체의 폭발'을 경험했던 알제리에는 1989년 수천 개에서 1994년 36,000개, 2000대 말에는 57,000개로 늘어났다. 이러한 시민사회의 활성화는 지하에서 활동했던 이슬람주의자들에게 합법적인 공간을 제공해주는 역할을 하기도 했다(Bozarslan, 2011: p. 58).

권위주의 정권에 의한 위로부터의 시민사회 활성화는 중동에서 시민사회가 지닌 한계를 의미하며 외부세계가 중동의 시민사회에 대한, 민간단체에 입각한 대안에 대한 지나친 환상을 버려야 한다는 점을 말해준다. 민간단체들은 의료, 교육 분야에서 국가의 수고를 덜어주고 있으며, 심지어 기초생필품 분배에도 참여하고 있다. 국가는 이러한 민간단체의 활동을 근거로 자선이 빈곤 등 사회의 제반문제를 해결하는 유일한 길이라는 사고를 국민들에게 심어주고 있는 것이다. 이를 통해 국가 자신은 사회문제에 대한 책임을 벗어나는 것이다. 다른 한편 인권단체 등 정권에 도움이 되지 않는 세력들의 활동은 용인하지 않으며 이란, 시리아, 튀니지에서처럼 이들을 외부의 사주를 받아 국가발전을 저해하는 내부의 적으로 홍보한다.

정당이나 선거와 같은 정치제도 역시 유사한 기능을 수행한다. 정당들의 위상을 보면 허울뿐인 경우가 많고 국가기구로 변질되거나 그렇지 않은 경우에는 공개적인 활동이 금지된다. 선거 역시 자유로운 정치활동이 보장되지 않은 '정치없는 선거'의 성격을 띠고 있다. 자유롭든 아니든 정권에 실질적인 위협이 되지 못하는 것이다. 실질적인 경쟁이 이루어지는 경우조차 선거의 실질적인 정치적 기능은 미미하다고 볼 수 있다. 왜냐하면 선거는 자유롭지만 선거로 구성되는 의회의 역할이 미미하며 정권교체에 대한 압력이 되지 못하기 때문이다. 실제 '아랍의 봄' 이전까지 레바논의 경우를 제외하면 선거를 통해 실질적인 정권교체가 일어난 적은 한번도 없었다.

중동에서 선거는 불확실성을 지닌 위험요소가 아니다. 철저히 관리되는 중동의 선거는 정반대로 권력이 대중을 만나는 기회를 제공하며 정권의 정당성을 보증하는 근거로 작용한다. 이 의례적인 행위는 권력과 사회의 안정적인 관계가 검증되는 기회로서 선거를 대가로 국민이 정권에 대한 극단적인 저항을 포기하는 의미를 가진다. 대부분의 경우에 나타나는 정권의 압승은 지배자에 대한 행정관료들의 충성, 그리고 선거관리 능력을 확인하는 기회가 되기도 한다. 이를 통해 권력은 자신의 능력을 과시하고 사회는 이 압도적인 권력을 인정하고 굴복하는 것이다. 선거는 현상유지와 더불어 정치계급의 재구성이라는 변화를 동반하기도 한다. 선거는 정치세력에 대한 포섭의 시간이며 대다수의 정치계급이 재생산되는 가운데 일부의 교체가 이루어지기도 한다.

이런 식으로 아랍예외주의, 특히 아랍에서의 민주주의의 불가능성에 대한 기존 인식은 1990년대 정치개방을 거치면서도 유지되는 것 같았다. 그러나 다른 상반된 효과도 동시에 나타났다. 민주주의의 대중화가 그것이다. 1990년대와 2000년대에 진행된 일련의 정치적 장의 개방조치는 시민사회 또는 공론장의 개방을 동반하였고 민주주의적인 사고가 확산되는 효과를 낳았다. 비록 실제 의도는 달랐지만 정권 스스로가 정치개방을 민주화의 일환으로 표방하는 상황에서 '민주주의'는 보다 쉽게 아랍사회가 추구해야 할 정치체제로 인식될 수 있었던 것이다. 신을 주권자로 간주하는 이슬람 원리와 민주주의가 양립불가능하다는 인식이 팽배한 가운데서도 민주주의 이념의 대중화가 진행된 것이다(Ferrié, 2012).

5) 사회운동과 이슬람

사회운동과 이슬람의 관계에 대한 논의에서 우선 현대 아랍세계 사회운동에서 이슬람이 중요한 비중을 차지하고 있다는 점이 중요하다. 9·11테러 이후 미국의 아프간 전쟁을 비난하기 위해 아랍 및 이슬람세계 곳곳에서 일어났었던 시위가 이 점을 잘 보여주었다. 당시 시위는 일련의 공통된 양상을 보였다.

첫째, 많은 시위들이 금요예배 직후에 발생했다. 케냐에서는 3,000명의 시위대가 금요예배 후 플래카드를 내세우고 구호를 외치면서 나이로비 거리를 누볐다 인도네시아의 자카르타에서도 만 여명의 시위대가 미대사관을 행해 행진했다. 쿠알라룸푸르에서도 범말레이시아이슬람당(Pan-Malaysian Islamic Party, PAS) 당원들이 금요예배 후 미대사관을 행해 행진했다. 즉 금요예배가 조직적인 저항 행동의 계기로 작용한 것이다.

두 번째 공통점은 이슬람 운동 단체에 소속된 사람들이 시위를 주도했다는 점이다. 이집트와 요르단의 무슬림형제단, 인도네시아의 정의당(Justice Party), 파키스탄의 자마아테 이슬라미(Jamaat-e-Islami) 정당과 같은 대표적인 이슬람단체들이 미국의 아프간 전쟁과 이를 지지한 자국 정부를 비난하는 대중시위에서 주된 역할을 하였다.

세 번째 공통점은 시위 자체가 미국의 외교정책에 비판 여론이 형성되는 계기로 작용했다는 점이다. 시위대는 플래카드나 슬로건 등을 통해 아랍 또는 이슬람세계를 비난하기 위해 미국이 사용한 표현들을 역으로 미국에 적용하였다. 팔레스타인인들을 탄압하는 이스라엘에 대한 미국의 지지, 미국의 대 이라크 정책, 아프가니스탄에서 시민들에 대한 미군의 공격 등을 근거로 미국은 악의 축, 테러리즘, 불의(injustice)의 화신으로 규정되었던 것이다. 미국의 아프간 침공은 '이슬람에 대한 십자군전쟁(a crusade against Islam)'으로, 부시는 '테러리스트의 왕(Bush is the greatest terrorist)'으로 묘사되었고 미국이 주도하고 있는 '세계적 차원의 테러리즘으로부터 세계를 구하자(Save the world from global terrorism)'라던가 '부시를 국제 법정에 세우자(Drag Bush to an international tribunal)', '미국에 죽음을(Death to America)'과 같은 구호들이 등장했다.

네 번째, 당시 시위들은 틸리(Tilly, 1978)가 제시한 저항적인 실천의 '레퍼터리'를 포함한 것이었다. 집회나 행진과 더불어 서명, 자국어나 영어로 쓴 플래카드 등이 동원되었고 이슬람 용어나 코란 구절, 부시 초상화나 성조기 소각 등 상징적인 요소들이 등장하였다(Wiktorowicz, 2004).

2. 민주주의와 이슬람

대의제, 선거, 인민주권 등과 같은 민주주의 원리 및 제도에 대한 이슬람세계 종교계, 학계, 신자들의 입장은 다른 주제의 경우와 마찬가지로 매우 다양하다. 신을 유일한 주권자로 간주하는 살라피즘[26]에서처럼 이

---

26 일반적으로 아랍의 이슬람주의를 구분하는 방식은 개혁적인 이슬람주의와 살라피

슬람 원리에 위배된다는 이유로 절대적으로 거부하는 경우가 있는가 하면 이슬람이 인권, 인간의 자율성을 용인한다거나 더 나아가 적극적으로 장려한다는 등의 근거로 민주주의에 우호적인 입장이 있다. 최근 이슬람을 주된 근거로 하는 정치집단이 선거제도를 통해 대거 의회에 진출하거나 심지어 터키의 경우처럼 집권에 성공하는 것은 이슬람권에 후자의 입장이 폭넓게 존재한다는 명백한 증거일 것이다.

더욱이 이슬람이 다양한 지역에서 존재해왔고 이 다양한 세속의 경험이 반영된 '이슬람법' 역시 정치와 관련해서도 하나의 명확한 정치체제나 정부형태, 통치원리를 제시하기 보다 산발적인 다수의 지침을 담고 있는 것이라고 할 수 있다. 따라서 이슬람법으로부터 현실에 그대로 직용될 수 있는 하나의 처방을 기대하기 보다는 정치적인 사안을 해결해가는 과정에서 참조할 수 있는 일종의 '고전'으로 간주해야 할 것이다. 이러한 점은 정치적인 측면을 넘어서 노동, 가족, 일상생활 등 현실세계의 다른 영역에 있어서도 마찬가지다.

정치에 개입하는 20세기 후반 이후의 다양한 흐름을 통칭하는 이슬람주의의 경우를 보면 그 내부에 정치에 관한 다양한 입장이 존재한다. 이중에서 경전의 문자주의적 해석을 통해 정치에 관한 입장을 제시하는 세력은 수적으로는 소수이지만 외부세계에 가장 잘 알려져 있다. 이 흐름의 원조라고 할 수 있는 이집트 무슬림형제단의 구 지도자 사이드 쿠트브는 그의 선언문 형식의 저작 『이정표』에서 사회조직 및 정치체제는 이슬람법이 제시하는 처방을 그대로 따라야 한다고 주장하였다. 이러한

즘적 이슬람주의로 구분하는 것이다. 살라피즘은 정신적 지도자가 만든 조직을 중심으로 한 신비주의 운동이라 할 수 있다. 살라프는 아랍어로 '조상'을 의미한다. 살라피즘 내부에는 매우 다양한 흐름이 존재하지만 공히 마호메트 시대의 모습을 다시 구현하고 코란의 문자주의적 해석을 주창한다.

입장은 '코란은 우리의 헌법'이라는 일부 이슬람주의자들의 구호에서 잘 나타나 있다(Dufrêne, 2012).

그러나 아랍의 봄이 발생하기 전까지 이슬람주의는 직접적으로 또는 간접적으로 정권의 안정, 민주화의 저지, 근대화의 저지에 기여하였다고 평가되기도 한다. 이슬람주의자들에 의한 아래로부터의 재이슬람화는 국가의 위로부터의 재이슬람화와 결합하면서 사회통합을 강화하면서 정권과 체제의 지속에 기여한 측면이 있는 것이다. 심지어 국가와 이슬람주의 양자 구도의 정치질서, 그리고 이슬람주의자들에 대한 투쟁을 계기로 이슬람주의는 역설적으로 정권의 안정에 기여했던 것이다. 아랍 권위주의 정권이 이미 오래전부터 정당성과 통합력을 상실하였음에도 불구하고 상대적으로 오래 지속될 수 있었던 주된 요인 중 하나는 바로 이슬람주의에 대한 투쟁이었다.

3. '아랍의 봄'과 이슬람

이번 '아랍의 봄'에서 이슬람주의의 부재는 어떻게 설명되어야 하는가? 담론의 차원에서도 외부에 친숙한 반미, 이슬람 구호는 거의 없었고 보편적인 용어들이 주로 사용되었다. 외부세계에는 상당히 의외의 현상이었지만 1990년대 정치개방 이후 시기 이슬람주의의 행보를 고려한다면 충분히 예상될 수 있었던 것이다. 물론 이슬람주의 세력이 전혀 참여하지 않은 것은 아니었으며 개인적인 차원에서 또는 다른 조직의 일원으로 참여한 경우는 많았다. 리비아에서는 청년 이슬람주의 단체인 샤밥 리비아(Shabab Lybia)가 SNS를 통해 내전 상황을 전하는 등의 방식으로 카다피 정권을 무너뜨리는데 중요한 역할을 하였다(Lhomel, 2012). 역설적으로 오랫동안 세속 정권에 의해 탄압을 받아온 탓에 무슬림형제단의 이집트나 엔나흐다의 튀니지와 달리 세력이 강하지 않은 시리아에서 이슬람주의 세력은 반정부세력의 대다수가 참여한 ‘시리아국민위원회(Conseil national syrien)’에서 큰 역할을 수행했다(Mehli, 2012).

그러나 혁명적인 상황이 지나간 이후의 상황은 외부세계가 기대한 대로 이슬람주의의 부상이 여러 지역에서 확연히 나타났다. 아랍의 봄의 향후 전망에 대한 논의에서 외부의 관심을 끄는 요인 중 하나는 바로 아랍 정치체제에서 위와 같은 이슬람주의, 그리고 더 포괄적으로는 이슬람적 요소가 어떤 비중을 차지할까 하는 것이었다. 기존 정권이 붕괴된 국가들에서 치러진 선거에서 이슬람 세력의 정치적 영향력이 입증되었다는 점은 향후 아랍 정치에서 이슬람 및 이슬람주의가 차지할 위상을 예상할 수 있다. 2011년 10월 23일 튀니지에서는 최초로 자유선거가 실시되었고 예상되었던 대로 이슬람주의자들이 가장 많은 의석을 확보했다. 또한 이슬람적 요소 역시 민주화 과정으로 간단히 사라질 것 같지는 않다. 민주화운동으로 새로이 들어선 정권들은 정도 차이는 있지만 이슬람을 자신들의 통치의 근간이 되는 요소 중 하나로 표방하였다. 이러한 양상은 여러 가지 방식으로 설명될 수 있을 것이다. 우선 심지어 종교를 극복해야 할 구시대의 유산으로 간주하였던 아랍민족주의 정권에서도 이슬람은 최소한 담론의 측면에서라도 국민의 지지를 획득하는 효과적인 수단으로 활용되었다. 그 이후 이란혁명과 재이슬람하루 시작된 ‘이슬람주의’ 시대에서는 이슬람 세력을 탄압하는 정권조차도 이슬람을 정당성의 자원으로 적극적으로 활용하였다. 이러한 지난 수십 년간의 정치문화에 비추어볼 때 소위 ‘민주세력’ 조차 이슬람을 동원하는 것이 그리 놀라운 일은 아니다. 이와 함께 1990년대 이후 부분적이고 일시적으로나마 진행된 정치개방을 배경으로 이슬람주의자들이 가장 강력한 대안세력으로 자리잡아온 최근 아랍의 정치상황을 고려해 볼 때 정치담론에서 종교적 요소의 도입도 충분히 이해될 수 있는 것이다(Sur, 2012)(<자료 IV-3> 참조).

▌자료 IV-3▐ 국교로서의 이슬람

다종교적 측면이 명백한 레바논을 제외하고는 모든 아랍국가들의 헌법은 이슬람을 국교로 규정하고 있다. 마그레브의 경우를 보면, 1959년 튀니지 헌법은 "튀니지의 종교는 이슬람"이라고 천명하고 있으며 2011년 벤 알리 퇴진 이후 제정된 새로운 헌법에도 이 조항은 유지되었다. 1962년 모로코 헌법이나 1963년 알제리 헌법 역시 이슬람을 국교로 규정하고 있다. 알제리, 튀니지, 모로코 모두 국가 원수는 무슬림이어야 한다. 즉 이 지역에 상당수 존재하는 유대인이나 기독교인은 최고 권력자가 될 수 없는 것이다. 국가 원수들은 정교분리주의를 강조하는 경우조차 정치담론에 코란 구절을 인용한다거나 종교의례에 참여하는 등 종교적 측면을 감추지 않는다. 이슬람을 국교로 간주함에 따라 무슬림이 아닌 국민들 역시 공공영역에서는 이슬람 의례를 따라야 하는 등 신앙의 자유가 침해되는 측면이 있다. 그러나 헌법 차원에서는 마그레브 국가들이 동일한 원칙을 표방하고 있지만 보다 구체적인 법률이나 정책에 있어서는 국가에 따라, 시대에 따라 차이가 있다. 법률의 경우를 보면 많은 부분 서구의 법에 기초하고 있지만 가족법의 경우에는 이슬람적 요소가 강하게 존재한다. 형법에 있어서도 라마단 기간 동안 공공장소에서 음식을 먹지 못하거나 신을 모욕하는 행위를 금지하는 등 일부 조항이 종교적 색채를 띠고 있다. 그러나 노동법, 행정법, 선거 관련법, 상법 등 다른 대부분의 법은 식민화의 영향으로 유럽법, 특히 나폴레옹 법전을 따르고 있다.

한편 이슬람주의자들은 이슬람법률(fiqh, 피크, 법리학을 의미함)이 법의 유일한 원천이라는 헌법의 규정을 근거로 일부 법률을 비판하고 있다. 예를 들어 2004년 모로코의 개정 가족법(Moudawana, 무다와나)은 일부다처제를 제한하고 결혼계약과 관련해 여성에게 이전보다 더 많은 권리를 부여하는 조항을 담고 있는데 이슬람주의자들은 이를 서구의 정교분리주의의 영향이라며 비판하였다. 근대 이후 시기에 국한해 볼 때, 마그레브 사회에서 국가와 종교 간 관계의 중요한 부분은 종교적 사안에 대한 국가의 역할이었다. 식민지 시대부터 종교적 사안은 교리의 측면에서나 재정적인 측면에서나 국가의 통제 아래 있었다. 종교적 실천에 관한 관리는 정부의 종교 담당 부처나 또는 내무부에서 담당하였다. 이맘, 무프티, 무에찐 등 종교업무를 담당하는 사람들을 임명하거나 모스크에 대한 재정을 담당하는 것은 국가였고 심지어 국가는 금요예배 시 설교내용을 검열하기도 했다. 종교 관련 사안에 대한 국가의 역할에 대한 규정이 명확하게 되어있지 않은 점은 종교가 정치적인 도구로 활용될 수 있게 하는 또 다른 요인이다. 정치권력이 국민의 무슬림적 정체성과 이슬람 공동체(움마)를 강조하는 것은 시대에 따라 다른 함의를 지닐 수 있다. 이슬람 공동체에의 소속을 강조하는 것이 식민지 시대의 경우 외부세계에 의한 지배 등으로 잃어버린 고유의 정체성을 회복하는 의미가 있었다면 독립 이후에는 권위주의 정권의 지배를 유지하는 도구로 활용되기도 하였다. 또는 이슬람주의자들과 같이 특정 정치세력의 무기가 되기도 하였다(Khalfallah, 2012).

4. 터키 모델의 부상

민주화운동과 이슬람의 관계와 관련해 중요한 현상 중 하나는 터키 모델의 부상이다. 이슬람주의자들이 집권한 이후 터키의 경험이 중동의 정치변동에 있어서 하나의 모델로 제시되기 시작한 것은 9 · 11테러를 배경으로 당시 부시정권이 민족주의적이고, 나토가입국이며 유럽연합 가입을 추구하는 터키의 이슬람을 테러리즘에 의존하는 급진적 이슬람과 달리 미국 등 서방세계와 공존할 수 있는 '온건한 이슬람'의 가능성을 지닌 사례로 부각시키면서부터였다. 2002년 이슬람주의 계열의 정당인 정의발전당이 중도 우파로 분류될 수 있는 기성 정치인들과 연대하여 선거에서 승리함으로써 집권에 성공하게 된다. 집권 후 정의발전당은 경제적으로는 개방정책을, 사회적으로는 보수적인 정책을 펴게 된다. 정의발전당은 자신들을 서구의 기독교 민주주의자들과 유사한 이슬람 민주주의자로 표방하였다. 집권 초기 유럽연합 가입을 의식해 사형제 폐지, 쿠르드문제에 대한 전향적인 태도, 정부와 군 간의 관계 변화 등의 개혁적인 조치를 단행하게 된다. 이러한 정치사회적 개혁조치는 경제분야에서의 성과를 동반했고 선거에서의 연이은 승리로 이어지게 된다.

이제 많은 사람들이 터키의 모델을 서구식 발전모델과 구분되는 중동의 정치적, 경제적 대안으로 간주하고 있다. 이와 함께 유럽연합 가입을 위한 시도는 중동 사람들이 터키를 앞서가는 나라로 인식하게 하였고 이스라엘의 팔레스타인 정책에 대한 비판적인 입장 표명은 아랍인들의 신뢰를 얻는 성과를 얻었다. 이런 식으로 터키는 아랍국가들의 모델이자 중동의 리더 국가로 자리매김하고 있다. 한편 아랍의 봄과 관련해 터키는 두 가지의 역할을 하였다. 하나는 해당 국가들의 향후 전망에 교훈을 주는 하나의 모델로 작용하며 다른 하나는 바로 새로운 정치주체가 된 민주세력의 파트너로서의 역할을 한다. 실제 정의발전당은 '아랍의 봄' 직후 하셰드 간누쉬(Rached Ghannouchi)가 이끄는 튀니지의 엔나흐다, 그리고 이집트의 무슬림형제단과의 관계를 강화한 바 있다. 시리아와는 2011년 여름 이슬람주의 전통이 강한 수니파 지역인 하마(Hama)를 장악하면서 관계가 단절되었다. 물론 아랍인들 사이에서 터키의 최근 인기는 매우 불안정한 것이다. 1923년 공화국 수립 이후 터키는 줄곧 아랍세계보다 유럽과 가까워지려고 했다. 터키에게 아랍세계는 관계를 멀리하고 삶은 퇴행적인 세계로 여겨져온 것이다. 마찬가지로 아랍인들에게도 터키는 무엇보다도 아랍인들을 억압했던 오스만 제국 지배집단의 후예로 간주되어 왔다. 최근 터키의 부상 역시 '네오 오스만'이라 불리며 경원시되기도 하는 것이다(Schmid, 2012).

5. '아랍의 봄'의 전망

'아랍의 봄' 현상이 나타난 이후 지금까지 외부세계의 가장 큰 관심은 아마도 이것이 어떤 결말을 가져올지에 관한 것이다. '아랍의 봄'이 예상하지 못한 현상이었던 것과 마찬가지로 향후 전망에 대해서도 어떤 단언을 내린다는 것은 어렵다. 이를 위해서는 대내외적인 수많은 요인이 고려되어야 하겠지만 사회집단 및 정치세력들 간의 역학관계의 측면에서 검토해본다. 이러한 측면에서 중요한 점은 혁명세력과 민중의 역량이 어느 정도인가 하는 것이다. 이 점에 있어서 아랍 국가들은 외부세계의 일반적 인식과 달리 개별 국가 간에 큰 차이가 있다. 우선 인구구성에 있어서 베르베르문제와 같은 종족적 또는 문화적인 갈등이 강하게 존재하는 알제리는 이집트나 튀니지의 국민들에 비해 덜 동질적이다. 이러한 다양성과 그와 연관된 갈등은 '분할을 통한 지배(divide and rule)' 전략을 용이하게 할 수 있다. 특히 알제리와 같이 멀지 않은 과거에 내전을 겪은 사회에서는 통합적인 민중의 저항운동이 나타나기가 상대적으로 어려울 수 있다(Khalidi, 2011). 물론 이러한 통합력의 문제에도 불구하고 드물게 전쟁을 통해 독립을 쟁취한 경험, 비동맹운동의 선봉에 섰던 경험, 북아프리카의 지도적인 위치에 있었던 경험 등은 알제리인들의 남다른 자부심과 정체성의 배경이 되었고 향후 국민의 힘에 의한 정권교체의 가능성을 높이는 요인이 될 수 있다. 이번 민주화운동의 바람에서 비껴간 나라들 역시 적지 않은 영향을 받았다. 특히 여전히 왕정을 유지하고 있는 모로코의 운명은 '아래로부터의 민주화'의 시대에 관심거리가 아닐 수 없다.

이러한 국가별 차이 이외에도 다양한 요인이 향후 전망에 고려되어야 할 것이다. 혁명세력의 역량, 반혁명세력의 향후 행보, 이슬람주의자들의 향후 행보 및 세속적인 민주세력과 예상되는 관계, 민주화과정에서 군의 역할, 지역간 격차 및 갈등의 해결 등 아랍 민주화운동의 결과와 관련해 많은 질문이 제기될 수 있을 것이다. 특히 사회의 급진적인 변화를 거부하는 흐름이 '아랍의 봄'이 어떻게 귀결될 것인지에 대한 논의에서 중요하다고 할 수 있다. 과거 아랍세계의 경험이 보여주듯이 민주화운동은 강력한 반혁명 블록의 저항에 직면하게 된다. 계급적인 측면에서 반혁명블록은 부르주아 계급이 이끌고 있다고 할 수 있다. 지난 40여년간 지속되어 온 종속적인 축적체제는 부유한 부르주아지의 부상을 낳았는데 이들은 신자유주의 세계화가 초래한 극단적인 부의 불평등의 수혜자였다. 현재 이집트의 부르주아지에는 군과 경찰의 고위층, 국가 기구 및 민족민주당에 연계된 민간인, 무슬림형제단의 간부나 일종의 국가교회라고 할 수 있는 알아즈하르 사원의 쉐이크(Sheikh)와 같은 종교인들이 속해 있다. 농촌지역의 반혁명 진영도 그 세력이 만만치 않다. 나세르 시대 농업개혁을 통해 과거 지주계급을 누르고 농촌의 신흥 지배계급이 된 부농들이 여기에 해당된다. 이상과 같은 반혁명 진영은 군과 경찰, 국가기구, 민주민족당, 아즈하르와 같은 종교기구, 무슬림형제단과 살라피 등 이슬람주의 세력과 같은 강력한 정치적 수단을 보유하고 있다. 실제 무바라크 퇴진 후 이집트의 정치변동은 이 반혁명 세력 주도하에 전개되고 있다. 이들은 구체제를 되살리려는 시도를 하기보다는 민주적인 변화가 자신들에게 초래할 피해를 최소화하려 하고 있다. 특히 다양한 의미를 지니는 현재의 혁명을 자신들의 기득권이 침해되지 않는 식으로 변질시키려 한다.

튀니지에서도 반혁명의 시도가 나타났다. 구 정권의 수장은 떠났지만 나머지 세력들은 여전히 남아있었다. 그러나 반혁명의 힘은 무엇보다도 혁명에 참여하거나 지지를 보낸 민중들이 혁명에 기대했던 바가 이루어지지 않음으로써 혁명에 등을 돌릴 위험성이다. 경제가 어려운 상황 속에서, 그리고 혁명에 부정적인 국제금융기구들의 역할을 고려할 때 이러한 위험성이 적지 않은 것이다. 모든 희망, 그리고 목숨까지 혁명에 걸었던 실업자나 빈곤층들은 혁명이 자신들의 삶의 조건에 가시적인 변화를 가져오지 못하게 되면서 실망을 느끼기 시작한 것이다. 빈곤층을 대상으로 한 수당 지급이나 공직 채용 시의 혜택, 기초생필품 가격 보조정책, 고학력 청년들의 실업문제 해소방안 등 벤 알리 퇴진 후 수립된 정부가 시도한 정책이 큰 성과를 거두지 못한 바 있다. 혁명의 성과가 단시일 내에 나타날 수 없다는 점과 혁명 이후 대중의 동원이 급속도로 약화된다는 혁명의 일반적인 양상이 반혁명세력의 부상을 초래하고 있는 것이다. 이와 관련해 피에르 블랑은 혁명적 상황이 지나간 후 새로운 정치체제가 만들어지는 과정에서 제기되는 비관적 전망을 언급하며 "이 운동이 미래가 없다고 생각하는 사람들에게 우리가 겪어온 과거 역시 미래가 없다고 말할 수 있다"고 말했다(Blanc, 2011). 이 견해를 받아들이면 과거의 세력과 현재의 세력 사이의 물러설 수 없는 싸움이 상당기간 지속될 것이라고 생각할 수 있다.

민주화운동은 지역질서 및 세계질서에도 변화를 가져올 수 있다. 우선 이 지역에서의 미국의 위상에 의미있는 변화가 있을 것인지가 중요한 관심거리이다. 아랍의 봄은 이 지역에 대한 미국의 영향력의 근간이 되는 아랍정권과의 동맹관계에 변화를 가져올 수 있기 때문이다. 먼저 이집트의 경우를 보면 오바마 정부가 이집트의 정권교체에 호의적인 입장을 보였지만 이것이 그간의 이집트와의 동맹관계를 약화시킬 가능성이 있다. 한편 사우디아라비아와 걸프만 국가들은 미국이 무바라크 정권 지지를 쉽게 철회한 것을 보고 긴장한 바 있다. 나토 회원국이자 이스라엘의 전략적 파트너인 터키는 최근 아랍세계의 급격한 정치변동을 배경으로 이스라엘과 미국의 중동전략에 대해 과거와 달리 다소 비판적인 목소리를 내기 시작했다. 여기에 빈라덴 사망 이후 미국과 파키스탄의 관계에 불협화음이 생긴 점까지 고려하면 중동에서의 미국의 위상에 변화가 있을 수 있다. 유럽과 아랍의 관계에도 변화가 예상되는데 예를 들어 아랍의 봄 이전까지 사르코지 프랑스 대통령과 무바라크 이집트 대통령이 공동의장이었던 '지중해연합(Union for the Mediterranean)'에 변화가 불가피하고 레바논 문제의 해결을 용이하게 하는 차원에서 시리아의 알 아사드 정권을 지지해왔던 프랑스 등 일부 유럽 국가들의 경우 내전이 끝나지 않는 최근 시리아의 상황에 직면해 상당히 곤란한 입장에 놓여 있다(Charillon, 2012). 중동 및 아랍 지역 차원의 세력관계, 동맹관계에 변화가 있을 것인가 하는 것도 향후 전망과 관련된 중요한 쟁점이다. 예를 들어 새로운 아랍지역질서가 '아랍의 봄'의 결과 형성되는 새로운 정권들과 아랍의 봄에 부정적인 보수세력들간의 새로운 대립구도를 예상할 수 있다. 리비아, 튀니지, 시리아 등에서의 정치변동은 기존의 국가 간 관계에 변화를 예고하고 있다.

시리아 내전이 끝날 기미를 보이지 않고 이라크에서 내전이 발발한 가능성이 대두되고 있는 최근의 상황은 종족적, 종교적 정체성의 정치화가 적어도 이 지역의 숙명이라는 일반적 사고를 확증해주는 듯 보인다. 이 책이 시도한 것과 같은 반론이 현실 앞에 얼마나 무력한지를 보여주고 있다. 적어도 지금까지는 1990년대 평화협상 시대가 그렸던 장밋빛 환상이 1999년부터 기존보다 더 잔혹한 탄압, 침공, 내전으로 인해 무참히 깨어졌듯이, 아랍세계의 질곡을 끊는 듯 보였던 2011년 '아랍의 봄' 역시 수없이 반복되었던 기대와 환멸의 또 하나의 사례가 되고 있다.

■참고문헌

김용복, 2001,「일본 개혁, 보수화, 그리고 동아시아」,『역사비평』2001년 봄호.

김항섭, 2004,「90년대 브라질 종교 지평의 변화에 관한 고찰」,『종교연구』34집, 2004년 봄호.

다키 고지, 2001,『전쟁론』(지명관 옮김), 소화.

레데케르, 로베르(R. Ledeker), 2000,「정치를 대신한 자리: 인도주의와 전쟁」,『전쟁이 끝난 후』(타리크 알리 외), 이후.

루이스, 베르나르(B. Lewis), 1994,『이슬람문명사』(김호동 역), 이론과 실천.

마스든, 조지(G. Masden), 1997.『근본주의와 미국문화』(박용규 옮김), 생명의 말씀사.

박규태, 2003,『아마테라스에서 모노노케 히메까지』, 책세상.

박명수, 2000,「오순절운동과 조용기 목사의 신학」,『한국교회 설교가 연구 1』, 한국교회사학연구원, 2000.

박진빈, 2003,「미국의 보수화와 군산복합체―신남부의 힘」,『역사비평』64호, 2003년 가을호.

발리바르, 에티엔(E. Balibar), 2006,「전쟁으로서의 정치, 정치로서의 전쟁: 포스트-클라우제비츠적인 변이들」(사회진보연대 홈페이지 자료실).

베버, 막스(M. Weber), 2010,『프로테스탄티즘의 윤리와 자본주의 정신』(박성수 옮김), 문예출판사.

벡소 롤렌(R. Bexo) 엮음, 2011,『전쟁은 없다』, 인간사랑.

보드리야르, 장(J. Beaudrillard), 2002,『테러리즘의 정신』(배영달 옮김), 동문선.

빌, 자넷(J. Biehl), 2003,「'생태론'과 독일 극우파 안에서의 파시즘의 현대화」, 자넷 빌 & 피터 스타우든마이어,『에코파시즘』(김상영 역), 책으로 만나는 세상.

사이드, 에드워드(E. W. Said), 1999,『오리엔탈리즘』, 교보문고.

시마조노 스스무, 1997,『현대일본 종교문화의 이해』(박규태 옮김), 청년사.

이원규, 2001,『종교사회학의 이해』, 나남출판.

이재영, 2005,『전쟁: 개념, 발발과정, 원인』, 대왕사.

정은희, 2011,「북아프리카, 신자유주의에 맞선 노동자계급의 혁명」,『진보평론』, 제47호 2011년 봄호: 149-158쪽.

캘도어, 메리(M. Kaldor), 2010,『새로운 전쟁과 낡은 전쟁』(유강은 옮김), 그린비.

케네디, 폴(P. Kenedy), 1996,『강대국 의 흥망』(이일수 역), 한국경제신문사.

토드, 엠마누엘(E, Todd), 2003, 『제국의 종말』, 까치.
파머, 앨런(A. Palmer), 2004, 『오스만 제국은 왜 멸망했는가?』(이은정 옮김),
하먼, 크리스(Ch. Harmon), 2001, 『민족문제의 재등장』(배일룡 역), 책갈피.
할둔, 이븐(I. Khaldun), 2003, 『역사서설: 아랍, 이슬람, 문명』(김호동 역), 까치.
홉스봄, 에릭(E. Hobsbawm), 1997, 『극단의 시대: 20세기 역사 (상)』(이용우 역), 까치.
홉스봄, 에릭(E. Hobsbawm), 1998, 『제국의 시대』(김동택 옮김), 한길사.
홉스봄, 에릭(E. Hobsbawm). 2004, 『만들어진 전통』(박지향 외 옮김), 휴머니스트.
후라니, 앨버트(A. Hourani), 2010, 『아랍인의 역사』(김정명, 홍미정 옮김), 심산.
후지나가 다케시, 1998, 「현대 일본 반동세력의 한국사 인식 일본형 역사수정주의가 등장하기까지」, 『역사비평』 1998년 가을호.
후지따 쇼오조오, 1998, 『전체주의의 시대경험』(이홍락 역), 창작과비평사.

Abdel-Malek, Anouar, 1967, "Introduction", in A. Abdel-Malek(ed.), *Anthologie de la littérature arabe contemporaine tome 2: Les Essais*, Seuil.
Abdel-Malek, Anouar, 1969, *Idéologie et renaissance nationale: L'Egypte moderne*, Anthropos.
Abderrahim, Kader, 2011, "Jacqueries et réseaux de résistance en Algérie", *Le Monde diplomatique*, 2011년 2월호.
Abouhani, Adelghani. 1996. "Le Maroc: crise du modèle de développement et perspectives de changement". in S. Amin, *Le Maghreb: Enlisement ou nouveau départ?,* Forum du Tiers-monde, L'harmattan.
Abu-Rabi, Ibrahim M., 1996, *Intellectual Origins of Islamic Resurgence in the Modern Arab World*, Albany: State University of New York Press.
Abu-Rabi', Ibrahim M., 2004, *Contemporary Arab Thought: Studies in Post-1967 Arab Intellectual History*. Pluto Press.
Achcar, Gilbert, 1995, "Genèse du Leviathan impérial américain", in Actuel Marx (eds.), *L'impérialisme aujourd'hui*, PUF.
Achcar, Gilbert, 2011, "Les Frères musulmans pour une transition dans l'ordre", *Le Monde diplomatique*, 2011년 3월호.
Adda, Jacques, 1997, *La mondialisation de l'économie. tomes 1 et 2*. La découverte: Repères.
Addi, Lahouari, 1998, "Violence politique et islam en Algérie." in M. Kilani(dir.)

Islam et changement social, Lausanne: Payot.
Adelkhah, Fariba., 1998, "Les transformations de la culture religieuse de masse en République islamique d'Iran", in M. Kilani(dir.), *Islam et changement social*, Lausanne: Payot.
Ahmed, A. Sid, 1990, "Pétrole et économie islamique", in G. Beaugé (dir.), *Les capitaux de l'islam*, Presses du CNRS.
Al Awadi, Hesham, 2004, *In Pursuit of Legitimacy: The Muslim Brothers and Mubarak, 1982-2000*, Tauris Academic Studies.
Al-Ahnaf, M., Botiveau, B. & F. Frégosi, 1991, *L'Algérie par ses islamistes,* Karthala.
Al-Ashmawy, M. Said, 1989, *L'slamisme contre l'slam*. La découverte.
Al-Azmeh, Aziz, 1993, "Populisme contre démocratie", in G. Salamé(ed.), *Démocraties sans démocrates*, Fayard: pp. 233~252
Althusser, Louis, 1976, *Positions,* Editions sociales.
Amin, Samir, 1982, "Y a-t-il une économie politique du fondamentalisme islamique?", *Peuples Méditerranéens,* No. 21, 1982년 10~12월호.
Amin, Samir, 2011, *Le monde arabe dans la longue durée: le 'printemps' arabe?*, Le temps des cerises.
Arendt, Hannah, 1982, *L'imperialisme,* Fayard.
Arkoun, Mohammed, 1984, *Pour une critique de la raison islamique*, Maisonneuve et larose.
Avenary, Ury, 2006, "Qui? Moi?"(http://www.france-palestine.org/article4415.html)
Ayoob, Mohammed, 2008, *The Many Faces of Political Islam: Religion and Politics in the Muslim World*, University of Michigan Press.
Bachand, Charles-Antoine, 2007, (http://www.projetsdedalus.net/carnets/index.php?2007 /07/ 06/559)
Badie, Bertrand, 1994, *Le développement politique,* Economica.
Balandier, Georges, 1955, *Sociologie actuelle de l'Afrique noire*, PUF.
Balibar, Etienne, 1997, "Algerie, France: une ou deux nations!", *Ligne* No. 30, 1997년 2월호.
Bani Sadr, 1989, *Le Coran et les droits de l'homme*, Maisonneuve & Larose.
Barton, Greg, 2005, *Jemaah Islamiyah: Radical Islamism in Indonesia,* Singapore: Ridge Books.
Bauer, Julien, 1999, *Politique et religion*. PUF: Que sais-je?

Beau, Nicolas, 1998, *Paris, capital arabe*, Seuil.

Beaugé, Gilbert(dir.), 1990, *Les capitaux de l'islam*, Paris: CNRS Editions.

Ben Ali, D., 1991, "Changement de pacte social et continuité de l'ordre politique au Maroc", in M. Camau(dir.), *Changements politiques au Maghreb*, CNRS.

Ben Barka, Mokhtar, 1998, *Les nouveaux rédempteurs: le fondamentalisme protestant aux Etats-Unis*, Les Editions de l'Atelier.

Berger, P. & T. Luckmann, 1963, "Sociology of Religion and Sociology of Knowledge", *Sociology and Social Research.* 47(4), 1963년 7월호: pp. 417~427.

Berger, Peter L. 1983, "From the crisis of Religion to the Crisis of Secularity", in Douglas, M. and S. M. Tipton(eds), *Religion and America in a Secular Age*, Boston: Beacon.

Berkes, Niyazi, 1964, *The development of secularism in Turkey*, Montreal: McGill University Press.

Bernand, Carmen, 1993, "Dimensions culturelles et ethniques des mouvements sociaux", in F. Chazel(dir.), *Action collective et mouvements sociaux*, PUF.

Berque, Jacques, 1964, *Dépossession du monde*, Seuil, 1964.

Binder, Leonard, 1988, *Islamic Liberalism: A Critique of Development Ideologies*, Chicago: University of Chicago Press.

Blanc, Pierre, 2011, "Révoltes arabes: premiers regards", *Confluences Méditerranée*, 2011년 6월호.

Blin, L. & P. Fargues(dir.), 1995, *L'économie de la paix au Proche-Orient: tomes 1 et 2*, Maisonneuve & Larose/CEDEJ.

Boespflug, F., Dunand, F. et J.-P. Willaime, 1996, *Pour une mémoire des religions*, La découverte.

Boltanski, 2009, *De la critique. Précis de sociologie de l'émancipation,* Gallimard.

Bourdieu, P. & Sayad, A., 1964, *Le Déracinement*, Minuit.

Bozarslan, Hamit, 2011, *Sociologie politique du Moyen-Orient*, La découverte.

Bricmont, Jean, 2011, La bonne conscience endort la gauche", in *Le Monde diplomatique, Manière de voir* No. 120: pp. 24~26.

Brown, David, 1989, "Ethnic revival: perspectives on state and society", *Third World Quarterly*, 11(4): pp. 1~17.

Burgat, François, 1995, *L'islamisme au Maghreb*, Payot.

Cabanel, Patrick, 1997, *La question nationale au XIXe siècle*, La découverte: Repères.

Camau, Michel, 1997, "D'une République à l'autre", *Maghreb/Machrek* No. 157, 1997년 7~9월호.

Carré, Olivier, 1993, *Le nationalisme arabe*, Payot.

Chaaban, Wafaa, 1985, "La Pénétration du socialisme et du marxisme dans la pensée arabe", G. Labica(dir.), *L'oeuvre de Marx, un siècle après*, PUF.

Charillon, Frédéric, 2012, "Les bouleversements arabes: leçons, espoirs et interrogations", in La documentation française, *Questions internationales: Printemps arabe et démocratie*, 2012년 1~2월호: pp. 8~15.

Charnay, Jean-Paul, 1980, *Les Contre-Orients*, Sindbad.

Charnay, Jean-Paul, 1991, *La vie musulmane en Algérie*, PUF.

Chatelus, Michel, 1981, "Ambiguïté et contradictions des experiences de développement dans le monde arabe depuis l'accroissement des revenus pétroliers", in B. Khader, *Monde arabe et développement économique*, Le sycomore.

Chawqui, Lofti, 2011, “Premiers enseignements des révolutions en Tunisie et en Egypte”, *Solidarités*, No. 184.

Cherif, M. El-Hedi, 1996, “Réformes et islam chez Bourguiba”, in S. Ferchiou(dir.) *L'islam pluriel au Maghreb*, CNRS.

Chouet, Alain, 2007, "Introduction", in X. Raufer(ed.), *Atlas de l'islam radical*, CNRS Editions.

Clausewitz, Carl von, 2006, *De la guerre*, tempus.

Confluences Mediterranée, 2007, “Entretien avec Amal Saad Ghorayeb: Hezbollah: resistance, ideologie et politique", *Confluences Mediterranée*, no.61, 2007년 봄호: pp. 41~47.

Coquery-Vidrovitch, C., Hemery D. & J. Piel(eds.), 1988, *Pour une histoire du développement: états, sociétés, développement,* L'Harmattan.

Corm, Georges, 1983. *Le Proche-Orient éclaté*. La découverte.

Corm, Georges, 1992, *Liban: les guerres de l'Europe et de l'Orient: 1840-1992*, Folio Actuel.

Corm, Georges, 1994, *Le nouveau désordre mondial*, La découverte.

Corm, Georges, 1998, "Le liban dans les filets séculaires de la globalisation", *Les cahiers de l'Orient,* No. 52, Quatrième trimestre 1998.

Corm, Georges, 2002, *Le Proche-Orient éclaté*, Folio.

Corm, Georges, 2003, *Le Proche-Orient eclaté: 1956-2003*. Paris: Folio histoire.

Corm, Georges, 2005, "Crise libanaise dans un contexte régional houleux", *Le Monde diplomatique,* 2005년 4월호.

Corm, Georges. 1989. *L'Europe et l'Orient. De la balkanisation à la libanisation,* La découverte.

Corm, Georges. 1991, *L'Europe et l'Orient,* La découverte.

Corm, Georges. 1997, *Le Proche-Orient éclaté II*, La Découverte.

Couland, Jacques, 1978, "Regards sur l'histoire syndicale et ouvrière égyptienne(1899-1952)", R. Gallissot(coor.), *Mouvement ouvrier, communisme et nationalisme dans le monde arabe*, Cahier du Movement social, no.3, Les Editions ouvrières.

Crawford, Beverly, 1998, "The Causes of Cultural Conflict: An Institutional Approach", in Crawford, B. and R. D. Lipschutz(ed.), *The Myth of "Ethnic Conflict": Politics, Economics, and "Cultural" Violence*, University of California at Berkeley: pp. 3~43.

D'Epinay, Christian Lalive, 1966, "Changements sociaux et développement d'une secte: le Pentecôtisme au Chili", *Archive de Sciences sociales des Religions,* No. 21, 1966년 1~6월호.

Daniel, Norman, 1960, *Islam and the West: The Making of an Image,* Edinburgh.

D'Encausse, Hélène Carrère, 1975, *La politique soviétique au Moyen-Orient: 1955-1975*, Presses de la FNSP.

Denoeux, G., 1999, "La Tunisie de Ben Ali et ses paradoxes", in *Maghreb/Macherek* No. 166, oct.-déc.

Djermoune, Nadir, 2011, "Algérie. A propos des révoltes des jeunes: l'univers informel et la démocratie"(www.pst-dz.org, 알제리 노동자사회주의당(PST) 2011년 1월 13일)

Droogers, André, 1999, "Globalization and the Pentecostal Succes", in Corten, A. and R. Marshall-Fratani(eds.), *Pentecostalism and Transnationalism*, London: Hurst.

Dufrêne, Nicolas, 2012, "Islam et démocratie", in La documentation française, *Questions internationales: Printemps arabe et démocratie*, 2012년 1~월호: pp. 26~27

Dumas, M.-L., 1995, "Lectures de l'islam radical et intégriste méditerranéens", in M.-L. Dumas(dir.), *Répertoires des partis intégristes musulmans, tome 1: la Méditerranée*, C.H.E.A.M.

Durkheim, Emile, 1968, *Les formes élémentaires de la vie religieuse*, PUF.

El Alaoui, Hicham Ben Abdallah, 2011, "Tunisie, les éclaireurs", *Le Monde diplomatique,* 2011년 2월호.

El Khawaga, Dina, 2003, "La génération seventies en Egypte", in Bennani-Chraibi, M. et O. Fillieule, *Résistances et protestations dans les sociétés musulmanes,* Presses de Sciences PO.

El-Chazli, Youssef, 2012, "Egypte: de l'unification contre l'oppresseur aux incertitudes transitionnelles", in La documentation française, *Questions internationales: Printemps arabe et démocratie*, 2012년 1~2월호: pp. 39~45.

Encyclopaedie Universalis, 1994.

Esposito, John L., 1984, *Islam and Politics*(4th ed), New York: Syracuse University Press.

Evans, M. & J. Phillips, 2007, *Algeria: Anger of the Dispossessed*, Yale University Press.

Ferrié, Jean-Noëlle, 1996, "Les paradoxes de la réislamisation en Egypte", *Maghreb/Machrek,* No. 151, 1996년 1~3월호.

Férrié, Jean-Noëlle, 2002, "Les limites d'une démocratisation par la société civile en Afrique du Nord", *Monde arabe: Maghreb-Machrek,* n°175, 2002년 1~3월호.

Ferrié, Jean-Noëlle, 2008, *L'Egypte entre démocratie et islamisme: Le système Moubarak à l'heure de la succession*, Autrement.

Ferrié, Jean-Noëlle, 2012, "La fin d'un modèle autoritaire", in La documentation française, *Questions internationales: Printemps arabe et démocratie*, 2012년 1~2월호: pp. 18~25

Foucault, Michel, 1976, *La volonté de savoir*, Gallimard.

Freston, Paul, 1998, "Pentecostalism in Latin America: Characteristics and Controversies", *Social Compass,* 45(3): pp. 335~358.

Gallissot, René, 1977, "Le socialisme dans le domaine arabe: Syrie, Liban, Irak, Palestine, Egypte, Maghreb", in J. Droz(dir.), *Histoire générale du socialisme Tome III*, PUF.

Gallissot, René, 1978, "Movement ouvrier et mouvement national: communisme, question nationale et nationalismes dans le monde arabe", in R. Gallissot (coor.), *Mouvement ouvrier, communisme et nationalisme dans le monde arabe*, Cahier du Movement social, No. 3, Les Editions ouvrières.

Gallissot, René, 1987, *Maghreb, Algérie: classes et nation Tome 2*, Arcantère.

Gallissot, René, 1997, "De l'Europe aux populismes du Tiers-Monde," in R. Gallissot(ed.), *Populisms du Tiers-Monde*, L'Harmattan.

Garaudy, Roger, 1986, *L'Islam vivant*, Alger: Maison des Livres.

Gellner, Ernst, 1989, *Nations et nationalisme,* Payot.

Ghalioun, Burhane, 1991. *Le malaise arabe,* La découverte.

Ghalioun, Burhane, 1997, *Islam et politique: la modernité trahie*, La découverte.

Ghandour, Abdel-Rahman, 2002, *Jihad humanitaire: Enquête sur les ONG islamiques*, Flammarion.

Ghazali, Ahmed, 1991, "Contribution à l'analyse du phénomène associatif au Maroc". in M. Camau(dir.), *Changements politiques au Maghreb,* CNRS.

Gresh, Alain, 2002, "Arabie saoudite: les défis de la succession", in Leveau, R. et A. Hammoudi(dir.), *Monarchies arabes: transitions et dérives dynastiques,* La documentation française.

Gresh, Alain, 2005, "Offensive concertée contre le régime syrien", *Le Monde diplomatique,* 2005년 12월호.

Gresh, Alain, 2009, "Un nationalism nurri par les interventions étrangères", L*e Monde diplomatique*, 2009년 7월호.

Grosrichard, Alain, 1979, *Structure du sérail. La Fiction du despotisme asiatique dans l'ccident*.

Habermas, Jürgen, 1987. *Théorie de l'agir communicationnel*. tome 1. Fayard.

Hafez, M. M. and Q. Wiktorowicz, 2004, "Violence as Contention in the Egyptian Islamic Movement", in Q. Wiktorowicz, *Islamic Activism*, Indiana University Press: pp. 61~88.

Hafez, Mohammed M., 2004, "From Marginalization to Massacres: A Political Process Explanation of GIA Violence in Algeria", in Q. Wiktorowicz, *Islamic Activism*, Indiana University Press: pp. 33~60

Halimi, Serge, 2011, "Les révoltes arabes et le chaos libyen", in *Le Monde diplomatique, Manière de voir* 120: pp. 8-12.

Halliday, Fred, 1982, *L'U.R.S.S. et le Monde arabe*, Le sycomore.

Harbi, Mohammed, 1991, "Sur les processus du relégitimation du pouvoir en Algérie", in M. Camau(dir.), *Changements politiques au Maghreb,* CNRS.

Harbi, Mohammed, 1992, *L'Algérie et son destin.* Arcantère.

Harbi, Mohammed, 1994, "Communautarisme religieux et nationalisme en Algérie" in N. Burgi, (dir.) *Fractures de l'Etat-nation.* Kimé.

Hardt, M. & A. Negri, 2000, *Empire*, Cambridge, MA: Harvard University Press.

Harvey, David, 2003, *Paris, Capital of Modernity*, Routledge.

Henry, Jean-Robert, 1981, "Droit musulman et structure d'Etat moderne en Algérie: l'héritage colonial", in Gellner, E. et J.-C. Vatin(dir.), *Islam et politique au Maghreb*, CNRS.

Hervieu-Léger, Danièlle, 1999, *Le pèlerin et le converti*, Flammarion.

Hervieu-Léger, Danielle. 1993. *La religion pour mémoire,* Cerf.

Heydemann, Steven, 2007, *Upgrading Authoritarianim in the ARab World*, The Saban Center for M.E. Policy at Brooking Institution, analysis paper.

Hinkelammert, Franz J., 1993, "La théorie de l'empire américain", in Hinkelammert, F. J. & H. Assmann(dir.), *L'idôlatrie de marché: critique théologique de l'économie de marché*, Cerf.

Hobsbawm, Eric, 1992, *Nations et nationalisme depuis 1780.* Gallimard.

Holger, A. and E. Weguer, 2006, "Autocrats and Islamists: Contenders and Containment in Egypt ans Morroco", *Mediterranean Politics* No. 6, summer 2006: pp. 104~125.

Hourani, Albert, 1983, *Arabic thought in the liberal age: 1798~1939,* London: Oxford University Press.

Hourani, Albert, 1987, *Islam et Modernité,* La découverte.

Hourani, Albert, 1993, *Histoire des peuples arabes*, Seuil, Point Histoire.

Huff, Toby E., 1999, "Introduction", in Huff, T. E. & W. Schluchter(eds), *Max Weber & Islam*, New Brunswick: Transaction Publishers: pp. 1~52.

Husson, Michel. 1995, "Les trois dimensions du néo-impérialisme", in Actuel Marx(eds.), *L'impérialisme aujourd'hui*, PUF.

Ismael, T. Y. & R. El-Sa'id, 1990, *The Communist Movement in Egypt: 1920-1988*, New York: Syracuse University Press.

Ismael, Tareq Y., 2005, *The Communist Movement in the Arab World*, Routledge

Kadri, Aïssa, 1991, "De l'université coloniale à l'université nationale", *Peuples*

méditerranéens, No. 54~55, 1991년 1~6월호.
Kamrava, 2005, *The Modern Middle East, A Political History since the First World War*, Berkeley/Los Angeles/Londres: University of California Press.
Keddie, Nikki R., 1972, "Intellectuals in the Modern Middle East: A Brief Historical Consideration", *Daedalus* 101, No. 3: pp. 39-57.
Kepel, Gilles(dir.), 1993, *Les politiques de Dieu.* Seuil.
Kepel, Gilles, 1993, *Le prophète et le pharaon*, Seuil.
Kepel, Gilles, 1994, *The revenge of God: The resurgence of Islam, Christianity and Judaism in the modern world*, Cambridge: Polity.
Kerrou, Mohammed. 1998. "Politiques de l'islam en Tunisie", in M. Kilani(dir.) *Islam et changement social,* Lausanne: Payot.
Khader, Bichara, 1995, "L'ajustement structurel au Maghreb: une synthèse", B. Khader(dir.), *Ajustement structurel au Maghreb,* L'Harmattan: Alternative Sud. vol II, No. 3.
Khader, Bichara. 1992. *L'Europe et le monde arabe: cousins, voisins,* Publisud.
Khaldoun, Ibn, 1997, *Discours sur l'histoire universelle. Al Muqaddima,* Sindbad.
Khalfallah, Nejmedine, 2012, "Islam et droit constitutionnel au Maghreb", in La documentation française, *Questions internationales: Printemps arabe et démocratie*, 2012년 1~2월호.
Khalidi, Rashid, 2011, "Quelques remarques historiques pour comprendre les révolutions arabes de 2011.(http://www.npa2009.org/content/quelques-remarques - histo riques- pour- comprendre).
Kian-Thiébaut, Azadeh, 1997, "Les stratégies des intellectuels religieux et clercs iraniens face à la modernité occidentale", *Revue francaise de science politique* Vol. 47, No. 6: pp. 776~797
Kienle, Eberhard, 2001, *A Grand Delusion: Democracy and Economic Reform in Egypt*, London: I. B. Tauris.
Kodmani-Darwish, B. & M. Chartouni-Dubarry(dir.), 1997, *Les Etats arabes face à la contestation islamiste,* Armand Colin.
Krämer, Gudrun, 1994, "L'intégration des intégristes: une étude comparative de l'Egypte, la Jordanie et la Tunisie", in G. Salamé(dir.), *Démocraties sans démocrates: Politiques d'ouverture dans le monde arabe et islamique*, Fayard.
Lambert, Yves, 2000, "Religion, modernité, ultramodernité: une analyse en terme de

'tournant axial'", *Archives de sciences sociales des religions,* No. 109, 2000년 1~3월호.

Lamchichi, Abderrahim, 2002, "Eros et sacré: sociétés, religion et éthique sexuelle", *Confluences Méditerranée,* No. 41, 2002년 봄호.

Landau, Paul, 2005, *Le sabre et le Coran : Tariq Ramadan et les Freres musulmans a la conquete de l'Europe,* Editions du Rocher.

Lanternari, Vittorio, 1983, *Les mouvements religieux des peuples opprimés*, La découverte.

Lantier, Alex, 2012, "Protests in Tunisia greet one year anniversary of Ben Ali's overthrow"(www.wsws.org. 2012년 1월 16일).

Laroui, Abdallah, 1967, *L'deologie arabe contemporaine.*, Maspero

Laroui, Abdallah. 1987. *Islam et modernité.* La découverte

Laurens, Henry, 2003, "Comment l'Empire ottoman fut dépecé", *Le monde diplomatique*, 2003년 4월호.

Laurens, Henry, 1993, *L'Orient arabe: Arabisme et islamisme de 1798 à 1944*, Armand Colin.

Laurens, Henry, 2004, *L'Orient arabe à l'heure américaine*, Pluriel.

Le Monde diplomatique, *Manière de voir 120: "Ces guerres qu'on dit humanitaires"*, 2011년 12월~2012년 1월호.

Leca, Jean et al., 1984, *Totalitarianisme*, Economica.

Legrain, Jean-François, 1994, "Palestine. Hamas, héritier du nationalisme?", in S. Cordellier(coor.), *L'islamisme,* La découverte.

Lenoir, Frédéric, 2003, *Les métamorphoses de Dieu*, Plon.

Léo Strauss, 1983, *De la tyrannie*, Gallimard.

Levallois, Agnès, 2001, "Une libéralisation économique sous contrôle", *Cahiers de l'Orient*. 2001년 여름~가을호.

Leveau, Rémy, 1985, *Le fellah marocain*, Presse de Sciences Po.

Leveau, Rémy, 1993, *Le sabre et le turban: L'avenir du Maghreb,* Francois Burin.

Lewis, Bernard, 1961, *The Emergence of Modern Turkey*, Oxford University Press

Lewis, Bernard, 1990, "The Roots of Muslim Rage." *Atlantic Monthly* 266, September 1990.

Lewis, Bernard, 2001, *The Emergence of Modern Turkey*(3rd ed.), Oxford: Oxford University Press.

Lewis, Bernard, 2003, *What Went Wrong?: The Clash Between Islam and Modernity in the Middle East*, Harper Perennial.

Leymarie Ph. A.-C. Robert, 2011, "Mélange des genres", in Le Monde diplomatique, *Manière de voir,* No. 120: p. 6

Lhomel, Edith, 2012, "Tunisie: élections libres et constituante ou comment organiser la rupture", in La documentation française, *Questions internationales: Printemps arabe et démocratie*, 2012년 1~2월호: pp. 34-35.

Löwy, Michael, 1974, “Le problème de l’Histoire: Remarques de théorie et de méthode”, in Haupt, G., Löwy, M. & C. Weil, *Les marxistes et la question nationale: 1848~1970,* Francois Maspero.

Mamou, Jacky, 2011, "Au nom de l'humanitaire", in Le Monde diplomatique, *Manière de voir,* No. 120: pp. 19-21.

Mandaville, Peter, 2007, *Global Political Islam*, Routledge.

Marcos, 1997, “La quatrième guerre mondiale a commencé”, *Le monde diplomatique*, 1997년 8월호.

Martin, Patrick, 2011, "Imperialist powers prepare escalation of Libyan war"(World Socialist Web Site 2011년 4월 18일)

Marty, M. E. and S. F. Appleby, 1991, *The Fundamentalism Project Vol. I-V,* Chicago: The University of Chicago Press.

Marx, K. and F. Engels, 1982, *On religion*, Atlanta: Scholars Press.

Mawdudi, Abul A’la, 1994, *L’islam aujourd’hui*, Tawhid.

Meddeh, Abdelwahab, 2002, *La maladie de l'islam,* Seuil.

Mehli, Samuel, 2012, "La Syrie face à un niveau 'printemps'", in La documentation française, *Questions internationales: Printemps arabe et démocratie,* 2012년 1~2월호: pp. 46-48.

Michaels, Walter Benn, 2006, *The Trouble with Diversity: How We learned to Love Identity and Ignore Inequality*, New York: Metropolitan Books.

Milton-Edwards, Beverley, 2006, *Contemporary Politics in the Middle East*. Polity.

Mühlmann, Wilhelm E., 1968, *Messianismes révolutionnaires du tiers monde,* Gallimard.

O’Donnell, G. and Ph. C. Schmitter, 1986, *Transitions from Authoritarian Rule: Tentative Conclusions About Uncertain Democracies*, Baltimore, MD: Johns Hopkins University Press.

Picard, Elisabeth(dir.), 2006, *La politique dans le monde arabe*, Armand Colin.

Pironet, Olivier, 2009, "Les structures du régime", *Le Monde diplomatique,* 2009년 7월호.

Raisson, Virginie, 2011, "Le défi de la prévention", in Le Monde diplomatique, *Manière de voir,* No. 120: pp. 16-18.

Ramadan, Tariq, 1994, *Les musulmans dans la laïcité,* Tawhid.

Ramadan, Tariq, 2001, *Islam, the West, and the Challenge of Modernity*, Islamic Foundation.

Redissi, Hamadi, 2004, *L'exception islamique,* Seuil.

Riot-Sarcey, M., Bouchet, Th. & A. Picon, 2002, *Dictionnaire des Utopies*, Larousse.

Rizk, Charles, 1983, *Entre l'slam et l'rabisme. Les Arabes jusqu'en 1945,* Albin Michel.

Roberts, Keith A., 2004, *Religion in Sociological Perspective*(4th ed.), Australia: Wadsworth/Thomson.

Rodinson, Maxime, 1966, *Islam et capitalisme*, Seuil.

Rodinson, Maxime, 1972, *Marxisme et monde musulman*, Seuil.

Rodinson, Maxime, 1979. *Les arabes*. Seuil.

Rouleau, Eric, 2003, "Peur a Ramallah, inquiétude à Tel-Aviv", *Le Monde diplomatique,* 2003년 3월호.

Rouquié, Alain, 1998, *Amerique Latine*, Seuil: Points Essais.

Roussiollon, Alain, 2005, *La pensée islamique contemporaine, acteurs et enjeux*, Téraèdre.

Roy, Olivier, 1992, *L'échec de l'Islam politique*, Seuil.

Roy, Olivier, 1999, "Le post-islamisme," *REMMM* No. 85-86, 1er trimestre 1999.

Roy, Olivier, 2008, *The Politics of Chaos in the Middle East*, Columbia University Press.

Saaf, Abdallah, 1991, "Vers la décrépitude de l'Etat néo-patrimonial", in M. Camau(dir.), *Changements politiques au Maghreb*. CNRS.

Salamatian, Ahmad, 2009, "Dans le chaudron du pouvoir iranian", *Le Monde diplomatique,* 2009년 7월호.

Salamé, Ghassan(ed.), 1993, *Démocraties sans démocrates*, Fayard.

Salamé, Ghassane, 1992, "L'Orient moyen dans un monde en mutation", *Maghreb/Machrek*, n° 136, 1992년 4~6월호.

Salamé, Ghassane, 1996, *Appels d'empire*, Fayard.

Salhi, Chawki, 2011, "Algérie, les leçons d'une révolte"(www.npa2009.org)

Salmawy, Mohamed, 2011, "Le rêve palestinien de la révolution de janvier", *Al Ahram* 2011년 4월 17일자.

Schlegel, Jean-Louis, 2001, "Sécularisation et mal politique moderne: A propos de la nouvelle science du politique d'Eric Voegelin", *Esprit*, mai 2001.

Schlumberger, Olivier, 2007, "Arab Authoritarianism: Debating the Dynamics and Durability of Nondemocratic Regimes", in O. Schlumberger(ed.), *Debating Arab Authoritarianism: Dynamics and Durability in Nondemocratic Regimes*, Stanford University Press, Stanford, California.

Schmid, Dorothée, 2012, "Le modèle turc à l'épreuve du printemps arabe", in La documentation française, *Questions internationales: Printemps arabe et démocratie*, 2012년 1~2월호: pp. 37-38.

Schmitt, Carl, 1988, "Le virage vers l'Etat total", in C. Schmitt, *Parlementarisme et démocratie*, Seuil: pp. 151~170.

Schuurman, Bart, 2010, "Clausewitz and the "New Wars" Scholars", *Parameters*:, U.S. Army War College; Spring 2010, 40(1): pp. 89-100.

Sivan, Emmanuel, 1988, *Mythes politiques arabes*, Fayard.

Smith, Anthony D., 1981, "War and ethnicity: the role of warfare in the formation, self-images and cohesion of ethnic communities", *Ethnic and Racial Studies*, 4(4): pp. 375-397.

Smith, Anthony D., 1991, "La 'légitimation dualiste', matrice du nationalisme ethnique", in Delannoi, G. et P.-A. Taguieff(dir.) *Théories du nationalisme,* Kimé.

Snow, D. A. and S. E. Marshall, 1984, "Cultural Imperialism, Social Movements, and the Islamic Revival", *Research in Social Movements, Conflicts, and Change* 7: pp. 131-152.

Solidarity Center, 2010, *Justice for All: The Struggle for Worker Rights in Egypt*, Washington.

Sraïeb, Nourreddine, 1985, "A propos du mouvement ouvrier maghrébin", in N. Sraïeb(dir.), *Le mouvement ouvirier maghrébin*, CNRS.

Stark, Jan, 2005, "Beyond 'Terrorosm' and 'State Hegemony': assessing the Islamist mainstream in Egypt and Malaysia", *Third World Quarterly*, Vol. 26, No. 2.

Stora, Benjamin. 1995, *Histoire de l'Algérie depuis l'indépendance*, La découverte: Repère.

Sur, Serge, 2012, "Ouverture-Mirage ou perspective", in La documentation française, *Questions internationales: Printemps arabe et démocratie*, 2012년 1~2월호: pp. 4-7.

Tavaglione, Nicolas, 2005, "Le pacifisme subtil", *Raisons politiques* 2005-3, No. 19: pp. 173-192.

Tilly, Charles, 1978, *From Mobilisation To Revolution*,

Todd, Emmanuel. 1994. *Le destin des immigrés*, Seuil.

Toinet, Marie-France, 1994, "Etats-Unis: l'Etat tentaculaire, irrésistiblement inefficace", in N. Burgi(dir.), *Fractures de l'Etat-nation.* Kimé.

Tosel, André. 1995, *Démocratie et libéralismes,* Kimé.

Toumi, Mohammed, 1989, *La Tunisie de Bourguiba à Ben Alı*. PUF.

Touraine, Alain, 1993, *Production de la société*, Le livre de poche.

Tozy, Mohammed, 1999, *Monarchie et islam politique au Maroc*, FNSP.

Traverso, Enzo(textes choisis et présentés par), 2001, *Le totalitarisme,* Seuil: points/Essais.

Turner, Bryan S., 1974, *Weber and Islam: A Critical Study,* London: Routledge et Kegan Paul.

Turner, Bryan S., 1978, *Marx and the End of Orientalism,* London: George Allen & Unwin.

Vatin, Jean-Claude, 1983, *L'Algérie politique: Histoire et société*, FNSP.

Vergara. Francisco, 1992, *Introduction aux fondements philosophiques du liberalisme,* La découverte.

Vermeren, Pierre, 2002, *Le Maroc en transition.* La découverte.

Vermeren, Pierre, 2012, "Les dynamiques à l'oeuvre dans les pays du Maghreb", in La documentation française, *Questions internationales: Printemps arabe et démocratie*, 2012년 1~2월호: pp. 28-36.

Vernette, Jean, 1995, *Dictionnaire des groupes religieux aujourd'hui*, PUF.

Volpi, Frédéric, 2004, "Pseudo-Democracy in the Muslim World", *Third World Quarterly*, Vol. 25, No. 6: pp. 1061-1078.

Waardenburg, Jean-Jacques, 1962, *L'slam dans le miroir de l'ccident*. Mouton.

Warschawski, Michel, 2004, "The New Israel", *Monthly Review*, December 2004.

Weber, Max, 1970, *Le judaïsme antique,* Plon.

Weber, Max, 1971. *Economie et société 1*. Plon.

Weber, Max, 1996, *Sociologie des religions*, Gallimard.

Wiktorowicz, Quintan, 2004, "Introduction: Islamic Activism and Social Movement Theory", in Q. Wiktorowicz(ed.), *Islamic Activism*, Indiana University Press: pp. 11-33.

Willaime, Jean-Paul, 1999, “Le pentecôtisme: contours et paradoxes d’un protestantism émotionnel”, *Archive de Sciences sociales des Religions,* No. 105, 1999년 1~3월호.

Zahrân, Farid, 2007, *Les Nouveaux Mouvements Sociaux,* CIHRS.

Zeghal, Malika, 1996, *Gardiens de l’islam : les oulémas d’Al Azhar dans l’Egypte contemporaine*, Presses de Sciences Po.

Zinn, Howard, 2011, "Pourquoi occupons-nous l'Irak?", in Le Monde diplomatique, *Manière de voir,* No. 120: pp. 12-15.

■ 이 책을 집필하는데 글의 일부 또는 전체가 활용된 필자의 기존 논문

엄한진, 2013, 「‘새로운 전쟁’으로서의 중동전쟁」, 『아세아연구』 56권 4호: 341~374쪽

엄한진, 2011a, 「아랍세계 논의의 특징과 오리엔탈리즘적 전통」, 『아시아리뷰』 창간호: 171~195쪽.

엄한진, 2011b, 「북아프리카 민주화운동의 성격과 전망」, 『경제와 사회』 2011년 여름호, 통권 90호: 133~165쪽

엄한진, 2006a, 「아랍민족주의, 짧았던 근대의 꿈」, 『본질과 현상』 2006년 겨울호, 통권 6호: 90~100쪽.

엄한진, 2006b, 「9 · 11 이후 시대의 중동전쟁: 오래된 것과 새로운 것」, 『연대와 실천』 2006년 10월호, 통권 148호: 24~36쪽.

엄한진, 2005, 「근본주의: 유토피아와 이데올로기 사이에서」, 『사회와 이론』 2005년 1호, 통권 제6호: 169-210쪽.

엄한진, 2004a, 「재이슬람화와 정치개방: 북아프리카 아랍의 사회통합 기제」, 『한국사회학』 제38집 6호: 251-178쪽.

엄한진, 2004b, 「우경화와 종교의 정치화: 2003년 ‘친미반북집회’를 중심으로」, 『경

제와 사회』 62호: 80~115쪽.
엄한진, 2002,「서구의 지배와 근대 아랍세계에서의 정치와 종교」,『종교문화연구』 제4호: 193~212쪽.

■찾아보기

• 용어

(ㅁ)

(ㅂ)

(ㅅ)

(ㅇ)

(ㅈ)

(ㅊ)

(ㅋ)

(ㅌ)

(ㅍ)

(ㅎ)

(기타)

• 인명